»WIR WOLLEN MEHR DEMOKRATIE WAGEN.«

Die Bundeskanzler-Willy-Brandt-Stiftung wurde im Jahre 1994 vom Deutschen Bundestag als bundesunmittelbare Stiftung des öffentlichen Rechts mit Sitz in Berlin errichtet. Sie hat die Aufgabe, das Andenken an Willy Brandt und seinen Einsatz für Frieden, Freiheit und Einheit des deutschen Volkes sowie die Versöhnung und Verständigung unter den Völkern zu wahren. Die Reihe »Willy-Brandt-Studien« soll – in Ergänzung zur zehnbändigen Edition »Berliner Ausgabe« – ein Forum zur Veröffentlichung von Arbeiten über den ehemaligen Bundeskanzler sowie zu zeitgeschichtlichen und politischen Themen bieten, die mit seinem Namen verbunden sind.

AXEL SCHILDT / WOLFGANG SCHMIDT (HRSG.)

»Wir wollen mehr Demokratie wagen.«
Antriebskräfte, Realität und Mythos eines
Versprechens

WILLY-BRANDT-STUDIEN
BAND 6

Bibliografische Information der Deutschen Nationalbibliothek

Die Deutsche Nationalbibliothek verzeichnet
diese Publikation in der Deutschen Nationalbibliografie;
detaillierte bibliografische Daten sind im Internet
über *http://dnb.dnb.de* abrufbar.

ISBN 978-3-8012-0549-2

1. Auflage 2019

Copyright © 2019 by
Verlag J.H.W. Dietz Nachf. GmbH
Dreizehnmorgenweg 24, 53175 Bonn

Umschlag: Antje Haack | Lichten, Hamburg
Satz: Jens Marquardt, Bonn
Druck und Verarbeitung: CPI books, Leck

Alle Rechte vorbehalten
Printed in Germany 2019

Besuchen Sie uns im Internet: www.dietz-verlag.de

Das Bundeskabinett beim Bundespräsidenten vor der Villa Hammerschmidt in Bonn, 22. Oktober 1969.
1. Reihe (v. l.): Gerhard Jahn (Justiz), Käte Strobel (Jugend, Familie, Gesundheit), Bundespräsident Heinemann, Bundeskanzler Brandt, Walter Scheel (Auswärtiges), Karl Schiller (Wirtschaft), Georg Leber (Verkehr und Post), 2. Reihe (v. l.): Helmut Schmidt (Verteidigung), Alex Möller (Finanzen), Erhard Eppler (Wirtschaftliche Zusammenarbeit), Hans-Dietrich Genscher (Inneres), Walter Arendt (Arbeit), 3. Reihe (v. l.): Egon Franke (Innerdeutsche Beziehungen), Lauritz Lauritzen (Städtebau und Wohnungswesen), Hans Leussink (Bildung und Wissenschaft), Horst Ehmke (Besondere Aufgaben), Josef Ertl (Ernährung, Landwirtschaft und Forsten).

Inhalt

Axel Schildt (†) / Wolfgang Schmidt
Einleitung   11

Martin Sabrow
Zeit-Worte in der Zeitgeschichte   24

I.
Herkunft und Antriebskräfte.
Der Ruf nach »Modernisierung« und »Demokratisierung« in den 1950er und 60er Jahren

Kristina Meyer
Mehr »Mut zur Wahrheit« wagen?
Willy Brandt, die Deutschen und die NS-Vergangenheit   41

Alexander Gallus
»Revolution«, »freiheitlicher Sozialismus« und »deutsche Einheit«.
Sehnsuchtsorte nonkonformistischer intellektueller Akteure
in der Frühphase der Bundesrepublik Deutschland   59

Jens Hacke
Demokratisierungs- und Modernisierungsprozesse
in der Bundesrepublik Deutschland der 1950/60er Jahre.
Ideengeschichtliche Sondierungen   73

Detlef Siegfried
Parlamentarismuskritik und Demokratie-Konzepte
in der Außerparlamentarischen Opposition
und den neuen sozialen Bewegungen   88

II.
Umsetzung, Wirkung, Grenzen.
Realität und Rezeption von
»Wir wollen mehr Demokratie wagen«
1969–1974

Elke Seefried
Mehr Planung wagen?
Die regierende Sozialdemokratie im Spannungsfeld zwischen
politischer Planung und Demokratisierung 1969–1974 — 105

Dietmar Süß
Die neue Lust am Streit – »Demokratie wagen«
in der sozialdemokratischen Erfahrungswelt der Ära Brandt — 125

Knud Andresen
Radikalisierung oder Demokratisierung?
Politisierte Jugendkulturen um 1970 — 142

Alexandra Jaeger
Mehr Toleranz wagen?
Die SPD und der Radikalenbeschluss in den 1970er Jahren — 155

Daniela Münkel
Willy Brandt als Hoffnungsträger?
»Mehr Demokratie wagen« und die DDR — 171

III.
Vorreiter oder Nachhut?
»Mehr Demokratie wagen«
im internationalen Vergleich

Philipp Gassert
Mehr partizipatorische Demokratie wagen?
Demokratisierung, Modernisierung und Protest
im transatlantischen Vergleich — 185

Hélène Miard-Delacroix
»Von einem *weniger* zu einem *mehr*«?
Mehr Demokratie im Wechselverhältnis von Protest, Partizipation
und Moderne in deutsch-französischer Perspektive   203

Martina Steber
Sorge um die Demokratie. Deutsche und britische Konservative
und das linke Demokratieprojekt in den 1970er Jahren   219

IV.
FÜR MEHR DEMOKRATIE WELTWEIT?
ZUR INTERNATIONALEN REICHWEITE
DES WESTLICHEN DEMOKRATIEMODELLS

Bernd Rother
Welche Demokratie? Die Sozialistische Internationale
und ihre Öffnung für neue Partner in der »Dritten Welt«   241

Frank Bösch
Mehr Diktatur wagen? Der bundesdeutsche Umgang
mit undemokratischen Staaten in den 1970/80er Jahren   262

ANHANG

Abkürzungsverzeichnis   279
Personenregister   283
Die Autorinnen und Autoren   289
Bildnachweis   293

Einleitung

AXEL SCHILDT (†) / WOLFGANG SCHMIDT

Versuch einer Historisierung

»Wir wollen mehr Demokratie wagen.« Dieser Satz aus der ersten Regierungserklärung, die Bundeskanzler Willy Brandt am 28. Oktober 1969 vor dem Deutschen Bundestag in Bonn abgab, ist fünfzig Jahre später die vielleicht meistzitierte Formulierung eines deutschen Politikers nach dem Zweiten Weltkrieg geworden. Das Zitat gehört zum allgemeinen politisch-gesellschaftlichen Wortschatz und ist, wie unzählige Variationen beweisen, fester Bestandteil des Arsenals von Politikern, Journalisten und Werbetextern. Die positive historische Konnotation des geflügelten Wortes, die fast mystische Qualität gewonnen hat, steht außer Frage. »Wir wollen mehr Demokratie wagen« ist das Synonym für die grundlegenden Reformen in der alten Bundesrepublik, die am Ende der 1960er und zu Beginn der 1970er Jahre verwirklicht wurden. Von »Fundamentalliberalisierung« (Jürgen Habermas) oder gar der »Umgründung der Republik« (Manfred Görtemaker) war und ist dabei die Rede. Als Beispiele für die Erweiterung der Bürgerrechte und die Vermehrung von Chancen zur politischen und sozialen Teilhabe in der »Ära Brandt« können genannt werden: die Senkung des Wahlalters und der Volljährigkeit, die Öffnung des Zugangs zu höherer Bildung für breite Bevölkerungsschichten, die Ausdehnung der betrieblichen Mitbestimmung, die Humanisierung des Strafrechts, die rechtliche Förderung der Gleichstellung der Geschlechter, die Akzeptanz des sexuellen Selbstbestimmungsrechts sowie die Infragestellung von Verhaltensweisen und Hierarchien, die noch aus obrigkeitsstaatlichen Zeiten stammten.

Das Verdienst, für diese Reformen gesorgt zu haben, wird zum einen der sozial-liberalen Koalition von SPD und FDP, zum anderen aber auch den starken Impulsen zugeschrieben, die von der APO und der Studentenrevolte 1968 ausgingen. Mittlerweile darf es jedoch als Konsens in der zeitgeschichtlichen Forschung gelten, dass die Phase der »zweiten Gründung der Bundesrepublik«[1] nicht erst 1968/69 begann. Bereits die erste

---

1 Vgl. *Franz-Werner Kersting/Jürgen Reulecke/Hans-Ulrich Thamer* (Hrsg.): Die zweite Gründung der Bundesrepublik. Generationswechsel und intellektuelle Wortergreifungen 1955–1975, Stuttgart 2010.

Große Koalition von CDU/CSU und SPD, die ab Ende 1966 regierte, beschloss wichtige Reformen zur Modernisierung von Staat und Gesellschaft. Die Reform der Hochschulen begann sogar schon 1964/65. Überhaupt setzte der politische, gesellschaftliche und kulturelle Wandel in der Bundesrepublik mit all seinen vielen Facetten bereits im letzten Drittel der 1950er Jahre ein und dauerte bis zum ersten Drittel der 1970er Jahre an. »Die langen 1960er Jahre« (Anselm Doering-Manteuffel) waren ein dynamischer Transformationszeitraum,[2] der vom zukunftsoptimistischen Glauben an Wissenschaft und Fortschritt und ganz besonders von sozioökonomischen und demografischen Faktoren geprägt wurde, für die Schlagworte wie Wirtschaftswunder, Massenkonsum, Westernisierung, Technisierung, Bildungsexpansion, Jugendprotest stehen.

Willy Brandts »Wir wollen mehr Demokratie wagen« eignet sich als Sonde, um diese gesellschaftshistorischen Prozesse, aber auch um intellektuelle Vordenker der Entwicklung und politische Akteure zu beleuchten. Das Ziel dieses Bandes ist es, den berühmten Satz nicht als Überschrift einer fragwürdigen Meistererzählung zu lesen und zu verstehen, sondern ihn zu »historisieren«. Das Versprechen, »mehr Demokratie wagen« zu wollen, ist einerseits in die bereits während der 1950er Jahre einsetzende Debatte über Demokratisierung, Modernisierung und Liberalisierung einzuordnen. Andererseits sind die praktischen Maßnahmen, Folgen und Reaktionen zu analysieren, die sich aus Brandts Absichtserklärung ergaben, und diese sollen wiederum mit den Entwicklungen in anderen westlichen Staaten verglichen werden.

Zur Historisierung gehört zunächst, das Titelzitat im zeitgenössischen Kontext zu betrachten. »Wir wollen mehr Demokratie wagen« tauchte ziemlich am Beginn von Brandts Regierungserklärung auf, kam gleichwohl eher beiläufig daher. Unmittelbare Aufmerksamkeit erzeugten vielmehr die mit Verve vorgetragenen Kanzlerworte in der Schlusspassage: »Nein: Wir stehen nicht am Ende unserer Demokratie. Wir fangen erst richtig an! Wir wollen ein Volk der guten Nachbarn sein und werden – im Innern und nach außen!«[3] Darauf reagierten die Abgeordneten der CDU/CSU-Fraktion mit wütendem Protest, während die Koalitionäre von SPD und FDP donnernd applaudierten und in Jubel ausbrachen. Das

---

2 Vgl. *Axel Schildt/Detlef Siegfried/Karl Christian Lammers* (Hrsg.): Dynamische Zeiten. Die 60er Jahre in den beiden deutschen Gesellschaften, Hamburg 2000.
3 Deutscher Bundestag, Plenarprotokoll 6/5, 28. Oktober 1969, S. 20–34, hier S. 34. http://dip21.bundestag.de/dip21/btp/06/06005.pdf (zuletzt abgerufen am 18. Dezember 2018).

Pathos des Neuanfangs gehörte zum Regierungswechsel, der von den Zeitgenossen als historischer »Machtwechsel« verstanden wurde und vor allem außenpolitisch mit der »Neuen Ostpolitik« auch einen tiefgreifenden und stark umstrittenen Politikwechsel bedeutete. In der Innenpolitik überdeckte das Pathos des Neuanfangs allerdings die reichlich vorhandenen Kontinuitäten, was angesichts der scharfen Frontstellung zwischen sozial-liberaler Regierung und christdemokratischer Opposition aber nicht verwundern kann.

Fundamental war die Frage, was »mehr Demokratie wagen« und »Demokratisierung« eigentlich bedeuten sollten. In seiner Regierungserklärung 1969 erklärte Willy Brandt: »Mitbestimmung, Mitverantwortung in den verschiedenen Bereichen unserer Gesellschaft wird eine bewegende Kraft der kommenden Jahre sein.«[4] Vor Augen hatte er eine Gesellschaft, die »mehr Freiheit bietet und mehr Mitverantwortung fordert«. Schon ein halbes Jahr zuvor hatte der SPD-Vorsitzende betont, Demokratie sei ein Prinzip, »das alles gesellschaftliche Sein der Menschen beeinflussen und durchdringen« müsse, wobei Brandt nicht zuletzt auch an die Wirtschaft und die Arbeitswelt dachte. Auch der erste sozialdemokratische Bundespräsident Gustav Heinemann forderte bei seinem Amtsantritt am 1. Juli 1969: »Freiheitliche Demokratie muß endlich das Lebenselement unserer Gesellschaft werden.« Zudem sprach er davon, dass »ein Drang nach Freiheit von alten Bindungen und nach Mitbestimmung in allen Gemeinschaftsverhältnissen unsere Zeit erfüllt«.[5] Zur Demokratisierung gehörte demnach auch – ohne dass man sie damals explizit so nannte – die Liberalisierung, zu der vor allem Heinemann als Justizminister schon einiges beigesteuert hatte.

Seit Mitte der 1960er Jahre bilden indes »Modernisierung« und »Demokratisierung« für die Sozialdemokraten das entscheidende und untrennbare Begriffspaar. Ein moderner Staat mit größerer Leistungsfähigkeit und eine moderne Gesellschaft mit mehr Freiheit und mehr Teilhabe für die Bürger bedingten einander, so das Credo. Das brachte Willy Brandt schon im Frühjahr 1966 in einem Artikel für die Zeitschrift »Die Neue Gesellschaft« zum Ausdruck.[6] Nicht von ungefähr zog die SPD 1969 mit

---

4 Ebd., S. 20.
5 *Gustav W. Heinemann*: Ansprache vor dem Deutschen Bundestag und dem Bundesrat in Bonn am 1. Juli 1969, in: *ders.*: Präsidiale Reden. Einleitung von Theodor Eschenburg, Frankfurt a. M. 1971, S. 25–32, Zitat S. 28.
6 Der Artikel »Die zweite Bewährungsprobe« ist abgedruckt in: *Willy Brandt*: Mehr Demokratie wagen. Innen- und Gesellschaftspolitik 1966–1974, bearb. von Wolther von

dem Slogan »Wir schaffen das moderne Deutschland« in den Bundestagswahlkampf.[7] Ganz ähnlich warb die FDP für sich, indem sie versprach: »Wir schneiden die alten Zöpfe ab.« Mit dem Grundsatzprogramm von 1971 (»Freiburger Thesen«) kam der Linksliberalismus zur vollen Blüte.[8] SPD und FDP wandten sich besonders an die junge Generation. Brandts »Wir wollen mehr Demokratie wagen« war zweifelsohne auch eine Antwort auf das Aufbegehren der Jugend, das sich durch die APO-Proteste und Studentenrevolte 1968 in besonderer Weise manifestiert hatte. »Mehr Demokratie wagen« war als Angebot zum Mitmachen innerhalb der parlamentarischen Demokratie und zu ihrer Stärkung gedacht, nicht gegen sie und nicht zu ihrer Überwindung, wie es der fundamental-oppositionell ausgerichtete Teil der »Neuen Linken« forderte.

Das Werben um mehr Teilnahme der Bürger an der parlamentarischen Demokratie war durchaus erfolgreich. Bis Mitte der 1970er Jahre kletterte die Wahlbeteiligung in der Bundesrepublik auf Rekordwerte von über 90% und erreichte das parteipolitische Engagement einen absoluten Höhepunkt. Besonders die SPD verzeichnete einen nie dagewesenen Zustrom an jungen Neumitgliedern. Das damit verbundene Erstarken des linken Flügels löste allerdings erhebliche innerparteiliche Konflikte aus. Die 68er-Bewegung für die Parteiendemokratie zu gewinnen, gelang seinerzeit nur partiell. Nicht zuletzt der sogenannte Radikalenerlass von 1972 wurde zum großen Hindernis. Zudem gingen aus Teilen der »Neuen Linken« in den 1970er Jahren auch die neuen sozialen Bewegungen hervor, die mit »postmaterialistischen« Themen und Werten sowie »basisdemokratischen« Vorstellungen besonders auf junge Leute anziehend wirkten: für die Emanzipation der Frau, für den Umweltschutz, für die »Dritte Welt«, für den Frieden und gegen die Atomenergie.

Kieseritzky, Bonn 2001 (Berliner Ausgabe, Bd. 7), S. 94–106; zum ideellen Zusammenhang vgl. *Willy Brandt*: »Im Zweifel für die Freiheit«. Reden zur sozialdemokratischen und deutschen Geschichte. Herausgegeben u. eingeleitet von Klaus Schönhoven (Willy-Brandt-Dokumente, Bd. 2), Bonn 2012.

7 Der ebenfalls 1969 von der Partei verwendete Slogan »Wir haben die besseren Männer« zeigt allerdings die zeitspezifische Prägung dieser »Moderne«. Vgl. *Axel Schildt*: Liberalisierung und Demokratisierung. Grundzüge der Reformpolitik 1966–1974, in: *Bernd Rother* (Hrsg.): Willy Brandt. Neue Fragen, neue Erkenntnisse (Willy-Brandt-Studien, Bd. 5), Bonn 2011, S. 175–188.

8 *Karl-Hermann Flach/Werner Maihofer/Walter Scheel*: Die Freiburger Thesen der Liberalen, Reinbek 1972. Vgl. auch *Karl-Hermann Flach*: Noch eine Chance für die Liberalen. Eine Streitschrift, Frankfurt a. M. 1971.

Überdies stieß der Ruf nach der Demokratisierung aller gesellschaftlichen Lebensbereiche von Anfang an auch auf heftigen Widerspruch. Starker Widerstand kam nicht nur aus der CDU/CSU-Opposition und der Wirtschaft. Im »Bund Freiheit der Wissenschaft« kämpften konservative, liberale und rechtssozialdemokratische Professoren gemeinsam gegen die »Demokratisierung« der Universität.[9] Sie lehnten Mitbestimmungsmodelle, insbesondere die »Drittelparität«, vehement ab und verstanden sich als Gegenbewegung gegen die »68er«. Ein Grund dafür, warum sich in den 1970er Jahren so viele Bürger wie nie politisch engagierten, war demnach auch, dass die Forderung nach »mehr Demokratie« polarisierte.

Manche Hoffnungen und Erwartungen, die sich mit der Regierungsübernahme der sozial-liberalen Koalition und dem ersten sozialdemokratischen Bundeskanzler verbunden hatten, wurden trotz zahlreicher Reformen noch während der Amtszeit Willy Brandts enttäuscht. Vor allem stellte die tiefgreifende ökonomische Zäsur 1973/74 den bis dahin weithin vorherrschenden Fortschritts- und Machbarkeitsglauben in Frage und beendete jäh die Phase der »Reformeuphorie«. Das Ende des Nachkriegsbooms wie auch die Debatten um die Bedrohung der inneren Sicherheit durch den RAF-Terrorismus und die darauf folgenden harten Antworten des herausgeforderten Staates blieben nicht ohne Auswirkungen auf den Reform- und Demokratisierungsprozess sowie den öffentlichen Diskurs. Angesichts vielfältiger Krisen war nun von der »überforderten Demokratie« und von »Unregierbarkeit« die Rede.

Dass Willy Brandts Kanzlerschaft überaus dramatisch verlief und besonders 1972 am seidenen Faden hing, dass sie 1974 nur eineinhalb Jahre nach einem triumphalen Wahlsieg abrupt und irgendwie tragisch endete, hat viel zum Mythos der »Ära Brandt« und wohl auch der berühmten Sentenz vom Wagnis der Demokratie beigetragen. Nach dem Kanzlerrücktritt und dem Wechsel zum kühlen Pragmatiker und Manager Helmut Schmidt, so scheint es, wurde »Wir wollen mehr Demokratie wagen« ganz verschieden rezipiert und interpretiert: für die Reformenthusiasten war dieser Satz eine glückliche Reminiszenz und weiterhin geltende Begründungsformel; für die Reformenttäuschten war und blieb er ein unerfülltes Versprechen, dessen Realisierung immer noch ausstand. Für die Reformskeptiker und -gegner schließlich stellte er eine nach wie vor im

---

9 Vgl. *Nikolai Wehrs*: Protest der Professoren. Der »Bund Freiheit der Wissenschaft« in den 1970er Jahren, Göttingen 2014.

Raum schwebende (sozialistische) Bedrohung dar. So entstand eine Metapher, auf die sich gleichermaßen Freude und Enttäuschung, Hoffnung und Furcht richteten.

Mit Blick auf die Jahre »nach dem Boom« könnte man pointiert fragen, ob die Zeit der sozial-liberalen Koalition bis 1973 nur eine kurze Phase positiver reformerischer Irritation in einer strukturell konservativen Republik gewesen sei. Jedenfalls ist vor Konstruktionen und Deutungen zu warnen, die in den 1970er Jahren ein »sozialdemokratisches« oder gar ein »rotes Jahrzehnt« erkennen.[10] Die Frage, die in diesem Band nicht beantwortet werden kann, sich aber aufdrängt und weiter zu untersuchen sich lohnen könnte: Haben sich wesentliche Teile des Liberalisierungs- und Demokratisierungsprozesses sowie des Wertewandels in der bundesdeutschen Gesellschaft, die das Prädikat »Fundamentalliberalisierung« verdienen, womöglich erst in den 1980er und 90er Jahren voll entfalten können? Der historischen Bedeutung der Formel »mehr Demokratie wagen« tut dies in jedem Fall keinen Abbruch. Ihre nachhaltige Wirkmächtigkeit als Anstoßgeber für und Verstärker von gesellschaftlichen Demokratisierungsbestrebungen ist nicht zu verkennen.

Struktur und Inhalt dieses Bandes

Martin Sabrow untersucht zunächst die grundsätzliche Frage, welche Akteure mit welchen Mitteln Willy Brandts Satz »Wir wollen mehr Demokratie wagen« und anderen »Zeit-Worten«, die ins kollektive Gedächtnis eingegangen sind, andauernde Berühmtheit verliehen haben. Um zu einem verbalen Erinnerungsort zu werden, sei zu analysieren, wie eine tatsächliche oder auch nur zugeschriebene Äußerung das Epochengefühl einer Zeit treffen und deren Blick auf die Geschichte in einem Sprachbild zu verdichten in der Lage sei.

Der Band ist in vier Abschnitte unterteilt. Die Aufsätze im ersten Teil messen unter der Überschrift »Herkunft und Antriebskräfte. Der Ruf nach ›Modernisierung‹ und ›Demokratisierung‹ in den 1950er und 60er Jahren« den Raum aus, in dem sich das Verlangen nach mehr Demokratie anbahnte und aufbaute. Sie versuchen, die ideellen Fundamente freizulegen und analysieren die Vorstellungen wichtiger Ideengeber. Zum Auftakt

---

10 Die unterschiedlichen Positionen werden u. a. diskutiert in: *Archiv für Sozialgeschichte* 44 (2004): Die Siebzigerjahre. Gesellschaftliche Entwicklungen in Deutschland.

geht *Kristina Meyer* der Frage nach, welcher Zusammenhang zwischen der öffentlichen Auseinandersetzung in der jungen Bundesrepublik mit der nationalsozialistischen Gewaltherrschaft und den Demokratisierungsbestrebungen bestand. Sie kommt zu dem Ergebnis, das Willy Brandts »Wir wollen mehr Demokratie wagen« keine Zäsur hin zu einer mutigen und kritischen Aufarbeitung der NS-Vergangenheit darstellte. Der Kanzler und seine sozial-liberale Regierung tendierten eher zu einer Art Schlussstrich – offenbar in der Absicht, die Deutschen von ihrer jüngsten Geschichte zu entlasten und dadurch die Demokratie zu stärken.

Alexander Gallus widmet sich der Gedankenwelt der nonkonformistischen Intellektuellen in der Frühphase der Bundesrepublik. Dabei zeigt er auf, wie sehr das intellektuelle Denken – besonders im linken Spektrum, das die Ära Adenauer als restaurative Epoche begriff – von der aus der Zeit der Weimarer Republik herrührenden Sehnsucht nach einer nachzuholenden (humanen demokratisch-sozialistischen) Revolution bestimmt wurde, die 1918/19 und nach 1945 ausgeblieben war. Doch je mehr die Intellektuellen das Grundgesetz als Garanten von Freiheit und Rechtsstaatlichkeit anerkannten, desto geringer wurde die alte Revolutionssehnsucht, bis von ihr so gut wie nichts mehr übrig war. Bei vielen Linksintellektuellen blieb die Sehnsucht nach Demokratisierung, weshalb sie von Willy Brandts »Wir wollen mehr Demokratie wagen« begeistert waren.

Die ideengeschichtlichen Sondierungen der Demokratisierungs- und Modernisierungsprozesse in der frühen Bundesrepublik werden anschließend von *Jens Hacke* fortgesetzt. Mit Jürgen Habermas und Ralf Dahrendorf rückt er zwei Intellektuelle in den Mittelpunkt, die schon seit den 1950er Jahren für eine gesellschaftliche Demokratisierung eintraten und die Demokratiedebatte stark beeinflusst haben. Während Habermas große Vorbehalte gegen den Parlamentarismus und die Parteien hegte und unter Demokratisierung die Verwirklichung einer freien »Gesellschaft mündiger Bürger« verstand, drängte Dahrendorf darauf, dass die Bürger die durch das Grundgesetz geschaffenen demokratischen Institutionen nicht bloß formal akzeptieren, sondern die Demokratie aktiv praktizieren und mit Leben füllen sollten. Willy Brandts Vorstellungen von Demokratisierung, die Hacke anschließend analysiert, lassen Anklänge an beide Vordenker erkennen, wobei sich der Sozialdemokrat wie Dahrendorf stets klar zur repräsentativen parlamentarischen Demokratie bekannte.

Für die Parlamentarismuskritik und die Demokratie-Konzepte der APO und der neuen sozialen Bewegungen, die *Detlef Siegfried* in seinem Beitrag unter die Lupe nimmt, hatte Brandt daher auch nur sehr begrenzt

Verständnis. Siegfried stellt die verschiedenen theoretischen Stränge »alternativer« außerparlamentarischer Demokratisierungsforderungen vor, die insbesondere auf rätedemokratischen Vorstellungen, dem aus den USA stammenden Konzept der »*participatory democracy*« sowie auf Johannes Agnolis Idee der »Transformation der Demokratie« fußten. Die 68er und die nachfolgenden neuen sozialen Bewegungen, die sich gerade auch gegen die SPD richteten, habe die westdeutsche Gesellschaft mit den Ideen und Methoden der partizipatorischen Demokratie vertraut gemacht. Willy Brandts »Mehr Demokratie wagen« sei weniger der Auslöser denn der Ausdruck eines Vorgangs der Demokratisierung in der Bundesrepublik, der in den mittleren 1960er Jahren begonnen habe.

Der zweite Abschnitt mit dem Titel »Umsetzung, Wirkung, Grenzen. Realität und Rezeption von ›Wir wollen mehr Demokratie wagen‹ 1969–1974« untersucht, wie sich Brandts Ankündigung auf Politik und Gesellschaft auswirkte, wer sich darauf berief und welche Probleme und Konflikte bei den Versuchen, mehr Demokratie zu verwirklichen, entstanden. *Elke Seefried* beleuchtet das gespannte Verhältnis zwischen Demokratisierung und politischer Planung in der sozial-liberalen Koalition. Nach einer Analyse der sozialdemokratischen Demokratie- und Planungsdiskurse nimmt sie konkret die Planungspraxis in der Regierungszeit von Bundeskanzler Willy Brandt in den Blick. Seefried zeigt auf, dass für die Sozialdemokraten politische Planung, Modernisierung und Demokratisierung eng miteinander verbunden waren und durch den Leitbegriff der Rationalität begründet wurden. Vorangetrieben durch wissenschaftliche Planer, entwickelte sich in der Regierung eine Affinität für ein technokratisches Verständnis des Politischen und des Regierens. Es waren nicht zuletzt einstige Planungsbefürworter, die aufgrund von Lernprozessen in ihrer praktischen Arbeit auf die Spannungen zwischen den zentralen Reformversprechen der SPD aufmerksam machten und sich zu prominenten Technologie- und Planungskritikern wandelten. Ihr Plädoyer, dass auch in der politischen Planung mehr demokratische Partizipation notwendig sei, verstärkte ein neues Umweltbewusstsein, wurde von der Sozialdemokratie aber nur zum Teil aufgenommen.

Die Auswirkungen von »Wir wollen mehr Demokratie wagen« in der SPD schildert *Dietmar Süß*. Er weist darauf hin, dass in der Partei die Debatte über die Demokratisierung der Gesellschaft bereits Ende der 1950er Jahre begann und sich dabei Waldemar von Knoeringen als wichtigster Vordenker profilierte. Ab 1970 waren es dann vor allem die Jusos, die sich Brandts Losung zu eigen machten und die konsequente Anwendung von »Mehr Demokratie wagen« verlangten. Ihre Forderungen bezogen sich sowohl auf die innerparteiliche Diskussions- und Streitkultur in Ortsvereinen, Gremien und bei Parteitagen als auch auf die praktische Kommunalpolitik. Zwischen der aufbegehrenden Parteijugend, der viele Akademiker angehörten und die häufig mit ideologisch-revolutionärer Attitüde auftrat, und den altgedienten Sozialdemokraten aus dem Arbeitermilieu kam es zu heftigen Konflikten. Brandts Formel habe wegen ihrer Uneindeutigkeit eine Sprengkraft entwickelt und Wirkungen gezeitigt, die weit über die von ihrem Schöpfer intendierte Bedeutung hinausgingen.

Ein weiteres Beispiel, wie sich politisierte Jugendkulturen Anfang der 1970er Jahre zwischen Demokratisierung und Radikalisierung bewegten, liefert der Beitrag von *Knud Andresen*. Er untersucht die Lehrlings- und die Jugendzentrumsbewegung, die weitere Facetten der von 1968 ausgehenden Jugendrevolte bildeten. Die Lehrlingsbewegung, die gegen die Ausbildungssituation protestierte, insbesondere gegen das Kujonieren der Auszubildenden durch Meister und Gesellen, wurde praktisch Teil der Gewerkschaftsjugend, die so eine »gebremste« Radikalisierung erfuhr. Im weiteren Verlauf kam es innerhalb der gewerkschaftlichen und betrieblichen Gremien aber zu einem gegenseitigen Anpassungsprozess zwischen altvorderen und jungen Gewerkschaftern. Die Jugendzentrumsbewegung, die besonders die Provinz erfasste, schuf lokale Zentren, die später häufig vom sich bildenden alternativen Milieu genutzt wurden. Die jugendkulturellen Demokratisierungsbegehren in Betrieben und Kleinstädten und die daraus sich ergebenden sozialen Praktiken leisteten, so Andresen, trotz vieler Konflikte einen wichtigen Beitrag zu den gesellschaftlichen Demokratisierungsprozessen.

Dem Zustandekommen und den Folgen der umstrittensten innenpolitischen Entscheidung während Willy Brandts Kanzlerschaft widmet sich *Alexandra Jaeger*. Sie wertet den »Radikalenbeschluss« von 1972 als Ausdruck einer grundsätzlichen Zwiespältigkeit der SPD gegenüber der APO und den daraus entstehenden linksradikalen Erscheinungen. Einerseits habe die Partei den Dialog mit der rebellierenden Jugend führen und Toleranz zeigen, andererseits die Demokratie vor extremistischen Entwicklungen schützen wollen. Am Beispiel der Hamburger SPD und der von ihr geführten Landesregierung arbeitet Jaeger die Ambivalenzen der Sozialdemokratie im Umgang mit dem »Radikalenbeschluss« heraus, der für die Kritiker geradezu die Antithese zu »Wir wollen mehr Demokratie wagen« darstellte. Durch die Überprüfungspraxis von Bewerbern für den öffentlichen Dienst büßten die Sozialdemokraten im linken und linksliberalen Spektrum – und hier vor allem bei jungen Menschen – erheblich an Glaubwürdigkeit ein. Das trug maßgeblich zu einem Umdenken in der SPD bei, so dass sie sich Ende der 1970er Jahre gegen die Regelanfrage beim Verfassungsschutz aussprach und in den sozialdemokratisch regierten Bundesländern die Anwendung des »Radikalenbeschlusses« beendete.

Wie in der DDR die Wahl und die Politik des ersten sozialdemokratischen Bundeskanzlers rezipiert wurde, ist das Thema des Beitrags von *Daniela Münkel*. Sie arbeitet das zwiespältige Verhalten der Staats- und Parteiführung in Ost-Berlin gegenüber Willy Brandts neuer Ost- und Deutschlandpolitik und »Mehr Demokratie wagen« heraus. Einerseits fürchtete das Regime, durch vermehrte Kontakte mit der Bundesrepublik eine »politisch-ideologische Aufweichung« im Innern zu riskieren, weshalb die DDR-Staatssicherheit das Land gegen westliche Einflüsse abzuschotten versuchte. Umso mehr, als viele Ostdeutsche dem westdeutschen Kanzler große Sympathien entgegenbrachten und hofften, dass sich die DDR infolge der sozial-liberalen Entspannungspolitik öffnen würde. Andererseits taten die SED-Führung und die Stasi 1972 alles, um eine Abwahl Brandts zu verhindern. Denn ohne die vom ihm eingeleitete Annäherung der beiden deutschen Staaten wäre die lang ersehnte internationale Anerkennung der DDR nicht zu erreichen gewesen.

Die Welle der »Modernisierung«, »Demokratisierung« und »Liberalisierung« von Staat und Gesellschaft im Übergang von den 1960er zu den 70er Jahren war kein auf die Bundesrepublik Deutschland begrenztes Phänomen, sondern ein Prozess, der sich damals auch in vielen anderen – vor allem westlichen – Ländern abspielte. Deshalb steht der dritte Abschnitt des Bandes im Zeichen des internationalen Vergleichs und der einordnenden Frage, ob die Bundesrepublik »Vorreiter oder Nachhut« dieser Entwicklung gewesen sei. Mit Blick auf die USA erklärt *Philipp Gassert*, dass US-Präsident Richard Nixon sich aus wahltaktischen Gründen von der jugendlichen Protestbewegung in seinem Land scharf abgegrenzt und sich selbst zum Sprecher der »schweigenden Mehrheit« ernannt habe. Willy Brandt dagegen habe die 1968er und die daraus entstehende Neue Linke integrieren wollen und sich deren zentrale Begriffe wie »Partizipation« und »Emanzipation« zu eigen gemacht. Bei der Betrachtung der politischen Praxis macht Gassert indes deutlich weniger Unterschiede zwischen den beiden Regierungschefs aus. Innenpolitisch hätten Nixon und Brandt jeweils die »konsensliberale Modernisierungsagenda« des transatlantischen Westens fortgesetzt und eine Reformpolitik von oben betrieben. Willy Brandts Werben um die Neue Linke sei daher auch nur kurzfristig erfolgreich gewesen. Zudem habe er deren Forderung nach »globaler Solidarität« nicht bedient, sondern »soziale Gerechtigkeit« und »mehr Demokratie« nur auf den nationalen Rahmen bezogen. Im deutsch-französischen Vergleich sieht *Hélène Miard-Delacroix* die Bundesrepublik in der Vorreiterrolle bei der Demokratisierung und der Emanzipation. Die außerparlamentarischen Proteste setzten in Westdeutschland früher als in Frankreich ein. Auch bei der Liberalisierung des Strafrechts, insbesondere der Entkriminalisierung der männlichen Homosexualität, des Ehebruchs und der Abtreibung, sowie bei der Senkung des Wahlalters traten die Reformen im westlichen Nachbarland erst ein paar Jahre später in Kraft, nachdem 1974 der liberale Zentrist Valéry Giscard d'Estaing die Präsidentschaft übernommen hatte. Die von ihm ausgehende Reformdynamik kam aber schon Ende 1976 aufgrund wirtschaftlicher Schwierigkeiten zum Erliegen, so Miard-Delacroix. Als deutsch-französische Gemeinsamkeiten benennt sie das politische Aufbegehren der in beiden Ländern zahlenmäßig stark anwachsenden Schüler und Studenten, die eine Demokratisierung von unten forderten, und die Entstehung der Frauenbewegung.

Der Beitrag von *Martina Steber* wendet sich den Gegnern der Demokratisierungsbestrebungen der politischen Linken in Großbritannien und der Bundesrepublik Deutschland zu. In beiden Ländern sahen demnach konservative Parteipolitiker und Intellektuelle in den 1970er Jahren die Demokratie in Gefahr, weil sich angeblich die Regierungsparteien Labour Party und SPD (zusammen mit den britischen Gewerkschaften bzw. mit der Studentenbewegung und der Neuen Linken) jeweils anschickten, eine sozialistische Revolution zu verwirklichen und eine Diktatur zu errichten. Auf der von Wirtschaftskrisen geschüttelten britischen Insel standen ökonomische und verfassungspolitische Probleme im Mittelpunkt der konservativen Demokratiedebatte. In Westdeutschland drehte sie sich vor allem um das Staatsverständnis und die politische Kultur. Aus den Diskursen entwickelte sich jeweils ein neuer Konservatismus. In Großbritannien entstand der marktradikale Thatcherismus, der die Labour Party und die Gewerkschaften auf das Härteste bekämpfte und entmachtete, während in der Bundesrepublik die konservative Sorge um die Demokratie abebbte, insbesondere nachdem die CDU/CSU 1982 wieder die Regierung übernommen hatte.

Der vierte und letzte Teil des Bandes geht schließlich der Frage nach, inwiefern sich Willy Brandts Versprechen, »mehr Demokratie wagen« zu wollen, in den 1970er und 80er Jahren auch außenpolitisch ausgewirkt hat oder – grundsätzlicher formuliert – welche internationale Reichweite das bundesdeutsche bzw. westliche Demokratiemodell seinerzeit besaß. In seinem Beitrag zur Sozialistischen Internationale, die sich unter Brandts Präsidentschaft ab 1976 für neue Partner in der »Dritten Welt« öffnete, veranschaulicht *Bernd Rother* die gravierenden Probleme der stark expandierenden Parteienvereinigung, sich auf eine von allen akzeptierte Definition von Demokratie und Pluralismus zu verständigen. Für eine Mitgliedschaft war die Anerkennung und Praktizierung des Modells der parlamentarischen Demokratie westlicher Prägung in den 1980er Jahren jedenfalls keine Voraussetzung mehr und kaum noch ein gemeinsamer Maßstab. Bei der Aufnahme neuer Mitglieder von außerhalb Europas tolerierte die SI, wie die von Rother geschilderten lateinamerikanischen Beispielfälle Nicaragua, Grenada und Panama zeigen, teils eklatante Demokratiedefizite. Damit dehnte die Internationale die Grenzen dessen, was noch als demokratisch-sozialistisch gelten sollte, bis zum Äußersten.

Auch in der bundesdeutschen Außenpolitik hat sich das 1969 angekündigte Streben nach »mehr Demokratie« kaum niedergeschlagen. *Frank Bösch* legt vielmehr dar, dass die sozial-liberalen Bundesregierungen unter Willy Brandt und Helmut Schmidt sowie später die christlich-liberale Regierung unter Helmut Kohl (wie zuvor auch CDU und CSU in der Opposition) gute Beziehungen zu diktatorischen Regimen anstrebten und pflegten. Neben den kommunistisch regierten Staaten Osteuropas sind hier vor allem Iran, Libyen, Saudi-Arabien und China zu nennen. Bei den Kontakten mit den außereuropäischen Diktaturen in den 1970er und 80er Jahren waren in erster Linie wirtschaftliche Interessen und geostrategische Gründe für die Bundesrepublik ausschlaggebend. Forderungen nach der Einhaltung der Menschenrechte, der Gewährung von politischen Freiheiten oder einer Demokratisierung unterblieben meist, so Bösch, weil man sich in Bonn für viele Staaten und Regionen demokratische Ordnungen nicht vorstellen konnte.

Dank

Dieser Band ist das Ergebnis der wissenschaftlichen Konferenz »*Wir wollen mehr Demokratie wagen.*« *Antriebskräfte, Realität und Mythos eines Versprechens*, die am 19./20. September 2017 in Berlin stattfand. Organisiert wurde diese internationale Tagung von der Bundeskanzler-Willy-Brandt-

Stiftung in Kooperation mit dem Zentrum für Zeithistorische Forschung Potsdam (ZZF), dem Arbeitsbereich Zeitgeschichte am Friedrich-Meinecke-Institut der Freien Universität Berlin, dem Laboratoire d'excellence Ecrire une Histoire Nouvelle de l'Europe (LabEx EHNE) der Sorbonne Université Paris sowie der Forschungsstelle für Zeitgeschichte in Hamburg (FZH). Den genannten Institutionen, namentlich Prof. Dr. Martin Sabrow, Prof. Dr. Paul Nolte und Prof. Dr. Hélène Miard-Delacroix, möchten wir für die hervorragende Zusammenarbeit besonders danken. Unser Dank geht zudem an Martin Hamre, der das Register erstellt hat.

Nachwort

Die Veröffentlichung dieses Bandes wird von einer sehr traurigen Nachricht überschattet. Kurz vor Abschluss der Fahnenkorrekturen ist Axel Schildt am 5. April 2019 im Alter von 67 Jahren verstorben. Aufgrund seiner schweren Erkrankung hatte er mich im Herbst letzten Jahres gebeten, die Einleitung zu entwerfen, die zu schreiben er sich als Mitherausgeber eigentlich vorgenommen hatte. Wenngleich der Grund bedrückend war, habe ich ihm diese Bitte gerne erfüllt. Mit umsichtigen Ergänzungen und Korrekturen hat er die Einleitung dann rasch druckreif gemacht. Ich hatte sehr gehofft, dass er das fertige Buch noch erleben würde. Es ist leider anders gekommen.

Dieser Band und die vorausgegangene Konferenz haben Axel Schildt sehr am Herzen gelegen. Für beides hat er sich zunächst als Mitglied des Internationalen Beirats und seit 2013 als Mitglied des Vorstands der Bundeskanzler-Willy-Brandt-Stiftung besonders eingesetzt. Nicht nur bei diesem Projekt war die Zusammenarbeit mit ihm immer persönlich sehr angenehm, fachlich äußerst anregend und in vielerlei Hinsicht lehrreich für mich. Auch im Namen meiner Kolleginnen und Kollegen in der Stiftung sowie der Autorinnen und Autoren dieses Bandes darf ich sagen, dass wir Axel Schildt enorm viel verdanken und ihn sehr vermissen werden.

Wolfgang Schmidt
Berlin, den 9. April 2019

Zeit-Worte in der Zeitgeschichte
MARTIN SABROW

»Wir wollen mehr Demokratie wagen.« Dieses eine Wort aus der ersten Regierungserklärung des eben gewählten Bundeskanzlers Willy Brandt am 28. Oktober 1969 übt bis heute eine besondere Faszination aus. Es bringt auf den Begriff, dass die Bundesrepublik in der Ära Brandt moderner, liberaler und weltoffener wurde; es ist – ich zitiere aus dem Konzept der Konferenz, die diesen Band hervorgebracht hat – »zum legendären Leitspruch für die Phase der Reformen und der ›Fundamentalliberalisierung‹ des westdeutschen Staates im Übergang von den 1960er zu den 1970er Jahren geworden«.

Der Strahlkraft von Willy Brandts großem Aufruf hat es nicht geschadet, dass sich nicht alle Hoffnungen auf Aufbruch und Partizipation erfüllten, die er zum Ausdruck brachte. Viele Erwartungen, die mit der Regierungserklärung 1969 geweckt worden waren, erwiesen sich als Illusion oder zerschellten an der Sorge vor linksradikaler Unterwanderung – Stichwort »Radikalenerlass« – und den Imperativen der inneren Sicherheit im Zuge der linksterroristischen Herausforderung der siebziger Jahre. Im weiteren Verlauf bestimmte bald nicht mehr Brandts Satz die politische Agenda des »roten Jahrzehnts«, sondern Helmut Schmidts entgegengesetzte Ode an die Nüchternheit: »Wer Visionen hat, soll zum Arzt gehen«.[1]

Willy Brandts Satz wird in der wissenschaftlichen Literatur wie in der Publizistik gern als Kürzel für den Neuen Geist einer linken Ära zitiert;[2]

---

1 Später distanzierte Schmidt sich von diesem beiläufig geäußerten Diktum, wie er 2010 im Gespräch mit Giovanni di Lorenzo verriet. »Verstehen Sie das, Herr Schmidt? Die alten Falken träumen heute von einer Welt ohne Atomwaffen. Doch ausgerechnet die Friedensbewegten von einst sind sorglos, obwohl die Gefahr immens bleibt. Und auf den Erstschlag wollen USA und Russland nicht verzichten«, in: *Zeitmagazin*, Nr. 10 vom 4. März 2010. https://www.zeit.de/2010/10/Fragen-an-Helmut-Schmidt (wie alle folgenden Internetlinks zuletzt abgerufen am 29. Juni 2018).
2 Ein Beispiel unter vielen: »Hat der neue Geist der ›linken‹ Ära unter dem Bundeskanzler Willy Brandt mit der Parole ›Mehr Demokratie wagen!‹ dem Protest gegen Kernkraftwerke Auftrieb gegeben?« Zitat aus *Joachim Radkau*: Geschichte der Zukunft. Prognosen, Visionen, Irrungen in Deutschland von 1945 bis heute, München 2017, S. 162.

er kann als eine von drei Gesten und Sätzen gelten, die ihrem Autor heute ikonische Bedeutung verleihen: »Wir wollen mehr Demokratie wagen« steht paradigmatisch für den inneren und gesellschaftlichen Aufbruch zu Beginn seiner Kanzlerschaft; der Kniefall in Warschau am 7. Dezember 1970 symbolisiert die Hinwendung zur einer neuen Ostpolitik im Bewusstsein der historischen Last Deutschlands; »Jetzt wächst zusammen, was zusammengehört« vom 10. November 1989 wurde zu dem Slogan für die Deutsche und die Europäische Einheit.

Was aber machte Willy Brandts Satz so groß, was verlieh ihm seine andauernde Berühmtheit? Es war jedenfalls nicht die Kraft der Inszenierung: Brandt sprach diese Passage seiner Regierungserklärung keineswegs pathetisch und schon gar nicht mitreißend, sondern nachdenklich abwägend, und anders, als wir ihn heute wiederholen, mit einem deutlichen, fast zweifelnden Akzent auf dem »wagen« statt auf der »Demokratie« und dem etwas patriarchal unbestimmten »Wir«, das in späteren Zitationen gerne weggelassen wurde. Unspektakulär war auch der Verweisungskontext seiner programmatischen Äußerung: Sie zielte zunächst auf die Unterrichtung des mündigen Bürgers und die Herabsetzung des Wahlalters von 21 auf 18 Jahre und erst in zweiter Linie auf gesellschaftliche Partizipation, vor allem auf eine größere Transparenz der Regierungsarbeit. Stimmt also die stillschweigende Grundannahme, dass historische Sentenzen die Gestaltungskraft der historischen Persönlichkeit vor Augen führen? Sind Zeitworte und Leitsprüche eine letzte Bastion der überkommenen historischen Meistererzählung, der zufolge große Männer Geschichte machen, oder welche Kraft sonst kreiert Zeitworte?

Was ein Zeitwort ausmacht.
Die Verbindung zwischen Erinnerungskultur und historischer Semantik.
Warum Zeitworte überdauern und wodurch sie wirken.

Zeitworte sind Äußerungen, die ihre Entstehungszeit überdauern und in oft unterschiedliche Kommunikationskontexte eingehen. Ein instruktives Beispiel bietet der Bundestagswahlkampf 2017, der wie jeder andere im öffentlichen Stadtbild durch Schlagworte ausgetragen wurde, die häufig zitativen Bezug auf Zeitworte nehmen: »Umwelt ist nicht alles, aber ohne Umwelt ist alles nichts«, stand auf einem der zwei Großflächenplakate, mit denen »Bündnis 90/Die Grünen« um Stimmen warben; und mit dem Original des 1981 von Willy Brandt geprägten Wort »Der Frieden ist nicht alles, aber alles ist ohne den Frieden nichts«[3] schmückte sich die SPD auf ihren Straßenplakaten. Die Suche nach zeitgerechten Slogans kann freilich auch schiefgehen und sich in den Augen der Öffentlichkeit in ihrer bombastischen Trivialität demaskieren: So hat der von der CDU im Wahlkampf verbreitete Slogan »Für ein Deutschland, in dem wir gut und gerne leben« zwar auch Anerkennung als Ausdruck eines »modernen Patriotismus« gefunden, wurde aber vielfach auch abgelehnt und hat rasch einen ironischen Hashtag »#fedidwgugl« produziert.

Zeitworte lassen sich begriffsgeschichtlich mit Hilfe der historischen Semantik erschließen und bilden geschichtskulturell eine Untergruppe der Erinnerungsorte. In Etienne François' und Hagen Schulzes »Deutsche Erinnerungsorte« fanden mit »Wissen ist Macht« oder »Wir sind das Volk« ebenso verschiedene Zeitworte Eingang wie in die nachfolgende Ausgabe zur DDR mit »Schwerter zu Pflugscharen« und »Die Partei hat immer recht«.

Zeitworte können aufsteigen und wieder verklingen; sie können sofort anerkannt werden wie Fritz Teufels' Ausspruch vor Gericht »Na ja, wenn's der Wahrheitsfindung dient«, der schon in der Prozessberichterstattung des »Spiegel« als geflügeltes Wort zitiert wurde, oder erst später ihre Wirkung entfalten wie Willy Brandts non-verbale Kniefallgeste in Warschau, die zeitgenössisch in der Bundesrepublik wie in Polen selbst von einer Mehrheit abgelehnt und verbreitet als Blasphemie (»Man kniet nur vor Gott«) verurteilt wurde.

In der Schlagwort-Forschung werden programmatischer Gehalt, semantische Prägnanz und emotionale Brisanz als Ingredienzien einer erfolgreichen Losung benannt,[4] und wenn wir diesen Befund in zeithistorischer Perspektive etwas anreichern, zeichnen sich zwei unterschiedliche Aufstiegsmuster für Zeitworte ab, nämlich zum einen ihre Identifikationsmöglichkeit und zum anderen ihr Distanzierungs- und Empörungspotential. Ganz eindeutig gehört der unserer Konferenz zugrundeliegende Satz in die erste Kategorie: »Wir wollen mehr Demokratie wagen« formuliert ein Epochengefühl. Helmut Kohls geflügelte Äußerung von den »blühen-

---

3 »Der Frieden ist nicht alles, aber alles ist ohne den Frieden nichts.« Rede zum 100-jährigen Bestehen des Verlages J.H.W. Dietz Nachf., 3. November 1981, in: *Willy Brandt*: Die Partei der Freiheit. Willy Brandt und die SPD 1972–1992, bearb. von Karsten Rudolph, Bonn 2002 (Berliner Ausgabe, Bd. 5), S. 369.
4 Vgl. *Dieter Felbick*: Schlagwörter der Nachkriegszeit 1945–1949, Berlin/New York 2003, S. 17 ff.

den Landschaften« hingegen, zuerst in der Fernsehansprache des Bundeskanzlers zur deutschen Währungs-, Wirtschafts- und Sozialunion am 1. Juli 1990 gefallen, wurde zwar auch späterhin identifikatorisch gebraucht und von der CDU im Bundestagswahlkampf 1998 eingesetzt, verdankte ihre eigentliche Konjunktur bei aller publizistischen Verteidigung aber der schlagenden oder scheinbar schlagenden Differenz von Anspruch und Wirklichkeit.

Von der Spannung zwischen Identifizierung und Distanzierung wiederum lebt die Berühmtheit des hoffnungsvoll-trotzigen Satzes »Wir schaffen das«, den Bundeskanzlerin Angela Merkel am 31. August 2015 in der Bundespressekonferenz äußerte, um auf dem Höhepunkt der sogenannten Flüchtlingskrise und unter dem Eindruck von siebzig kurz zuvor in einem Lastwagen erstickt aufgefundenen Flüchtlingen die deutsche Bereitschaft zur Aufnahme von Flüchtlingen zu bekräftigen.[5] Das geflügelte Wort, das an Obamas »Yes we can« ebenso erinnert wie an den Namen der linkspopulistischen Partei »Podemos« in Spanien, erfährt bis heute emphatische Zustimmung und aggressive Ablehnung zugleich; es wurde und wird bis heute von den einen zustimmend zitiert und von den anderen ablehnend abgewandelt: »Wir schaffen das nicht!«, hörte man im Herbst 2015 vom »Bayernkurier« wie vom Grünen-Politiker Boris Palmer; »Wir wollen das gar nicht schaffen«, rief der AfD-Politiker Alexander Gauland aus. Dass der damalige Bundeswirtschaftsminister Sigmar Gabriel im selben Zusammenhang schon neun Tage vorher geäußert hatte, »Ich bin sicher, wir schaffen das«,[6] spielt dabei bis heute in der öffentlichen Wahrnehmung keine Rolle und bestätigt die Vermutung, dass weniger die Verfasser und ihre Intention für die Konjunktur von Zeitworten verantwort-

---

5   »Nun stellt sich die Frage: Was müssen wir in einer solchen Situation, in der wir natürlich vor einer riesigen Herausforderung stehen, tun? Dazu will ich einiges sagen. (...) Ich sage ganz einfach: Deutschland ist ein starkes Land. Das Motiv, mit dem wir an diese Dinge herangehen, muss sein: Wir haben so vieles geschafft – wir schaffen das! Wir schaffen das, und dort, wo uns etwas im Wege steht, muss es überwunden werden, muss daran gearbeitet werden. Der Bund wird alles in seiner Macht Stehende tun – zusammen mit den Ländern, zusammen mit den Kommunen –, um genau das durchzusetzen.« Sommerpressekonferenz von Bundeskanzlerin Merkel, 31. August 2015. https://www.bundesregierung.de/Content/DE/Mitschrift/Pressekonferenzen/2015/08/2015-08-31-pk-merkel.html.

6   »›Frieden, Menschlichkeit, Solidarität, Gerechtigkeit: Das zählt zu den europäischen Werten. Jetzt müssen wir sie unter Beweis stellen‹, sagte er. Und dann: ›Ich bin sicher, wir schaffen das.‹« Zit. nach »›Wir schaffen das‹ stammt nicht von Merkel«, in: *Frankfurter Allgemeine Zeitung*, 1. September 2016.

lich sind als vielmehr die medial gefütterte Öffentlichkeit und ihre Rezeptionsbereitschaft.

Die Persönlichkeit als Produzent. Heros, Vorbild, Schurke

Dennoch wäre es natürlich verfehlt, im Denkstil eines radikalen Dekonstruktivismus den Autor völlig aus der Diskursgeschichte zu verabschieden. Zahllos sind die Beispiele, in denen tatsächlich für groß gehaltene Männer Aussprüche tätigten, die schon in ihrer Zeit und mehr noch rückblickend für groß gehalten wurden. Drei Archetypen fallen dabei ins Auge: nämlich der *Heros,* das *Vorbild,* der *Schurke.*

Als Modell des heldischen Ausspruchs dient seit 150 Jahren Bismarcks Blut-und-Eisen-Ausspruch von 1862, der allerdings nur durch einen Zeitungsbericht überliefert ist: »Nicht auf Preußens Liberalismus sieht Deutschland, sondern auf seine Macht; (...) Preußen muß seine Kraft zusammenfassen und zusammenhalten auf den günstigen Augenblick, der schon einige Male verpaßt ist; Preußens Grenzen nach den Wiener Verträgen sind zu einem gesunden Staatsleben nicht günstig; nicht durch Reden oder Majoritätsbeschlüsse werden die großen Fragen der Zeit entschieden – das ist der große Fehler von 1848 und 1849 gewesen – sondern durch Eisen und Blut.«[7] Als »Blut und Eisen« hat dieser Ausspruch des eben ernannten preußischen Ministerpräsidenten später Karriere gemacht. Aber schon hier zeigt sich, dass zu keiner Zeit allein der Autor einer Äußerung über ihre Nutzung entscheidet. Denn Bismarck wollte ihr zunächst keineswegs den kriegerischen Sinn beigelegt wissen, den sie im Rückblick auf die Reichseinigungskriege von 1864 bis 1870/71 gewann, sondern wehrte im Gegenteil eine solche Deutung energisch ab: »Auswärtige Conflicte zu suchen, um über innere Schwierigkeiten hinwegzukommen, dagegen müsse er sich verwahren; das würde frivol sein; er wolle nicht Händel suchen; er spreche von Conflicten, denen wir nicht entgehen würden, ohne daß wir sie suchten.«[8] Er musste so freilich abwiegeln, weil selbst der borussische Historiker Heinrich von Treitschke nur Em-

---

7   *Otto von Bismarck*: Die gesammelten Werke, hrsg. von Hermann von Petersdorff, Bd. 10: Reden 1847–1869, hrsg. von Wilhelm Schüßler, Berlin 1928, S. 140.
8   Die politischen Reden des Fürsten Bismarck, Bd. 2: Die Reden des Ministerpräsidenten von Bismarck-Schönhausen im Preußischen Landtage 1862–1865, hrsg. von Horst Kohl, Stuttgart 1892, S. 31.

pörung für Bismarcks frivoles Politikkonzept aufbrachte, wie er einem badischen Politiker mitteilte: »Du weißt, wie leidenschaftlich ich Preußen liebe; höre ich aber einen so flachen Junker, wie diesen Bismarck, von dem ›Eisen und Blut‹ prahlen, womit er Deutschland unterjochen will, so scheint mir die Gemeinheit nur noch durch die Lächerlichkeit überboten.«[9]

Heroisch ist zweifellos auch der seit nunmehr bald fünfhundert Jahren gern zitierte Satz von Martin Luther auf dem Wormser Reichstag: »Hier stehe ich und kann nicht anders! Gott helfe mir, Amen!« Doch gesagt hat er ihn nicht, sondern seine mit kaum vernehmlicher Stimme vorgetragene Weigerung zu widerrufen, mit einem etwas umständlicheren Satz beschlossen: »Und da mein Gewissen in den Worten Gottes gefangen ist, kann und will ich nichts widerrufen, weil es gefährlich und unmöglich ist, etwas gegen das Gewissen zu tun. Gott helfe mir. Amen.«[10] Die heroisierende Schlussformel stammt von unbekannter Hand und wurde im Erstdruck seiner Reichstagsrede hinzugefügt, während ihr Autor auf der Wartburg an seiner Bibelübersetzung arbeitete. Ein ähnliches Schicksal erlebte eine Zeitreise später der prophetische Satz, mit dem Willy Brandt die Bedeutung der Maueröffnung am Abend des 10. November 1989 in seiner Rede bei der Kundgebung am Schöneberger Rathaus so klarsichtig auf den Punkt brachte: »Jetzt wächst zusammen, was zusammengehört.« Ohne die sentimentale Anspielung an den besonderen Ort, von dem aus Brandt als Regierender Bürgermeister sich der Isolierung der »Frontstadt« West-Berlin entgegengestemmt hatte, wäre ihm die prägnante Formulierung vielleicht gar nicht in den Sinn gekommen. Denn offenbar erinnerte er sich in diesem Moment daran, dass er denselben Satz bereits Jahrzehnte zuvor mehrmals benutzt hatte, wie Bernd Rother herausgefunden hat: Als die unter Ost-Berlin von Alt-Mariendorf bis Wedding führende U-Bahn-Linie 6 nach Tegel verlängert wurde, hatte Brandt in seiner Einweihungsrede am 31. Mai 1958 die Hoffnung ausgesprochen, »daß eines Tages zusammengefügt sein wird, was zusammengehört«, und dann noch einmal aus Anlass des dritten Jahrestages des Mauerbaus am 12. August 1964 erklärt: »Deutschland muß vereinigt werden, damit zusammengefügt wird, was zusammengehört.«

An diese Worte musste Brandt sich erinnert haben, als ihn am 10. November 1989 die Aura des Rathauses Schöneberg mit seiner aus den USA kommenden Freiheitsglocke wieder einfing. Erst ein Jahrzehnt später

---

9 Heinrich von Treitschkes Briefe, hrsg. von Max Cornelicius, Bd. 2, Leipzig 1914, S. 238.
10 *Martin Luther.* Ausgewählte Schriften, hrsg. von Karin Bornkamm und Gerhard Ebeling, Bd. 1, Frankfurt a. M. 1982, S. 269.

stellte sich heraus, dass es sich ganz anders verhielt. Erstens lautet der Satz etwas anders, nämlich: »Jetzt sind wir in einer Situation, in der wieder zusammenwächst, was zusammengehört.« Und zweitens hat ihn Brandt überhaupt nicht in der Rede bei der Kundgebung am frühen Abend gesprochen, wie Bernd Rother detailliert darlegte, sondern nur am Mittag des 10. November 1989 im Gespräch mit einem Rundfunkjournalisten vom Sender Freies Berlin gebraucht, der ihn auf den Stufen des Schöneberger Rathauses an dessen historische Bedeutung erinnerte: »Sie standen oft hier – was geht in Ihnen vor?« Brandt: »Sie haben recht: Ich habe hier oft gestanden, vor allen Dingen am 16. August 1961, kann ich mich erinnern, da haben wir unseren Zorn, unsere Ohnmacht hinausgeschrien. Jetzt sind wir in einer Situation, in der wieder zusammenwächst, was zusammengehört.« Zahlreiche Zeitungen druckten diesen von der Deutschen Presse-Agentur übernommenen Satz ab, der wenige Wochen später zum Titel eines vom Bonner Dietz-Verlag zusammengestellten Sammelbandes mit Reden Willy Brandts zur deutschen Einheit avancierte.

Erst dem Lektor fiel auf, dass das titelgebende Zitat in Brandts Reden gar nicht vorkam, und er veranlasste Brandt zu tun, was ein halbes Jahrtausend zuvor wohl auch Luther nicht abgelehnt hätte, wenn er gefragt worden wäre: »Willy Brandt teilte uns mit, dass er sich selbst auch nicht mehr genau erinnere, in welcher seiner Reden (oder Gespräche oder Interviews) er den fraglichen Satz gesagt habe. Er schlug uns dann vor, die fragliche Passage in der Rede vom 10. November 1989 unterzubringen, und zwar genau an der auf Seite 36 des Buchs enthaltenen Stelle.« Auch das war noch nicht die endgültige Fassung, denn Brandt fügte »*Es* wächst zusammen, was zusammengehört« ein; erst der Lektor machte daraus die fortan für authentisch geltende und geschichtsmächtige Formulierung »*Jetzt* wächst zusammen, was zusammengehört.« Hier haben wir den gar nicht so seltenen Fall, dass ein Autor sich durch die Erwartungshaltung des Publikums gedrängt sieht, ein Diktum zu beglaubigen, das zwar dem Geist, nicht aber dem Buchstaben nach authentisch ist, wie der zuständige Lektor unterstrich: »Ich glaube, dass die Sache dadurch aufgeklärt ist. Mein Kernsatz lautet: Willy Brandt wusste genau, dass er diesen Satz verwendet hatte, konnte sich aber nicht mehr daran erinnern, bei welcher Gelegenheit dies geschah. Er fügte den Text deshalb handschriftlich in seine Berliner Rede ein.«[11]

---

11 *Bernd Rother*: »Jetzt wächst zusammen, was zusammengehört«, in: *Bernd Faulenbach/Andreas Helle* (Hrsg.): Menschen, Ideen, Wegmarken. Aus 150 Jahren deutscher

In ähnlicher Weise autorisierte auch Günter Schabowski im Laufe der Jahre seinen mauerbrechenden Ausspruch aus der folgenreichen Pressekonferenz am 9. November 1989 »Das tritt nach meiner Kenntnis ... ist das sofort, unverzüglich.« Nur, dass es in diesem Fall nicht um eine sprachliche, sondern um eine inhaltliche Neufassung ging. Nachdem er jahrelang in Interviews und Memoiren betont hatte, dass er eine Sperrfrist deswegen nicht genannt hatte, weil sie in der ihm mitgegebenen Pressemitteilung nicht enthalten war,[12] fand er gegen Ende seines Lebens zu einer Deutung, die sein unverschuldetes Versehen zu einem überlegten Akt umdeutete: Der damalige DDR-Staatsratsvorsitzende Egon Krenz habe ihm »einfach diesen Zettel in die Hand gedrückt, so wie eine Frau ihrem Mann einen Einkaufszettel«, sagte Irina Schabowski der »Bild«-Zeitung und antwortete auf die Frage, ob ihr Mann wusste, was die Veröffentlichung auslösen würde: »Natürlich wusste er das. Als er den Zettel vorlas, wollte er, dass die Mauer sofort geöffnet wird.«[13]

Als Spielart des heroischen Zeitworts lassen sich die Merksätze großer Vorbilder einstufen. »*Blood, toil, tears and sweat*«[14] stellte Winston Churchill am 13. Mai 1940 in seiner ersten Unterhausrede nach der Ernennung zum Premier in Aussicht und schuf mit der ungewohnt schonungslosen Ehrlichkeit seiner politischen Rhetorik einen bis heute wirkenden Nachhall, der als »*blood, sweat and tears*« mit seinem Namen verbunden bleibt, auch wenn dieselbe Wendung schon ein Jahrhundert zuvor von Giuseppe Garibaldi verwendet worden war. Zwanzig Jahre später folgte John F. Kennedy mit seiner Antrittsrede als 35. Präsident der USA am 20. Januar 1961 demselben Muster einer Vorbildrhetorik, die nicht verspricht, sondern fordert und gerade dadurch einnehmende Wirkung erzielt: »*And so,*

Sozialdemokratie, Berlin 2013, S. 384–391. Vgl. auch *Günter Bannas*: In der Erinnerung zusammengewachsen. Brandts Worte an die Jubelnden in Berlin am Tag nach dem Mauerfall sind legendär: Nun wachse zusammen, was zusammengehöre. Das Problem: Brandt hat das dort damals gar nicht gesagt, in: *Frankfurter Allgemeine Zeitung*, 14. Oktober 2014.

12 Vgl. *Günther Schabowski*: Der Absturz, Berlin 1991, S. 308; *Walter Süß*: Staatssicherheit am Ende. Warum es den Mächtigen nicht gelang, 1989 eine Revolution zu verhindern, Berlin 1999, S. 443; *Michael Richter*: Die Friedliche Revolution: Aufbruch zur Demokratie in Sachsen 1989/90, Göttingen 2010, S. 728 f.

13 *Hartmut Kascha/Dieter Schlüter*: So geht es dem Mann, der den Mauerfall verkündete, in: *Bild*, 4. Januar 2014.

14 Die Rede ist dokumentiert unter https://winstonchurchill.org/resources/speeches/1940-the-finest-hour/blood-toil-tears-and-sweat-2/.

my fellow Americans: ask not what your country can do for you — ask what you can do for your country.«[15]

Das Gegenteil dieser identifikatorischen Sentenzen sind Zeitworte, die durch ihre distanzerzeugende Kraft im Gedächtnis bleiben, weil sie ihren Autor in seiner Unaufrichtigkeit entlarven. »Es muß demokratisch aussehen, aber wir müssen alles in der Hand haben.«,[16] erläuterte im Mai 1945 der gerade erst zur Unterstützung der sowjetischen Besatzungsherrschaft von Moskau gekommene KPD-Funktionär und Sowjetemigrant Walter Ulbricht seiner Gruppe geschulter Kommunisten, die in der für zwei Monate ganz in sowjetischer Hand befindlichen Reichshauptstadt eine neue Verwaltung aufbauen sollten. »Ich meine, daß es völlig unwichtig ist, wer und wie man in der Partei abstimmen wird; überaus wichtig ist nur das eine, nämlich wer und wie man die Stimmen zählt«,[17] antwortete Stalin im Dezember 1923 auf eine Frage seiner zu dieser Zeit engsten Verbündeten Lew Kamenew und Grigori Sinowjew und gab so offenen Einblick über die verächtliche Geringschätzung des demokratischen Prinzips, die seine dreißig Jahre währende Alleinherrschaft bis zum letzten Tag prägen sollte.

Nur: Beide Äußerungen sind durch Ohrenzeugen überliefert, die ihrerseits später mit der kommunistischen Bewegung brachen und in ihren späteren Lebenserinnerungen den manichäischen Bauformen der exkommunistischen Konversionsbiographie folgen. Auf das zentrale Ereignis der lebensgeschichtlichen Ablösung von der kommunistischen Denkordnung ausgerichtet, versuchen sie regelmäßig ein möglichst eindringliches Bild der totalitären Verführung und Überwältigung zu zeichnen, und ihre Leistung besteht darin, die Funktionsmechanismen der Weltanschauungsdiktatur überscharf und oft dämonisierend zum Sprechen zu bringen.

Niemand außer dem später aus Angst um sein Leben geflüchteten und im Pariser Exil zu keiner näheren Beschreibung der stalinistischen Denkwelt fähigen Boris Baschanow hat Stalins offenherziges Geständnis überliefert. Baschanows Memoiren sind in ihrem Quellenwert umstritten, und es ist ganz unwahrscheinlich, dass Stalin im Machtkampf mit Trotzki und noch vor Lenins Tod verlangt habe, den Kampf um seine schwindende

---

15 Die Rede ist dokumentiert unter https://www.jfklibrary.org/Asset-Viewer/BqXIEM9F4024ntFl7SVAjA.aspx.
16 Zit. nach *Wolfgang Leonhard*: Die Revolution entläßt ihre Kinder, Köln 1955, S. 365.
17 Zit. nach *Boris Baschanow*: Ich war Stalins Sekretär, Frankfurt a. M./Berlin/Wien 1977, S. 68.

Unterstützung in der Partei mit den Mitteln zu führen, die ihn in den Augen der Opposition nur weiter diskreditieren mussten. Nicht weniger unwahrscheinlich ist, dass Wolfgang Leonhard schon gleich nach der Kapitulation Berlins die Strategie aus Ulbrichts Mund vernommen haben kann, die die Politik der SED späterhin bestimmen sollte. In den ersten Tagen nach ihrer Ankunft war auch die Gruppe Ulbricht noch ganz unsicher, wo ihr Platz in der Besatzungsherrschaft sein würde, und fest stand nur, dass die deutschen Ordnungshelfer sich auf eine rein ausführende Rolle zu beschränken hätten:»Abreisende stehen nicht zur Verfügung der KPD, sondern zur Verfügung der Roten Armee«, die obendrein nicht als Befreierin des deutschen Volkes zu bezeichnen sei, hielt der in Moskau verbliebene Wilhelm Pieck als sowjetische Direktive fest.

Zeitworte als Spiegel der Gesellschaft

Überblicken wir also die Reihe der heroisierend oder dämonisierend überlieferten Zeitworte geschichtsmächtiger Persönlichkeiten, so zeigen sich Zweifel nicht nur an der Authentizität der jeweiligen Zitate, sondern auch an der intentionalen Prägekraft ihrer Urheber. In Wahrheit sind es nicht die Produzenten, sondern die Rezipienten, die darüber entscheiden, ob Sentenzen als verbale Erinnerungsorte das Epochengefühl einer Zeit treffen oder nicht. Zeitworte sind zugeschriebene oder tatsächliche Äußerungen, die dem Selbstverständnis einer Gegenwart und ihres Blickes auf die Geschichte in besonderem Maße entsprechen, es in einem Sprachbild verdichten.

Zu sprachlichen Erinnerungsorten werden Zeitworte, wenn sie im Rückblick besondere *historische Momente* beglaubigen. Einen solchen historischen Moment fängt der berühmte Donnerkeil ein, mit dem Mirabeau am 23. Juni 1789 den drei Tage zuvor gefassten Ballhausschwur bekräftigt, in dem die Abgeordneten des Dritten Standes der französischen Generalstände in Versailles schworen, nicht auseinanderzugehen, bevor sie Frankreich eine Verfassung gegeben hätten. Eine andere Chance auf bleibende Verankerung im kulturellen Gedächtnis bieten *geschichtliche Prognosen*, in denen die prophetische Weitsicht zeitgenössischer Beobachter zum Ausdruck kommt, sich anbahnende epochale Einschnitte aus ihrer eigenen Zeit herauszulesen. Den Archetypus solcher Zeitworte stellt der Satz dar, mit dem Goethe nach eigener, mit dreißigjährigem Abstand festgehaltener Erinnerung während der Französischen Revolution die von ihm als Augenzeuge verfolgte Kanonade von Valmy am 20. September 1792 kommentierte: »Von hier und heute geht eine neue Epoche der Weltgeschichte aus«. Tatsächlich zwang das Treffen von Valmy die preußisch-österreichische Invasionsarmee, ihren Marsch auf Paris abzubrechen, wo tags darauf der König Louis XVI. abgesetzt und die Republik proklamiert wurde. Auch hier kommt es freilich auf die Nachwelt an, die der vermeintlichen Verabschiedung des *ancien régime* ihren zukunftweisenden Sinn erst unterlegte: In Wahrheit hatte Goethe mit seiner in ihrer Authentizität ungesicherten Äußerung einige der mit ihm im Freien biwakierenden Offiziere seines Herzogs Carl August aufmuntern wollen, die unter dem Eindruck des überlegenen Kampfeswillen der französischen Revolutionstruppen demoralisiert zusammenstanden, und deswegen lautet der gern zitierte Satz vollständig auch so: »Von hier und heute geht eine neue Epoche der Weltgeschichte aus, und ihr könnt sagen, ihr seid dabei gewesen.«[18]

Über einhundert Jahre später trat wiederum ein prominenter Zeitbeobachter mit einer visionären Einschätzung hervor, die zu einem Zeitwort wurde. Sie stammte von dem Industriellen und Intellektuellen Walther Rathenau, der in den Augusttagen 1914 die Lücke in der deutschen Kriegsrohstoffversorgung erkannte und die Leitung des daraufhin neugegründeten Preußischen Kriegsrohstoffamts übernahm, aber dennoch den Ausbruch des Weltkrieges als ein Verhängnis deutete, aus dem die Deutschen als Bettler hervorgehen würden.[19] 1919 veröffentlichte er eine psychologische Betrachtung des gestürzten Kaisers, in der er sich selbst mit einem Ausspruch zitierte, den er bei Kriegsausbruch getan haben wollte: »Nie wird der Augenblick kommen, wo der Kaiser, als Sieger der Welt, mit seinen Paladinen auf weißen Rossen durchs Brandenburger Tor zieht. An diesem Tage hätte die Weltgeschichte ihren Sinn verloren. Nein! Nicht einer der Großen, die in diesen Krieg ziehen, wird diesen Krieg überdauern.«[20]

---

18 *Johann Wolfgang Goethe*: Campagne in Frankreich 1792 (Erstveröffentlichung 1822*)*, in: Goethes Werke. Hamburger Ausgabe in 14 Bänden, hrsg. von Erich Trunz, Bd. 10: Autobiographische Schriften II, München 1981, S. 235.
19 So überlieferte der Romancier und Reiseschriftsteller Arthur Holitscher Rathenaus Haltung in einem Gespräch aus den Augusttagen 1914. Zit. nach *Ernst Schulin* (Hrsg.): Gespräche mit Rathenau, München 1980, S. 142.
20 *Walther Rathenau*: Der Kaiser, in: *ders.*: Gesammelte Schriften in sechs Bänden. Bd. 6: Schriften aus Kriegs- und Nachkriegszeit, Berlin 1929, S. 305. Eine andere Sprache spricht allerdings die erhalten gebliebene Aufzeichnung des seinerzeitigen Gesprächs, für die Rathenau selbst gesorgt hatte. Aus ihr geht neben der devoten Beflissenheit des

Die Authentizität der Äußerung ist mehr als zweifelhaft, aber nachträglich von ihm selbst versichert, wurde sie nicht nur Rathenau selbst zum Verhängnis, sondern zu einem vielzitierten Pseudobeleg für die Dolchstoßlegende, mit der die geschlagene Nation ihre Kriegsniederlage in revisionistischer Aggressivität zu bewältigen suchte. Als im November 1919 der verantwortliche Feldherr Erich Ludendorff vor dem Untersuchungsausschuss des Reichstages zur Klärung der Kriegsschuld stand, berief er sich auf Rathenaus Worte, um seine Entlastungsbehauptung zu stützen, dass der Krieg nicht an der Front, sondern in der Heimat verloren worden sei: »Zu meinem Bedauern bin ich auch gezwungen, noch eine zweite Äußerung zu tun. Ich muß einen Ausspruch Walther Rathenaus wiedergeben, in dem er etwa sagt, an dem Tage, wo der Kaiser als Sieger mit seinen Paladinen auf weißen Rossen durch das Brandenburger Tor einziehen würde, hätte die Weltgeschichte ihren Sinn verloren. Es waren also Strömungen im Volke vorhanden, die nicht die Ansicht der Obersten Heeresleitung vertraten, daß wir auf den Sieg kämpfen müßten, und diesen Strömungen mußten wir Rechnung tragen.«[21] Vergeblich wehrte Rathenau sich gegen diese Auslegung seiner Worte;[22] in keiner Schmähschrift fehlte fortan die von Ludendorff geprägte Version des »Kaiser-Zitates«, und in der völkischen Agitation wuchs sie in der Nachkriegszeit zum scheinbaren Nachweis der »überstaatlichen Mächte«, die Deutschland in den Ruin gestürzt hätten.

Als besondere Spielart historischer Prognosen können Äußerungen gelten, die sich aufgrund nicht beeinflussbarer Umstände nicht erfüllen konnten. Dass Reichskanzler Heinrich Brüning am 11. Mai 1932 nur Wochen vor seinem Rücktritt den Reichstag beschwor, er stehe »hundert Meter vor dem Ziel«, wurde auf diese Weise zu einem Zeitwort, das im

---

zum Vortrag bei Wilhelm II. gebetenen Rathenau vor allem hervor, dass der Kaiser und sein Referent sich durchaus einig wussten in ihrem nationalen Stolz und ihrem Bewusstsein der industriellen Leistungskraft des Landes. Vgl. *Hans Dieter Hellige*: Wilhelm II. und Walther Rathenau, in: *Geschichte in Wissenschaft und Unterricht* 19 (1968), 9, S. 538–543.

21 Zit. nach *Harry Graf Kessler*: Walther Rathenau. Sein Leben und sein Werk, Wiesbaden o. J. (1962), S. 287.

22 »Diese Äußerung des Generals Ludendorff vor dem Untersuchungsausschuß kann und wird so aufgefaßt werden, als hätte ich im Kriege zur Entmutigung des Volkes beigetragen, dem Siege entgegengearbeitet, Kriegssabotage getrieben. Solche Beschuldigung bin ich nicht gewillt, auf mir sitzen zu lassen. Ich weise sie zurück und werde die Zurückweisung begründen.« *Walther Rathenau*: Schicksalsspiel, in: *ders.*: Was wird werden?, Berlin 1920, S. 5.

Nachhinein als Beleg für politische Vermessenheit, aber auch tragische Entmachtung genutzt wurde,[23] während Honeckers rückblickende Versicherung von 1992 – »Ein Jahr später, und die Wohnungsfrage wäre in der Hauptstadt gelöst. Der Prenzlauer Berg wäre heute ein einziger Bauplatz.«[24] – ganz gewiss nicht als bemerkenswerte Prognose im Sonderfall des Irrealis überdauern wird, sondern allenfalls hier und da als groteske Verblendung eines gestürzten Diktators aufgerufen werden mag.

Damit berühren wir bereits einen dritten Geltungsbereich verbaler Erinnerungsorte, die ihre Memorabilität daraus gewinnen, dass sie von der geschichtlichen Entwicklung nicht beglaubigt, sondern im Gegenteil von ihr dementiert werden. In ihren *historisch widerlegten Behauptungen* entlarven sich die selbsternannten Herren der Geschichte, deren Sentenzen von bleibender Erinnerungskraft sind, weil die Geschichte sie Lügen gestraft hat. Insbesondere Diktaturen produzieren demaskierende Dikta, deren herrschaftskritischer Gestus durch den Verlauf der Geschichte selbst erzeugt wird. Natürlich – auch die fatale Wiederholung eines Satzes, mit dem Norbert Blüm im Bundestagswahlkampf 1986/87 für die CDU geworben hatte – »Eins ist sicher: Die Rente« –, ging als klassische politische Fehlprognose in die Geschichte ein. Aber dass Blüm seine im Nachhinein zynisch wirkende Behauptung am 10. Oktober 1997 im Bundestag noch einmal trotzig wiederholte: »Zum Mitschreiben: Die Rente ist sicher!«,[25] hatte keineswegs mit der Arroganz der Macht zu tun,

---

23 *Alexander Gauland*: Gastkommentar – Griechenland macht Sparpolitik wie unter Brüning. Wie Papandreou heute versuchte in der Weimarer Republik Heinrich Brüning mit einer Politik der Depression die Gläubiger zu überzeugen. Bevor er sein Ziel erreichen konnte, übernahm ein gewisser Adolf Hitler das Kommando, in: *Der Tagesspiegel*, 30. Juni 2011.

24 Erich Honecker an Eva Ruppert, 8. November 1992, in: *Eva Ruppert* (Hrsg.): »Liebe Eva«. Erich Honeckers Gefängnisbriefe, Berlin 2017, S. 67.

25 Tatsächlich hatte Blüm seinen absolut wirkenden Satz durchaus an Bedingungen geknüpft: »Wir machen also keine Rentenrevolution, sondern wir bleiben im System, auch im System der nettolohnbezogenen Rente. Noch einmal: Wir machen keine Rentenrevolution, wir machen eine Rentenreform. Es gilt der Satz – zum Mitschreiben –: Die Rente ist sicher! (Lachen bei der SPD, dem BÜNDNIS 90/DIE GRÜNEN und der PDS) – Sie können nur lachen. Aber wenn Sie die Hände in den Schoß legen und nichts machen, dann ist sie unsicher. Ich wiederhole: Die Rente ist sicher. (Beifall bei der CDU/CSU und der F.D.P.) Aber sie fällt nicht vom Himmel. Sie ist kein Weihnachtsgeschenk. Sie wächst nicht wie das Gras. Sie ist weder ein Wunder noch ein Naturprodukt, sie ist Handlungsauftrag.« Deutscher Bundestag, Plenarprotokoll 13/198, 10. Oktober 1997, S. 17872. http://dip21.bundestag.de/dip21/btp/13/ 13198.pdf.

sondern sollte das letzte As im Ärmel eines angeschlagenen Politikers werden, dessen umlagebasiertes Rentensystem die »Bild«-Zeitung zu dieser Zeit systematisch niederschrieb.[26]

In der Regel aber ist es die Empfindung von Ohnmacht, die die Geschichte selbst als Kronzeugin für die Verlogenheit der Herrschenden anruft. Für welche Sentenz würde dies mehr gelten als für den Adolf Hitler zugeschriebenen Ausspruch »Gebt mir vier Jahre Zeit, und Ihr werdet Deutschland nicht wiedererkennen!«, dessen Wahrheit erst die NS-Propaganda beteuerte und dann in ganz anderer Weise die Geschichte bestätigte. Auch hier weichen propagierte Überlieferung und ursprünglicher Wortlaut voneinander ab. Der zwei Tage zuvor ernannte Reichskanzler Hitler hatte in seiner ersten Radioansprache am 1. Februar 1933 gesagt: »Nun, deutsches Volk, gib uns die Zeit von vier Jahren, und dann urteile und richte uns!«[27]

Wovon also zeugen Zeitworte? Weniger von der Wirkungsmacht ihrer Sprecher als von der Vorstellungsmacht ihrer Hörer. Bei genauerer Betrachtung zeigt sich, dass die Urheber großer Sätze ihrer Zeit lediglich Rohstofflieferanten sind und häufig sogar auch nur Projektionsflächen überdauernder verbaler Erinnerungsort. Welche in der Vergangenheit getane oder ihr zugeschriebene Äußerung als Zeitwort in das kulturelle Gedächtnis eingeht, entscheidet die Nachwelt – in den großen Sätzen der Geschichte, aus denen wir Orientierung für die Zukunft zu gewinnen hoffen, spiegelt sich am Ende allein das Selbstverständnis unserer eigenen Zeit.

---

26 So sah es Blüm rückblickend auch selbst: »Der Satz ist von schmuckloser Einfachheit. Ob er richtig ist, entscheidet sich daran, von welchem System die Rente finanziert wird. Schon 1986 sagte ich diesen Satz, allerdings hatten bedeutendere Politiker, Helmut Schmidt etwa, ihn vor mir ausgesprochen. Hinter denen will ich mich gar nicht verstecken, ich stehe zu meiner Aussage. Aber dass die ›Bild‹-Zeitung und andere mich als Lügner darstellten, war die Folge einer gut kalkulierten Lobbyisten-Kampagne: Die Rentenversicherung sollte madig gemacht werden, damit mehr Geld in der Kasse der Privatversicherung landet. Ich bin lediglich die Katze, der die Schelle umgehängt wurde.« *Norbert Blüm*: »Die Rente ist sicher.«, in: *Der Tagesspiegel*, 24. Mai 2015.
27 Die Rede ist dokumentiert unter http://germanhistory‹docs.ghi-dc.org/pdf/deu/DEST_APPEAL1933_GER.pdf. Vgl. auch *Sven Felix Kellerhoff*: »Gebt mir vier Jahre Zeit!«, in: *Die Welt*, 30. Januar 2017.

I.

Herkunft und Antriebskräfte.
Der Ruf nach »Modernisierung«
und »Demokratisierung«
in den 1950er und 60er Jahren

Mehr »Mut zur Wahrheit« wagen?
Willy Brandt, die Deutschen und die NS-Vergangenheit
KRISTINA MEYER

1955 hielt Willy Brandt als Präsident des Berliner Abgeordnetenhauses in der Gedenkstätte Plötzensee eine Rede zum elften Jahrestag des 20. Juli. »Ob wir denn nicht endlich aufhören sollten, in die grauenvolle Vergangenheit zurückzublicken«, werde er hier und dort gefragt, »ob wir denn immer wieder die Gegensätze im eigenen Volk aufreißen wollten, ob wir nicht endlich und endgültig vergessen sollten«. Gewiss könne »nicht alles Bedrückende« auf ewig mitgeschleppt werden, so Brandt in Berlin, aber dennoch glaube er nicht an diese »Therapie des Gras-wachsen-Lassens« und ebenso wenig daran, dass das Leben der Deutschen auf einer Lüge, auf einem »bequemen Verdrängen des Unangenehmen« aufgebaut werden könne. Das »mit uns selbst Ins-Reine-Kommen« sei im »viel zitierten deutschen Nachkriegswunder zu kurz gekommen« – und daher komme es heute »mehr denn je und mehr als alles andere« auf den »Mut zur Wahrheit« an.[1]

Der 41-jährige Brandt erhob diese Forderung zu einem Zeitpunkt, da die Adenauer'sche »Vergangenheitspolitik« als weitgehend abgeschlossen gelten konnte: Die Strafverfolgung von NS-Tätern stand still, zahlreiche Funktionsträger des Regimes waren wieder in Lohn und Brot, die Bundesbürger konnten durchatmen und ihren neuen Wohlstand genießen. Dass derweil Hunderttausende NS-Verfolgte in aller Welt um ihre Entschädigungsleistungen kämpften, die ihnen nach dem 1953 verabschiedeten Bundesergänzungsgesetz zustanden, empfand die Mehrheit der einstigen »Volksgemeinschaft« viel eher als Belastung denn als einen von ihr zu erbringenden Beitrag zur »Vergangenheitsbewältigung«. Im Übrigen galten die Widerstandskämpfer vielen Deutschen immer noch als »Vaterlandsverräter«, und so blieb jene offizielle Gedenkfeier, die 1955 überhaupt erst zum zweiten Mal stattfand, ein Nischenereignis in der jungen Republik. Dabei würde es »uns nicht schlecht bekommen«, so Brandt

---

1 *Willy Brandt*: Gedenkrede zum 20. Juli 1944 in Plötzensee, 19. Juli 1955, in: Archiv der sozialen Demokratie der Friedrich-Ebert-Stiftung (AdsD), Nachlass (NL) Fritz Sänger, 186.

zum Ende seiner Rede, »wenn wir uns bemühten, mehr von dem Geist des Widerstandes« aufzunehmen – und dazu zähle vor allem »das Streben nach einer lebendigen rechtsstaatlichen freiheitlichen Demokratie«.[2] Gut vierzehn Jahre später, kurz nach seiner Wahl zum Bundeskanzler am 21. Oktober 1969, erklärte Willy Brandt in einem Gespräch mit ausländischen Journalisten, er empfinde, »Hitler habe den Krieg jetzt endgültig verloren: Ich verstehe mich als Kanzler nicht eines besiegten, sondern eines befreiten Deutschland.«[3] Für die Gegner und Verfolgten des NS-Regimes mochte das so klingen, als würden endlich all ihre Hoffnungen und Erwartungen erfüllt, die in den ersten Nachkriegsjahren enttäuscht worden waren; als hätte sich erst jetzt eine politische Kraft durchgesetzt, die die Erbschaften des »Dritten Reiches« nicht nur zu »bewältigen«, sondern auch selbstkritisch aufzuarbeiten gewillt war; als könne der so lang vermisste »Mut zur Wahrheit« nun auch quasi regierungsamtlich bewiesen werden. Veränderte sich die politische Kultur der Bundesrepublik – wie Bernd Faulenbach meint – »auch insofern, als endlich ein Mann des Widerstandes gegen Hitler in das Zentrum der deutschen Politik rückte«? War Brandts Wahl zum Bundeskanzler das »Symbol eines veränderten Verhältnisses der Bundesrepublik zur jüngsten Geschichte«?[4] War der Regierungswechsel, so Edgar Wolfrum, »ein geschichtspolitisch vorangetriebener zweiter Gründungsakt der Bundesrepublik«?[5]

Brandt selbst jedenfalls hob den Zäsurcharakter in seiner ersten Regierungserklärung deutlich hervor: Zwar wolle niemand die »Leistungen der letzten zwei Jahrzehnte leugnen, bezweifeln oder geringschätzen« – aber sie seien nun »Geschichte geworden«.[6] Was er zur NS-Vergangenheit zu sagen hatte, war ganz entschieden auf Gegenwart und Zukunft gerichtet. Wer mit einem flammenden Plädoyer für die Anerkennung der einstigen

---

2 Ebd.
3 *Willy Brandt*: Begegnungen und Einsichten. Die Jahre 1960–1975, Hamburg 1976, S. 296. Wolfrum spricht vom »Pathos des Neuanfangs«, von einer »Überhöhung der neuen Regierung als historische Zäsur, gepaart mit dem moralischen Gestus, den der neue Kanzler pflegte«. *Edgar Wolfrum*: Geschichtspolitik in der Bundesrepublik Deutschland. Der Weg zur bundesrepublikanischen Erinnerung 1948–1990, Darmstadt 1999, S. 273.
4 *Bernd Faulenbach*: Das sozialdemokratische Jahrzehnt. Von der Reformeuphorie zur Neuen Unübersichtlichkeit. Die SPD 1969–1982, Bonn 2011, S. 77.
5 *Wolfrum* 1999, S. 276.
6 Deutscher Bundestag, Plenarprotokoll 6/5, 28. Oktober 1969, S. 20–34. http://dip21.bundestag.de/dip21/btp/06/06005.pdf (wie alle folgenden Internetlinks zuletzt abgerufen am 29. Juni 2018).

Hitler-Gegner gerechnet, wer auf eine Abrechnung mit den jahrelangen Diffamierungsversuchen gegenüber dem Remigranten »in fremder Uniform« gehofft hatte, der wurde an jenem 28. Oktober 1969 enttäuscht. Was aber bedeutete der Satz »Wir wollen mehr Demokratie wagen« dann für die »Vergangenheitsbewältigung« und das Verhältnis der Deutschen zu ihrer »jüngsten Geschichte«? Mehr »Mut zur Wahrheit«, wie Brandt 1955 gefordert hatte, ein bislang unerhörtes Wagnis? Die Beseitigung eines aus dem »Dritten Reich« herrührenden Demokratisierungsdefizits? Eine entschlossene öffentliche Auseinandersetzung mit vorherigen Versäumnissen? Konkrete politische Maßnahmen zu deren Beseitigung? War der Regierungswechsel 1969 tatsächlich eine Zäsur im Umgang der Deutschen mit der NS-Vergangenheit?

Diskretion und Demokratisierung

»Demokratisierung« und »Demokratisierungsfähigkeit« waren in den 1950er Jahren Schlüsselbegriffe in den Stellungnahmen führender Sozialdemokraten, immer dann, wenn die »jüngste Vergangenheit« und die aus ihr zu ziehenden Konsequenzen zur Debatte standen. Um die vom Nationalsozialismus »Irregeleiteten« – so eine vielfach bemühte Formel – an die Demokratie heranzuführen und sie nicht in die Arme von Rechtsradikalen zu treiben, müsse man auf sie zugehen: ein Argument, mit dem Sozialdemokraten den bereits im Juni 1946 gefassten Entschluss zur Aufnahme ehemaliger NSDAP-Mitglieder in die SPD ebenso begründeten wie die Solidaritätsbekundungen Kurt Schumachers und anderer gegenüber den Angehörigen der einstigen Waffen-SS oder die Zustimmung der Partei zum 131er-Gesetz zwecks Wiedereinstellung der von den Alliierten aus dem öffentlichen Dienst Entlassenen. »Wir wollen die Menschen nicht nur nach ihrer Vergangenheit beurteilen«, so Fritz Erler 1952, »sondern danach, welche Vorstellungen sie heute von ihrer Arbeit als Diener eines demokratischen Staates haben.«[7] Ein zentrales Ziel sozialdemokratischer »Vergangenheitspolitik« war es, jenen »irregeleiteten Idealisten« ihr »Recht auf den politischen Irrtum« zuzugestehen, ihnen eine zweite Chance und mithin den Weg zur Mitbestimmung und zu ihrer eigenen Demokratisierung zu eröffnen; damit verbunden war der regelmäßige

---

7 Schreiben von Erler an Hessmann, 18. Dezember 1952, in: AdsD, NL Fritz Erler, 164a.

Vorwurf an die unionsgeführte Bundesregierung wie auch an die Besatzungsmächte, diesen Prozess mit ihrer Politik zu blockieren und damit zugleich das Ansehen der jungen Demokratie zu untergraben.[8]

Auf die infame Diffamierung einstiger Widerstandskämpfer durch den rechtsradikalen DP-Politiker Wolfgang Hedler reagierte die SPD-Bundestagsfraktion Mitte Februar 1950 mit der Forderung nach einem »Gesetz gegen die Feinde der Demokratie«. Kurt Schumacher aber nutzte den Skandal um Hedlers Freispruch wenig später auch dazu, die große Masse der Mitläufer erneut in Schutz zu nehmen und die Besatzungsmächte zu attackieren. Hedlers verbaler Angriff auf die Gegner des NS-Regimes sei »nicht nur ein Schlag gegen Deutschland, sondern auch ein Schlag gegen Millionen von gutwilligen früheren Nazis, die den Weg zum demokratischen Staatsbürger eingeschlagen haben«, so Schumacher. Dabei trügen auch die Alliierten ein »gerüttelt Maß von Schuld« an der mangelnden Demokratisierung der Deutschen. Wer ihnen die Selbstbestimmung vorenthalte, mache ihre Integration in die bundesdeutsche Demokratie von vornherein unmöglich. Den Lernfähigen unter den einstigen Anhängern der NSDAP müsse die SPD daher vor Augen führen, »dass der Neofaschismus ihnen die Möglichkeit zur sozialen Sicherung und zum demokratischen Staatsbürgertum zerstören will«.[9]

Zwar trug die SPD den größten Teil der »Vergangenheitspolitik« Adenauers mit, trat aber immer wieder mit punktueller Kritik daran hervor – vor allem dann, wenn die unzulängliche Wiedergutmachung für die Opfer des Nationalsozialismus oder die Skandale um personelle Kontinuitäten in Politik und Justiz zur Debatte standen. Führende Sozialdemokraten warfen der Bundesregierung vor, sie unterminiere durch ihre restriktive Haltung in der Entschädigungsgesetzgebung ebenso wie durch einen Kanzleramtsminister Hans Globke die Glaubwürdigkeit der jungen Demokratie – nicht nur gegenüber dem Ausland, sondern auch gegenüber der eigenen Bevölkerung. Auch die auffällig starke Präsenz ehemaliger NSDAP-Mitglieder in den Bundesministerien – vor allem im 1951 gegründeten Auswärtigen Amt – verhindere eine Demokratisierung.[10]

---

8 Vgl. dazu ausführlich *Kristina Meyer*: Die SPD und die NS-Vergangenheit 1945–1990, Göttingen 2015, S. 37–58 u. 149–167.
9 Stellungnahme Schumachers zum Rechtsradikalismus in einer gemeinsamen Sitzung des Parteivorstandes und des Parteiausschusses der SPD, in: *Willy Albrecht* (Hrsg.): Kurt Schumacher. Reden – Schriften – Korrespondenzen 1945–1952, Bonn 1985, S. 994–998, hier S. 998.
10 Vgl. *Meyer* 2015, S. 123 ff.

Dabei war das Zutrauen führender Sozialdemokraten in den Demokratisierungsgrad der vormaligen »Volksgemeinschaft« in den 1950er Jahren nicht eben hoch. Wäre »mehr Demokratie« im Sinne einer größeren öffentlichen und partizipativen Auseinandersetzung mit der NS-Vergangenheit da überhaupt wünschenswert gewesen? Hätte eine »demokratischere« Vergangenheitspolitik nicht sogar bedeutet, dem gesellschaftlichen Schlussstrichbedürfnis noch weiter entgegenzukommen, als die Parteien des Bundestags dies bereits taten? Ein so unbeliebtes Thema wie die Entschädigung der NS-Verfolgten – so sehr sie auch vielen führenden Sozialdemokraten eine Herzensangelegenheit war – wurde von der SPD jedenfalls bevorzugt fernab der Öffentlichkeit verhandelt. Erst recht nach dem Tod Kurt Schumachers 1952 bestimmte Diskretion den vergangenheitspolitischen Ton der Partei. Der neue Vorsitzende Erich Ollenhauer steuerte die Partei auf einen Kurs, mit dem Konflikte und Skandale in Sachen NS-Vergangenheit möglichst vermieden werden sollten. Aus der Perspektive der einstigen NS-Verfolgten an der Basis der SPD wiederum hätte eine demokratische Aufarbeitung des »Dritten Reiches« etwas ganz anderes bedeutet als das, was seit 1945 und erst recht seit 1949 in Westdeutschland geschehen war: Viele von ihnen zeigten sich zur Mitte der 1950er Jahre vollends enttäuscht vom Stand des Demokratisierungsprozesses, hatten sich ihre Hoffnungen auf eine konsequente politische Säuberung der Gesellschaft von den personellen und mentalen Hinterlassenschaften des Nationalsozialismus doch keineswegs erfüllt, ebenso wenig wie ihr Wunsch nach einer öffentlichen Anerkennung ihres Einsatzes gegen die Diktatur.[11]

In der Sozialdemokratie wie in der bundesdeutschen Gesellschaft überhaupt waren es wenige Einzelkämpfer, die in den späten 1950er Jahren begannen, jenes von Willy Brandt 1955 kritisierte »Gras-wachsen-Lassen« offensiv in Frage zu stellen, vor allem mit Blick auf die seit Jahren stillstehende Strafverfolgung von NS-Tätern durch die bundesdeutsche Justiz. Der über weite Strecken einsame Kampf Fritz Bauers ist hinlänglich bekannt; mindestens ebenso interessant in diesem Zusammenhang ist Adolf Arndt: Der »Kronjurist« der SPD war sich der eklatanten Versäumnisse in der Strafverfolgung bis dahin unbehelligt gebliebener NS-Täter zwar bewusst, hielt aber prinzipientreu am Rückwirkungsverbot fest, ebenso wie an den Verjährungsfristen. Hinzu kam bei ihm wie bei der restlichen Führungsriege seiner Partei die Furcht, dass neue Initiativen auf

---

11 Vgl. ebd., S. 199 f.

diesem Gebiet als ängstliches Einlenken auf die Vorwürfe des SED-Regimes interpretiert werden könnten, das die personellen Kontinuitäten zwischen NS-Staat und Bundesrepublik seit 1955 mit immer aggressiveren Kampagnen zu skandalisieren versuchte. Wie sehr der Antikommunismus die Aufarbeitungsbemühungen behinderte, illustriert keine Episode besser als der Umgang mit der Ausstellung »Ungesühnte Nazijustiz« im Jahr 1959. Die SPD-Parteiführung lehnte es vehement ab, das Projekt Reinhard Streckers und seiner Mitstreiter aus dem Sozialistischen Deutschen Studentenbund (SDS) zu unterstützen, weil die gezeigten Dokumente über Hitlers Juristen in bundesdeutschen Diensten mehrheitlich aus Ost-Berlin stammten. Und nicht nur das: Das studentische Ausstellungsprojekt wurde zum Anlass genommen, die Verbindung zum rebellischen und »Godesberg«-kritischen SDS zu kappen und einige der Ausstellungsmacher aus der Partei zu werfen.[12] Eine offene Auseinandersetzung mit dem Thema belasteter Juristen – als Konsequenz einer Entscheidung für »mehr Mut zur Wahrheit« – hätte anders ausgesehen, und mehr innerparteiliche Demokratisierung hätte zudem die Tolerierung des SDS und seiner Positionen bedeutet. Auch Arndt hatte Strecker zunächst die Unterstützung verweigert, musste aber rasch einsehen, dass das Anliegen berechtigt und die Dokumente aus der DDR echt waren. In den folgenden Jahren profilierte er sich neben Fritz Bauer als der wohl engagierteste Sozialdemokrat, wenn es um die Strafverfolgung von NS-Tätern und die Auseinandersetzung mit personellen Kontinuitäten in Politik und Justiz ging.

Der Umgang der SPD-Führung mit der fast zeitgleich über die Republik schwappenden antisemitischen »Schmierwelle« deutete gleichwohl an, dass die Partei nicht bereit war, die Banalisierungsrhetorik der Adenauer-Regierung mitzutragen – weder die Rede von den »Lümmels«, wie der Bundeskanzler die Verantwortlichen für die judenfeindlichen Graffiti an der gerade neueingeweihten Kölner Synagoge altväterlich genannt hatte, noch die Externalisierungsstrategie der CDU/CSU, die auch hinter diesen Vorfällen eine aus Ost-Berlin gelenkte Aktion vermutete. In der Aussprache im Bundestag riet der Sozialdemokrat Carlo Schmid dazu, den Blick nach innen statt nach außen zu richten: Die Deutschen sollten sich fragen, »ob durch diese Schmierereien, Rüpeleien nicht schlicht etwas

---

12 Vgl. dazu ausführlich *Stephan Alexander Glienke*: Die Ausstellung »Ungesühnte Nazijustiz« (1959–1962). Zur Geschichte der Aufarbeitung nationalsozialistischer Justizverbrechen, Baden-Baden 2008, sowie *Meyer* 2015, S. 217–227.

ans Tageslicht gekommen ist, das wir, mit gutem Gewissen vielleicht, ausgelöscht glaubten und das doch nur unter den Teppich gekehrt worden ist«. Antisemitismus sei überall schlimm, in Deutschland aber liege »auf diesem Schlimm ein besonderer Akzent«, weil er »bei uns nun einmal nach Auschwitz« geführt habe und Äußerungen wie jene »Schmierereien der Dummköpfe« immer auch eine Aufforderung seien, diesen Weg irgendwann wieder zu gehen. Um mit der Demokratie ernst zu machen und solchen Anfängen zu wehren, sollte der Bundeskanzler auch dafür sorgen, dass »in hohen, sichtbaren Amtsstellen niemand sitzt«, dessen Dasein den Neonazisten und Antisemiten eine billige Rechtfertigung ihres Handelns liefere.[13] Schmid und seine Fraktion forderten daher Bildungsprogramme in den Schulen und eine Verschärfung der Strafgesetze. Gefragt seien Maßnahmen, die nicht aus Furcht vor einem »ungünstigen Eindruck im Ausland«, sondern »aus dem Gefühl der Selbstachtung« heraus ergriffen werden sollten, so hieß es in einem gemeinsamen Papier von SPD und DGB. Die Gefahr liege weniger in der Existenz einzelner antidemokratischer »Schmierfinken« als vielmehr in der mangelnden Demokratieverbundenheit vieler Deutscher und in der verbreiteten Tendenz, den »Mantel des Schweigens« über die Vergangenheit zu decken.[14]

Dialektik der Aufarbeitung

Tatsächlich bemühte sich die SPD in der ersten Hälfte der 1960er Jahre zunehmend darum, jenen Mangel an Aufarbeitung und Demokratisierung als ein innergesellschaftliches Problem zu thematisieren und nicht länger als ein außenpolitisches oder gar von außen induziertes. Pädagogisch gerahmt wurden die Forderungen nach mehr »Mut« zur Auseinandersetzung mit der Vergangenheit durch eine Rhetorik, die das »Lernen aus der Geschichte« nicht länger als Last, sondern als eine zwar schmerzhafte, aber letztlich ebenso nötige wie gewinnbringende und zukunftsweisende Anstrengung darstellte. Ziel dieses Lernprozesses sollte die »innere

---

13 »Es geht um die Freiheit und um die Wahrheit!« Der Deutsche Bundestag zu den antisemitischen Ausschreitungen. Erklärung des amtierenden Präsidenten, Prof. Dr. Carlo Schmid, 20. Januar 1960, in: AdsD, SPD-Bundestagsfraktion, 3. WP, 388.
14 »DGB und SPD zum Antisemitismus«, in: *Die Gemeinschaft – Mitteilungen für politisch verfolgte Sozialdemokraten* [NRW], 10 (1960), Nr. 2, in: AdsD, SPD-Parteivorstand, Bestand 56, Aktengruppe AvS, 2/PVCI000037/02112.

Versöhnung« der Gesellschaft sein, nicht aber das Aufreißen neuer Gräben. So brachte es etwa Adolf Arndt in seiner Rede zum 30. Jahrestag der Verabschiedung des »Ermächtigungsgesetzes« am 23. März 1963 im Berliner Reichstagsgebäude auf den Punkt.[15] Das Begriffspaar »Aufarbeitung« und »Versöhnung« geriet zum universellen Fluchtpunkt dieser dialektischen »Vergangenheitsbewältigung«: aus der Geschichte zu lernen und dennoch nach vorne zu schauen. Mit dieser Rhetorik einer gleichsam konfliktfreien Aufarbeitung versuchte die SPD das Mitte der 1960er Jahre verbreitete Schlussstrichbedürfnis aufzugreifen und positiv zu wenden, zugleich aber dem bald kaum mehr zu überhörenden Drängen der nachwachsenden Generation nach einer selbstkritischen Aufarbeitung entgegenzukommen.

Die berühmte Verjährungsdebatte des Bundestags am 10. März 1965 bot den Rednern der SPD-Fraktion eine Bühne, auf der sie jenes dialektische Verständnis von »Vergangenheitsbewältigung« mit verteilten Rollen vorexerzieren konnten. Adolf Arndt forderte die Zuhörer zur inneren Einkehr und individuellen Selbstbefragung auf, noch ganz im Stil der Innerlichkeitsterminologie der 1950er Jahre.[16] Der deutlich jüngere Gerhard Jahn übernahm den Part des provokanten und scharfzüngigen Mahners, der die Regierung hart attackierte und den Fernsehzuschauern keine unangenehme Wahrheit über ihre eigenen Verdrängungsleistungen ersparte.[17] Fritz Erler schließlich bettete seine Argumente für eine Aufhebung der Verjährungsfrist in einen vorwärtsblickenden Aufruf zur »inneren Versöhnung« ein.[18] Zwar führte die oftmals als »Sternstunde« in der Geschichte des Bundestags gepriesene Debatte vorerst nur zu einer Verlängerung der Verjährungsfrist. Eine »Lehrstunde« in demokratischer Debattenkultur und selbstkritischer Reflexion der bisherigen »Vergangenheitsbewältigung« war sie aber allemal – und dafür hatten zuallererst die Sozialdemokraten gesorgt.

Wer zwei Monate später, zum 20. Jahrestag des Kriegsendes, die Rede des Kanzlerkandidaten Willy Brandt in Wiesbaden hörte, der konnte jene dialektisch verteilten Rollen in einer Person symbiotisch vereint sehen.

---

15 *Adolf Arndt*: »Unsere geschichtliche Verantwortung für die Freiheit«. Vortrag zum dreißigsten Jahrestag des Ermächtigungsgesetzes, 23. März 1963, Berlin, in: Internationales Institut für Sozialgeschichte (IISG) Amsterdam, NL Wolfgang Abendroth, 1134.
16 Vgl. Deutscher Bundestag, Plenarprotokoll 4/170, 10. März 1965, S. 8547–8553. http://dip21.bundestag.de/dip21/btp/04/04170.pdf.
17 Vgl. ebd., S. 8537–8541.
18 Vgl. ebd., S. 8568–8571.

Der markige Leitspruch der Rede – »Zwanzig Jahre sind genug!« – suggerierte die Notwendigkeit eines umfassenden Schlussstrichs unter sämtliche Fehlentwicklungen der vergangenen zwei Jahrzehnte, zugleich aber auch einen optimistischen Neuanfang. Mit Blick auf den konkreten Anlass seiner Rede war mit »genug« kein Bruch der Deutschen mit ihrer Geschichte gemeint, sondern eine neue Form der Auseinandersetzung mit ihr, eine Verbindung von kritischer Rückschau und zukunftsgewandter Distanz; mit Blick auf die politische Kultur bedeutete »genug« das erhoffte Ende einer Ära, die auch nach dem Abtreten Adenauers atmosphärisch fortzudauern schien. Das Motto »Zwanzig Jahre sind genug«, so Brandt, sei »keine Formel für die Denkfaulen, die Opportunisten oder gar die ewig Gestrigen«, sondern »die Formel für ein erwachsenes und mündiges Volk«.[19]

Im gerade beginnenden Wahlkampf hatte der SPD-Vorsitzende und Kanzlerkandidat ein weiteres Mal mit den altbekannten Diffamierungsversuchen (»Brandt alias Frahm«) des politischen Gegners zu kämpfen.[20] Für Egon Bahr waren diese Kampagnen Ausdruck »unverdauter deutscher Vergangenheit« und eines doppelzüngigen Umgangs mit ihr, so schrieb er Ende Oktober 1965 in einem Beitrag für »Die Zeit«. Wer mit Mutmaßungen über Brandts Emigrationsvergangenheit »an bestimmte Instinkte zu appellieren« und auf Stimmenfang zu gehen versuche, der nehme billigend in Kauf, dass sich der »psychologische Konflikt in unserem Volke« zu verewigen drohe: »Statt einer Erlösung, einer Aussöhnung, gibt es die Fortsetzung.«[21]

Schon ein gutes Jahr später erschien Bahrs düstere Prognose wie ein alter Hut, als sich Union und SPD Anfang Dezember 1966 auf die Bil-

---

19 Rede Willy Brandts anlässlich des 20. Jahrestages der Beendigung des Zweiten Weltkriegs in Wiesbaden, 7. Mai 1965, in: AdsD, Willy-Brandt-Archiv (WBA), A3, 208, Bl. 184–199.
20 Vgl. *Daniela Münkel*: »Alias Frahm«. Die Diffamierungskampagnen gegen Willy Brandt in der rechtsgerichteten Presse, in: *Claus-Dieter Krohn/Axel Schildt* (Hrsg.): Zwischen den Stühlen? Remigranten und Remigration in der deutschen Medienöffentlichkeit der Nachkriegszeit, Hamburg 2002, S. 397–418.
21 *Egon Bahr*: Emigration – ein Makel? Das geistige Gift der Hitler-Jahre wirkt noch immer nach, in: *Die Zeit*, Nr. 44, 29. Oktober 1965; vgl. auch *Detlef Siegfried*: Zwischen Aufarbeitung und Schlußstrich. Der Umgang mit der NS-Vergangenheit in den beiden deutschen Staaten 1958 bis 1969, in: *Axel Schildt/Detlef Siegfried/Karl Christian Lammers* (Hrsg.): Dynamische Zeiten. Die 60er Jahre in den beiden deutschen Gesellschaften, Hamburg 2000, S. 77–113, hier S. 99.

dung einer Großen Koalition einigten. Helmut Schmidt bezeichnete diesen Entschluss als »Brückenschlag über einen inzwischen gefährlich tief gewordenen Graben« – und diesen Brückenschlag müsse wohl jeder begrüßen, der »es mit der inneren Aussöhnung unseres Volkes ernst meint«.[22] Durch eine temporäre Zusammenarbeit mit CDU und CSU, so die Hoffnung, würde sich die SPD nun als verantwortungsbewusste, staatstragende Partei und zugleich als modernere Alternative zur Union profilieren. Dass es hinter den Kulissen in der SPD-Fraktion heftige Auseinandersetzungen über das Bündnis unter einem Kanzler Kiesinger gegeben hatte, bekam die Öffentlichkeit kaum mit – wohl aber den heftigen Gegenwind aus der Studentenbewegung. Die geplanten Notstandsgesetze gerieten bald zum Hauptziel ihres Protests, der das im Konsens vereinte politische »Establishment« mit einem ganz neuen Demokratieverständnis und Politikstil konfrontierte. Die Gegner des Gesetzesprojekts – darunter auch große Teile der Gewerkschaften und der SPD-Linken – sahen darin eben kein Instrument zum Selbstschutz der Demokratie, sondern zur gezielten Einengung des demokratischen Spielraums und ihres Widerstandsrechts. Im schlimmsten Fall, so die Befürchtung der schärfsten Kritiker, würden die »Feinde der Demokratie« den Notstand zur erneuten »Machtergreifung« nutzen. Das Schlagwort vom »zweiten 33« geriet zum Transparent-Slogan der Proteste. Aber auch die Gegenseite zog diesen Vergleich, fühlten sich manche älteren Zeitgenossen doch durch die teils gewalttätigen Massenproteste auf den Straßen an die späte Weimarer Republik erinnert.

Beim SPD-Parteitag in Nürnberg im März 1968 ließ sich dieser »Streit um die streitbare Demokratie« wie durch ein Brennglas beobachten. Die Konfliktlinie verlief allerdings nicht nur zwischen »jung« und »alt«: Mit Hans Ils, Jahrgang 1906, erhob auch ein ehemaliger Widerstandskämpfer das Wort gegen die Notstandsgesetze. Als Triebkraft hinter der vehementen Abwehr der Proteste vermutete er ehemalige NS-Funktionsträger: »Feinde der Demokratie«, die aus Angst vor Status- und Machtverlust nun alles daransetzten, eine weitere Demokratisierung der Gesellschaft zu verhindern – und die Demokratie letztlich zu zerstören.[23] Ils reagierte damit auch auf einen Redebeitrag Horst Ehmkes, der in Nürnberg einen ebenso scharfsinnigen wie schonungslosen Erklärungsversuch für das

---

22 Deutscher Bundestag, Plenarprotokoll 5/82, 15. Dezember 1966, S. 3717. http://dip21.bundestag.de/dip21/btp/05/05082.pdf.
23 Protokoll der Verhandlungen des Parteitages der Sozialdemokratischen Partei Deutschlands vom 17. bis 21. März 1968 in Nürnberg, Hannover/Bonn, S. 616.

bundesdeutsche Demokratiedefizit geliefert hatte. Die demokratische »Neubesinnung« der Deutschen nach 1945 habe von vornherein daran gekrankt, so Ehmke, dass sie zuallererst auf einer »Ablehnung des gerade Erlebten« fußte. Mit dem Kalten Krieg habe dann schon bald der Antikommunismus die ursprünglichen Ziele der alliierten *re-education* verdrängt. Dass sich die junge Generation gegenwärtig mit keiner der beiden Begründungen der Demokratie identifizieren könne, liege nicht nur am wachsenden zeitlichen Abstand, sondern auch daran, dass die Auseinandersetzung mit der NS-Vergangenheit bislang »teilweise sehr oberflächlich, sogar leichtfertig geführt« worden sei – und zwar nicht zuletzt dadurch, dass die »aktiven Demokraten« in der Nachkriegszeit in der Minderheit gewesen seien. Ihre Legitimationsgrundlage habe die Demokratie vornehmlich aus wirtschaftlichen Erfolgen bezogen, nicht aber aus gesellschaftspolitischen Reformen. Um diesen »recht prekären demokratischen Konsens« nicht aufs Spiel zu setzen, seien potenzielle Konfliktthemen tabuisiert und der politischen Auseinandersetzung »enge Grenzen gesetzt« worden. Nun, unter dem Eindruck der Rezession von 1966, sei jener Kompromiss »von rechts und links aufgekündigt« worden, womit Ehmke auf die Gründung der NPD und auf die APO anspielte. Er appellierte an die Genossen, sich dem Konflikt mit dieser jungen Generation zu stellen, »auf die wir für die Bewährungsprobe unserer Demokratie gewartet haben«.[24]

Vertretern der Flakhelfergeneration wie Horst Ehmke oder auch Gerhard Jahn behagte das politische Pathos der Protestbewegung zwar keineswegs, aber sie hatten – viel eher als etwa der Wehrmachtsoffizier Helmut Schmidt – immerhin ein Gespür dafür, dass die neue »Fundamentaldemokratisierung« auf der Straße und in den Universitäten keinesfalls leichtfertig verurteilt werden durfte, sondern dass man auf die Protestbewegten zugehen musste. Dass Brandt diese dialogbereite Haltung grundsätzlich teilte, ließ sich beim Parteitag mehrfach vernehmen. Das vielbeschworene Versöhnungsnarrativ, das die Rhetorik der SPD in der ersten Hälfte der 1960er Jahre dominiert hatte, wirkte unter dem Eindruck dieses Generationskonfliktes nicht mehr zeitgemäß und entsprach auch nicht mehr der Realität: Die anfängliche Harmonieseligkeit der Koalitionspartner war schon anderthalb Jahre nach Bildung des Bündnisses von fortschreitender Zerrüttung abgelöst worden. Und die Beschlüsse des SPD-Parteitags – gegen den Vietnamkrieg, für eine Anerkennung der

---

24 Ebd., S. 521–525.

Oder-Neiße-Grenze – deuteten bereits an, dass die Sozialdemokraten dabei waren, sich vom Übergangsbündnis mit der Union zu verabschieden.

Der andere Schlussstrich

Nicht nur die Wahl von Gustav Heinemann zum Bundespräsidenten im März 1969 griff dem Regierungswechsel atmosphärisch voraus. Auch Heinemann selbst griff Brandt rhetorisch voraus, als er bei seiner Antrittsrede Anfang Juli »nicht weniger, sondern mehr Demokratie«[25] forderte. Bereits 1950 hatte er, unmittelbar nach seinem Rücktritt vom Amt des Bundesinnenministers, in einem Artikel in der »Stuttgarter Zeitung« eine ähnliche Formulierung bemüht: »Wir werden unser Volk nur dann demokratisch machen, wenn wir Demokratie riskieren.«[26] Weitaus expliziter – und man muss auch sagen: engagierter – als Brandt verband Heinemann seine Forderungen nach »mehr Demokratie« während seiner Amtszeit als Bundespräsident mit dem Blick zurück in die Geschichte, allerdings vorwiegend konzentriert auf die Wiederbelebung des Gedenkens an die Revolution von 1848/49.[27] Damit setzte er einen bewussten geschichtspolitischen Akzent, der zugleich eine Distanzierung von Deutschlands nationalistischen, militaristischen und obrigkeitsstaatlichen Traditionen bedeutete. Heinemanns Anliegen war es, der von Nationalismus, Autoritarismus und Militarismus bestimmten Traditionslinie der deutschen Geschichte – von der Bismarck'schen Blut-und-Eisen-Politik des Kaiserreichs bis zum Nationalsozialismus – eine positive, auf Freiheit, Aufklärung und Demokratie fußende Traditionslinie von der 1848er Revolution bis zur Bundesrepublik gegenüberzustellen. Der mit der sozialliberalen Koalition gleichsam »umgegründete« westdeutsche Staat bildete

---

25 *Gustav W. Heinemann*: Präsidiale Reden, Frankfurt a. M. 1987, S. 31.
26 Der Artikel von Gustav Heinemann in der *Stuttgarter Zeitung* vom 18. Oktober 1950 wird zit. bei *Heinrich Hannover*: Die Republik vor Gericht 1954–1995. Erinnerungen eines unbequemen Rechtsanwalts, Berlin 1998, S. 69 f. Den Hinweis auf dieses Zitat und die Quelle verdanke ich Dominik Rigoll, der dies auch in seinem Beitrag zur jüngsten Veröffentlichung über die Geschichte der Innenministerien der Bundesrepublik und der DDR erwähnt. Vgl. *Dominik Rigoll*: Kampf um die innere Sicherheit. Schutz des Staates oder der Demokratie?, in: *Frank Bösch/Andreas Wirsching* (Hrsg.): Hüter der Ordnung. Die Innenministerien in Bonn und Ost-Berlin nach dem Nationalsozialismus, Göttingen 2018, S. 454–497, hier S. 495.
27 Vgl. *Wolfrum* 1999, S. 283–286; *Thomas Flemming*: Gustav W. Heinemann. Ein deutscher Citoyen, Essen 2014, S. 427 ff.

in dieser Lesart den Höhepunkt einer linearen Fortentwicklung jener freiheitlich-demokratischen Traditionslinie.[28] Dennoch umschiffte Heinemann damit in gewisser Weise eine tiefergehende Auseinandersetzung mit einer viel näher liegenden Vergangenheit: dem »Dritten Reich«.

»Wir schaffen das moderne Deutschland«: Mit diesem Slogan ging die SPD 1969 in den Bundestagswahlkampf. Obgleich sich das Versprechen der Modernität freilich zuallererst auf die progressiven gesellschaftspolitischen Reformvorhaben der Sozialdemokratie bezog, ist dennoch zu fragen, was »modern« auch im Sinne von »mehr Transparenz des Regierungshandelns und mehr Partizipation an Politik«[29] mit Blick auf den Umgang mit der jüngeren deutschen Geschichte bedeuten konnte. Wer sich – wie zur Mitte der 1960er Jahre ganze zwei Drittel aller Bundesbürger – einen Schlussstrich unter die Aufarbeitung der NS-Verbrechen wünschte, verstand unter »modern« wohl am ehesten ein distanzierteres Verhältnis zu dieser Vergangenheit, gleichsam eine Selbstemanzipierung der Gesellschaft von der »Last« ihrer jüngsten Geschichte, zumal in Anbetracht einer nachgewachsenen Generation, deren Mitglieder die Kriegsjahre allerhöchstens im Kindesalter erlebt hatten.

Aus Sicht eines alternden politisch Verfolgten hätte »modern« im Sinne einer »progressiven« Auseinandersetzung mit der Vergangenheit gleichwohl etwas ganz anderes bedeutet, nämlich eine verstärkte ideelle wie materielle Anerkennung ihrer Verdienste im Kampf gegen das NS-Regime, aber auch ihres oft unermüdlichen Einsatzes beim Aufbau der Demokratie in den ersten Nachkriegsjahren.[30] Am Tag nach Willy Brandts Vereidigung als Bundeskanzler schrieb der Kölner Sozialdemokrat Wilhelm Butt, selbst ein ehemals Verfolgter des NS-Regimes, mit Blick auf die immer noch ausstehenden Verbesserungen in der Wiedergutmachung an die SPD-Bundestagsfraktion: »Was gedenkt die Regierung Brandt zu tun? Noch lebt, oder besser gesagt, siechen und darben ein Bruchteil der Verfolgten (...). Mit schönen Worten ist es nicht getan.«[31]

Von Brandts erster Regierungserklärung am Tag darauf wird Butt vermutlich enttäuscht gewesen sein. Denn was Kurt Schumacher zwanzig

---

28 Vgl. *Wolfrum* 1999, S. 284 f.
29 *Faulenbach* 2011, S. 69.
30 Zum bemerkenswerten politischen Engagement, das viele politisch Verfolgte nach Kriegsende – und zwar oft unmittelbar nach ihrer Befreiung aus Lagern und Zuchthäusern – an den Tag legten, vgl. *Meyer* 2015, S. 25–28.
31 Schreiben von Wilhelm Butt an die SPD-Bundestagsfraktion, 27. Oktober 1969, in: AdsD, SPD-Bundestagsfraktion, 6. WP, 1711.

Jahre zuvor in seiner Erwiderung auf Adenauers erste Regierungserklärung zur Sprache gebracht hatte, dies erwähnte der erste sozialdemokratische Bundeskanzler nun nicht mehr explizit: die Opfer und Gegner des Nationalsozialismus. Nur in einem einzigen hölzernen Satz zu Beginn der Rede deutete er deren Verdienste sehr indirekt an: »Die strikte Beachtung der Formen parlamentarischer Demokratie ist selbstverständlich für politische Gemeinschaften, die seit gut 100 Jahren für die deutsche Demokratie gekämpft, sie unter schweren Opfern verteidigt und unter großen Mühen wiederaufgebaut haben.« Er wandte sich an die »im Frieden nachgewachsenen Generationen, die nicht mit den Hypotheken der Älteren belastet sind und belastet werden dürfen« – ein Satz, der ganz der Vorstellung einer zukunftsgewandten Distanzierung von der Vergangenheit entsprach. Mit Formulierungen wie dem »nationalen Verrat durch das Hitlerregime« oder den »Folgen des Unheils, das eine verbrecherische Clique über Europa gebracht«[32] habe, knüpfte Brandt indes an eine Rhetorik an, mit der Spitzenpolitiker aus SPD und CDU in den ersten zwei Nachkriegsdekaden immer wieder das Entlastungsbedürfnis von Millionen bedient hatten, die sich als »Betrogene«, »Irregeleitete« und mithin selbst als »Opfer« des Nationalsozialismus betrachteten. Brandt bekannte sich zur Verantwortung der neuen Bundesregierung »für die Vertriebenen, Flüchtlinge und Kriegsgeschädigten«. Fraglich ist aber, ob er mit der letzten Kategorie auch die NS-Verfolgten mit eingeschlossen zu haben glaubte. Wenn dem so war, knüpfte er damit zusätzlich an ein homogenisiertes Opfernarrativ an, das die Gedenkkultur der Bundesrepublik seit ihrer Gründung geprägt hatte; wenn dem nicht so war, bleibt es bei der ernüchternden Feststellung, dass Brandt ausgerechnet diejenigen Menschen, die – wie er selbst – gegen das NS-Regime gekämpft und/oder von ihm verfolgt worden waren, aus seiner Rede ausklammerte. Nicht nur die Verfolgten in seiner eigenen Partei zeigten sich darüber enttäuscht;[33] auch bei vielen Juden und Jüdinnen in- und außerhalb Deutschlands traf Brandt auf Unmut, da er in seiner Regierungserklärung weder das jüdische Volk noch den Staat Israel explizit erwähnt hatte.[34]

---

32 Wie Anm. 6.
33 Vgl. z. B. Ruth Warnecke, AvS Berlin, an die Abgeordneten der SPD-Bundestagsfraktion, November 1969, in: AdSD, NL Eberhard Brünen, 33.
34 Vgl. *Sabine Hepperle*: Die SPD und Israel. Von der Großen Koalition 1966 bis zur Wende 1982, Frankfurt a. M. 2000, S. 97; *Shlomo Shafir*: Willy Brandt, die Juden und Israel, in: *Jahrbuch für Antisemitismusforschung* 19 (2010), S. 379–404, hier S. 389.

Ein gutes halbes Jahr später gab Brandt eine zweite Regierungserklärung anlässlich des 25. Jahrestags des Kriegsendes ab. Dies war ein Novum in der Geschichte des Parlaments und aus Sicht mancher Unionsabgeordneter, die keinen Anlass zum Feiern zu sehen vermochten, ein glatter Affront der neuen Regierung.[35] Brandt sprach viel von den Opfern des Zweiten Weltkriegs, von den Ausgebombten, den Kriegerwitwen und Kriegsversehrten, vor allem aber von den Verdiensten der Flüchtlinge und Vertriebenen, die es auf die nüchternen Erfordernisse seiner Neuen Ostpolitik einzustimmen galt. Ein universalisierender Opferbegriff, Verständigung zwischen den Generationen, Verständigung mit den europäischen Nachbarn: Das dominierende Motiv seiner Rede war wieder einmal die Versöhnung, auch wenn er diesen Begriff nicht explizit benutzte. Auf die Verdienste der Widerstandskämpfer und Verfolgten des NS-Regimes, ob vor oder nach 1945, ging Brandt erneut mit keinem Wort ein.[36]

Stattdessen bemühte der Kanzler im Laufe des Jahres 1970 mehrfach eine den Deutschen wohlvertraute Formel, und dies in einer gesellschaftspädagogisch geschickten Neuinterpretation: Man könne nun »guten Gewissens einen Schlussstrich unter die Vergangenheit ziehen«, um »der friedlichen Zukunft unseres Volkes und unserer Kinder willen«, schrieb er in einem offenen Brief an die Kritiker seiner Ostpolitik.[37] Damit übertrug Brandt einen Terminus, der sich seit mehr als zwei Jahrzehnten im Sprachgebrauch der Deutschen stets auf den gesamten Komplex der »Vergangenheitsbewältigung« bezogen hatte – Schluss mit der Entnazifizierung, mit der Strafverfolgung, mit der Wiedergutmachung –, auf den illusorischen Glauben an eine Rückgewinnung der »Ostgebiete«. Es gehe um den »Mut, die Wirklichkeit zu erkennen«, erklärte er nach der Unterzeichnung des deutsch-polnischen Vertrages am 7. Dezember 1970 in seiner Rundfunkansprache aus Warschau.[38]

---

35 Vgl. »Der 8. Mai. Schockierende Absicht der C-Parteien«, in: *Sozialdemokratischer Pressedienst*, Nr. 77, 24. April 1970, S. 2a.
36 Deutscher Bundestag, Plenarprotokoll 6/51, 8. Mai 1970, S. 2564–2567. http://dip21.bundestag.de/dip21/btp/06/06051.pdf.
37 Offener Brief von Brandt an Hannebauer, in: *Bild*, 2. Dezember 1970, zit. bei *Alexander Behrens* (Hrsg.): »Durfte Brandt knien?« Der Kniefall in Warschau und der deutsch-polnische Vertrag. Eine Dokumentation der Meinungen, Bonn 2010, S. 27 f.
38 Die über alle Rundfunk- und Fernsehkanäle in der Bundesrepublik ausgestrahlte Ansprache ist dokumentiert in: *Behrens* 2010, S. 42 ff.

Schlussbemerkungen

In der Neuen Ostpolitik löste Brandt sein Versprechen zu »mehr Mut« und »mehr Demokratie« ein: symbolpolitisch mit seinem ikonischen Kniefall vor dem Denkmal des Warschauer Ghettos, außenpolitisch mit den wegweisenden Ostverträgen, innenpolitisch mit dem Abschied von den Ostgebieten. Dennoch scheint es mit Blick auf die innerdeutsche Auseinandersetzung mit der NS-Vergangenheit geboten, den Zäsurcharakter des Regierungswechsels von 1969 und der für ihn so zentralen Regierungserklärung Willy Brandts vom 28. Oktober nicht zu überhöhen.

In den gut zehn Jahren zuvor hatten einige Sozialdemokraten wichtige Beiträge zu jenem Prozess geleistet, der – in Anknüpfung an Jürgen Habermas und Norbert Frei – als die »innere Begründung der Bundesrepublik aus dem Geist der Aufklärung über die NS-Vergangenheit« bezeichnet werden kann. Die entscheidenden Impulse dafür waren aber nicht aus der SPD, sondern aus der Gesellschaft gekommen: zunächst von Einzelkämpfern, später – zwar oftmals arg plakativ, aber dennoch wirkungsvoll – aus der Studentenbewegung. Willy Brandt und andere griffen die Forderungen nach einer konsequenteren und gerechteren Aufarbeitung auf und verpackten sie auf der politischen Bühne in eine dialektische Rhetorik, die es verstand, unbequeme Wahrheiten mit bekömmlichen Botschaften zu verbinden, mit der aber vor allem eine konflikthafte Auseinandersetzung über die NS-Vergangenheit vermieden werden sollte: »Innere Versöhnung« lautete immer noch das Ziel. Dazu passte auch, dass Brandt seine eigene Vergangenheit während seiner Kanzlerschaft nie explizit zum politischen Argument oder gar zum Vorbild machte, sondern sie – wie durch seinen Warschauer Kniefall – allerhöchstens auf der symbolpolitischen Ebene des Unausgesprochenen thematisierte.

Die Politik der sozial-liberalen Koalition im Umgang mit der NS-Vergangenheit zielte vor allem auf eine symbolische Ablösung und Distanzierung von der CDU-regierten Nachkriegszeit und den in ihr spürbaren mentalen »Überständen« des Nationalsozialismus, weniger jedoch auf konkrete politische Maßnahmen, mit denen etwas bislang Versäumtes oder Falsches – ob im Umgang mit Tätern oder mit Opfern – nachgeholt oder besser gemacht werden sollte. Dies hätte dem dezidiert zukunftsorientierten Regierungsprogramm der Koalition auch nicht entsprochen. Dennoch wurden die seit den späten 1950er Jahren sukzessive veränderten Sagbarkeitsregeln und der in manchen Teilen der Gesellschaft bereits spürbare Mut zur selbstkritischen Auseinandersetzung mit der NS-Vergangenheit durch den Politikstil und die Rhetorik des neuen Bundeskanzlers gleichsam regierungsoffiziell, wenn auch eher zwischen den Zeilen als in klaren Worten.

Abseits der Neuen Ostpolitik geschah in den 1970er Jahren denn auch ausgesprochen wenig auf dem Gebiet der konkreten politischen Auseinandersetzung mit der NS-Vergangenheit. Eine Rückgängigmachung der Amnestie- und Reintegrationsleistungen der 1950er Jahre war schwerlich möglich. Was indes die unzulängliche Wiedergutmachung für die NS-Verfolgten und deren Anerkennung betraf, lässt sich sehr wohl fragen, warum ausgerechnet eine SPD-geführte Regierung nicht den Mut besaß, hier Zeichen zu setzen und – abseits von einem Gesetz zur Wiedergutmachung in der Sozialversicherung – Verbesserungen zu bewirken. Derlei Forderungen wurden erst ab den späten 1970er und vor allem in den 80er Jahren eingelöst, als die SPD im Verbund mit den Grünen scharfe Opposition gegen die Kohl'sche Geschichtspolitik betrieb. Auch dabei reagierte die Partei vor allem auf Impulse von außen: zum einen auf die Suche der Konservativen nach einer positiven historischen Identität der Deutschen jenseits des Nationalsozialismus und deren Vorwurf einer angeblichen »Geschichtslosigkeit« der SPD;[39] zum anderen auf die alternative Geschichtsbewegung von »unten«, deren Wurzeln zwar in der 68er-Bewegung lagen, die aber noch ein weiteres Jahrzehnt brauchte, um ihren abstrakten Geschichtsanalogien einen handfesten »Geschichtsaktivismus« folgen zu lassen.

Wenn man ausgehend von dieser Beobachtung bedenkt, was an der Schwelle von den 1960er zu den 70er Jahren alles noch *nicht* in der Öffentlichkeit thematisiert und von der Geschichtswissenschaft erforscht worden war – vor allem das weite Feld der nationalsozialistischen Durchdringung der deutschen Gesellschaft –, dann sollte das Urteil über ein groß angekündigtes, aber nur halbherzig eingelöstes »Mehr Demokratie wagen« im Umgang mit der NS-Vergangenheit jedoch nicht zu hart ausfallen. Einerseits kondensierten die hochsymbolischen Reden und Gesten Brandts einen bereits begonnenen Prozess der kritischen gesellschaftlichen Selbstbefragung. Andererseits transportierten sie eine explizit zukunftsorientierte Distanz zu dieser Vergangenheit, einen »Aufbruch in moderne Zeiten«, mit der die gesellschaftliche Selbstbefragung und Selbstaufklä-

---

39 *Susanne Miller*: Entwurf der Einleitung zur Podiumsdiskussion »Geschichte und demokratische Identität« bei der Tagung »Geschichte in der demokratischen Gesellschaft« am 28. Februar und 1. März 1985 in Bonn, in: AdsD, NL Heinz Putzrath, Teil 1, 48.

rung dann doch noch nicht Schritt halten konnte. Vielleicht trägt dieses Paradoxon der »Schwellenzeit« um 1969 auch etwas zur Erklärung jener in der Forschung immer noch nicht zufriedenstellend beantworteten Frage bei, warum die 1970er Jahre eine »Latenzzeit« in der Auseinandersetzung der NS-Vergangenheit waren.

»Revolution«, »freiheitlicher Sozialismus« und »deutsche Einheit«. Sehnsuchtsorte nonkonformistischer intellektueller Akteure in der Frühphase der Bundesrepublik Deutschland
ALEXANDER GALLUS

Revolutionssehnsucht zwischen Weimar und Bonn

Bonn ist nicht Weimar. Beginnen wir also mit Weimar. Schon der Gründungsakt unterschied sich von jenem der späteren Bundesrepublik. Denn am Anfang stand eine Revolution, die die Möglichkeit eines weitreichenden politisch-gesellschaftlichen Systemwechsels beinhaltete. Derartige Umstürze eignen sich an und für sich besonders gut dazu, um Legitimation wie Konsens zu stiften und den nationalen Mythenbedarf zu befriedigen. Wir wissen, dass es im Weimarer Fall anders kam, obgleich breite Volksschichten mit den Arbeiter- und Soldatenräten und sogar die Intellektuellen mit ihren »Räten geistiger Arbeiter« um die Neuordnung des Staates mitrangen. Mit dem Resultat der Revolution zeigte sich indes kein politisches Lager wirklich zufrieden. Unter den Intellektuellen war der Unmut besonders ausgeprägt.

In dieser Unzufriedenheit mit dem Ist-Zustand schwang zugleich die Sehnsucht nach einer noch nachzuholenden oder aufgeschobenen Revolution mit, denn die Vorgänge von 1918/19 schufen nicht das Bewusstsein eines Durchbruchs. Linke, aber auch rechte Publizisten waren sich in der Ablehnung der ungeliebten Revolution grundsätzlich einig. Mehr als das: Sie befürworteten jeweils eine Revolution an sich. Diese sollte noch, in der Zukunft, stattfinden und einem linken oder einem rechten »deutschen« Sozialismus zum Sieg verhelfen. Die Unzufriedenheit mit der Weimarer Republik kam im intellektuellen Spektrum nicht zuletzt in dem beständig unruhestiftenden Revolutionsbegehren zum Ausdruck.[1]

---

1 Als Überblicke zum schillernden Weimarer Intellektuellenspektrum und zu dessen radikalen Ausformungen vgl. u. a. *Kurt Sontheimer*: Antidemokratisches Denken in der Weimarer Republik. Die politischen Ideen des deutschen Nationalismus zwischen 1918 und 1933, 3. Aufl., München 1992; *Riccardo Bavaj*: Von links gegen Weimar. Linkes antiparlamentarisches Denken in der Weimarer Republik, Bonn 2005; zu liberal-gemäßigten Tendenzen, die es freilich auch gab, die aber keine Mehrheitsposition

Das Thema einer ausgebliebenen Revolution überdauerte die Zäsuren von 1933 und 1945 und markierte den Fluchtpunkt intellektueller Sehnsüchte zunächst auch in der jungen Bundesrepublik. Die Diagnose des »restaurativen Charakters unserer Epoche«, wie der wohl berühmteste Text von Walter Dirks lautet, verlieh dem *ex negativo* Ausdruck. Direkt im Anschluss an das Kriegsende hätte der linkskatholische Autor sich eine von unten getragene politische Umschichtung gewünscht. Nur blockierten die Besatzungsmächte die – wie Dirks meinte – »fällige Revolution«. Es sei schließlich kaum möglich gewesen, »bei Ausgangssperre eine Revolution zu machen«. Sodann diagnostizierte Dirks in den verschiedenen politischen Lagern restaurative Ansätze, vor allem aber angesichts des bald von Konrad Adenauer angeführten »neoliberal-christlich-demokratischen Regiments«. Der Publizist ersehnte den Zusammenhalt und die »Verbündung« der vielfältigen antirestaurativen Kräfte, seien es nun »Christen, Marxisten oder Humanisten«. So sollte eine durch »revolutionäre Herzen« getragene Bewegung entstehen, »die in der Gegenwart nicht steckenbleibt«.[2]

Der mal aktivistisch anmutende, mal nur wehmütig aus der Restaurationskritik herausklingende Revolutionswunsch war im linksintellektuellen Milieu der Ära Adenauer weit verbreitet, ablesbar an Wolfgang Koeppens Roman »Das Treibhaus« (der in den Worten des Nachrichtenmagazins »Der Spiegel« der »Verzweiflung an der Restauration schlechthin« entsprungen sei)[3] und mindestens ebenso sehr an politischen Stellungnahmen von Vertretern der Gruppe 47. Noch zu Zeiten der Zeitschrift »Der Ruf« formulierte Hans Werner Richter schon 1946/47 wohl als erster ausdrücklich die »Restaurations«-These, die ihn einen katastrophenähnlichen Rückfall in einen Re- oder Präfaschismus befürchten ließ und der er seine Hoffnungen auf einen freiheitlich-humanitären Sozialismus

---

besaßen, vgl. *Christoph Gusy* (Hrsg.): Demokratisches Denken in der Weimarer Republik, Baden-Baden 2000; *Jens Hacke*: Existenzkrise der Demokratie. Zur politischen Theorie des Liberalismus in der Zwischenkriegszeit, Berlin 2018.

2 *Walter Dirks*: Der restaurative Charakter der Epoche, in: *Frankfurter Hefte* 5 (1950), 9, S. 942–954, hier S. 946 u. 954.

3 Das Bundes-Treibhaus, in: *Der Spiegel*, Nr. 45, 4. November 1953, S. 37–40, hier S. 38; vgl. auch *Benedikt Wintgens*: Der Bundeskanzler im Treibhaus. Wolfgang Koeppens Bonn-Roman und die Literatur der Adenauerzeit, in: *Michael Hochgeschwender* (Hrsg.): Epoche im Widerspruch. Ideelle und kulturelle Umbrüche der Adenauerzeit, Bonn 2011, S. 153–180, hier S. 156.

entgegenzusetzen suchte.⁴ Kontinuität überwog also. Hier war Bonn doch Weimar.⁵ So paradox es klingen mag, besaß gerade der Drang nach einer nachholenden Revolution selbst restaurative Züge.

Verfassungsstaatliche Einhegungen und »Suche nach Wirklichkeit« – Revolutionsdämpfer links wie rechts

Wir müssen aber genauer hinschauen, um schleichende Wandlungsprozesse unterhalb dieser obersten Schicht unserer Beobachtung auszumachen. Dann lässt sich bald feststellen, dass der bundesdeutsche Staat auch schon im ersten Jahrzehnt der vielfach geschmähten Ära Adenauer einen höheren Grad an Akzeptanz unter den Intellektuellen besaß, als ihn die Weimarer Republik je erlebt hatte. Das lässt sich am Beispiel zweier alter »Weltbühne«-Kämpfer wie Kurt Hiller und Axel Eggebrecht, die bis 1933 zur linksintellektuellen Speerspitze gezählt hatten, verdeutlichen. Mit Adenauer und der Funktionsweise seiner »Kanzlerdemokratie« sollten sie sich nie anfreunden. In der ihm eigentümlichen Wortwahl nannte Hiller Adenauer einmal »eine zoologisch hochinteressante Kreuzung aus Schlange, Schwein, Esel und Fuchs. Das macht ihm so bald keiner nach

---

4 Vgl. *Helmuth Kiesel*: Die Restaurationsthese als Problem für die Literaturgeschichtsschreibung, in: *Walter Erhart/Dirk Niefanger* (Hrsg.): Zwei Wendezeiten. Blicke auf die deutsche Literatur 1945 und 1989, Tübingen 1997, S. 13–45, hier S. 13 f.; Restaurationskritik durchzog auch den Band von *Wolfgang Weyrauch* (Hrsg.): Ich lebe in der Bundesrepublik. Fünfzehn Deutsche über Deutschland, München 1961. Eine solche Sicht teilten auch verschiedene Emigranten von Otto Kirchheimer bis Hannah Arendt, die gelegentlich entsprechend deprimiert von Deutschlandbesuchen zurückkehrten. Siehe exemplarisch – auch als Reaktion auf den Weyrauch-Band – *Hermann Kesten* (Hrsg.): Ich lebe nicht in der Bundesrepublik, München 1963; vgl. die Analysen von *Alfons Söllner*: Fluchtpunkte. Studien zur politischen Ideengeschichte des 20. Jahrhunderts, Baden-Baden 2006; *Frank Schale*: Zwischen Engagement und Skepsis. Eine Studie zu den Schriften von Otto Kirchheimer, Baden-Baden 2006.
5 Zu intellektuellen Traditionsüberhängen und Umbauten vgl. *Alexander Gallus/Axel Schildt* (Hrsg.): Rückblickend in die Zukunft. Politische Öffentlichkeit und intellektuelle Positionen um 1950 und um 1930, Göttingen 2011; *Friedrich Kießling/Bernhard Rieger* (Hrsg.): Mit dem Wandel leben. Neuorientierung und Tradition in der Bundesrepublik der 1950er und 60er Jahre, Köln/Weimar 2011; siehe auch *Sebastian Ullrich*: Der Weimar-Komplex. Das Scheitern der ersten deutschen Demokratie und die politische Kultur der frühen Bundesrepublik 1945–1959, Göttingen 2009.

und darum wurde er Kanzler«.⁶ So sehr Hillers Hass hier überschäumte, war damit doch anders als früher keine Verdammnis des neuen Staats- und Verfassungsgebildes verbunden. Die negativen Ausgrenzungserfahrungen in der Zeit des »Dritten Reichs«, die Hiller ins Exil, Eggebrecht in die »innere Emigration« führten, aber auch die positiven Erfahrungen mit westlichen politischen Systemen – in diesem Falle: Großbritannien – ließen sie rechtsstaatlichen Schutz, insbesondere für Minderheiten und nicht zuletzt für die Meinungs- und Pressefreiheit, zunehmend hochschätzen. Die Einhaltung respektive Verletzung solcher institutionell festgelegten demokratischen Normen erfuhr gegenüber Weimarer Tagen eine deutliche Aufwertung.⁷

Linksintellektuelle wie Hiller und Eggebrecht entwickelten eine neue oder erhöhte Sensibilität für das dem Demokratie-Begriff innewohnende Spannungsverhältnis von Volkssouveränität und Verfassungsstaat. Es dämpfte so letztlich das anhaltende Revolutionsverlangen. Damit lagen sie im Übrigen in einem gemeineuropäischen Trend nach 1945 hin zu verfassungsstaatlich »eingehegten Demokratien«, deren Charakter insbesondere Martin Conway und Jan-Werner Müller eindringlich herausgearbeitet haben.⁸ Den stärksten Ausdruck fand die selbstdisziplinierte Demokratievariante in der deutschen »streitbaren Demokratie« und dem damit verbundenen »antitotalitären Grundkonsens« im ersten Nachkriegsjahrzehnt. Ihn teilte sogar eine Reihe von Linksintellektuellen, weil sie schlechte Erfahrungen mit dem orthodoxen Parteikommunismus gesammelt hatten und der DDR jegliche Rechtsstaatlichkeit absprachen, ohne jedoch den zum Teil rabiate Züge annehmenden Antikommunismus in der frühen Bundesrepublik als Integrationsideologie zu adaptieren.⁹

---

6 Brief von Kurt Hiller an Walter D. Schultz, 12. April 1950, in: Archiv der Kurt Hiller Gesellschaft, Neuss. Zu Hiller siehe grundlegend *Daniel Münzner*: Kurt Hiller. Der Intellektuelle als Außenseiter, Göttingen 2015.
7 Siehe zum Gesamten *Alexander Gallus*: Heimat »Weltbühne«. Eine Intellektuellengeschichte im 20. Jahrhundert, Göttingen 2012.
8 Vgl. *Martin Conway*: Democracy in Postwar Western Europe: The Triumph of a Political Model, in: *European History Quarterly* 32 (2002), 1, S. 59–84; *ders.*: The Rise and Fall of Western Europe's Democratic Age, 1945–1973, in: *Contemporary European History* 13 (2004), 1, S. 67–88; *Jan-Werner Müller*: Das demokratische Zeitalter. Eine politische Ideengeschichte Europas im 20. Jahrhundert, Berlin 2013.
9 Vgl. *Stefan Creuzberger/Dierk Hoffmann* (Hrsg.): »Geistige Gefahr« und »Immunisierung der Gesellschaft«. Antikommunismus und politische Kultur in der frühen Bun-

Die Tendenz war aber klar. Bei vielen Linksintellektuellen, die nach dem Zweiten Weltkrieg für einen jeweils unterschiedlich nuancierten »freiheitlichen Sozialismus« eintraten, lag die Betonung bald eindeutig auf dem Adjektiv. Im Unterschied zu Weimar besaßen Rechtsstaatlichkeit und die Wahrung von Freiheitsrechten Vorrang vor dem sozialistischen Ziel, dessen Verwirklichung ohne diktatorische Mittel zu erreichen war.[10] Drastisch formulierte Hiller 1946 einmal, noch im Londoner Exil: »Es gibt hier (auch in USA) *wirklich* Pressefreiheit, auch Redefreiheit. Diese ist ungleich wertvoller als das bisschen Proletophilie in jenem Ostlande [der Sowjetunion], wo jeder Abweichler und politisch Unbequeme langsam oder rasch gemurkst wird. In einem Staat, wo das Recht abzuweichen blutig durchstrichen ist, *scheiße* ich auf Arbeitersanatorien am Meer.«[11]

Wenngleich dies nicht immer schon dem zeitgenössischen intellektuellen Empfinden entsprach, passt es angesichts dieser Diagnose einer aufgewerteten Rechts- und Verfassungsstaatlichkeit doch, dass am Beginn der Bundesrepublik als Gründungsakt keine Revolution, sondern die Verfassungsgebung stand. So wie das Grundgesetz sich über verschiedene Bundestagswahlen hinweg als gut funktionierende freiheitlich-demokratische Verfassung in der Praxis allmählich bewährte und die ursprünglich fehlende Legitimation einer Volksabstimmung durch die stillschweigende Akzeptanz der Bürger graduell substituiert wurde, freundeten sich insbesondere die Vertreter des linksintellektuellen Spektrums im Sinne einer konkludenten Handlung eher *en passant* und weniger durch ein offen vorgetragenes Bekenntnis mit dem neu geschaffenen demokratischen Staat an.

---

desrepublik, München 2014; *Norbert Frei/Dominik Rigoll* (Hrsg.): Der Antikommunismus in seiner Epoche. Weltanschauung und Politik in Deutschland, Europa und den USA, Göttingen 2017.

10 Das galt auch für die Überlegungen zu einem demokratischen Sozialismus, die Richard Löwenthal unter Pseudonym veröffentlichte: *Paul Sering*: Jenseits des Kapitalismus. Ein Beitrag zur sozialistischen Neuorientierung, Lauf b. Nürnberg 1946; vgl. *Mike Schmeitzner*: »Wieder gelesen«: Ein dritter Weg nach Kriegsende, in: *Jahrbuch Extremismus & Demokratie* 25 (2013), S. 279–283. Ein anderer linker, marxistischer Vordenker wie Wolfgang Abendroth glaubte daran, dass das Grundgesetz einen sozialistisch-transformatorischen Ermöglichungsrahmen bereithielt, um darin die sozial(istisch)e Demokratie zu verwirklichen. Vgl. *Andreas Fischer-Lescano/Joachim Perels/Thilo Scholle* (Hrsg.): Der Staat der Klassengesellschaft. Rechts- und Sozialstaatlichkeit bei Wolfgang Abendroth, Baden-Baden 2012.

11 Brief von Kurt Hiller an Kurt Englich, 4. April 1946, in: Archiv der sozialen Demokratie der Friedrich-Ebert-Stiftung (AdsD), Nachlass (NL) Kurt Hiller/Kurt Englich, 6 (Kursive im hs. Original Unterstreichung).

Ein Grundmisstrauen gegenüber autoritär-etatistischen Tendenzen blieb freilich bestehen. Entsprechendes Aufbegehren zeigte sich etwa rund um die »Spiegel-Affäre«[12] am Anfang der 1960er Jahre, angesichts der Notstandsgesetzgebung am Ende des Jahrzehnts oder in der Debatte um den »Radikalenerlass«[13] in den 1970ern. Grob gesprochen, lernten die Linksintellektuellen die verfassungsstaatliche Komponente schätzen, aber nicht lieben. Ihre Zuneigung galt weiterhin der Demokratiekomponente, weshalb sie Willy Brandts Leitspruch »Mehr Demokratie wagen« regelrecht euphorisch begrüßten und – so Eggebrecht in einem Rundfunkkommentar – die »Politisierung der Öffentlichkeit« im Zuge der Bundestagswahlen von 1969 als »heilsames Ergebnis« festhielten.[14]

Das war im von »Demokratisierung«-Skepsis geprägten konservativen Spektrum anders, ja nahezu umgekehrt. Ein wenig wie eine Trotzreaktion auf das Ende des – insgeheim betrauerten – starken deutschen Staates seit Kaisers Zeiten wirkte die »technokratische« Antwort, die manch konservativer Autor nun formulierte. So nämlich begegneten Autoren wie Arnold Gehlen und Helmut Schelsky der Ausgangslage eines durch den Nationalsozialismus komplett diskreditierten Konservatismus. Sie setzten sich früh mit den Herausforderungen des von Ernst Forsthoff sogenannten »Staates in der Industriegesellschaft« auseinander, schrieben über Prozesse der »Automatisierung«, die in den Bereich des Politischen reichten, und skizzierten den »technischen Staat«. Ihm lag eine funktionalistische Institutionenordnung zu Grunde, die durch die »anonyme Autorität« der »Sachgesetzlichkeiten« angetrieben werden und sowohl personale Herrschaftsverhältnisse als auch normative Rechtsordnungen ersetzen sollte. In gewisser Weise wirkte diese Ordnung befriedend und harmonisierend, weil in ihr politische Antagonismen durch Infrastrukturen und Institutionen aufgehoben wurden. An die Stelle der Frage nach der Legitimation

---

12 Vgl. *Martin Doerry/Hauke Janssen* (Hrsg.): Die SPIEGEL-Affäre. Ein Skandal und seine Folgen, München/Hamburg 2013.

13 Vgl. dazu die weit ausgreifende kontextualisierende Betrachtung bei *Dominik Rigoll*: Staatsschutz in Westdeutschland. Von der Entnazifizierung zur Extremistenabwehr, Göttingen 2013.

14 *Axel Eggebrecht*: Nachlese – und Vorausschau, Sendemanuskript [NDR] vom 5. Oktober 1969, S. 6, in: Staats- und Universitätsbibliothek Carl von Ossietzky, Hamburg, NL Axel Eggebrecht, NE : Ag 157; vgl. auch zu Kontext und Wirkungsgeschichte *Jens Hacke*: »Mehr Demokratie wagen«. Karriere einer Zauberformel, in: *Mittelweg 36* (2016), 3, S. 5–28.

trat die nach der Funktion.[15] Dem Ganzen wohnte ein ebenso antidemokratischer wie antipluralistischer Zug inne – auf der einen Seite. Auf der anderen prägte dieses Denken im Unterschied zur dominanten kulturpessimistischen Ausrichtung der »konservativen Revolution« früherer Jahre ein demonstrativ vorgetragener moderner, technikfreundlicher, empirisch-sachlicher Charakter.[16]

Bei aller Ambivalenz bedeutete diese konservative Reaktion auf die veränderte Ausgangslage nach 1945 einen Abschied von ideologisch aufgeladenen Wunschbildern. Ostentativ begab sich ein Autor wie Schelsky »Auf die Suche nach Wirklichkeit«[17] und rückte eine nüchtern-pragmatisch-empirische Soziologie selbst in das Zentrum gesellschaftlicher Zustandsbeschreibung und -deutung.[18] Die Frage nach dem Charakter des Politischen, die ein Carl Schmitt weiterhin mit dezisionistischer Verve beantwortete, unterliefen die technokratischen Vertreter freilich. Wenn überhaupt gaben sie in camouflierter Form Antworten zum rechten Mischungsverhältnis demokratischer, konstitutioneller und etatistischer Prinzipien.

---

15 *Helmut Schelsky*: Der Mensch in der wissenschaftlichen Zivilisation, Köln/Opladen 1961; zur Einordnung vgl. *Alexander Gallus* (Hrsg.): Helmut Schelsky – der politische Anti-Soziologe. Eine Neurezeption, Göttingen 2013; *Patrick Wöhrle*: Zur Aktualität von Helmut Schelsky. Einleitung in sein Werk, Wiesbaden 2015; zu Ernst Forsthoff vgl. *Florian Meinel*: Der Jurist in der industriellen Gesellschaft. Ernst Forsthoff und seine Zeit, Berlin 2011.

16 Zu Wandlungen des konservativen Denkens vgl. *Dirk van Laak*: From the Conservative Revolution to Technocratic Conservatism, in: *Jan-Werner Müller* (Hrsg.): German Ideologies since 1945: Studies in the Political Thought and Culture of the Bonn Republic, New York 2003, S. 147–160; *Patrick Wöhrle*: Das Denken und die Dinge. Intellektuelle Selbst- und Fremdverortungen in den 1960er und 1970er Jahren am Beispiel der »Technokratie«-Debatte, in: *Thomas Kroll/Tilman Reitz* (Hrsg.): Intellektuelle in der Bundesrepublik Deutschland. Verschiebungen im politischen Feld der 1960er und 1970er Jahre, Göttingen 2013, S. 55–69; *Erhard Schütz/Peter Uwe Hohendahl* (Hrsg.): Solitäre und Netzwerker. Akteure des kulturpolitischen Konservatismus nach 1945 in den Westzonen Deutschlands, Essen 2009; allgemein auch *Axel Schildt*: Konservatismus in Deutschland. Von den Anfängen im 18. Jahrhundert bis zur Gegenwart, München 1998, insbes. S. 211 ff.

17 *Helmut Schelsky*: Auf der Suche nach Wirklichkeit. Gesammelte Aufsätze, Düsseldorf/Köln 1965.

18 Zur Einordnung vgl. *Paul Nolte*: Die Ordnung der deutschen Gesellschaft. Selbstentwurf und Selbstbeschreibung im 20. Jahrhundert, München 2000; *Christiane Reinecke/Thomas Mergel* (Hrsg.): Das Soziale ordnen. Sozialwissenschaften und gesellschaftliche Ungleichheit im 20. Jahrhundert, Frankfurt a. M. 2012.

Anders verhielt es sich im Falle liberal-konservativer Positionen,[19] zu deren Repräsentanten der Neo-Aristoteliker Dolf Sternberger gehörte. Schon frühzeitig machte er sich für eine aus dem Geist der Verfassung geschöpfte lebendige Demokratie stark. Sternbergers ab den 1970er Jahren offensiv vorgetragener »Verfassungspatriotismus« ging auf Grundgedanken zurück, die er bereits vor Gründung der Bundesrepublik entwickelt hatte.[20] Was damals als ein in die Zukunft gerichtetes Programm gemeint war, präsentierte sich Jahrzehnte später als Diagnose einer Bundesrepublik, die dabei war, »Abschied vom Provisorium«[21] zu nehmen, gerade weil sie – ungeachtet der Präambel – zum voll konsolidierten Staat des Grundgesetzes geworden war. Bedenkt man Überlegungen zur gelebten »Ancient Constitution« in Großbritannien oder zum »Constitutionalism« in den Vereinigten Staaten, beschritt die Bundesrepublik mit dem »Verfassungspatriotismus« im Grunde keinen Sonderweg.[22]

Die ungelöste nationale Frage als Angriffsfläche

Das »verfassungspatriotische« Gedankenmodell bot jedoch insbesondere dort eine Angriffsfläche, wo es die von Martin Walser einmal so bezeichnete »Wunde namens Deutschland«[23] quasi durch dieses Identitätskonzept für die eine Hälfte des – vermeintlich – »binationalen« Landes abbinden wollte. Hierin vor allem unterschieden sich – ungeachtet vieler Parallelen – die verfassungspatriotische Idee Sternbergers und die später von Jürgen Habermas erstmals im Zuge des »Historikerstreits« vorgetra-

---

19 Zu den liberal-konservativen Bürgerlichkeitsdenkern vgl. *Jens Hacke*: Philosophie der Bürgerlichkeit. Die liberalkonservative Begründung der Bundesrepublik, Göttingen 2006, und – essayistisch im breiteren Kontext – ders.: Die Bundesrepublik als Idee. Zur Legitimationsbedürftigkeit politischer Ordnung, Hamburg 2009.
20 Vgl. dazu die detaillierten Ausführungen von *Friedrich Kießling*: Die undeutschen Deutschen. Eine ideengeschichtliche Archäologie der alten Bundesrepublik 1945–1972, Paderborn/München/Wien 2012, insbes. S. 294–300.
21 *Andreas Wirsching*: Abschied vom Provisorium. Geschichte der Bundesrepublik Deutschland 1982–1990, München 2006.
22 Vgl. *Jan-Werner Müller*: Verfassungspatriotismus, Berlin 2010; *Hans Vorländer* (Hrsg.): Integration durch Verfassung, Wiesbaden 2002.
23 *Martin Walser*: »... die Wunde namens Deutschland ...«, in: *Hedwig Walwei-Wiegelmann* (Hrsg.): Die Wunde namens Deutschland. Ein Lesebuch zur deutschen Teilung, Freiburg i. Br./Heidelberg 1981, S. 316–318.

gene, von der Nation abstrahierende Variante dieses Konzepts voneinander.[24]

Nicht nur für Habermas galt es, jeden Sonderweg zu vermeiden, der – wie in der ersten Jahrhunderthälfte – hin zu einem zwischen Ost und West angesiedelten, starken Nationalstaat in der Mitte Europas führte. Für Kurt Sontheimer verkörperten nicht zuletzt die Verfechter eines deutschlandpolitischen »dritten Weges« den deutschen Sonderweg, die somit gleichsam die Antithese der Bundesrepublik darstellten und deren Rückfall in die Geschichte hervorzurufen drohten.[25] Ohne diese offenbar latent vorhandene Furcht wären die aufgeregten Reaktionen auf national-neutralistische Forderungen wohl kaum zu verstehen. Diese wurden häufig nicht nur als außen- und deutschlandpolitische Alternative, sondern als ein umfassender Angriff auf gesellschaftlich-politische Leitvorstellungen und Ideenwelten des Westens wahrgenommen. Besonders deutlich ließ sich das an einer Äußerung ablesen, die Bundeskanzler Helmut Schmidt zugeschrieben wird: Gemeinsame Waffen und Werte, Pershing-Raketen und Poppers offene Gesellschaften, Kant und Cruise Missiles seien zwei Seiten derselben Medaille.[26]

So bezog Schmidt während des heftig geführten Nachrüstungsstreits Stellung und verwies damit auf die Relevanz einer Problemkonstellation, die in der Auseinandersetzung um die Stalin-Note von 1952 erstmals eine große öffentliche Aufmerksamkeit erfahren hatte. Dabei verdeutlichte die damals ausgelöste Debatte, die während der gesamten Teilungsgeschichte immer wieder aufflammte, wie wenig nur Westbindung und Wiedervereinigung miteinander in Einklang zu bringen waren. Der Streit um die »richtige« Beantwortung der nationalen Frage gehörte zu den virulenten Debatten, gerade der frühen Bundesrepublik, an der sich auch Intellektuelle und öffentliche Meinungsbildner eifrig beteiligten.[27] Das Spektrum war breit gefächert und zeigte frühzeitig, dass die einfache Formel »west-

---

24 Vgl. *Peter Graf Kielmansegg*: Verfassungspatriotismus. Ein Nachwort?, in: *Alexander Gallus/Thomas Schubert/Tom Thieme* (Hrsg.): Deutsche Kontroversen. Festschrift für Eckhard Jesse, Baden-Baden 2013, S. 45–57.
25 So die Interpretation von Kurt Sontheimer, in: Deutscher Sonderweg – Mythos oder Realität? Kolloquien des Instituts für Zeitgeschichte, München/Wien 1982, S. 32.
26 Vgl. *Timothy Garton Ash*: Im Namen Europas. Deutschland und der geteilte Kontinent, München 1993, S. 147.
27 Im Grunde galt dies bis zur Erlangung der deutschen Einheit 1990. Vgl. *Jan-Werner Müller*: Another Country. German Intellectuals, Unification and National Identity, New Haven/London 2000.

lich« gleich »demokratisch« bzw. »antiwestlich« gleich »antidemokratisch« nicht immer aufging.[28]

Für ein vereinigtes, neutrales Deutschland zwischen Ost und West engagierten sich in den ersten Nachkriegsjahren im intellektuell-publizistischen Bereich Alfred Andersch und Hans Werner Richter mit ihrer Zeitschrift »Der Ruf«. Sie hofften auf eine friedensstiftende Brückenfunktion des Landes und einen humanistischen oder demokratischen Sozialismus, der gesellschaftliche Ungerechtigkeiten und Ungleichverteilungen beseitigen würde.[29] Eine Mischung aus nationalen und humanitären Motiven trieb Rudolf Augstein an, der mit seinem Magazin »Der Spiegel« während der 1950er Jahre für ein neutrales Gesamtdeutschland eintrat. Auch in der Wochenzeitung »Die Zeit« artikulierten sich – wenigstens zeitweilig und vereinzelt – solche Stimmen für einen dezidiert »deutschen Standpunkt«.[30] Andererseits griff sie in besonders scharfer Weise das Neutralitätsbegehren des Würzburger Neuzeit-Historikers Ulrich Noack und seines »Nauheimer Kreises« an, der ihr als prokommunistisch und ostinfiltriert galt.[31] Wurde solch ein Vorwurf in diesem Falle zu Unrecht formuliert, so wäre er bei der bald bekanntesten Studentenzeitung der Bundesrepublik – »konkret« – insoweit zutreffend gewesen, als die SED bis 1964 regelmäßig in die Zeitschrift investierte. Anders als »Die Zeit«, die in ihrer Frühzeit ein konservatives Gepräge besaß, verfocht die von Klaus Rainer Röhl, Ulrike Meinhof und Peter Rühmkorf betriebene »konkret« von einer dezidiert linken, mit sozialistischen Gesellschaftsmodellen liebäugelnden Warte aus Ideen zur Schaffung eines neutralen Deutschlands.[32]

---

28 Siehe dazu und zum Folgenden meine Gesamtschau *Alexander Gallus*: Die Neutralisten. Verfechter eines vereinten Deutschland zwischen Ost und West 1945–1990, 2. Aufl., Düsseldorf 2006; vgl. auch *Axel Schildt*: Westlich, demokratisch. Deutschland und die westlichen Demokratien im 20. Jahrhundert, in: *Anselm Doering-Manteuffel* (Hrsg.): Strukturmerkmale der deutschen Geschichte des 20. Jahrhunderts, München 2006, S. 225–239.
29 Vgl. im Einzelnen *Alexander Gallus*: »Der Ruf« – Stimme für ein neues Deutschland, in: *Aus Politik und Zeitgeschichte* 57 (2007), B 25, S. 32–38.
30 So *Ernst Friedlaender*: Der deutsche Standpunkt, in: *Die Zeit*, Nr. 48, 27. November 1947.
31 Vgl. *Alexander Gallus*: Deutschlandpolitische Querdenker in einer konservativen »Zeit« – die ersten beiden Chefredakteure Samhaber und Tüngel 1946–1955, in: *Christian Haase/Axel Schildt* (Hrsg.): DIE ZEIT und die Bonner Republik. Eine meinungsbildende Wochenzeitung zwischen Wiederbewaffnung und Wiedervereinigung, Göttingen 2008, S. 225–244.
32 Vgl. *Alexander Gallus*: Zeitschriftenporträt: konkret, in: *Jahrbuch Extremismus & Demokratie* 13 (2001), S. 227–249, sowie *Klaus Körner*: Von »Blitz« zu »konkret«, in: *Aus*

Es mangelte mithin selbst der vermeintlich so eindeutigen »neutralistischen« Antwort auf die nationale Frage an Klarheit. Das Ganze bot sich vielmehr als ein Streitplatz der Standpunkte dar. Neben den publizistischen Foren belegten dies auch verschiedene intellektuelle Gesprächskreise, wie z. B. die »Heidelberger Aktionsgruppe zur Demokratie und zum freien Sozialismus« um den an der dortigen Universität lehrenden Soziologen Alfred Weber.[33] Hier wie anderswo brachten die Debatten statt klarer Konzeptionen eher die Unsicherheit zum Ausdruck, die im ersten Dezennium nach dem Zweiten Weltkrieg – und auch später noch in diversen Schüben bis 1990 – bei der Suche nach möglichen Lösungen für die deutsche Frage herrschte.

Gerade die verschiedenen Intellektuellen wie Carlo Schmid, Alexander Mitscherlich und – erneut – Dolf Sternberger, die dem Heidelberger Diskussionszirkel neben Alfred Weber Leben einhauchten,[34] beharrten auf dem Recht des Widerspruchs und des Positionswechsels, sobald neue, überzeugende Argumente ins Spiel kamen. Statt Manifeste mit klaren Handlungsanweisungen zu formulieren, zielten die Gespräche und Debatten mit Blick auf die noch ganz ungewisse Ausgestaltung des künftigen Deutschlands darauf, den Prozess der öffentlichen Meinungsbildung voranzutreiben.[35] Mehrfach wurde dabei die Absicht geäußert, gerade nicht

---

dem Antiquariat NF 8 (2010), 5, S. 201–213. Zu weiteren linksnationalen Bestrebungen vgl. auch *Gregor Kritidis*: Linkssozialistische Opposition in der Ära Adenauer. Ein Beitrag zur Frühgeschichte der Bundesrepublik Deutschland, Hannover 2008; *Thomas Kroll*: Linksnationale Intellektuelle in der frühen Bundesrepublik Deutschland zwischen Antikommunismus und Stalinismus. Der Kreis um die »Deutsche Woche«, in: *Gallus/Schildt* 2011 (wie Anm. 5), S. 432–455.

33 Vgl. *Katharina Hausmann*: »Die Chance, Bürger zu werden«. Deutsche Politik unter amerikanischer Besatzung. Die »Heidelberger Aktionsgruppe« 1946–47, Heidelberg 2006, insbes. S. 89–110; *Birgit Pape*: Kultureller Neubeginn in Heidelberg und Mannheim 1945–1949, Heidelberg 2000, S. 313–322; *Gallus* 2006 (wie Anm. 28), S. 138–146.

34 Zu deren Biografien siehe *Eberhard Demm*: Von der Weimarer Republik zur Bundesrepublik. Der politische Weg Alfred Webers 1920–1958, Düsseldorf 1999; *Petra Weber*: Carlo Schmid 1896–1979. Eine Biographie, 2. Aufl., Frankfurt a. M. 1998; *Tobias Freimüller*: Alexander Mitscherlich. Gesellschaftsdiagnosen und Psychoanalyse nach Hitler, Göttingen 2007; *Martin Dehli*: Leben als Konflikt. Zur Biographie Alexander Mitscherlichs, Göttingen 2007; *Herfried Münkler*: Dolf Sternberger (1907–1989), in: *Eckhard Jesse/Sebastian Liebold* (Hrsg.): Deutsche Politikwissenschaftler – Werk und Wirkung. Von Abendroth bis Zellentin, Baden-Baden 2014, S. 739–752.

35 Das arbeitet genau heraus *Sean A. Forner*: The Promise of Publicness: Intellectual Elites and Participatory Politics in Postwar Heidelberg, in: *Modern Intellectual History* 9 (2012), 3, S. 641–660; für den größeren Kontext siehe *ders*.: German Intellectuals and

in der privaten Sphäre oder einem – so paradox dies klingt – öffentlichen Schweigemodus, der manchem Gesprächskreis der ersten Nachkriegsjahre so wichtig war, zu verharren.[36] Die »New York Times« nannte die Heidelberger Aktionsgruppe »einen der wenigen Lichtblicke in der deutschen politischen Szene« (*»one of the few bright spots in the German political scene«*), sei sie doch trotz schärfster inhaltlicher Gegensätze geradezu ein Musterbeispiel für eine ebenso friedliche wie sachliche Streitkultur, die in Deutschland bis dahin nur wenig Tradition besessen habe.[37]

Schlussbemerkungen

In solchen Diskursmodi leuchtete bereits kurz auf, was Ralf Dahrendorf Mitte der 1960er Jahre als die eigentliche »deutsche Frage« formulierte: Sie war nach innen gerichtet, als Frage der Freiheit und der gelingenden Streitkultur. In der »andauernden Aversion gegen die unbequeme Welt der Konflikte« und der »Sehnsucht nach Synthese« erkannte der Soziologe wesentliche Gründe für die vielen Systembrüche in der modernen deutschen Geschichte wie auch für deren Diktaturanfälligkeit. Dem setzte er die Formel entgegen: »Konflikt ist Freiheit« – allerdings mit der Einschränkung, dass der Konflikt gewissen »Spielregeln der Auseinandersetzung« unterliegen müsse, somit kein unerbittlicher und bedingungsloser Kampf oder Krieg sein dürfe.[38]

Nach 1945 war ein, wenn auch nicht reibungsloser Wandlungsprozess zu verfolgen, der den Intellektuellen in Deutschland ungeachtet so mancher Kritik, die in Ludwig Erhards »Pinscher«-Rhetorik symbolhaft kul-

---

the Challenge of Democratic Renewal. Culture and Politics after 1945, Cambridge 2014.

36 Vgl. dazu umfassend *Dirk van Laak*: Gespräche in der Sicherheit des Schweigens. Carl Schmitt in der politischen Geistesgeschichte der frühen Bundesrepublik, Berlin 1993. Gleichwohl erweist sich Schmitt auch über die vom »Plettenberger Privatissimum« (S. 504) ausgehenden Lehrer-Schüler-Verhältnisse hinaus bisweilen als »gewiefter Medienstratege« (S. 475), so *Reinhard Mehring*: Carl Schmitt. Aufstieg und Fall, München 2009, S. 463–504.

37 *Delbert Clark*: Heidelberg Forum Urges Democracy, in: *New York Times*, 6. Juli 1947. Als Faksimile auch abgedruckt in: *Hausmann* 2006 (wie Anm. 33), S. 119.

38 *Ralf Dahrendorf*: Gesellschaft und Demokratie in Deutschland, München 1965, S. 233 u. 239; zu Dahrendorf siehe nun die ausgezeichnete intellektuellengeschichtliche Studie von *Franziska Meifort*: Ralf Dahrendorf. Eine Biographie, München 2017.

minierte,[39] nachhaltig von seinem negativen Image befreite.[40] Umgekehrt betrachteten die Intellektuellen weiterhin Kritik als ihren Beruf, ohne sich aber als entkoppelt vom Objekt ihrer Kritik zu positionieren. So schroff und hart sie – nicht zuletzt in der Ära Adenauer, aber auch in späteren Jahrzehnten – einzelne Zustände und Entwicklungen attackierten, taten sie dies nun doch häufig mehr aus einer grundsätzlichen Verbundenheit mit Politik und Gesellschaft heraus und im Streben nach Verbesserung, nicht nach Umwälzung und Austausch des gesamten Systems. Sie wuchsen in die Rolle von »*internal critics*« (Michael Walzer) hinein, statt erneut – wie mehrheitlich während der Weimarer Demokratie – eine eigene »Republik der Außenseiter« (Peter Gay) zu begründen.[41]

Geradezu paradigmatisch lassen sich Hans Werner Richters »Briefe an einen jungen Sozialisten« aus dem Jahr 1974 lesen. In autobiographischer Manier berichtete er darin von »Erfahrungen und Utopien«. Im Rückblick wollte er – anders als früher – in der unmittelbaren Nachkriegszeit »keine revolutionäre Situation« mehr ausmachen.[42] Nun sichtete er die soziale Marktwirtschaft statt eines kruden Kapitalismus, eine liberale politische Ordnung statt alter autoritärer Strukturen. Wie es scheinen mochte, erkannten Richter und viele Linksintellektuelle nun die Erneuerungsleistungen der 1950er Jahre an. Die einstige Blockierung in der Wahrnehmung hatte sich spät gelöst. Der utopische »Erwartungshorizont« früherer Jahre hatte durch den erlebten »Erfahrungsraum« offenbar eine

---

39 Vgl. *Bernhard Löffler*: Ökonomie und Geist. Ludwig Erhard, die Intellektuellen und die Ideengeschichte des europäischen Neoliberalismus, in: *Hochgeschwender* 2011 (wie Anm. 3), S. 74–102 (»Pinscher«-Zitat: S. 75). Löffler belegt allerdings, dass gerade Erhard eine neue Offenheit für intellektuelle und wissenschaftliche Beratung entwickelte.

40 Vgl. *Dietz Bering*: Die Intellektuellen. Geschichte eines Schimpfwortes, Berlin/Frankfurt a. M. 1982 (zuerst 1978). Einen betont anti-intellektuellen Habitus legten sich insbesondere Rechtsintellektuelle zu. Vgl. *Richard Faber/Uwe Puschner* (Hrsg.): Intellektuelle und Antiintellektuelle im 20. Jahrhundert, Frankfurt a. M. 2013.

41 *Michael Walzer*: The Company of Critics. Social Criticism and Political Commitment in the Twentieth Century, 2. Aufl., New York 2002; auch *ders.*: Kritik und Gemeinsinn. Drei Wege der Gesellschaftskritik, Frankfurt a. M. 1993; *Peter Gay*: Die Republik der Außenseiter. Geist und Kultur in der Weimarer Zeit 1918–1933, Neuausgabe, Frankfurt a. M. 2004.

42 *Hans Werner Richter*: Briefe an einen jungen Sozialisten, Hamburg 1974; hier zit. nach Kiesel 1997 (wie Anm. 4), S. 30. Gedankliche Wandlungsprozesse lassen sich nun anhand seiner Tagebücher besser nachvollziehen. Vgl. *Hans Werner Richter*: Mittendrin. Die Tagebücher 1966–1972, hrsg. von Dominik Geppert in Zusammenarbeit mit Nina Schnutz, München 2012.

Ernüchterung erfahren.[43] Dies verlieh zugleich einer affirmativen bundesdeutschen Selbsthistorisierung Ausdruck – und damit einer intellektuellen Gründung, die Richter und seine geistigen Mitstreiter lange als künftiges Ziel postuliert hatten, ohne zu bemerken, dass sie schon hinter ihnen lag.

Der einst utopiegeleitete, von Revolutionswünschen getriebene, auf die Zukunft gerichtete Zeithorizont schien eingeschmolzen; die Gegenwart nun im Kern schützenswert. Das galt am Ende nicht nur für den vergleichsweise anpassungsfähigen Richter, sondern selbst für einen großen Unbequemen wie Kurt Hiller. Sein letzter, erst posthum in der Zeitschrift »konkret« veröffentlichter Artikel vom November 1972 legte davon Zeugnis ab: Die drei Jahre der sozial-liberalen Koalition ab 1969 hatte Hiller mit Freude verfolgt. Er begrüßte nicht nur die personellen, sondern auch die ideologischen Gegebenheiten. Er sprach es nicht offen aus, doch es schien, als erkannte er in dieser Konstellation so etwas wie die Verwirklichung des von ihm und anderen Linksintellektuellen so vage wie hartnäckig gepredigten »freiheitlichen Sozialismus«. Zudem verband Hiller mit der Neuen Ostpolitik die Hoffnung, dass so wieder Bewegung in die weiterhin ungelöste nationale Frage gelangte. Von der alten Revolutionssehnsucht war nichts mehr zu vernehmen. Hiller formulierte stattdessen ganz schnörkellos: »Wählt Willy Brandt!«[44]

---

43 Zu diesen Kategorien grundlegend *Reinhart Koselleck*: »Erfahrungsraum« und »Erwartungshorizont« – zwei historische Kategorien, in: *ders.*: Vergangene Zukunft. Zur Semantik geschichtlicher Zeiten, 2. Aufl., Frankfurt a. M. 1992, S. 349–375.
44 *Kurt Hiller*: Wählt Willy Brandt, in: *konkret*, Nr. 27, 16. November 1972.

Demokratisierungs- und Modernisierungsprozesse in der Bundesrepublik Deutschland der 1950/60er Jahre. Ideengeschichtliche Sondierungen
JENS HACKE

Wann die Demokratie nach Deutschland kam, diese Frage kann im Blick auf die Bundesrepublik ganz verschieden beantwortet werden. Die institutionelle und verfassungsmäßige Implementierung der parlamentarischen Demokratie ist mit Grundgesetz und Staatsgründung eindeutig festzulegen; die kulturelle und gesellschaftliche Verankerung einer demokratischen Lebensform war sicherlich eine Sache der Einübung und brauchte Zeit. Das hat der junge Philosoph Hermann Lübbe in einem Rezensionsessay mit dem Titel »Die Verteidigung der Freiheit« Anfang der 1960er Jahre bereits klar gesehen: Lübbe problematisierte den Umstand, dass die Demokratie ohne eigenen Verdienst den Westdeutschen zugefallen ist. Die demokratischen Institutionen müssten die Deutschen sich nun wieder selbst aneignen und mit Leben erfüllen.[1] Nun lässt sich der Zeitpunkt dieser Aneignung kaum scharf bestimmen – und wir wissen auch, dass die Demokratie fortwährender Aneignung durch jede Generation benötigt. Sie ist immer aufgegeben, Fragilität und Verletzlichkeit zählen zu den anspruchsvollen Existenzbedingungen der liberalen Demokratie, die insbesondere in letzter Zeit wieder stärker ins Bewusstsein dringen.[2]

Zu den identitätsbildenden Mythen der Bundesrepublik zählt bekanntlich die verspätete Demokratisierung, die wir mit dem gesellschaftlichen und politischen Aufbruch der Jahre 1968/69 verbinden: Zum einen wird diese Demokratisierung symbolisiert durch die Studentenproteste der Achtundsechziger, welche die Republik vom Muff der langen Adenauer-Ära befreiten, weil sie Traditionen, Konventionen und klassische Rollenzuschreibungen in der Gesellschaft in Frage stellten. Zum anderen wird die »Umgründung der Republik« (Manfred Görtemaker) personifiziert durch Willy Brandt, der den politischen Diskurs auf eine neue Ebene

---

1 Vgl. *Hermann Lübbe*: Verteidigung der Freiheit als Kampf gegen den Liberalismus, in: *Zeitschrift für Politik* 8 (1961), 4, S. 347–352.
2 Vgl. etwa *Jan Zielonka*: Counter-Revolution. Liberal Europe in Retreat, Oxford 2018; *Yascha Mounk*: Der Zerfall der Demokratie. Wie der Populismus den Rechtsstaat bedroht, München 2018; *Steven Levitsky/Daniel Ziblatt*: Wie Demokratien sterben. Und was wir dagegen tun können, München 2018.

hob, weil fortan Fragen der Moral eine neue Bedeutung erhielten. Seine Regierungserklärung mit der berühmten Formel »Wir wollen mehr Demokratie wagen« sandte dieses Aufbruchssignal und wurde sprichwörtlich. Beide Deutungsstränge sind eng mit dem Narrativ einer Erfolgsgeschichte verbunden, denn sie bekräftigen die Entwicklung von einer lediglich formalen parlamentarischen Demokratie hin zu einer nunmehr lebendigen demokratischen Kultur. Sie ist zur praktizierten Lebensform einer politisch vitalen Zivilgesellschaft geworden.

Wie stichhaltig oder überzeugend eine solche Interpretation der bundesrepublikanischen Geschichte ist, hängt vom Maßstab des Betrachters ab. Insbesondere die Historiographie der letzten beiden Jahrzehnte stellt ein reiches Repertoire an Erklärungen zur Verfügung, in deren Zentrum die Etablierung der gesellschaftlich eingelebten Demokratie steht: »Ankunft im Westen« (Axel Schildt), »Der lange Weg nach Westen« (Heinrich August Winkler), »Die geglückte Demokratie« (Edgar Wolfrum) – so lauten einige der bekannten Titel. Verwestlichung, Westernisierung, Liberalisierung oder Normalisierung sind die dazugehörigen, hegelianisch anmutenden Begriffe, mit denen die gesellschaftliche und kulturelle Dimension dieser Erfolgsgeschichte akzentuiert werden soll.

Die »Demokratisierung der Demokratie« (Claus Offe) blieb eine allgegenwärtige Forderung, die sich allerdings auf unterschiedliche Felder und Probleme beziehen konnte. Das ist grundsätzlich wenig überraschend, weil verschiedene Demokratievorstellungen mit unterschiedlichen Forderungen nach Demokratisierung korrespondieren.

Nun kann »Demokratisierung« begrifflich auch sehr viel grundsätzlicher verstanden werden: nämlich als Transformation, die den Übergang von einer Diktatur bzw. von vordemokratischen Zuständen hin zur Demokratie bezeichnet. Nach dem Urteil weiter Kreise innerhalb der Neuen Linken musste man die westdeutsche Situation, ja sogar die Lage der »spätkapitalistischen« Welt insgesamt zum Ende der 1960er Jahre so einschätzen, und eine Demokratisierung war (nach Auffassung zahlreicher studentischer Aktivisten) nicht durch Reform, sondern nur durch umfassende Revolutionierung zu haben: »Abschied von der autoritären Demokratie« oder zuvor bereits »Transformation der Demokratie« – das waren weit verbreitete Formeln.[3] Aus dem vielstimmigen Demokratisierungsdis-

---

3 Vgl. *Lothar Romein/Gotthart Schwarz* (Hrsg.): Abschied von der autoritären Demokratie. Die Bundesrepublik im Übergang, München 1970; *Johannes Agnoli/Peter Brückner*: Die Transformation der Demokratie, Frankfurt a. M. 1968.

kurs in der Bundesrepublik, der überwiegend im Sinne einer Vertiefung und Ausweitung verstanden worden ist, lassen sich also die fundamentalkritischen Stimmen nicht einfach herausnehmen, die den westdeutschen Staat *de facto* als ein technokratisches, autoritäres oder quasi-faschistisches Ordnungsmodell angriffen. Ich möchte aber im Folgenden die Neue Linke ausklammern und den Blick auf zwei jüngere intellektuelle Wortführer lenken, die stellvertretend für ihre Generation schon seit den 1950er Jahren für eine gesellschaftliche Demokratisierung eintraten.

Kritik und Erneuerung der Bonner Republik:
Jürgen Habermas und Ralf Dahrendorf

Es wäre ein eigenes Kapitel, die spannungsvolle Beziehung dieser beiden Großintellektuellen der Bundesrepublik über ein halbes Jahrhundert zu analysieren. Der besonders im Alter und noch einmal kurz vor Dahrendorfs Tod bekundete gegenseitige Respekt ändert nichts an der Tatsache, dass die beiden Theoretiker zu verschiedenen Zeiten sehr konträre Positionen vertraten. Das war insbesondere an der Wende zu den 1970er Jahren der Fall, als Habermas Dahrendorf als Elitetheoretiker der Demokratie sehr kritisch sah und dieser wiederum Habermas für einen naiven Romantiker der Fundamentaldemokratisierung hielt. Ihre Beziehung zueinander bietet ein eindrucksvolles Beispiel für die klimatische Entwicklung der intellektuellen Atmosphäre in der Bundesrepublik: die Dynamik des gemeinsamen Aufbruchs in den 1960ern, die ideologischen Kämpfe der 1970er Jahre und schließlich die konsensliberale Entspannung seit den 1980er Jahren.[4]

Wollte man alle Unterschiede zwischen dem bekennenden Liberalen Dahrendorf und dem undogmatischen Rekonstrukteur des Historischen Materialismus Habermas anführen, so entstünde eine lange Liste. Ich möchte mich in diesem Kontext zunächst darauf beschränken, dass die beiden Gleichaltrigen (Jahrgang 1929) sich ungefähr zur selben Zeit als

---

4 Als maßgebliche Arbeiten siehe *Stefan Müller-Doohm*: Jürgen Habermas. Eine Biographie, Berlin 2014; *Franziska Meifort*: Ralf Dahrendorf. Eine Biographie, München 2017. Eine vergleichende Betrachtung hat zuletzt vorgenommen *Gangolf Hübinger*: Ralf Dahrendorf und Jürgen Habermas. Zwei Varianten der europäischen Aufklärung, in: *ders.*: Engagierte Beobachter der Moderne. Von Max Weber bis Ralf Dahrendorf, Göttingen 2016, S. 215–232.

kritische Zeitdiagnostiker etablierten und für eine Erneuerung der Demokratie warben. Kurz: Sie avancierten zu den wichtigsten und einflussreichsten Vordenkern einer für notwendig gehaltenen Demokratisierung. In ihren Schlüsselschriften aus den frühen 1960er Jahren kartographierten sie den Raum der sich ausweitenden Demokratiedebatte. Genannt seien nur Habermas' epochemachendes Buch »Strukturwandel der Öffentlichkeit« (1962) und seine sozialphilosophischen Beiträge in »Theorie und Praxis« (1963) sowie Dahrendorfs erste Aufsatzsammlung »Gesellschaft und Freiheit« (1963) sowie sein einflussreiches Werk »Gesellschaft und Demokratie in Deutschland« (1965). Beide Denker stellten die Frage nach der Demokratie in Deutschland und gaben sich nicht damit zufrieden, dass nach der formalen Geltung des Grundgesetzes die parlamentarische Demokratie einigermaßen stabil funktionierte. Stattdessen problematisierten sie ihre gesellschaftlichen und kulturellen Voraussetzungen.

Genau genommen entstanden zwei für die Studentenbewegung zentrale Texte bereits Ende der 1950er Jahre: Habermas' Studie »Zum Begriff der politischen Beteiligung« (1958) sowie Dahrendorfs »Homo Sociologicus« (1958). Ins Zentrum ihrer Überlegungen stellten beide das Problem der Entfremdung in der modernen Gesellschaft und die damit verbundene Distanz des Einzelnen zur Politik. Habermas wandte sich gegen die vorherrschende Auffassung, Demokratie lediglich als Regierungsmethode zu begreifen und als Institutionenarrangement zu verstehen. Das utopische Element im Denken des frühen Habermas sticht deutlich heraus, wie die folgende Passage belegt: »Zu sehen, daß politische Beteiligung Produkt ist und doch auch selber Bedingendes sein kann; daß sie nicht ein Faktor ist, der mit anderen Faktoren multipliziert, ein Gleichgewicht garantiert, sondern Funktion im schwierigen und ungewissen Prozeß der Selbstbefreiung der Menschheit – das allein bewahrt davor, die Demokratie auf Spielregeln und auf deren Anwendung die politische Teilnahme zu reduzieren.«[5] Letztlich bestand das Wesen der Demokratie für ihn darin, »daß sie die weitreichenden gesellschaftlichen Wandlungen vollstreckt, die die Freiheit der Menschen steigern und am Ende ganz herstellen können«.[6]

Habermas legte zugleich eine Kritik des Parlamentarismus und des Parteienstaats vor, denn die repräsentative Demokratie mache »das Volk

---

5 *Jürgen Habermas*: Zum Begriff der politischen Beteiligung, in: *ders.*: Kultur und Kritik. Verstreute Aufsätze, Frankfurt a. M. 1977, 2. Aufl., S. 9–60, hier S. 12.
6 Ebd., S. 11.

zum Objekt der Fürsorge«, den Einzelnen zum Konsumenten und Zuschauer, zum indifferenten Konformisten. In diesem frühen Text verarbeitete er zum einen die seinerzeit einflussreiche Studie David Riesmans über »Die einsame Masse« und den außengeleiteten Menschen, zum anderen nahm er die Verfassungsinterpretation Wolfgang Abendroths auf, der im Grundgesetz die Gestaltungsspielräume hin zu einer sozialen Demokratie herausgearbeitet hatte.[7] Man darf voraussetzen, dass Habermas, ohne dass er es explizit machte, zu diesem Zeitpunkt die Demokratisierungsfortschritte auf einen sozialistischen Horizont hin avisierte.

Es ist leicht zu sehen, warum dieser Text, der ja als Einleitung zum Sammelwerk »Student und Politik« diente, später so nachhaltig wirken sollte. Die Hoffnung auf die »Handhabung der parlamentarischen Institutionen durch das mündige Volk« hielt Habermas für abwegig; stattdessen lag für ihn der Gedanke näher, dass sich Gruppen, »die außerhalb des Parlaments über ein Feld politischer Wirksamkeit verfügen«, zu »außerparlamentarischen Aktionen zusammenfinden und die Staatsorgane unter den ‚Druck der Straße' setzen«. Ihnen standen freilich jene »funktionalen Eliten« gegenüber, die – auf ganz andere Art außerparlamentarisch – »über die Apparate der staatlichen und privaten Bürokratie verfügen«.[8]

Demokratisierung, das bedeutete für Habermas ein in jeder Hinsicht universales Projekt – als Verwirklichung einer »Gesellschaft mündiger Menschen«, die schließlich eine freie Gesellschaft ist, und als Prozess auf dem Weg zur »Selbstbestimmung der Menschheit«. Michael Greven hat in seinem letzten Buch den »systemoppositionellen Impetus« in Habermas' Denken herausgestellt,[9] und in der Tat finden wir dafür einige Anhaltspunkte: die offene Skepsis gegenüber der »Massenpartei als Oberflächenintegration«, die starken Vorbehalte gegen die repräsentative Demokratie, die Kritik am Wohlfahrtsstaat als Sedativum demokratischer Selbstbestimmung, die scharfe Wendung gegen vermeintlich herrschende technokratische Eliten sowie die Prominenz des Entfremdungsmotivs. Andererseits verzichtete Habermas auf jede revolutionäre Rhetorik, und seine schon damals bestimmende Vorstellung von gelingender Individualität, das Kreisen um Vernunft und Rationalität, machte es schwer, seine

---

7 *David Riesman*: Die einsame Masse. Eine Untersuchung der Wandlungen des amerikanischen Charakters, Darmstadt u. a. 1956.
8 Ebd., S. 55 f.
9 *Michael Th. Greven*: Systemopposition. Kontingenz, Ideologie und Utopie im politischen Denken der 1960er Jahre, Opladen u. a. 2011, S. 191 f.

Ausführungen zur Demokratisierung mit einem bestimmten Aktionsprogramm zu verbinden. Der starken und oft auch triftigen Kritik folgte kein konstruktives Programm – und die Ansätze zu einer Theorie, wie demokratische Kommunikationsprozesse aussehen könnten, sollte Habermas erst später entwickeln.[10]

Bei Dahrendorf lag der Fall anders. Mag sein »Homo sociologicus« auch als scharfe Zeitkritik individueller Entfremdung gelesen worden sein und vermeintliche Authentizitätsbedürfnisse geweckt haben – auf seine späteren politischen Diagnosen hatte das Werk kaum Einfluss. Dahrendorfs Plädoyer für Demokratisierung stellte weder den Parlamentarismus noch die Parteien in Frage. Dafür thematisierte er ausdrücklich den deutschen Sonderweg mit seinen Auswirkungen auf die politische Kultur. Die Versäulung der sozialen Strukturen, der Etatismus und die fehlende Bereitschaft, Konflikte in einer demokratischen Öffentlichkeit auszutragen, waren aus Dahrendorfs Sicht im Wesentlichen einer verspäteten Modernisierung geschuldet. Ihm ging es darum, die liberale Demokratie in Deutschland soziokulturell erst zu schaffen und zu kräftigen. »Die demokratischen Institutionen werden akzeptiert«, schreibt Dahrendorf 1965, »aber sie bleiben äußerlich, fern, letztlich gleichgültig. Der Einzelne ist nicht mit seiner Person diesen Institutionen verpflichtet und daher kaum ernsthaft zu ihrer Verteidigung bereit.«[11]

Dahrendorf zielte mit seinem Engagement vor allem auf eine Stärkung der »öffentlichen Tugenden«, auf die Anerkennung des Konflikts als Ausdruck der Freiheit sowie auf eine größere Durchlässigkeit der Klassengesellschaft. Im Gegensatz zu Habermas war es ihm nicht in erster Linie um mehr Partizipation zu tun, sondern um die Ermöglichung höherer sozialer Mobilität und um die Schaffung gleicher »Lebenschancen« für alle.[12] Zwar lag auch der von Dahrendorf vertretenen »Gesellschaftspolitik der Liberalität« eine Vorstellung von einer »Erneuerung der Demokratie« zugrunde, doch statt einem radikalen Umbau der politischen Institutionen

---

10 Vgl. *Jürgen Habermas*: Faktizität und Geltung. Beiträge zur Diskurstheorie des Rechts und des demokratischen Rechtsstaats, Frankfurt a. M. 1992.
11 *Ralf Dahrendorf*: Gesellschaft und Demokratie in Deutschland, München 1965, S. 372.
12 Zum Begriff der »Lebenschancen« vgl. die Beiträge in *Ralf Dahrendorf*: Lebenschancen. Anläufe zur sozialen und politischen Theorie, Frankfurt a. M. 1979. Erstmalig scheint er den Begriff der Lebenschancen verwendet zu haben in dem Beitrag »Politik der Liberalität« (1968), in: *ders.*: Für eine Erneuerung der Demokratie in der Bundesrepublik. Sieben Reden und andere Beiträge zur deutschen Politik 1967–1968, München 1968, S. 147–164, hier S. 160.

das Wort zu reden, orientierte er sich an der bestehenden Ordnung. Weit davon entfernt, die politischen und wirtschaftlichen Eliten des Landes zu systemischen Gefahren zu erklären, appellierte Dahrendorf stattdessen an die Bürgerinnen und Bürger, die vorhandenen Einrichtungen der parlamentarischen Demokratie zu nutzen und mit Leben zu erfüllen. Hier zeigte sich die Differenz zwischen den frühen Ansätzen der beiden Gesellschaftstheoretiker: Weil Dahrendorf Herrschaft und Repräsentation nicht für historisch kontingente und im Prinzip überwindbare, sondern für unumgängliche Elemente der Politik hielt, sah er in der Rekrutierung fähiger Eliten eine funktional notwendige Bestandsvoraussetzung der Demokratie. Ausgehend von dieser Überzeugung polemisierte er gegen die in seinen Augen überzogene und gefährliche Vorstellung von einer »fundamentalen Demokratie«. Seine Reformbemühungen richteten sich nicht auf eine »grenzenlos aktivierte Öffentlichkeit«, sondern beschränkten sich darauf, Demokratie glaubwürdiger machen zu wollen – im Sinne eines lebendigen Zusammenwirkens zwischen fähigem politischen Führungspersonal und einer kritischen Öffentlichkeit, die sich in erster Linie qualitativ, aber nicht unbedingt quantitativ entfalten sollte.[13]

Dahrendorfs Pragmatismus setzte auf Liberalisierung und begab sich zunehmend auf Distanz zum damaligen Modebegriff der Demokratisierung. Sein epochales Buch über »Gesellschaft und Demokratie in Deutschland« stellte die »Frage nach den Hemmnissen der liberalen Demokratie in Deutschland«, kombinierte aber zugleich Motive des *Cold War Liberalism* seiner Zeit mit einem emphatischen Begriff von gesellschaftlicher Modernisierung, um Wege aus der Klassengesellschaft zu weisen. Poppers »offene Gesellschaft« und Hayeks »Verfassung der Freiheit« sind die festen Bezugsgrößen, anhand derer Dahrendorf die symbiotische Beziehung von Demokratie und freier Marktwirtschaft vorführte. Als Bewunderer der angelsächsischen Tradition stellte er die Freiheit des Einzelnen in den Mittelpunkt – mit Initiativen wie »Bildung ist Bürgerrecht« und dem Primat individueller Lebensentfaltung und Leistungsermöglichung wollte er sich als Reformer, nicht aber als Grundsatzkritiker etablieren.

---

13 Siehe dazu vor allem *Dahrendorf* 1968.

Willy Brandt – »mehr Demokratie wagen«

Ich möchte nun von der politischen Theorie zur praktischen Politik wechseln. In der bundesrepublikanischen Geschichte ist die Regierungserklärung Willy Brandts bisher mit Sicherheit die bedeutendste ihrer Art. Nie zuvor und nie danach hat ein Bundeskanzler die Zeitströmungen rhetorisch so gekonnt eingefangen und die Hoffnungen seiner Zuhörer so wirkungsvoll auf den Begriff gebracht. Das Kernelement von Brandts Botschaft war eine Programmatik der Demokratisierung. Er setzte sich – auch mit dem Schlussappell: »Wir fangen erst richtig an!« – selbstbewusst von seinen Vorgängern Adenauer, Erhard und Kiesinger ab.

Brandt setzte den Akzent gegen das antipluralistische Programm einer »formierten Gesellschaft«, das Erhard 1965 verkündet hatte.[14] Gleichzeitig lässt sich Brandts Rede aber auch als wirksame Strategie lesen, der Neuen Linken die intellektuelle Hoheit über einen ebenso emphatischen wie schillernden Demokratisierungsbegriff zu entwinden, den er gegen revolutionäre Aktionen imprägnieren wollte. Denn auf der Linken hatte sich die Debatte um die Demokratie vor allem daran entzündet, dass sie weder mit kapitalistischen Wirtschaftsverhältnissen vereinbar sei noch im parlamentarischen Repräsentativsystem eine angemessene Form finden könne. Demgegenüber betonte Brandt, dass auch das Vorhaben einer umfassenden Demokratisierung der Gesellschaft die »strikte Beachtung der Formen parlamentarischer Demokratie« zur Voraussetzung haben musste.[15] Er hatte aber nicht nur seinen Frieden mit der parlamentarischen Demokratie gemacht. Spätestens seit dem Godesberger Programm bot aus sozialdemokratischer Perspektive auch eine auf Sozialisierung setzende Wirtschaftspolitik keine gangbare Alternative mehr. Die Rhetorik des demokratischen Aufbruchs war, bei allem Pathos, also immer mit dem Bekenntnis zur repräsentativen Demokratie verknüpft und stellte die kapitalistische Wirtschaftsordnung nicht mehr grundsätzlich in Frage. In diesem Punkt suchte der erste sozialdemokratische Bundeskanzler der Bundesrepublik ganz bewusst die Kontinuitätslinie zu den christdemokratischen Vorgängerregierungen.

---

14 Die Idee einer formierten Gesellschaft ging zurück auf Erhards Berater Rüdiger Altmann. Vgl. *Rüdiger Altmann*: Die formierte Gesellschaft (1965), in: *ders.*: Abschied vom Staat. Politische Essays, Frankfurt/New York 1998, S. 61–70.
15 Deutscher Bundestag, Plenarprotokoll 6/5, 28. Oktober 1969, S. 20–34, hier S. 20. http://dip21.bundestag.de/dip21/btp/06/06005.pdf (wie alle folgenden Internetlinks zuletzt abgerufen am 29. Juni 2018).

Willy Brandt ist häufig dafür kritisiert worden, dass sein mit Verve präsentiertes Vorhaben einer gesellschaftspolitischen Demokratisierung zu vage geraten sei und viele Fragen offengelassen habe. Statt konkreter Reformen habe er »ein ganzes Füllhorn von Versprechen« ausgeschüttet,[16] die weder durchführbar noch finanzierbar gewesen seien. Gleichwohl bleibt die Frage interessant, was Brandt unter »Demokratisierung« verstand und worauf seine Forderung nach »mehr Demokratie« eigentlich abzielte. Aufschlussreich ist in diesem Zusammenhang ein Aufsatz, den er ein halbes Jahr vor seiner Regierungserklärung in einem Sonderheft der SPD-nahen Zeitschrift »Die Neue Gesellschaft« veröffentlichte. Darin formulierte Brandt: »Für die SPD bedeutet Demokratie ein Prinzip, das alles gesellschaftliche Sein der Menschen beeinflussen und durchdringen muss.«[17] Und später – schon kurz vor dem jähen Ende seiner Kanzlerschaft – erklärte er: »Demokratisierung heißt hier: politische Entscheidungsprozesse durchschaubarer machen und die Bürger ermutigen, bei der Neugestaltung der Verhältnisse selber mitzuwirken.«[18] Der Aspekt der Transparenz schlug sich in der Regierungserklärung 1969 insbesondere darin nieder, dass Brandt versprach, die Regierung werde ihre »Arbeitsweise öffnen und dem kritischen Bedürfnis nach Information Genüge tun«.[19] Ungeachtet der zahlreichen Ausführungen zu bürgerlicher Mitverantwortung und Mitwirkung lassen seine Ausführungen damit – qua Amt erklärlich – eine klassische top-down-Perspektive auf die Demokratie erkennen.

Allerdings sollte man darüber zwei im Regierungsprogramm prominent herausgestellte Initiativen zur Förderung von Gleichheit und erweiterten Partizipationsrechten nicht geringschätzen: Zum einen kündigte Brandt die Senkung des Mindestalters für das aktive Wahlrecht von 21 auf 18 Jahre an – eine Gesetzesänderung, die dann im Sommer 1970 auch tatsächlich rechtskräftig wurde. Zum anderen plädierte der neue Kanzler eindringlich für eine gleichberechtigte Stellung der Frau und bekräftigte seine Absicht, durch gezielte Fördermaßnahmen dafür zu sorgen, das bis

---

16 So die Zusammenfassung der Kritiken bei *Peter Merseburger*: Willy Brandt 1913–1992. Visionär und Realist, München 2002, S. 580.
17 *Willy Brandt*: Die Alternative, in: Zwanzig Jahre Bundesrepublik, zehn Jahre Godesberger Programm der SPD, Bonn 1969 (*Die Neue Gesellschaft* 16 (1969), Sonderheft), S. 3 f., hier S. 4.
18 *Willy Brandt*: Über den Tag hinaus. Eine Zwischenbilanz, Hamburg 1974, S. 263.
19 Deutscher Bundestag, Plenarprotokoll 6/5, 28. Oktober 1969, S. 20.

dahin immer noch nicht eingelöste Gleichheitsversprechen des Grundgesetzes endlich Realität werden zu lassen.[20]

Ein Schlüsselbegriff, der sich mit Willy Brandts Vorstellung von Demokratisierung verband, war jedoch derjenige der »Reform«. Der beabsichtigte Prozess der Demokratisierung sollte einhergehen mit der Umsetzung eines umfassenden gesellschaftlichen Modernisierungsprogramms. Ja, Demokratisierung wirkte in Brandts Sprache geradezu wie ein Synonym für Modernisierung. Der demokratische Staat, der ihm vorschwebte, war ein zur »systematische[n] Vorausschau und Planung« fähiger Staat.[21] Nicht nur sollten Gleichheit und Gerechtigkeit, Solidarität und Freiheit gefördert werden, die Demokratie sollte darüber hinaus auch zum Habitat des guten Lebens und zum Garanten von mehr »Lebensqualität« avancieren, wie es nach seiner Wiederwahl in der Regierungserklärung vom 18. Januar 1973 hieß.[22]

Sein Biograph Peter Merseburger erkannte in Brandts Entwurf den »optimistischen Glauben an die Möglichkeit zur umfassenden Gestaltung der menschlichen Zukunft, an eine Art gesellschaftlicher, wenn man so will: menschheitlicher *planification*«.[23] Im Bewusstsein der Machbarkeit vertraute Brandt auf die Möglichkeiten »moderner Konjunktur- und Wirtschaftssteuerung« ebenso wie auf ein »Wachstum nach Maß und die Beherrschbarkeit ökonomischer Krisen«. Das entsprach dem keynesianischen Geist der Epoche. Der Sozialdemokrat glaubte an eine Art Gesamtplanung der Lebenswelt – von der Bildung über den Ausbau sozialer Leistungen, der Stadt- und Wohnplanung bis hin zur Umweltpolitik. Damit bündelte er die zeittypischen Komponenten der Demokratiehoffnung.

Im Rückblick mag erstaunen, wie sehr Willy Brandt von der Möglichkeit überzeugt war, einen richtigen, das heißt sowohl demokratischen als auch rationalen Modernisierungskurs nicht nur erkennen, sondern auch verwirklichen zu können. Abgesehen von den praktischen Hindernissen schienen ihn auch theoretische Schwierigkeiten, wie sie etwa aus dem Problem alternativer und eben deshalb konkurrierender Rationalitäten entstehen, in seiner Zukunftsgewissheit nicht zu beirren. Ebenfalls verwunderlich ist, dass die agonal-stimmungsgetriebene Komponente im damaligen Demokratisierungsdiskurs nahezu keine Rolle spielte, obwohl

---

20 Vgl. ebd., S. 20 und S. 29.
21 Ebd., S. 28.
22 Deutscher Bundestag, Plenarprotokoll 7/7, 18. Januar 1973, S. 127. http://dip21.bundestag.de/dip21/btp/07/07007.pdf.
23 *Merseburger* 2002, S. 580.

Brandt als charismatische Leitfigur des demokratischen Aufbruchs ein polarisierendes Element geradezu verkörperte: Faktisch erschöpfte sich der von der sozial-liberalen Regierung angestoßene Prozess der Demokratisierung eben nicht nur in Maßnahmen, die rationalisierend, modernisierend und integrierend wirkten, sondern befeuerte in Fragen der Ostpolitik und der Gesellschaftsreform auch Leidenschaften und Gegensätze – man denke nur an die vorgezogene Bundestagswahl von 1972, die sogenannte »Willy-Wahl«, die einem Plebiszit über den Kanzler gleichkam und mit einer beispiellosen Mobilisierung und Politisierung der Wählerinnen und Wähler einherging.

Brandt begriff Demokratisierung als einen dynamischen und offenen, tendenziell unabschließbaren Prozess. Mit dieser Sichtweise verband sich sehr viel mehr als nur eine Absage an die nüchtern realistische Auffassung von Demokratie als reiner Regierungsmethode. Brandt »erhob die liberale und soziale Demokratie zum Leitbild einer umfassenden Lebensform«.[24] Allerdings dachte er dabei – ähnlich wie Dahrendorf – eher an die Ausschöpfung der klassischen Beteiligungsformen im Rahmen der bestehenden Parteiendemokratie und weniger an neue demokratische Artikulationsmodi. Umgekehrt darf man angesichts der extensiven Beschäftigung mit der Neuen Linken und ihrer massiven Demokratiekritik aber auch nicht der falschen Vorstellung aufsitzen, dass der demokratische Aufbruch der Brandt-Ära nur rhetorischer Natur gewesen sei. Die unter dem Schlagwort der »Demokratisierung« in Angriff genommenen Reformbemühungen schlugen sich durchaus auch in der Praxis nieder: Die Debatten über die Bildungspolitik, die Sozialpolitik sowie über die Neue Ostpolitik politisierten Millionen Bundesbürgerinnen und -bürger und bescherten den Parteien rasant ansteigende Mitgliederzahlen. Die Wahlbeteiligungen erreichten ein Rekordhoch. Und sogar die CDU wagte mit dem jungen Reformer Helmut Kohl zu Beginn der 1970er Jahre etwas mehr innerparteiliche Demokratie.[25]

---

24 So auch *Wolther von Kieseritzky*: Einleitung, in: *Willy Brandt*: Mehr Demokratie wagen. Innen- und Gesellschaftspolitik 1966–1974, bearb. von Wolther von Kieseritzky, Bonn 2001 (Berliner Ausgabe, Bd. 7), S. 15–81, hier S. 45.
25 Die CDU verzeichnete einen regelrechten Mitgliederboom. Die Parteibasis verdoppelte sich innerhalb weniger Jahre auf 600.000 und stieg bis 1983 weiter kontinuierlich an. Vgl. *Frank Bösch*: Macht und Machtverlust. Die Geschichte der CDU, Stuttgart/München 2002, S. 212 f.

Insofern spricht einiges dafür, die Ära Brandt als eine Hochzeit der Demokratisierung auf mehreren Ebenen zu begreifen: im Sinne einer Mobilisierung der Bevölkerung für die Politik, im Hinblick auf die Forderung nach Emanzipation und Chancengleichheit in der Gesellschaft und nicht zuletzt im Rahmen einer Bemühung um die theoretische Klärung von Möglichkeiten und Grenzen der Demokratie. Zugleich mündete diese Hochkonjunktur der Demokratisierung in ein exorbitantes Krisengefühl, das kaum objektiv – etwa mit Konjunktureinbruch, Ölkrise und der Einsicht in die Grenzen des Wachstums – zu erklären ist, sondern sich eher aus dem Gefälle zwischen Erwartung und Enttäuschung herleiten lässt, das die Ära Brandt prägte.[26]

Perspektiven

Was ist aus dem Begriff der Demokratisierung geworden? Man kann kaum behaupten, dass er noch dieselbe Mobilisierungskraft besitzt wie vor 50 Jahren. Die Vorstellung von Demokratisierung als einem gerichteten Prozess mit klaren, sich gegenseitig verstärkenden Parametern wie Transparenz, Partizipation, Planungsrationalität scheint sich verflüchtigt zu haben. Auch vom damit einhergehenden Gleichheitsversprechen der berühmten »nivellierten Mittelstandsgesellschaft«, in der eine breite Mitte den Wohlstand erwirtschaftet und wohlfahrtsstaatlich umverteilt, ist nicht mehr viel übrig geblieben.

Demokratie und Demokratisierung entfalten als Erwartungsbegriffe keine nachhaltige Wirkung mehr. Kaum jemand will Krisen oder Missstände noch mit »mehr Demokratie« überwinden, wie es scheint. Die zeitweilige Konjunktur von *Governance*-Konzepten weist darauf ebenso hin wie der allgemeine Trend zum Primat der Ökonomie.[27] Die Vereinbarkeit von Kapitalismus und Demokratie, also die Hoffnung auf sozialdemokratische Umverteilung einerseits oder auf den neoliberalen Tripple-Down-Effekt andererseits, hat sich nicht materialisiert. Freier Markt und

---

26 Vgl. dazu *Jens Hacke*: Der Staat in Gefahr. Die Bundesrepublik der 1970er Jahre zwischen Legitimationskrise und Unregierbarkeit, in: *ders./Dominik Geppert* (Hrsg.): Streit um den Staat. Intellektuelle Debatten in der Bundesrepublik 1960–1980, Göttingen 2008, S. 186–204.

27 Eine elitengesteuerte *smart governance*, die an der politischen Steuerungsfähigkeit der Demokratie zweifelt, vertritt etwa *Helmut Willke*: Demokratie in Zeiten der Konfusion, Berlin 2014.

Demokratie können nicht mehr als untrennbares Zwillingspaar idyllisiert werden. Die Entwicklungen der letzten Jahre haben eindrucksvoll vorgeführt, wie spannungsreich das Verhältnis zwischen Demokratie und globalem Kapitalismus nach dem Abschied von der klassischen Industriegesellschaft tatsächlich ist.

Es ist heute nötiger denn je, den normativen Anspruch der Demokratie zu verteidigen, der nach Auffassung des französischen Ideenhistorikers Pierre Rosanvallon darin besteht, eine »Gesellschaft der Gleichen« zu verwirklichen. Rosanvallon macht deutlich, was Demokratisierung heute sein kann, nämlich der Weg zur Realisierung einer Form der »pluralen Gleichheit«, die den Akzent auf Beziehungen und Reziprozität legt und sich um die Erzeugung des allen Bürgerinnen und Bürgern Gemeinsamen bemüht. »Partizipation«, »gegenseitiges Verstehen« und »Zirkulation« sind für ihn die entscheidenden Stichworte. Rosanvallon möchte den Sezessions- und Separationstendenzen in der Demokratie entgegentreten, die er darin erkennt, dass sich insbesondere der vermögendste Teil der Bevölkerung von einer gemeinsamen Lebenswelt abwendet, sei es durch Steuerflucht oder durch Abschottung in *gated communities*. Rosanvallon plädiert für eine Rückbesinnung auf die Kommunalität und für die Vergrößerung und Pflege öffentlicher Räume, um die verschiedenen Dimensionen der zwischen den Bürgerinnen und Bürgern einer Demokratie bestehenden und ihre politische Kultur tragenden Beziehungsgleichheit wieder erfahrbar zu machen. Ihm geht es nicht um Gleichheit im strikt materiellen Sinne, sondern um gleiche Rechte und möglichst angeglichene Lebenschancen bei Wahrung der jeweils eigenen Individualität – ein Anliegen, dem auch Dahrendorf seine Sympathien gewiss nicht versagt hätte. Rosanvallon nennt das eine Politik der Singularität, die es jedem ermöglichen soll, seine spezifischen Stärken zu entfalten.[28] Man mag diesen Ansatz für idealistisch halten – aber wer das als Einwand verstanden wissen will, der muss sich fragen lassen, wie das Eintreten für die Demokratie als Lebensform ohne Idealismus überhaupt möglich sein soll.

Insofern behält die Vorstellung von einer fortschreitenden Demokratisierung eine unersetzliche praktische Bedeutung, weil die Errichtung und der Ausbau der Demokratie sich in historischer Perspektive als eine

---

28 Vgl. *Pierre Rosanvallon*: Die Gesellschaft der Gleichen, Hamburg 2013, S. 303–354. Vgl. dazu auch *Andreas Reckwitz*: Die Gesellschaft der Singularitäten. Zum Strukturwandel der Moderne, Berlin 2017.

Abfolge von Emanzipationsschritten begreifen lässt, in deren Verlauf immer größeren Teilen der Bevölkerung gleiche Rechte zuerkannt wurden und es schon immer darum ging, Minderheiten und Benachteiligte gleichzustellen. In offenen Gesellschaften kommt man niemals umhin, entstehende Ungleichheiten und soziale Schieflagen politisch zu kompensieren und die Gewährung gleicher Lebenschancen anzustreben. Besonders evident wird das, wenn wir an die gegenwärtig besonders drängende Aufgabe der europäischen Demokratien denken, die aus dem Nahen und Mittleren Osten sowie aus Afrika kommenden Flüchtlinge nicht nur aufzunehmen und zu versorgen, sondern diese Menschen als Bürgerinnen und Bürger auch politisch in die bestehenden Gemeinwesen zu integrieren. Das heißt nämlich auch, sie mit der Lebensform der Demokratie – und uns selbst mit neuen Lebensstilen und Mentalitäten – vertraut zu machen. Dass es hier nicht nur um die Beachtung von Regeln, Prozeduren und Verfahren geht, sondern auch um die Anerkennung der fundamentalen Werte einer demokratischen Kultur der gegenseitigen Achtung, der Toleranz und der Freiheit, ist unzweifelhaft. Liberale Demokratien sind aufgefordert, der Stigmatisierung und Marginalisierung sozialer Gruppen entgegenzuwirken, sei diese Ausgrenzung ökonomisch, sozial oder ethnisch begründet. Auch solche Prozesse darf man als Demokratisierungsherausforderungen begreifen.

Der Rückblick auf die Grundsatzdebatten der 1960er und 70er Jahre führt uns noch einmal vor Augen, dass es verfehlt wäre, von der Demokratisierung als Ausweitung und Intensivierung eines Regierungsprinzips einen stetigen Zugewinn an Rationalität, Funktionalität und Steuerungskompetenz zu erwarten. Kein Patentrezept zur demokratischen Planung, keine noch so umfassende Partizipation bietet eine Garantie zur Lösung komplexer gesellschaftlicher Probleme, zumal Demokratisierung allenfalls zu einem Konsens über die Regeln der Konfliktaustragung führen kann, die Konflikte selbst aber nicht beseitigt. Vielleicht ist auch deshalb heute weniger von einer alles durchdringenden Demokratisierung der Gesellschaft die Rede, sondern eher von der Möglichkeit zu demokratischem Engagement. Dies wiederum kann sich ganz unterschiedliche Partizipationsformen suchen, die sich zwar in normativer Hinsicht durch Gemeinwohlorientierung auszeichnen müssen, davon abgesehen aber nicht an die Einhaltung bestimmter politischer Prozeduren gebunden sind. Allerdings verschatten die Rede vom demokratischen Engagement und der Appell an die Kultur der Demokratie den gesellschaftsverändernden und auf eine bessere Zukunft zielenden Moment des Demokratieversprechens. Anstatt sich etwas zuzutrauen, ist die Demokratie in die Defensive geraten. Wenn Politik nur noch als Krisenmanagement begriffen wird, dann ist es kaum verwunderlich, dass die für nötig gehaltenen politischen Manöver entweder technokratischen Eliten oder Handlungsmacht suggerierenden Pseudo-Charismatikern zugetraut werden.

Vor diesem Hintergrund ist es durchaus angebracht, sich die von Willy Brandts Rede ausgehende Dynamik und Hoffnung wieder zu vergegenwärtigen. »Mehr Demokratie wagen« beinhaltete nicht nur eine vage Aussicht auf Gleichheit, sondern auf ein gemeinsames Projekt der Bürgerschaft. Demokratisierung zielte darauf, eine Identifikation mit der eigenen *res publica* zu fördern. Demokratisierung diente als normatives Regulativ, nicht nur zur Einhegung des Kapitalismus, sondern um das Land in einem weiteren Sinne kulturell, sozial und politisch bewohnbar zu halten.

Parlamentarismuskritik und Demokratie-Konzepte in der Ausserparlamentarischen Opposition und den neuen sozialen Bewegungen
DETLEF SIEGFRIED

Die Skepsis der Bundesbürger gegenüber der Demokratie, ihre ausgeprägte Staatsloyalität, das Ideal politischer Harmonie, ihre Neigung zur Unterordnung und das geringe politische Engagement – diese Merkmale einer »Untertanenkultur«, noch in den 1950er Jahren markant, traten im Laufe der 1960er Jahre und 70er Jahre zurück.[1] Stattdessen entstand eine politische Kultur der Teilhabe, die über den Rahmen der repräsentativen Demokratie hinausging. Indikatoren waren etwa das Interesse für Politik, das mit dem Reichtum der Gesellschaft, dem Anwachsen des Dienstleistungssektors, dem Bildungsgrad, der Medialisierung und der politischen Konflikte stark zunahm. Auch die Tatsache, dass 1966 das sozialdemokratische Ideal einer »mündigen Gesellschaft« viele Bürger bereits mehr ansprach als Visionen einer »formierten Gesellschaft«, signalisierte ihr wachsendes politisches Selbstbewusstsein.[2]

In den politischen »Wendejahren«, die mit dem Regierungseintritt der SPD in die Große Koalition Ende 1966 einsetzten, wurden die Demokratiedefizite der westdeutschen Gesellschaft immer vehementer thematisiert.[3] Insbesondere forderten die Kritiker, die parlamentarische Ordnung durch eine demokratische Verankerung in der Gesellschaft zu vertiefen. Von den Kirchen und dem Städtebau über die Arbeitsplätze, Schulen und Hochschulen bis hin zu den Erziehungsheimen und der Bundeswehr sollten den Betroffenen mehr Mitbestimmungsrechte eingeräumt werden – das war der Sinn der Losung »Mehr Demokratie wagen« des sozial-liberalen Regierungsprogramms von 1969, allerdings unter Beibehaltung der

---

1 Vgl. *Gabriel A. Almond/Sidney Verba*: The Civic Culture. Political Attitudes and Democracy in Five Nations, Boston 1965; *dies.* (Hrsg.): The Civic Culture Revisited. An Analytic Study, Boston 1980.
2 Vgl. *Gabriele Metzler*: Am Ende aller Krisen? Politisches Denken und Handeln in der Bundesrepublik der sechziger Jahre, in: *Historische Zeitschrift* 275 (2002), 1, S. 57–103, hier S. 91 f.
3 Vgl. *Klaus Schönhoven*: Wendejahre. Die Sozialdemokratie in der Zeit der Großen Koalition 1966–1969, Bonn 2004.

repräsentativen Demokratie als Grundprinzip. Wie weit die Demokratisierung der Gesellschaft gehen sollte, ob sie etwa, wie beispielsweise Jürgen Habermas meinte, auf die soziale Teilhabe ausgedehnt werden oder sogar in sozialistische Verhältnisse münden sollte, wie es einem Teil der Studentenbewegung vorschwebte, war Gegenstand der politischen Auseinandersetzung.[4] Konservative Gegner der Demokratisierung betrachteten die politische Teilhabe der »Masse« als ein Grundübel der Moderne, liberale Kritiker sahen darin ein totalitäres Konzept. Aber auch Willy Brandt hatte immer wieder deutlich gemacht, dass sein Demokratieverständnis dort endete, wo an den Grundfesten des westdeutschen Staatswesens, nicht zuletzt an der repräsentativen Demokratie gerüttelt wurde.

Diese Konfliktkonstellation beeinflusste die politische Kultur bis in die 1980er Jahre hinein. Dass die Demokratisierungsforderungen immer mehr Rückhalt in der Bevölkerung erhielten und mit der sozial-liberalen Koalition schließlich politisch bestimmend zu werden schienen, provozierte Gegenreaktionen. Umgekehrt kamen in den außerparlamentarischen Bewegungen, die in den 1960er Jahren entstanden, radikale Strömungen auf, die das politische System umwälzen wollten. Aber wesentlich wichtiger war die Rolle der APO als Demokratisierungskatalysator für einen erheblichen Teil der Bundesbürger. Ähnlich war es in den 1970er und frühen 80er Jahren: Während die Gruppen mit den radikalsten Ansätzen scheiterten, entfaltete sich mit den neuen sozialen Bewegungen politisches Engagement ungekannten Ausmaßes.

Die Bildung der Großen Koalition im Dezember 1966, der im Bundestag nur die wenigen FDP-Abgeordneten gegenüberstanden, machte die Notwendigkeit einer »Außerparlamentarischen Opposition« plausibel. Das gewachsene Engagement entsprach der schon Anfang der 1960er Jahre etwa von Ralf Dahrendorf geforderten Verankerung der Demokratie jenseits des parlamentarischen Systems durch eine umfassende Demokratisierung der Gesellschaft.[5] Nicht so sehr Unterfütterung der parlamentarischen Demokratie, wie Dahrendorf es sich vorstellte, sondern Kontrolle und Beeinflussung des Parlaments durch massenhaftes Engagement von außen – darin bestand die Absicht der Bewegungen, die außerhalb des Parlaments entstanden.

---

4   Vgl. *Moritz Scheibe*: Auf der Suche nach der demokratischen Gesellschaft, in: *Ulrich Herbert* (Hrsg.): Wandlungsprozesse in Westdeutschland. Belastung, Integration, Liberalisierung 1945–1980, Göttingen 2002, S. 245–277.
5   Vgl. dazu den Beitrag von Jens Hacke in diesem Band.

Außerparlamentarische Opposition und Rätekommunismus

»Hören die parlamentarischen Institutionen, wie etwa der Bundestag zur Zeit der Großen Koalition, auf, gesellschaftlich relevante Stätte der Diskussion zu sein, so hat die parlamentarische Form ihren demokratischen Inhalt verloren und damit auch ihre demokratische Legitimation.«[6] So fasste der Politikwissenschaftler Kurt Lenk die linke Parlamentarismuskritik der Außerparlamentarischen Opposition zusammen, deren wichtigste praktische Konsequenzen er in der Bildung von Wahlvereinigungen wie der DKP-nahen »Aktion Demokratischer Fortschritt (ADF)« einerseits und rätedemokratischen Modellen andererseits verortete.

Unter dem Begriff der außerparlamentarischen Opposition wurde sehr Unterschiedliches verstanden. Wie der KPD-nahe Flügel des SDS und Teile der Gewerkschaften an seiner Stelle die politische Bezeichnung »sozialistische Opposition« bevorzugten und sich auch nicht mit einer außerparlamentarischen Existenz begnügen wollten, sondern mit einer neu zu gründenden linkssozialistischen Partei auf eine linke Mehrheit innerhalb des Parlaments abzielten, so strebte die Mehrheit der Sozialdemokraten in den oppositionellen Bewegungen eine Linksverschiebung innerhalb der SPD und damit auch innerhalb des Parlaments an. Die Ostermarschbewegung hingegen begriff sich selbst auch thematisch als umfassendste Sammlungsbewegung und beanspruchte daher die Bezeichnung »Außerparlamentarische Opposition« ganz für sich allein. Gleichzeitig tobte in den Medien ein Kampf um die Frage, ob mit der damit postulierten besonderen Bedeutung des Engagements jenseits der parlamentarischen Demokratie nicht die Grundlagen des westdeutschen Staatswesens in Gefahr gerieten. Sollte man die Selbstbezeichnung der Akteure übernehmen oder nicht eher von einer »antiparlamentarischen Opposition« sprechen, die sich gegen das Grundgesetz stellte?

Fragt man nach den theoretischen Konzepten, die in der APO verfolgt wurden, so fallen ihre teilweise rätedemokratischen Wurzeln ins Auge. In einem »Spiegel«-Interview erklärte Rudi Dutschke im Sommer 1967: »Wenn wir sagen *außer*parlamentarisch, soll das heißen, daß wir ein System von direkter Demokratie anzielen – und zwar von Rätedemokratie, die es den Menschen erlaubt, ihre zeitweiligen Vertreter direkt zu wählen und abzuwählen, wie sie es auf der Grundlage eines gegen jedwede Form

---

6 *Kurt Lenk*: Wie demokratisch ist der Parlamentarismus? Grundpositionen einer Kontroverse, Stuttgart u. a. 1972, S. 50.

von Herrschaft kritischen Bewußtseins für erforderlich halten. Dann würde sich die Herrschaft von Menschen über Menschen auf das kleinstmögliche Maß reduzieren.«[7] Fragt man nach den Begründungen für diese Wahl unter den SDS-Koryphäen, dann wird man zum Beispiel fündig bei Hans-Jürgen Krahl: »Die studentische Emanzipationsbewegung und die von ihr repräsentierten Teile der Schüler und Jungarbeiter lehnen heute [...] die Mitarbeit in den traditionellen Institutionalisierungen des Politischen ab, weil diese eine alle *emanzipatorische* Selbsttätigkeit bürokratisch und administrativ erstickende Funktion haben. Wenn es primär um die Herausbildung einer emanzipatorischen Selbsttätigkeit antiautoritärer Sensibilität geht, dann ist eine Taktik der Mitarbeit *in* Parlament und *in* den Gewerkschaften um des öffentlichen Lebens willen nicht möglich.«[8]

Der positive Rekurs führender 68er auf den Rätekommunismus der frühen Weimarer Republik ist heute auch deshalb von Interesse, weil einige von dessen zentralen Axiomen in der politischen Kultur seit 1968 zu beachtlicher Bedeutung gekommen sind – wenn auch in zumeist abgeschwächter Form und unter neuen Begriffen wie dem der »Basisdemokratie«. Das betrifft insbesondere die Wertschätzung des Subjekts und das Prinzip der Selbstorganisation, das unter dem Vorzeichen des Neoliberalismus sogar zum zentralen gesellschaftlichen Ordnungsprinzip erhoben wurde, seines emanzipatorischen Ursprungsziels allerdings weitgehend verlustig gegangen ist.

»Participatory Democracy«

Der SDS griff auch Impulse aus der US-amerikanischen *New Left* auf. Michael Vester, 1960/61 als Zweiter Bundesvorsitzender des SDS für dessen internationalen Kontakte zuständig, war als einziger ausländischer Teilnehmer an der Formulierung des 1962 verabschiedeten Port-Huron-Statements des amerikanischen »*Students for a Democratic Society*« beteiligt, das der US-Machtelite die Etablierung einer »*participatory democracy*« entgegensetzte, die sich nicht auf die Beteiligung an Wahlen beschränken sollte. In der Bundesrepublik warb Vester ab 1963 für das Konzept des im amerikanischen SDS einflussreichen US-Soziologen C. Wright Mills,

---

7 »Wir fordern die Enteignung Axel Springers«, in: *Der Spiegel*, Nr. 29, 10. Juli 1967, S. 29–33, hier S. 29 f.
8 Zit. nach *Hans Manfred Bock*: Geschichte des »linken Radikalismus« in Deutschland. Ein Versuch, Frankfurt a. M. 1976, S. 20 f.

wonach junge Intellektuelle die Rolle von Katalysatoren für eine Mobilisierung von unten übernehmen könnten. Sie sollte durch zivilen Ungehorsam, Stadtteilarbeit, »Teach-Ins« und andere direkte Aktionen erreicht werden, die im Alltag der Betroffenen ansetzten. Mit der Mobilisierung von unten wollte man schließlich auch zu allgemeineren Fragen vorstoßen. Diese Vorstellungen stießen allerdings auf die Gegnerschaft der SDS-»Traditionalisten«, die durch die Taktik der direkten Aktion ihr Bündniskonzept gefährdet sahen. Aber Mills' Thesen passten auch nicht recht zur situationistischen Ideologie, weil sie auch unter Berufung auf britische Theoretiker der *New Left* wie Edward P. Thompson und Raymond Williams, davon ausgingen, dass die Menschen nicht komplett manipuliert waren, sondern relativ autonom ein eigenes Bewusstsein entwickelten, was eine emanzipatorische, eigensinnige Praxis überhaupt erst denkbar machte.[9] Aufgrund seiner aktionistischen Ausrichtung und in der Frontstellung zu den »Traditionalisten« trafen die Ideen und Methoden aus den USA auch bei situationistisch beeinflussten deutschen SDSlern auf offene Ohren und sollten bald eine zentrale Rolle in der Praxis des Verbandes spielen. Nicht zuletzt befeuerte das amerikanische Konzept den Aufstieg der »Antiautoritären«, die den SDS wegführten von Programm und Partei und hin zu Aktion und Bewegung.

Eine Zwischenposition nahm Wolfgang Abendroth ein. Für ihn stellte das Bündnis zwischen der jungen, kritischen Intelligenz und der Arbeiterschaft – repräsentiert durch die Gewerkschaften – die Grundlage für eine Demokratisierung und sozialistische Transformation der Bundesrepublik dar, die die Verfassungsordnung grundsätzlich erlaubte. Sein Konzept, den demokratischen Gehalt des Grundgesetzes auch mittels außerparlamentarischer Aktivitäten vor Verformungen zu schützen, repräsentierte einen Verfassungspatriotismus, der freiheitliche Rechtsnormen zum zentralen Identifikationsfaktor machte und damit die Fixierung der Deutschen auf den Staat aufbrechen sollte. Im Zusammenhang mit der APO war hier entscheidend, dass Abendroth das Grundgesetz für einen relativ offenen Klassenkompromiss und dessen konkrete Ausgestaltung für das Ergebnis von Machtkämpfen hielt, die in- und außerhalb des Parlaments geführt wurden. Abendroths Verfassungsinterpretation bildete daher einen zentralen theoretischen Bezugspunkt für Linkssozialisten im SDS, im

---

9 Vgl. *Michael Vester*: Port Huron and the New Left Movements in Federal Germany, in: *Richard Flacks/Nelson Lichtenstein* (Hrsg.): Politics and Culture in Modern America. The Port Huron Statement. Sources and Legacies of the New Left's Founding Manifesto, Philadelphia 2015, S. 161–189.

Verbandsjargon unter dem Begriff der »Traditionalisten« rubriziert, während sich die gegenüber dem Parlament sehr viel skeptischere und seit 1966 tonangebende »antiautoritäre« Fraktion auf Johannes Agnolis Parlamentarismuskritik stützte.[10]

Aber auch ein anderer Bezug spielte in der Theoriebildung dieser Fraktion eine Rolle. Auf der 22. Delegiertenkonferenz des SDS am 5. September 1967 stellten Dutschke und Krahl eine Staatsanalyse vor, nach der Manipulation und Liberalisierung Hand in Hand gingen.[11] Angelpunkt war die von Max Horkheimer 1942 entwickelte Konstruktion des »Integralen Etatismus«, mit der er die Mechanismen der Machterhaltung im Monopolkapitalismus und im Staatssozialismus herauszuarbeiten suchte, die seiner Meinung nach beide – anders als der Nationalsozialismus – nicht auf gewaltsamer Unterdrückung beruhten.

In der westdeutschen Nachkriegsgesellschaft, so verlängerten Dutschke und Krahl Horkheimers Analyse, sei die staatliche Zwangsgewalt des Nationalsozialismus nicht abgebaut, sondern »in totalitärem Ausmaß psychisch umgesetzt« worden. Vor diesem Hintergrund konnten aktuelle Erscheinungen wie Bundeskanzler Erhards Ideal einer »formierten Gesellschaft«, die Konzertierte Aktion zwischen Gewerkschaften und Unternehmerverbänden, die Große Koalition oder die Notstandsgesetze als Manifestationen eines modernisierten »autoritären Staates« begriffen werden, gegen die sich selbst in der Situation der Krise, wie sie sich 1966/67 erstmals seit dem »Wirtschaftswunder« zumindest andeutete, kein Widerstand regte. Manipulation als Mittel zur Ruhigstellung der Bevölkerung war demnach nicht mehr nur kulturindustriell erzeugt, sondern hatte sich durch die Verquickung von staatlicher und wirtschaftlicher Macht in die materielle Basis des Systems selbst eingeschrieben. Die auf diese Weise nicht mehr nur kulturell, sondern in ihren Existenzbedingungen strukturell manipulierte Bevölkerung war derart in einen Manipulationszusammenhang eingespannt, dass sich die Gesellschaft liberalisieren konnte, ohne dass revolutionäre Folgewirkungen zu befürchten waren. Wegen der so auf das Wirkungsvollste verinnerlichten Manipulation kam der liberal

---

10 Vgl. *Richard Heigl*: Das Unbehagen am Staat. Staatskritik bei Wolfgang Abendroth und Johannes Agnoli, in: *Christoph Jünke* (Hrsg.): Linkssozialismus in Deutschland. Jenseits von Sozialdemokratie und Kommunismus?, Hamburg 2010, S. 171–185.
11 Abgedruckt in *Wolfgang Kraushaar* (Hrsg.): Frankfurter Schule und Studentenbewegung. Von der Flaschenpost zum Molotowcocktail 1946–1995, Bd. 2, Frankfurt a. M. 1998, S. 287 ff.

verfasste »autoritäre Staat« der Gegenwart – im Gegensatz zum Nationalsozialismus – ohne Zwangsgewalt aus, argumentierten Dutschke und Krahl.

Aus dieser Analyse leitete das Autorengespann weitgehende Folgerungen ab: Da die Massen die Wirklichkeit nur noch aus der Perspektive der Herrschenden wahrnahmen und deshalb nicht mehr aus sich selbst heraus zur Rebellion fähig waren, war es Aufgabe »revolutionärer Bewusstseinsgruppen«, ihnen durch »sinnlich manifeste Aktionen« zumindest eine Ahnung der Unterdrückungsverhältnisse zu vermitteln. Zentraler Akteur war nicht mehr der Bürger, der durch Teilnahme an Wahlen und Engagement in politischen Organisationen seinen Einfluss geltend machte, sondern der »städtische Guerillero«, ein »Organisator schlechthinniger Irregularität« – und damit der Totengräber des »Systems der repressiven Institutionen«.

»Die Transformation der Demokratie«.
Johannes Agnolis Parlamentarismuskritik

Eine zentrale Referenz für die Parlamentarismuskritik des »antiautoritären« Flügels der 68er-Bewegung war Johannes Agnolis Text »Die Transformation der Demokratie«, der 1967 in Bernward Vespers Voltaire-Verlag erschien, also in einem ihrer frühen publizistischen Zentren. In Form von »Thesen« erschien eine Kurzfassung 1968 in der »Neuen Kritik«, der theoretischen Zeitschrift des SDS, so dass das Konzept unter den Aktiven des Verbandes verbreitet war.[12] Publiziert noch vor dem Regierungsantritt der sozial-liberalen Koalition, hat »Die Transformation der Demokratie« die in der APO virulente Kritik der repräsentativen Demokratie theoretisch untermauert. Nicht so sehr in der Formulierung einer Alternative – die sah Agnoli eher vage in einer »Fundamentalopposition« –, sondern im Verständnis ihrer gegenwärtigen Integrationsmechanismen. Agnolis Essay, von Sebastian Haffner im Frühjahr 1968 in »konkret« als »kleines Meisterwerk«[13] bezeichnet und von Rudolf Walther nachträglich zur »Bibel der außerparlamentarischen Opposition«[14] geadelt, setzte einen Kon-

---

12 Vgl. *Johannes Agnoli*: Thesen zur Transformation der Demokratie und zur außerparlamentarischen Opposition, in: *Neue Kritik* 9 (1968), 47, S. 24–33.

13 Sebastian Haffners Rezension ist wiederabgedruckt in *Johannes Agnoli*: Die Transformation der Demokratie und verwandte Schriften, 2. Aufl., Hamburg 2012, S. 213–218.

14 *Rudolf Walther*: Vom Bewunderer Mussolinis zum Wortführer der Apo, in: *Die Zeit*, Nr. 1/2005, 30. Dezember 2004.

trapunkt zu der Vorstellung, über parlamentarischen Einfluss Alternativen zu den gegenwärtigen Machtverhältnissen durchsetzen zu können.[15]

Für den Politikwissenschaftler Agnoli, seinerzeit Assistent von Ossip K. Flechtheim an der FU Berlin, bestand die Transformation der Demokratie in einer »Modernisierung des Staates« einerseits und in einer »Modernisierung von Herrschaftsmitteln« andererseits, die in Wirklichkeit auf eine vordemokratische Regression hinausliefen – eine »Involution« im Gegensatz zur Evolution.[16] Dem »für- und vorsorglichen, ‚sozialen' Charakter«, den der Staat angenommen hatte, um die Bürger durch eine Politik des sozialen Ausgleichs effektiver disziplinieren zu können als durch Armee und Polizei, entsprach nach Agnolis Ansicht der Zweck des Parlamentarismus, »friedlich aber wirksam die Mehrheit der Bevölkerung von den Machtzentren des Staates fernzuhalten«.[17] Die Parteien, denen durch das Grundgesetz eine staatstragende Rolle zugeschrieben wird, würden keine Klasseninteressen mehr vertreten, sondern als »Volksparteien« Interessenkonflikte schon »vorparlamentarisch« ausgleichen. Sie »bilden die *plurale Fassung einer Einheitspartei* – plural in der Methode des Herrschens, einheitlich als Träger der staatlichen Herrschaft gegenüber der Bevölkerung, einheitlich vor allem in der Funktion, die die Volksparteien innerhalb der westlichen Gesellschaft übernehmen.«[18] Der Parlamentarische Rat hatte unter Berufung auf das Scheitern der Weimarer Republik Elemente der direkten Demokratie nicht in das Grundgesetz aufgenommen, aber das enthob den Staat nicht der Notwendigkeit, Legitimität zu

---

15 Zurückzuweisen ist die These von Wolfgang Kraushaar, Agnoli habe seine Parlamentarismuskritik »vor allem aus dem Denken präfaschistischer Theoretiker wie *Vilfredo Pareto* und *Carl Schmitt* bezogen«. *Wolfgang Kraushaar*: Agnoli, die APO und der konstitutive Illiberalismus seiner Parlamentarismuskritik, in: *Zeitschrift für Parlamentsfragen* 38 (2007), 1, S. 160–179, hier S. 172. Dazu hat Kurt Lenk bereits 1972 das Notwendige gesagt: Agnoli nutzte Paretos Analyse, distanzierte sich aber von dessen »zynisch-antidemokratischen Konsequenzen«, und ein »durch die dogmatische Brille Schmitts verkürzter Antiparlamentarismus, wie er in linken Traktaten seit einigen Jahren gang und gäbe ist«, könne sich »kaum auf Agnoli berufen«. Lenk 1972, S. 58 u. 62. Vgl. auch *Wolf-Dieter Narr/Richard Stöss*: Johannes Agnolis »Transformation der Demokratie«. Ein Beitrag zur gesellschaftskritischen Politikanalyse, in: *Zeitschrift für Parlamentsfragen* 38 (2007), 4, S. 828–841; *Michael Hewener*: Die Theorie der Außerparlamentarischen Opposition: Johannes Agnolis »Transformation der Demokratie«, in: *Arbeit – Bewegung – Geschichte. Zeitschrift für historische Studien* 17 (2018), 2, S. 39–53.
16 *Johannes Agnoli*: Die Transformation der Demokratie, in: *ders.* 2012 (wie Anm. 13), S. 13–93, hier S. 16 u. 24.
17 Ebd., S. 32 u. 44.
18 Ebd., S. 47.

erzeugen: Er »kann die dem Entscheidungsprozess ferngehaltenen Massen gesellschaftlich am wirkungsvollsten integrieren, damit in die Unterordnung einbauen und sie mit ihrer durchgängigen Abhängigkeit versöhnen, wenn er nicht als Organ der Herrschaft erscheint, sondern als Volkssache.«[19] Dazu war es notwendig, dass das Parlament von den Bürgern als eigene Vertretung anerkannt wurde, obwohl es de facto lediglich ein »*Transmissionsriemen der Entscheidungen politischer Oligarchien*« sei.

Sichtbar unter Bezug auf die Große Koalition setzte sich Agnoli mit der Rolle der linken Opposition auseinander. Um linke Strömungen auf das Parlament fixieren zu können, war es wichtig, dass die linke Partei den Ruf aufrechterhalten konnte, »einziger (oder einzig bedeutsamer) Kristallisationspunkt aller, selbst der fundamentalen Opposition der Massen« zu sein.[20] Mit dieser Erkenntnis – eine linke Partei kann ihre Funktion im gegenwärtigen parlamentarischen System nur erfüllen, wenn sie sich nicht total anpasst, sondern links bleibt – war auch die Regierung Brandt analytisch ausgehebelt, die sich die Demokratisierung der Bundesrepublik auf ihre Fahnen geschrieben hatte: Ihr Programm diente lediglich zur Neutralisierung der Opposition. Wie stark die Aversion gegen die seinerzeitige Form des Parlamentarismus auch in Folge der Großen Koalition geworden war, lässt sich nicht nur an der für heutige Augen ungewohnten Begeisterung für rätedemokratische Modelle ablesen, sondern auch an zahlreichen Einzelstimmen. Franz Josef Degenhardt etwa lehnte seine Berufung zum Beisitzer bei der Bundestagswahl 1969 durch den Wahlvorstand Hamburg-Eppendorf mit folgender Begründung ab: »Ich will nicht Hilfe leisten bei einem pseudodemokratischen Akt, der der Verschleierung eines autoritären Herrschaftssystems dient und den Wähler zur totalen Zustimmung dieses Systems mißbraucht.« »Jeder weiß«, so der Liedermacher, »daß ich gegen Wahlen überhaupt bin. Die Massen sollen sich selbst führen und verwalten.«[21]

Entsprechend skeptisch verhielt sich 1969 die linke Szene. Der SDS-Bundesvorstand erklärte, bei dieser Wahl ginge es »nicht um verschiedene politische und praktische Entscheidungen, sondern um die totale Zustimmung für ein autoritäres Herrschaftssystem mit parlamentarischer Fassade«. Der SDS werde während des Wahlkampfes Aktionen durchführen, »die geeignet sind, die Illusionen über die parlamentarische Demokratie

---

19 Ebd., S. 52 u. 74.
20 Ebd., S. 84.
21 *Der Spiegel*, Nr. 35, 25. August 1969, S. 144.

zu zerstören«.²² Der Republikanische Club Hamburg rief dazu auf, ungültig zu stimmen und sich ansonsten auf die außerparlamentarische Arbeit zu konzentrieren, um den »selbstbestimmungsfeindlichen Charakter unserer pro-forma-Demokratie« zu entlarven.²³ Allerdings regte sich gegen derartige Empfehlungen Widerstand im SDS selbst; viele seiner Mitglieder gingen dennoch zur Wahl, um der SPD zum Erfolg zu verhelfen.²⁴ Auch unter prominenten Linksintellektuellen waren die Meinungen geteilt. Der Erziehungswissenschaftler Wilfried Gottschalch bekundete ebenso wie der frühere SDS-Vorsitzende Helmut Schauer, ungültig wählen zu wollen. Der Politikwissenschaftler Ossip K. Flechtheim wollte nur für eine Liste votieren, auf der »wirkliche« Sozialisten oder Radikaldemokraten zu finden waren, sonst würde er ungültig stimmen. Klaus Wagenbach plädierte dafür, nicht wählen zu gehen, Heinrich Hannover für nicht oder ungültig wählen. Helmut Gollwitzer nannte SPD, ADF oder FDP als Optionen, hatte aber Verständnis für diejenigen, die den Stimmzettel ungültig machten. Martin Walser und Max von der Grün kündigten an, ihr Kreuz bei der ADF zu machen, Arno Klönne und Günter Gaus erklärten, SPD zu wählen.²⁵

Angesichts dieser Bekundungen war das tatsächliche Wahlergebnis bemerkenswert. Während die SPD 1969 beträchtlich zulegte und durch das Bündnis mit der FDP erstmals den Bundeskanzler stellte, lag der Anteil der ungültigen Stimmen unter dem der vorherigen Bundestagswahl. Zudem war das Ergebnis der ADF schlechter als das der 1965 kandidierenden DFU. Schon der Wahlkampf habe gezeigt, so Klönne in Auswertung dieses Ergebnisses in der Zeitschrift des Sozialistischen Büros, dass Kritikfähigkeit und Bereitschaft, die Vertretung der eigenen Interessen selbst in die Hand zu nehmen, zugenommen hätten. »Die ›Machtfrage‹, von einigen linken Gruppierungen in den vergangenen Monaten seltsamerweise für aktuell gehalten, kann in einer hochindustrialisierten Gesellschaft von links her nur durch eine politisch bewusste, in demokratischem Engagement erfahrene Majorität der Bevölkerung gestellt werden.«²⁶ Nach der darauffolgenden Bundestagswahl von 1972, die der SPD nach einem

---

22 Abgedruckt in: *Agit 883*, Nr. 34, 2. Oktober 1969.
23 Abgedruckt in: *konkret*, 18. September 1969, S. 50.
24 *Meino Büning*: Diskussionsgrundlage zu einer Stellungnahme des BV zur Wahl 1969, in: *SDS-Info*, Nr. 22, S. 8–12, hier S. 10.
25 So die Ergebnisse einer Umfrage in *Pardon*, Nr. 9, September 1969, S. 10–13.
26 *Arno Klönne*: Wahlergebnis: Regierungswechsel, kein Machtwechsel, in: *links*, Oktober 1969, S. 1 f., hier S. 2.

scharf exponierten Konflikt zwischen »Fortschritt« und »Reaktion« das beste Ergebnis ihrer Geschichte bescherte, war der Kommentar des »links«-Redakteurs Gert Schäfer noch optimistischer. Er meinte, davon sprechen zu können, »dass der Sozialismus jetzt die Chance hat, als eine wirksame Bewegung in das politische Kräftefeld der Bundesrepublik zurückzukehren«.[27] In eine ähnliche Kerbe schlug Hermann Gremliza in »konkret«. Er sah die Zeit gekommen, die SPD-Führung durch Druck von unten weiter in die richtige Richtung zu drängen: »Auf sie, mit Gebrüll.«[28] Angesichts derart hoher Erwartungen war es nicht verwunderlich, dass sich nach der zwei Jahre später erfolgten Ablösung Willy Brandts durch den Pragmatiker Helmut Schmidt (»Wer Visionen hat, sollte zum Arzt gehen«) Enttäuschung breit machte.

Partizipation praktisch

Der Sozialismus sollte sich nicht einstellen, aber dass sich die Spielräume für politisches Engagement von links her erweitert hatten und genutzt wurden, steht außer Frage. In einem 1986 erschienenen Text, der die seitherige Entwicklung resümierte, sah Johannes Agnoli keinen Anlass, seine Position zu revidieren. Er hatte ja schon Mitte der 1960er Jahre die virulenten »Demokratisierungstendenzen« nicht übersehen und ignorierte ebenso wenig die seitdem eingetretenen Fortschritte: Der Protest habe sich »verallgemeinert«, die Linke »viel in Bewegung gebracht, emanzipatorische Kräfte wachgerufen, überhaupt eine Kraft entfaltet, die in den fünfziger Jahren undenkbar gewesen« wäre.[29] Und doch habe die Entwicklung der Grünen – ursprünglich »Systemveränderer, Element des Bruchs, der radikalen Äußerung und der durchgängigen Kampfansage gegen alle Herrschaft, Ausbeutung, Zerstörung der Menschen und der Natur« –, ihre Parlamentarisierung und Regierungsbeteiligung, die Involutionstheorie nur bestätigt: »statt eine Fundamentalopposition zu sein, erfüllen die Grünen die Aufgabe aller institutionskonformen Opposition: die mögliche Rebellion zur Ordnung zu rufen und in die Ordnung zurückzuholen. Wie

---

27 *Gert Schäfer*: Nach den Wahlen, in: *links*, Dezember 1972, S. 3 ff., hier S. 5.
28 *Hermann L. Gremliza*: Auf sie, mit Gebrüll, in: *konkret*, 23. November 1972, S. 7–16, hier S. 7.
29 *Johannes Agnoli*: Zwanzig Jahre danach. Kommemorativabhandlung zur »Transformation der Demokratie« (1986), in: *ders.* 2012 (wie Anm. 13), S. 137–192, hier S. 154 u. 156.

vormals die Sozialdemokratie.«[30] Es könne also nicht davon die Rede sein, so Agnoli, dass die Bevölkerung knapp zwanzig Jahre nach »mehr Demokratie wagen« größere Eingriffsmöglichkeiten in politische Entscheidungsprozesse errungen habe. Dem stand allerdings das enorme Demokratisierungspotential entgegen, das sich seit den mittleren 1960er Jahren zur Geltung gebracht hatte. Diesem Potential wollte Agnoli aber nur dann Wirkungsmacht zugestehen, wenn es Fundamentalopposition blieb und sich nicht in das parlamentarische System einbinden ließ.

Tatsächlich hatte sich die Sorge, mit der noch Anfang der 1960er Jahre im Umfeld der Frankfurter Schule die politischen Einstellungen und die Bereitschaft zum Engagement unter westdeutschen Studenten beurteilt worden war, als unberechtigt erwiesen.[31] Wie sich seit der zweiten Hälfte der Dekade zeigte, war das Potential für politische Partizipation nicht nur latent vorhanden, sondern auch mobilisierbar. Dies betraf zum einen die Teilnahme an den Mitwirkungsangeboten des parlamentarischen Systems, das sich bei aller Kritik von links als außerordentlich stabil erwies. So war die Beteiligung an den Bundestagswahlen zwischen 1972 und 1983 mit Werten zwischen 89 und 91 Prozent so hoch wie nie zuvor oder danach. Auch nahm die Bereitschaft zur Bindung an eine politische Partei zu, besonders stark bei Jugendlichen der »mittleren Bildungsschicht« und bei jungen Männern. Stabil auf hohem Niveau blieb die Bereitschaft zum politischen Engagement unter Studierenden und denjenigen, die dem westdeutschen Staat sehr kritisch gegenüberstanden.[32] Schon vor dem Beginn der Studentenunruhen hatte sich die künftige Elite der Gesellschaft dadurch von ihren Altersgenossen abgehoben, dass sie zu hohen Anteilen an den Schulen aktiv geworden war, häufig als gewählte Interessenvertreter.[33] Hinsichtlich ihrer politischen Aktivität übernahm sie auch in der Folgezeit eine »Trendsetterfunktion«.[34]

---

30 Ebd., S. 183 u. 140.
31 *Jürgen Habermas/Ludwig von Friedeburg/Christoph Oehler/Friedrich Weltz*: Student und Politik. Eine soziologische Untersuchung zum politischen Bewußtsein Frankfurter Studenten, 3. Aufl., Neuwied/Berlin 1969 (erstmals 1961).
32 *Jugendwerk der Deutschen Shell* (Hrsg.): Jugend zwischen 13 und 24. Vergleich über 20 Jahre, Bd. 3, o. O. 1975, S. 51 f.
33 Vgl. *Rudolf Wildenmann/Max Kaase*: »Die unruhige Generation«. Eine Untersuchung zu Politik und Demokratie in der Bundesrepublik, Mannheim 1968, T 1.
34 *Peter Kmieciak*: Wertstrukturen und Wertwandel in der Bundesrepublik Deutschland. Grundlagen einer interdisziplinären empirischen Wertforschung mit einer Sekundäranalyse von Umfragedaten, Göttingen 1976, S. 444.

Wie stark das Bedürfnis wuchs, auf politische Prozesse einzuwirken, lässt sich besonders an der Bereitschaft erkennen, an Demonstrationen teilzunehmen. Sie war bei Jugendlichen erheblich stärker ausgeprägt als in der Gesamtbevölkerung und erreichte im Oktober 1983 mit den Demonstrationen der Friedensbewegung, an denen etwa eine Million Menschen teilnahmen, ihren Höhepunkt. Anfang 1968 erklärten bereits 36 Prozent der Studierenden, sie hätten an einer Demonstration mit politischer Zielsetzung teilgenommen – vor allem gegen den Vietnamkrieg, anlässlich des Mordes an Benno Ohnesorg und zu hochschulpolitischen Streitfragen.[35] Allerdings beteiligten sich an dieser Form der außerparlamentarischen Partizipation mit zeitlicher Verzögerung auch mehr und mehr junge Erwerbstätige. Demonstrationen – nach den großen Streiks der 1950er Jahre von der Avantgarde der Studierenden neu etabliert und auf Themenfelder ausgedehnt, die keine Beziehung zu Arbeitskämpfen hatten – gingen nun allmählich in das politische Artikulationsrepertoire zunächst der jungen Altersjahrgänge insgesamt und dann (zögerlicher) der Bevölkerung ein. Vermehrt wurden nicht mehr nur Themen der großen Politik, sondern auch alltagsnahe Probleme Gegenstand von Demonstrationen – Fahrpreiserhöhungen, Mitbestimmung, städtebauliche Maßnahmen, Umweltschutz –, so dass diese Form der politischen Teilhabe zunehmend direkte Bedürfnisse zum Gegenstand hatte. Sie wurden weniger als Gegenmodell zum parlamentarischen System, sondern als Korrektiv verstanden.

Für Jugendliche stellten Techniken der außerparlamentarischen Opposition ein wesentliches Element politischer Betätigung dar. Politische Aktionen waren eine Möglichkeit, schon in jungen Jahren den pädagogischen Rahmen des »Probeverhaltens« (Dieter Baacke) zu überwinden und real in politische Prozesse einzugreifen. Vor allem aber lagen derartige Aktionsformen näher an einem spezifisch jugendlichen Stil, in dem sich Gesellschaftskritik und Aktion zur politischen Tat verknüpfen ließen. Selbstbestimmte Freizeit durch politische Aktion vermittelte dem Tun Jugendlicher einen Sinn – nicht zuletzt, weil es sich gegen Widerstände durchsetzen musste und neben Solidarisierungseffekten unter den Gleichaltrigen häufig auch sichtbare Erfolge brachte. Auch wenn die in den Jugendkulturen geprägten Stile immer stärker auch ältere Bevölkerungsgruppen anzogen, unterschieden sich doch die sozialen Praktiken der Generatio-

---

35 Vgl. *Wildenmann/Kaase* 1968 (wie Anm. 33), T 36 f.

nen beträchtlich. Das galt vor allem für die Bereitschaft zum zivilen Ungehorsam, die das Spektrum der legitimen politischen Aktivitäten erweiterte. Bei einer Umfrage von 1977 zeigte sich: Zu einem mehr als dreimal so hohen Prozentsatz als Erwachsene waren Jugendliche bereit, sich an regel- oder gesetzeswidrigen Aktivitäten zu beteiligen, z. B. politische Parolen an Häuserwände zu schreiben, leerstehende Häuser zu besetzen, den Straßenverkehr lahm zu legen oder bei einem wilden Streik mitzumachen.[36]

Fazit

Es wäre zu undifferenziert, anzunehmen, Willy Brandts Konzept »Mehr Demokratie wagen!« habe einzig einen anspornenden Einfluss auf die neuen sozialen Bewegungen der 1970er und 80er Jahre gehabt. Zum einen wurzelten schon die APO und dann die Nachfolgebewegungen breiter in einem Wandel der politischen Kultur, der sich seit den späten 1950er Jahren immer stärker entfaltete, auf eine Demokratisierung aller Lebensbereiche abzielte und auch in dieser Parole ihren Niederschlag fand. Diese Bewegungen richteten sich in unterschiedlichem Ausmaß auch gegen die SPD, deren Eintritt in die Große Koalition heftig kritisiert wurde, was die Formierung der APO überhaupt erst auslöste, und deren Mitwirkung an »Radikalenerlass« und Antiterrorgesetzen als antidemokratisch wahrgenommen wurde. Darüber hinaus wurde in den neuen sozialen Bewegungen ein Konzept von Basisdemokratie vertreten, das der parlamentarischen Demokratie unter Berücksichtigung der gesellschaftlichen Machtverhältnisse äußerst skeptisch gegenüberstand und sich auf rätedemokratische Wurzeln berief. Dies wurde oftmals nicht nur als Ergänzung der parlamentarischen Demokratie, sondern als Alternativkonzept verstanden – in jedem Falle als Ausweitung der Einflussmöglichkeiten des Bürgers, in deren zunehmender Beschränkung die Kritik ihren Ausgangspunkt hatte. Andererseits spricht vieles dafür, dass Angehörige dieser Bewegungen nicht darauf verzichten wollten, ihren Einfluss auch im Parlament geltend zu machen. Viele wählten SPD, nicht ausschließlich nur als »kleineres Übel«. Den Grünen gelang es dann umfassender, mit diesem Potential auch das Gros der Stimmen links von der Sozialdemokratie auf sich zu vereinigen.

---

36 Vgl. Junge Leute von heute, Opladen 1978, S. 32.

In den neuen sozialen Bewegungen wie bei den Grünen spielten (ehemalige) Linksradikale eine bedeutende Rolle, die die SPD des Verrats bezichtigten. Sicherlich hat der die ganze Gesellschaft prägende Demokratisierungsimpuls durch das Bekenntnis der sozial-liberalen Koalition die vielen Initiativen von unten ermuntert, aber geprägt wurden die 1970er und frühen 80er Jahre eher durch eine Spannung zwischen dem zunehmenden Engagement der Bürger in Vereinen, Initiativen und Bewegungen auf der einen und der partiellen Rücknahme des staatlichen Demokratisierungsversprechens auf der anderen Seite. Die 68er-Bewegung machte die westdeutsche Gesellschaft mit Ideen und Methoden der partizipatorischen Demokratie vertraut, aber manche derjenigen Gruppen, die sich in ihrem Zerfall radikalisierten, spielten z. T. vorsätzlich (»Die Widersprüche zuspitzen!«) jenen in die Hand, die ein politisches Rollback wollten. Mit dem »Radikalenerlass« von 1972 und den harten Reaktionen des Staates gegen den Terrorismus ging nicht nur in den Augen linker Aktivisten, sondern der Westdeutschen insgesamt die Meinungsfreiheit zurück. Man solle seine Worte vorsichtig wählen, meinten 1978 so viele wie zuletzt am Übergang von den 1950er zu den 60er Jahren.[37] Während die in der zweiten Hälfte der 1970er Jahre zu voller Kraft aufgelaufene konservative »Tendenzwende« die Demokratisierung zurückzudrängen versuchte, das sozialdemokratische Modernisierungsprojekt nur begrenzt verwirklicht werden konnte und der Linksradikalismus scheiterte, mischten sich mit den neuen sozialen Bewegungen immer größere Teile der Bevölkerung politisch ein. Willy Brandts »Mehr Demokratie wagen!« war weniger Auslöser, sondern selbst schon ein Ausdruck dieses Vorgangs, der in den mittleren 1960er Jahren begonnen hatte.

---

37 Vgl. Elisabeth Noelle-Neumann, The Germans. Public Opinion Polls 1967–1980, Westport, London 1981, S. 131.

II.

Umsetzung, Wirkung, Grenzen. Realität und Rezeption von »Wir wollen mehr Demokratie wagen« 1969–1974

Mehr Planung wagen?
Die regierende Sozialdemokratie im Spannungsfeld zwischen politischer Planung und Demokratisierung 1969–1974
ELKE SEEFRIED

Als Willy Brandt in seiner Regierungserklärung 1969 ankündigte, »mehr Demokratie wagen« zu wollen, zielte er in erster Linie auf eine verstärkte Einbindung der Bürger in einen Reformprozess, der Staat und Gesellschaft erfassen sollte.[1] In der offenen Formel von »mehr Demokratie« oder »Demokratisierung«[2] bündelten sich verschiedene Deutungslinien. Brandt subsumierte darunter sowohl die sozialdemokratische Forderung nach mehr Mitbestimmung in der sozialen Demokratie als auch Überlegungen zur Stärkung von Transparenz und Information in der Demokratie. Zudem verknüpfte er bereits 1966 argumentativ »Modernisierung« und »Demokratisierung«,[3] und damit fungierte die Rede von der Demokratisierung als wichtiges Element der Reform- und Aufbruchsrhetorik der SPD am Ende der 1960er Jahre. Die Zuschreibung von Modernität besaß für die Partei zentrale Bedeutung, nicht nur weil sie sich seit ihrer Entstehung als zukunftsorientierte Kraft verstand, sondern sich in den 1960er Jahren auch als vorausdenkende Volkspartei zu profilieren suchte. Insofern nimmt es nicht wunder, dass Brandt in der Regierungserklärung ebenso wiederholt auf die Notwendigkeit »systematische(r) Vorausschau und Planung« verwies.[4]

Doch barg das Bemühen, mehr Demokratie mit mehr Planung zu synchronisieren, gewisse Spannungsmomente. *Erstens* verband sich Planung in der sozial-liberalen Regierungspraxis fast unlösbar mit der Einbindung wissenschaftlicher Expertise, die eine »rationale«, mittel- und langfristige

---

1 Deutscher Bundestag, Plenarprotokoll 6/5, 28. Oktober 1969, S. 20–34. http://dip21.bundestag.de/dip21/btp/06/06005.pdf (wie alle folgenden Internetlinks zuletzt abgerufen am 5. November 2018).
2 *Willy Brandt*: Die Alternative (1969), in: *Martin Greiffenhagen* (Hrsg.): Demokratisierung in Staat und Gesellschaft, München 1973, S. 45 f., hier S. 46.
3 Der im März/April 1966 veröffentlichte Aufsatz »Die zweite Bewährungsprobe« ist dokumentiert in: *Willy Brandt*: Mehr Demokratie wagen. Innen- und Gesellschaftspolitik 1966–1974, bearb. von Wolther von Kieseritzky, Bonn 2001 (Berliner Ausgabe, Bd. 7), S. 94–106, hier S. 104.
4 Plenarprotokoll 6/5, 28. Oktober 1969, S. 28.

Steuerung politischer Prozesse ermöglichen sollte, und damit enthielt Planung »Elemente eines planerisch-technokratischen Zugriffs auf die Gesellschaft«.⁵ *Zweitens* stellte sich die Frage, inwiefern Planungspolitik demokratisch legitimiert war, mittel- und langfristige Entscheidungen für kommende Generationen zu treffen. *Drittens* entfalteten die beiden Versprechen Brandts – der Demokratisierung und der stärkeren planerischen Gestaltung der Zukunft – eine Eigendynamik, weil sie hohe Erwartungen weckten, die sich für die SPD als Hypothek erwiesen.⁶

Die Forschung hat auf das Spannungsverhältnis zwischen Planung und Demokratisierung im Reformdiskurs verwiesen.⁷ Allerdings geriet bislang die *Planungspraxis* im Zusammenspiel von Exekutive und Experten nur bedingt in den Blick.⁸ Dieser Beitrag will nach einem ersten Teil, der sozialdemokratische Planungs- und Demokratisierungsdiskurse rekapituliert, in einem zweiten Schritt die Kenntnis über die Planungspraxis in den sozial-liberalen Regierungen 1969 bis 1974 vertiefen und die Regierungsarbeit der SPD beleuchten, die dem Planungsparadigma sehr viel mehr verpflichtet war als die FDP. Neben den skizzierten Spannungsmomenten kann der Beitrag zudem zeigen, dass Planungsexperten in eigenen Lernprozessen Instrumente einer Verbindung von Planung und Demokratisierung entwickelten und dies teilweise zu Konflikten mit Sozialdemokraten führte. Daran wird die Ambivalenz des Versprechens, »mehr

---

5 *Hans Günter Hockerts*: Kommentar und Zusammenfassung der Diskussion, in: *Bernd Rother* (Hrsg.): Willy Brandt. Neue Fragen, neue Erkenntnisse, Bonn 2011, S. 219–224, hier S. 222; grundlegend *Gabriele Metzler*: Konzeptionen politischen Handelns von Adenauer bis Brandt. Politische Planung in der pluralistischen Gesellschaft, Paderborn 2005.

6 Vgl. *Elke Seefried*: Partei der Zukunft? Der Wandel des Fortschrittsverständnisses der SPD 1960–2000, in: *Fernando Esposito* (Hrsg.): Zeitenwandel. Transformationen geschichtlicher Zeitlichkeit nach dem Boom, Göttingen 2017, S. 193–225.

7 Vgl. *Gabriele Metzler*: Politik nach Plan? Konzepte und Zielvorgaben für die Modernisierung von Politik, Wirtschaft und Gesellschaft, in: *Rother* 2011, S. 189–206, hier S. 206; *Paul Nolte:* Was ist Demokratie? Geschichte und Gegenwart, München 2012, S. 351.

8 Vgl. zum Kanzleramt (bedingt archivalisch unterfüttert) *Metzler* 2005, S. 362–372; zur Wirtschaftspolitik *Tim Schanetzky*: Die große Ernüchterung. Wirtschaftspolitik, Expertise und Gesellschaft in der Bundesrepublik 1966 bis 1982, Berlin 2007; zu Kanzleramt und Forschungsplanung *Elke Seefried*: Zukünfte. Aufstieg und Krise der Zukunftsforschung 1945–1980, Berlin/Boston 2015 (2. Aufl., 2017), S. 411–489; Beiträge in: *Elke Seefried/Dierk Hoffmann* (Hrsg.): Plan und Planung. Deutsch-deutsche Vorgriffe auf die Zukunft, Berlin/Boston 2018.

Demokratie« wagen zu wollen, erkennbar. Diese Ambivalenz trug letztlich zur Entstehung der neuen sozialen Bewegungen und der Grünen als Konkurrentin der Sozialdemokratie bei.

Planung und Demokratisierung als politische Leitbegriffe der 1960er Jahre

Planung – verstanden als »öffentlicher, verfahrensgestützter Vorgriff auf die Zukunft«, der die Ausgestaltung von Gesellschaften zum Gegenstand hat – prägte seit je die politische Praxis. In den 1960er Jahren allerdings lässt sich geradezu von einem Planungsboom in den westlichen Industriestaaten sprechen, der sich auf Diskurse und Praktiken erstreckte. In der Bundesrepublik war der Wandel hin zu Planungskonzepten besonders augenfällig.[9] In Frankreich war relativ rasch nach 1945 eine wirtschaftliche Rahmenplanung, die »*planification économique*«, eingerichtet worden. In Westdeutschland hingegen war politische Planung, obwohl sich etwa die Landesplanung in der Praxis etabliert hatte, negativ konnotiert. Dies wurzelte in der Wahrnehmung der DDR-Planwirtschaft, von der man sich in der Systemkonkurrenz dezidiert abgrenzte. Anfang der 1960er Jahre allerdings zog der Planungsbegriff neue politische Aufmerksamkeit auf sich.[10] Dabei wirkten mehrere Faktoren zusammen.

Zum einen kommunizierten wissenschaftliche Akteure, die Zukunft vermessen und Expertisen für Planung liefern zu können. Vor allem in den USA waren im Zeichen des Kalten Krieges neue Methoden strategischer Prognose und Planung entwickelt worden. Zentrale Bedeutung hatte die

---

9 *Dirk Van Laak*: Planung. Geschichte und Gegenwart des Vorgriffs auf die Zukunft, in: *Geschichte und Gesellschaft* 34 (2008), 3, S. 305–326, hier S. 306; *ders.*: Planung, Planbarkeit und Planungseuphorie, Version 1.0, in: *Docupedia-Zeitgeschichte*, 16.02.2010. http://docupedia.de/zg/van_laak_planung_v1_de_2010.

10 Zum Folgenden *Metzler* 2005; *Paul Nolte*: Die letzte Euphorie der Moderne. Die Reformzeit der alten Bundesrepublik in den 1960er und 1970er Jahren, in: *ders.*: Riskante Moderne. Die Deutschen und der neue Kapitalismus, München 2006, S. 27–46, hier S. 34–37; *Michael Ruck*: Ein kurzer Sommer der konkreten Utopie. Zur westdeutschen Planungsgeschichte der langen 60er Jahre, in: *Axel Schildt/Detlef Siegfried/Karl Christian Lammers* (Hrsg.): Dynamische Zeiten. Die 60er Jahre in den beiden deutschen Gesellschaften, Hamburg 2000, S. 362–401; *ders.*: Westdeutsche Planungsdiskurse und Planungspraxis der 1960er Jahre im internationalen Kontext, in: *Heinz Gerhard Haupt/ Jörg Requate* (Hrsg.): Aufbruch in die Zukunft. Die 1960er Jahre zwischen Planungseuphorie und kulturellem Wandel. DDR, ČSSR und Bundesrepublik Deutschland im Vergleich, Weilerswist 2004, S. 289–325; nun *Elke Seefried/Dierk Hoffmann*: Einleitung, in: *dies.* 2018, S. 7–34.

Kybernetik als Wissenschaft von der Nachrichtenübermittlung, Kontrolle und Steuerung, die davon ausging, dass Regelungsprozesse sowohl Menschen als auch Maschinen kennzeichneten. Soziale Prozesse erschienen so in Modellen erfassbar, prognostizier- und steuerbar. Eine besondere Rolle spielte der Computer, der es zu ermöglichen schien, eine Vielzahl an Daten zu sammeln und aufzubereiten, um in Simulationsmodellen Folgen von Entscheidungen durchzuspielen.[11]

Vertreter aus System- und Zukunftsforschung wie Helmut Krauch aus der ministeriumsnahen Studiengruppe für Systemforschung forderten, die deutsche Politik müsse sich politischer Planung öffnen.[12] Dies taten auch Sozialwissenschaftler wie Ralf Dahrendorf oder Fritz Scharpf, die den Staat nicht mehr als Institution *über* der Gesellschaft, sondern als Koordinierungsorgan begriffen, der einer rationalen Analyse sozialer Prozesse und wissenschaftlicher Politikberatung bedürfe. Rationalität, ein Schlüsselbegriff eines Planungsdiskurses, der Mitte der 1960er Jahre auch die Tagespresse erfasste, meinte damit zweierlei: die Orientierung am vernünftigen, mündigen Menschen, der sich freie Entscheidungs- und Partizipationsmöglichkeiten schafft, sowie eine Bindung an Sachlichkeit und Wissenschaftlichkeit, welche vermeintlich objektive, richtige Entscheidungen ermöglichten.[13]

Zum anderen griffen politische Akteure diese Angebote nicht nur auf, sondern entwickelten eigene Planungsinitiativen. Eine Rolle spielten europäische Einflüsse aus der Europäischen Wirtschaftsgemeinschaft, die 1962 eine wirtschaftliche Programmierung im Geiste der *planification* vorschlug und in der Bundesrepublik eine Debatte über »Planung ohne Planwirtschaft« auslöste.[14] Es war der wirtschaftliche Boom, der erweiterte Verteilungs- und Handlungsspielräume für eine planende, vorausschauende Politik bot. Zudem schien mit dem Ende der Ära Adenauer der Wiederaufbau abgeschlossen, nun konnte vorausgedacht und reformiert werden. Mitte der 1960er Jahre wetteiferten die bundesdeutschen Parteien

---

11 Vgl. *Seefried* 2015, S. 49–68.
12 Vgl. *Andrea Brinckmann*: Wissenschaftliche Politikberatung in den 60er Jahren. Die Studiengruppe für Systemforschung, 1958 bis 1975, Berlin 2006; *Seefried* 2015, S. 348–353.
13 Vgl. *Metzler* 2005, S. 209–218.
14 Vgl. *Alfred Plitzko* (Hrsg.): Planung ohne Planwirtschaft. Frankfurter Gespräch der List-Gesellschaft. 7.–9. Juni 1963, Basel/Tübingen 1964; *Alexander Nützenadel*: Stunde der Ökonomen. Wissenschaft, Politik und Expertenkultur in der Bundesrepublik 1949–1974, Göttingen 2005, S. 214–222; *Metzler* 2005, S. 232–240.

deshalb um die Zuschreibung von *Modernität*, die alle Parteien nun besonders im Fortschritt von Technik und Wissenschaft verkörpert sahen. Nicht nur schien die wissenschaftlich-technische Beschleunigung einer antizipierenden Gestaltung zu bedürfen; umgekehrt erhoffte man sich von moderner Technik wie dem Computer, die Grundlagen für Vorausschau, Planung und rationales, wissenschaftlich legitimiertes Regieren zu schaffen. Damit wurde Planung Ende der 1960er Jahre eine »schillernde Metapher für Modernität«.[15]

Die Große Koalition schuf das Instrument der Mittelfristigen Finanzplanung und setzte die keynesianische »Globalsteuerung« durch. Doch hielten die Unionsparteien gewissen Abstand zu umfassenden Planungs-Konzepten, die sich als Eingriffe in persönliche und unternehmerische Freiheiten verstehen ließen.[16] Auch in der FDP profilierten nur wenige – wie der Ministerialrat im Forschungs- bzw. Innenministerium Peter Menke-Glückert – den Planungsbegriff.[17]

In besonderer Weise war es die Sozialdemokratie, die Mitte der 1960er Jahre Planung als Politikkonzept aufgriff. Die SPD hatte sich seit ihrer Gründung im 19. Jahrhundert als Partei der Zukunft und des Fortschritts verstanden. Ihr Fortschrittsbewusstsein, welches sozial-emanzipativ und industriell-technisch aufgeladen war, prägte die SPD tief, auch wenn sie mit dem Godesberger Programm 1959 die große marxistische Revolutionshoffnung ad acta legte. Zudem transportierte die Partei seit dem Kaiserreich ein positives Bild vom Staat als Agent zur Steuerung politischer Ziele – auch durch Wirtschaftsplanung.[18]

Von der Wirtschaftsplanung allerdings distanzierte sich die SPD in den 1950er Jahren. Ursächlich hierfür waren nicht nur die Abgrenzung

---

15 *Winfried Süß*: »Wer aber denkt für das Ganze?« Aufstieg und Fall der ressortübergreifenden Planung im Bundeskanzleramt, in: *Matthias Frese/Julia Paulus/Karl Teppe* (Hrsg.): Demokratisierung und gesellschaftlicher Aufbruch. Die sechziger Jahre als Wendezeit der Bundesrepublik, Paderborn 2003, S. 349–377, hier S. 349.

16 Zur Union vgl. *Martina Steber*: A Better Tomorrow. Making Sense of Time in the Conservative Party and the CDU/CSU in the 1960s and 1970s, in: *Journal of Modern European History* 13 (2015), 3, S. 317–337, hier S. 319–324, und ihren Beitrag in diesem Band.

17 Zu Menke-Glückert vgl. *Seefried* 2015, S. 376 f., 383 f., 437 ff. u. 456 ff.

18 Vgl. mit weiterer Literatur *Michael Ruck*: Von der Utopie zur Planung. Sozialdemokratische Zukunftsvisionen und Gestaltungsentwürfe vom 19. Jahrhundert bis in die 1970er Jahre, in: *ders./Michael Dauderstädt*: Zur Geschichte der Zukunft. Sozialdemokratische Utopien und ihre gesellschaftliche Relevanz, Bonn 2011, S. 7–77; *Seefried* 2017.

von der Planwirtschaft und die Erfolge der sozialen Marktwirtschaft, sondern auch der Blick auf die keynesianisch unterlegte »*mixed economy*« der britischen Labour-Regierung. Sozialdemokratische Ökonomen wie Karl Schiller verstanden den Keynesianismus in den 1950er Jahren stärker als Einhegung von Planung.[19] In diesem Sinn propagierte das Godesberger Programm 1959: »Wettbewerb soweit wie möglich – Planung soweit wie nötig!«[20] Doch führte die Schillersche »Globalsteuerung« in der Großen Koalition in eine neue Planungsaffinität, weil sie in der Wahrnehmung der Zeitgenossen höchst erfolgreich war und die Konjunktur nach der Rezession 1966 rasch wieder anzog.[21]

Dies spiegelte sich im Manifest »Perspektiven für die 1970er Jahre«, das 1969 vom SPD-Parteivorstand unter Führung von Horst Ehmke verfasst wurde:

»Der Stand der Wissenschaft erlaubt es heute, vorauszuschauen. Eine zukunftsorientierte Politik muß also von dem Willen beseelt sein, erkennbare und unerwünschte Entwicklungen zu unterbinden, erkennbare und unvermeidliche Entwicklungen frühzeitig in den Griff zu bekommen, vor allem aber: wünschenswerte Entwicklungen zu erkennen, zu fördern und einzuleiten. Dies verlangt eine Politik der Vorausschau und der mittel- und langfristigen Planung.«[22]

Die »Perspektiven« vermitteln das Bild einer sozialdemokratischen »Reformeuphorie«[23] am Ende der 1960er Jahre, die den Planungsüberlegungen zugrunde lag. Die SPD suchte sich als moderne Kraft zu präsentieren,

---

19 Vgl. *Torben Lütjen*: Karl Schiller (1911–1994). »Superminister« Willy Brandts, 2. Aufl., Bonn 2008, S. 132–149 u. 178–189.
20 Grundsatzprogramm der Sozialdemokratischen Partei Deutschlands, beschlossen auf dem außerordentlichen Parteitag in Bad Godesberg 1959, in: *Dieter Dowe/Kurt Klotzbach* (Hrsg.): Programmatische Dokumente der deutschen Sozialdemokratie, 3. Aufl., Bonn/Berlin 1990, S. 349–370, Zitat S. 357.
21 So auch *Süß* 2003, S. 350.
22 Sozialdemokratische Perspektiven, in: *Horst Ehmke* (Hrsg.): Perspektiven. Sozialdemokratische Politik im Übergang zu den siebziger Jahren, Reinbek 1969, S. 33; vgl. dazu *Helga Grebing*: Ideengeschichte des Sozialismus in Deutschland. Teil II, in: *dies.* (Hrsg.): Geschichte der sozialen Ideen in Deutschland. Sozialismus – Katholische Soziallehre – Protestantische Sozialethik. Ein Handbuch, Essen 2000, S. 355–595, hier S. 469 f.
23 *Bernd Faulenbach*: Das sozialdemokratische Jahrzehnt. Von der Reformeuphorie zur Neuen Unübersichtlichkeit. Die SPD 1969–1982, Bonn 2011; *Nolte* 2006, S. 31–38.

die aus der Diagnose einer »modernen Industriegesellschaft«,[24] welche sich in der »zweiten industriellen Revolution« rasant verändere,[25] die Notwendigkeit von mehr wissenschaftlicher Expertise und Planung in der Politik ableitete. Dies galt vor allem für Akteure, die aus der Wissenschaft in die Politik wechselten – wie Ehmke, der für die amerikanische Ford Foundation gearbeitet hatte, Klaus von Dohnanyi, der vordem die Infratest-Abteilung Planung und Prognosen geleitet hatte, oder den Staatswissenschaftler Reimut Jochimsen.[26] Rationale Planung sollte den Fortschritt in Bahnen lenken und kontrollieren. Die Planungsaspirationen in der SPD signalisierten insofern keinen grenzenlosen Optimismus. Doch entfaltete sich in Teilen der SPD ein Machbarkeitsdenken, das in einem neuen Vertrauen in verwissenschaftlichte Steuerung gründete.

Zunehmend intonierte auch ein erstarkender linker Parteiflügel das Planungsthema. Mit dem Eintritt vieler »1968er« in die SPD etablierte sich eine innerparteiliche Linke, die vor allem von den Jungsozialisten verkörpert wurde. Obwohl die Neue Linke zunächst planungskritisch argumentierte, konnte die Forderung nach mehr Planung auch von ihr besetzt werden. Joachim (Jochen) Steffen etwa, Vorsitzender des SPD-Landesverbands Schleswig-Holstein und Mitglied des SPD-Bundesvorstandes, votierte in neomarxistisch unterlegten Termini für eine »Planung und Lenkung des Transformationsprozesses« durch den Staat.[27]

Die Parteiführung um Brandt zeigte sich in der Planungsfrage zurückhaltender und war vielmehr auf konkretere inhaltliche Zukunftsziele wie die Neue Ostpolitik fokussiert. Doch in seiner Regierungserklärung 1969 betonte der SPD-Kanzler auch die Bedeutung der Mittelfristigen Finanzplanung, die Dringlichkeit eines »langfristige(n) Bildungsplan(s)«, die Wichtigkeit »systematischer Vorausschau und Planung« für Raumordnung, Städte- und Wohnungsbau und die Notwendigkeit »umfassender Planung« in der Verkehrspolitik.[28]

---

24 *Waldemar von Knoeringen* u. a.: Mobilisierung der Demokratie. Ein Beitrag zur Demokratiereform, München o. J. (1966), S. 84.
25 *Brandt* 1969, S. 46 (wie Anm. 2); vgl. *Helmut Schmidt*: Zukunftsaspekte, in: *Ehmke* 1969, S. 35–38, hier S. 36.
26 *Klaus von Dohnanyi*: Regierung und Verwaltung, in: *Ehmke* 1969, S. 156–159. *Reimut Jochimsen*: Die Zukunft in den Griff bekommen. Reformen aus der Sicht des Planers, in: *Hans D. Kloss* (Hrsg.): Damit wir morgen leben können. Innere Reformen – politische Antworten auf Mängel im Industriestaat, Stuttgart 1972, S. 123–134.
27 Zit. nach *Grebing* 2000, S. 477; vgl. *Metzler* 2005, S. 282–287.
28 Deutscher Bundestag, Plenarprotokoll 6/5, 28. Oktober 1969, S. 24, 26 u. 28.

Den Versuch, wissenschaftsbasierte und sozialistische Planung zu vereinen, verkörperte das »Langzeitprogramm« der SPD, das der Saarbrücker Parteitag 1970 in Auftrag gab. Die dazu eingesetzte Arbeitsgruppe legte schließlich 1975 einen »Ökonomisch-Politischen Orientierungsrahmen« mit deutlich reduziertem Erwartungshorizont vor.[29]

Wie aber ließ sich der Glaube an Prognostik und Planung mit den sozialdemokratischen Forderungen nach »Demokratisierung« verbinden? Die SPD hatte die Demokratie im Godesberger Programm als »allgemeine Staats- und Lebensordnung« definiert, die durch den Sozialismus »erfüllt« werde. Demokratie beschränkte sich damit nicht auf den staatlichen Bereich, sondern sollte umfassendere Geltung erhalten, nicht zuletzt weil man so auch Sozialisierungen rechtfertigen konnte.[30] In der Praxis aber war die SPD als Volkspartei in erster Linie der *repräsentativen* Demokratie und den bestehenden Institutionen verpflichtet.[31] Doch im Zuge der sich intensivierenden Debatten über Charakter und Zukunft der Demokratie intonierte die Partei ab 1965/66 die auch andernorts gepflegte Rede von der »Demokratisierung«.[32] Dies war freilich ein schillernder Begriff, der nach vielen Seiten hin offen war und von Brandt, so scheint es, bewusst offen gehalten wurde.

Erstens verknüpfte sich der Bezug auf Demokratisierung mit der Forderung nach mehr Teilhabe durch Mitbestimmung in der sozialen Demokratie. Die SPD, erklärte Brandt, verstehe Demokratisierung als Prozess und Prinzip, welches das »gesamte gesellschaftliche Leben erfassen« müsse.[33] Damit waren keine direktdemokratischen Verfahren gemeint, sondern Bildungsgerechtigkeit, Kontrolle wirtschaftlicher Macht und Ausbau der Mitbestimmung in Institutionen. So focht die SPD vor allem für eine Novellierung des Betriebsverfassungsgesetzes und eine »Demokratisierung« der Hochschulen.[34]

---

29 Parteitag der SPD vom 11. bis 14. Mai 1970 in Saarbrücken. Protokoll der Verhandlungen, Bonn o. J., S. 1204; vgl. *Ruck* 2011, S. 53 ff.; *Seefried* 2017, S. 211 ff.
30 *Dowe/Klotzbach* 1990, S. 352; vgl. *Faulenbach* 2011, S. 185 f.
31 Vgl. *Willy Brandt*: Politische Aufgaben nach der Halbzeit (1971), in: *ders.*: Plädoyer für die Zukunft, Frankfurt a. M. 1972, S. 137–156, hier S. 151; vgl. auch *Metzler* 2005, S. 359.
32 Vgl. *Wolther von Kieseritzky:* Einleitung, in: Berliner Ausgabe, Bd. 7, S. 15–81, hier S. 42 ff.; vgl. auch *Greiffenhagen* 1973.
33 *Brandt* 1969, S. 46 (wie Anm. 2).
34 *Vorstand der SPD* (Hrsg.): Regierungsprogramm 1969, Bonn o. J. (1969), S. 15.

Zweitens zielte die Forderung nach Demokratisierung auf die Stärkung von Pluralismus und Transparenz. Ideeller Speicher solcher Überlegungen waren pluralistische Demokratietheorien der 1960er Jahre, die sich auf die »westliche Demokratie« bezogen. So sah der aus den USA remigrierte sozialdemokratische Politikwissenschaftler Ernst Fraenkel politische Willensbildung als Aushandlungsprozess zwischen sozialen Interessengruppen unter notwendiger Anerkennung der Rechte von Minderheiten.[35] Auch Willy Brandt, der sich stärker am Reformismus der skandinavischen Sozialdemokratie orientierte, rechtfertigte den Pluralismus in der Demokratie. Vor allem die Abgrenzung zu Ludwig Erhards Vision der »formierten Gesellschaft«, die auf mehr Gemeinwohlorientierung zielte, bot dem SPD-Vorsitzenden die Möglichkeit, sich mit einem Ideal zu positionieren, das Transparenz und Kommunikation betonte: »Bürger können an der Politik nur mitwirken, wenn es eine ihnen verständliche Politik gibt«.[36]

Die Losung von der Demokratisierung verband sich *drittens* mit dem Kalkül, die Protestgeneration einzubinden, also jener, die im Verständnis Brandts »kritisch« mitdachten.[37] Der linke Parteiflügel unter Führung der Jungsozialisten, die sich ab 1969 verstärkt zu Wort meldeten, sprach von »Demokratisierung der Verfügungsgewalt über Produktionsmittel«, um im antikapitalistischen Sinne das gesellschaftliche und wirtschaftliche System der Bundesrepublik zu überwinden.[38] Im Gegensatz zur Parteiführung begriff man damit Demokratisierung nicht als Reformprozess, sondern als revolutionäre Umgestaltung.

Viertens suchte sich die SPD mit der Demokratisierung als zukunftsorientierte, moderne Kraft zu profilieren und stellte damit die Verbindung zur Planung her. Willy Brandt verwies 1966 auf den »doppelten Aspekt der Modernisierung und Demokratisierung«. Indem demokratische Institutionen »moderne wissenschaftliche Mittel in den Dienst einer vorausschauenden Politik« stellten, sollten sie »rationaler und effektiver ar-

---

35 *Arnd Bauerkämper:* Demokratie als Verheißung oder Gefahr? Deutsche Politikwissenschaftler und amerikanische Modelle 1945 bis zur Mitte der sechziger Jahre, in: *ders./ Konrad H. Jarausch/Marcus M. Payk* (Hrsg.): Demokratiewunder, Göttingen 2005, S. 253–272, hier S. 271; *Julia Angster:* Konsenskapitalismus und Sozialdemokratie. Die Westernisierung von SPD und DGB, München 2003, S. 190–193 u. 327 ff.
36 Berliner Ausgabe, Bd. 7, S. 104.
37 Deutscher Bundestag, Plenarprotokoll 6/5, 28. Oktober 1969, S. 33.
38 Zit. nach *Grebing* 2000, S. 473 f.; vgl. *Faulenbach* 2011, S. 290–301.

beiten«.[39] Helmut Schmidt äußerte 1969 sogar die Vorstellung, dass der Bürger bei politischen Entscheidungen unmittelbar mitsprechen könne, weil neue Techniken jede »benötigte Information durch Knopfdruck in jeder Privatwohnung visuell und akustisch verfügbar« machten.[40] Damit schuf die SPD im Sinn der Modernisierungstheorie eine semantische und argumentative Verbindung zwischen Planung und Demokratisierung: Sie ging davon aus, dass eine moderne Demokratie der Planung und entsprechender Technik bedurfte.[41]

Dass Planung und Verwissenschaftlichung die Gefahr einer Technokratie implizierten, war den Sozialdemokraten bewusst. Das Manifest »Perspektiven für die siebziger Jahre« konstatierte, die moderne Gesellschaft benötige zwar hochqualifizierte Experten, aber es dürfe keine »Herrschaft der Technokraten« entstehen: Demokratische Freiheit benötige eine Kontrolle der politischen Planung.[42] Die SPD rezipierte hier die Technokratiedebatte der frühen 1960er Jahre. Der liberalkonservative Soziologe Helmut Schelsky hatte damals gemutmaßt, dass sich in der modernen wissenschaftlich-technischen Zivilisation ein »technischer Staat« formiere, in dem an die Stelle von Normen und politischen Entscheidungsmöglichkeiten eine wissenschaftlich-technisch bedingte »Sachgesetzlichkeit« träte.[43] Jürgen Habermas hatte hingegen – unterstützt etwa von Helmut Krauch aus der Studiengruppe für Systemforschung – ein »pragmatistisches« Modell einer ständigen Kommunikation zwischen Politikern und Beratern entwickelt, das die Vermittlung durch die politische Öffentlichkeit einbeziehe.[44] Sozialdemokraten wie der SPD-Wissenschaftspolitiker Ulrich Lohmar zogen daraus den Schluss, dass eine enge Kooperation zwischen Politik und Wissenschaft der bestmögliche Weg modernen Regierens sei, auf welchem Parteien den »vorgegebenen« wissenschaftlich-technologischen Entscheidungsrahmen in die politische

---

39 Berliner Ausgabe, Bd. 7, S. 104, 98 u. 101.
40 *Schmidt* 1969, S. 36.
41 *Brandt* 1969, S. 46 (wie Anm. 2).
42 Sozialdemokratische Perspektiven, in: *Ehmke* 1969, S. 34.
43 *Helmut Schelsky*: Demokratischer Staat und moderne Technik, in: *Atomzeitalter* 3 (1961), 5, S. 99–102, Zitat S. 99; vgl. *Metzler* 2005, S. 196–207.
44 Vgl. *Jürgen Habermas*: Verwissenschaftlichte Politik in demokratischer Gesellschaft, in: *Helmut Krauch/Werner Kunz/Hans Paul Bahrdt* (Hrsg.): Forschungsplanung. Eine Studie über Ziele und Strukturen amerikanischer Forschungsinstitute, München u. a. 1966, S. 103–144; *Helmut Krauch*: Die organisierte Forschung in der Demokratie, Heidelberg 1966, S. 25.

Planung und Willensbildung integrierten.[45] Hier deutete sich an, dass die sozialdemokratische Planungsaffinität in der Regierungspraxis eine gewisse Eigenlogik entfaltete.

Planung versus Demokratisierung?
Planungspraxis in den Regierungen Brandt 1969–1974

Die sozial-liberale Koalition baute 1969/70 die von der Großen Koalition geschaffenen Planungsstrukturen in Regierung und Verwaltung rasch aus. Der Planungsstab im Bundeskanzleramt wurde 1969 zur Planungsabteilung; die Koalition erweiterte die Verfahren und Instrumente der Forschungsplanung erheblich; sie schuf (anknüpfend an die Grundgesetzänderung vom Mai 1969) die Bund-Länder-Kommission für Bildungsplanung und einen Bildungsgesamtplan und etablierte eine Umweltplanung.

Zugleich drängte die SPD in der Regierung – wie angekündigt – auf Bildungsexpansion, Bildungsgerechtigkeit und Bildungsplanung. Die Koalition erweiterte dabei das Berichtswesen mit neuen Expertisen wie dem »Bildungsbericht 70«. Grundsätzlich gab sie im Rahmen von Reformvorhaben und Planungsprozessen eine rasch wachsende Zahl externer Gutachten in Auftrag, die meist rasch veröffentlicht wurden und damit dem Anspruch nach mehr Transparenz entsprachen.[46]

Dennoch gerieten die Planungsanstrengungen in ein Spannungsverhältnis zum Anspruch auf Demokratisierung. Das lässt sich an drei Fallbeispielen zeigen.

Das *erste* Beispiel ist die integrierte Planung im Bundeskanzleramt. Horst Ehmke, der 1969 Chef des Kanzleramts wurde, machte mit auffälligem, technikaffinem Reformelan die Planungspolitik zum bevorzugten Aktivitätsfeld. Ehmke berief den Staatswissenschaftler Reimut Jochimsen 1970 zum Leiter der Planungsabteilung, der ein weitreichendes Verständnis von Planung in der Regierungszentrale verbreitete. Im Gegensatz zum älteren Planungsstab, der unter Kanzler Kiesinger geschaffen worden war, sollte die Planungsabteilung nun für alle Politikfelder zuständig sein, die Kooperation zwischen den Ressorts verbessern und einen dezidiert mittel-

---

45 *Ulrich Lohmar.* Wissenschaftsförderung und Politik-Beratung. Kooperationsfelder von Politik und Wissenschaft in der Bundesrepublik Deutschland, Gütersloh 1967, S. 126 f.
46 Vgl. *Metzler* 2005, S. 362 f.

bis langfristigen Zeithorizont verfolgen.⁴⁷ Zur Kernaufgabe der Planungsabteilung avancierte ein komplexes Vorhabenerfassungs- und Frühkoordinierungssystem, welches die gewachsene Bedeutung des Computers und der vermeintlich sachorientierten »Information« (im Sinne der Datenverarbeitung) unterstrich. Die neuen Planungsbeauftragten der Ministerien meldeten Vorhaben von »besonderer politischer Bedeutung« auf einem Datenblatt an die Planungsabteilung, die die Informationen erfasste und ein Arbeitsprogramm für die Legislaturperiode erstellte, das sich auf 12 bis 15 Jahre ausdehnen sollte.⁴⁸

Ergänzend gab die Planungsabteilung Expertisen in Auftrag, etwa an das Zentrum Berlin für Zukunftsforschung, welches das Projekt EIPE (»Experimentelle integrierende Planungs- und Entscheidungssysteme«) bearbeitete. Ziel war es, ein ressortübergreifendes »Informationssystem« zu schaffen, das Entscheidungsprozesse und Handlungsspielräume der Referenten in den Ministerien ermitteln, »nicht rationale Determinanten« offenlegen und den Ministern eine Bewertung im Sinne des politischen Gesamtkonzepts ermöglichen sollte. Die in Befragungen ermittelten quantifizierten Informationen wurden in einer Datenbank erfasst.⁴⁹ Das Projekt versuchte also, Informationsströme zu vermessen und zu rationalisieren, um die Handlungsspielräume der Verwaltung zu eruieren.

Wenig überraschend löste das Projekt Widerstände auf Referentenebene aus, da diese fürchteten, ihre Entscheidungsspielräume könnten beschnitten werden. Zugleich stieß in der Ministerialbürokratie, die von Juristen dominiert war, die kybernetisch durchdrungene Sprache der Zukunftsexperten auf Kritik. Auch das Frühkoordinierungssystem geriet an seine Grenzen, weil die Planungsabteilung mit Datenblättern überschwemmt

---

47 Bundeskanzleramt (BKA), Planungsstab, Ausbau der politischen Planung, 20. Oktober 1969, in: Bundesarchiv Koblenz (BArch), B 136, 14064; zum Folgenden vgl. auch *Metzler* 2005, S. 354–360; *Süß* 2003, S. 358–366; *Seefried* 2015, S. 418–435.

48 Antwort der Bundesregierung auf die Große Anfrage der Fraktion der CDU/CSU betr. Arbeitsprogramm der Bundesregierung zu innenpolitischen Vorhaben, in: Deutscher Bundestag, 6. WP, Drs. 6/1953, S. 2; Protokoll über den Erfahrungsaustausch der Planungseinrichtungen der obersten Bundesbehörden am 12. Juni 1970, 13. Juli 1970, Anlage 1: Entwicklung eines Frühkoordinierungssystems für die Bundesregierung, 1. Juni 1970, in: BArch, B 136, 14064; *Reimut Jochimsen*: Zum Aufbau und Ausbau eines integrierten Aufgabenplanungssystems und Koordinationssystems der Bundesregierung, in: *Bulletin des Presse- und Informationsamtes der Bundesregierung*, 16. Juli 1970, S. 949–957.

49 Zentrum Berlin für Zukunftsforschung (ZBZ), Überblick über das Teilvorhaben EIPE, 13. April 1973, in: BArch, B 106/54323; zu EIPE vgl. *Seefried* 2015, S. 428-435.

wurde. Im Herbst 1972 lag der Datenbestand bei etwa 900.000 Einzelinformationen, die nicht mehr systematisch ausgewertet werden konnten.[50] Schon 1971 hatte die öffentliche Wahrnehmung zu kippen begonnen: »Der Spiegel« kommentierte das Regieren mit »Computer statt Politik« kritisch.[51] Zugleich suchten die Ministerien um der eigenen Handlungsfreiheit willen den Einfluss der Planungsabteilung zu minimieren. Im Kabinett kollidierten Ehmkes Initiativen mit der Mittelfristigen Finanzplanung des Ministers Helmut Schmidt (was auch mit Rivalitäten zwischen beiden Politikern zu tun hatte). Endgültig stieß die integrierte Planung des Kanzleramts in der Öl- und Wirtschaftskrise 1973 an Finanzierungsgrenzen.[52] Gebannt von den Möglichkeiten des Computers, hatten die Planer stark auf die quasi-objektive Rationalität der Expertise und der Datenverarbeitung gesetzt. Damit wuchsen technokratische Tendenzen, die Hierarchien eher verstärkten, als dass sie zu einer Form von Demokratisierung beitrugen. Doch führte diese Erfahrung zu Lernprozessen: Jochimsen konzedierte 1972, dass Planer »nicht selbstherrlich an die Spitze einer Planungshierarchie« stehen, sondern »moderierend« wirken sollten. Ein Jahr später wechselte er als Staatssekretär ins Bildungs- und Wissenschaftsministerium, und mit dem Amtsantritt Schmidts 1974 wurde die Planungsabteilung im Kanzleramt verkleinert und mehr auf ad-hoc-Fragen ausgerichtet.[53]

Ein *zweites* Fallbeispiel, das auch den Wandel auf Expertenebene verdeutlicht, bezieht sich auf die »Forschungsplanung«. Expertisen auf diesem Feld kamen besonders von der schon genannten und eng an das Forschungsministerium angegliederten Studiengruppe für Systemforschung. Der Leiter ihrer Abteilung Planung und Entscheidung, Helmut Krauch, der in den 1960er Jahren auf den Ausbau von Großforschung und politischer Planung gedrängt hatte, trieb Anfang der 1970er Jahre Initiativen

---

50 Vgl. *Metzler* 2011, S. 201.
51 Vgl. Computer statt Politik. Minister im Kanzleramt Ehmke. Der Macher, in: *Der Spiegel*, Nr. 6, 1. Februar 1971, S. 28–38; Planungsstab. Vision von 1985, in: *Der Spiegel*, Nr. 29, 12. Juli 1971, S. 26 f.
52 Vgl. *Horst Ehmke*: Mittendrin. Von der großen Koalition zur Deutschen Einheit, Berlin 1994, S. 113–119 u. 214.
53 *Reimut Jochimsen*: Planung des Staates in der technisierten Welt, in: *ders.*: Die Herausforderung der Zukunft, Köln 1972, S. 14–27, hier S. 25; siehe auch den Erfahrungsbericht von *Herbert Permantier*: Probleme bei der Einführung und Anwendung moderner Planungs- und Entscheidungshilfen auf Bundesebene, in: *Hans-Christian Pfohl/Bert Rürup* (Hrsg.): Anwendungsprobleme moderner Planungs- und Entscheidungstechniken, Königstein i. Ts. 1978, S. 259–274; *Süß* 2003, S. 369–377.

voran, Forschungsplanung zu demokratisieren. Sein Engagement verstärkte sich durch den Austausch mit kritischen Zukunftsforschern wie Robert Jungk, der von der Zukunftsforschung das Hinterfragen von Machtstrukturen forderte. Zudem wurde Krauch von Überlegungen zur Demokratisierung von Planung inspiriert, die er am »*Center for the Study of Democratic Institutions*« an der University of Berkeley kennengelernt hatte.[54] Er drang darauf, in der wichtigen Frage, wie die Prioritäten für künftige Forschung zu setzen waren, die Forderungen und »Bedürfnisse« der Bürger verstärkt zu berücksichtigen. In seinem 1972 veröffentlichten Buch »Computer-Demokratie« entwickelte Krauch u. a. das ORAKEL-Modell, das Bürgern anhand interaktiver Elemente und elektronischer Datenverarbeitung ermöglichen sollte, sich in öffentliche Podien und Fernsehdiskussionen einzuschalten.[55]

Die partizipative Aufladung von Krauchs Planungskonzept führte 1973 zum offenen Konflikt mit dem Forschungsministerium. Eine im Auftrag des Bundestagsausschusses für Bildung und Wissenschaft von der Heidelberger Studiengruppe durchgeführte Befragung von 100 Experten aus Wirtschaft, Politik und Forschung hatte einen »krasse(n) Unterschied« zwischen den Präferenzen der Befragten und der ministeriellen Forschungsplanung ermittelt: Die Befragten wünschten demnach die Stärkung von Gesundheits-, Bildungs- und Umweltforschung und die Reduzierung der vom Ministerium stark geförderten Verteidigungs- und Atomforschung. Dieses Ergebnis stützte nicht nur Krauchs Votum für mehr Partizipation in der Forschungsplanung. Es veranlasste ihn auch dazu, über die Unmöglichkeit rationaler Planung zu reflektieren. Es gebe, so Krauch, keine »objektive(n) Kriterien« für die Forschungsförderung und -planung. Es entspreche vielmehr dem Wesen einer pluralistischen Gesellschaft, dass um »Ziele und Werte eine permanente Auseinandersetzung zwischen den Gruppen stattfindet«.[56]

---

54 Zum Folgenden mit weiterer Literatur vgl. *Seefried* 2015, S. 445–452; *Helmut Krauch*: Bildung und Entfaltung der Studiengruppe für Systemforschung 1957–1973 (2000), in: *Reinhard Coenen/Karl-Heinz Simon* (Hrsg.): Systemforschung. Politikberatung und öffentliche Aufklärung, Kassel 2011, S. 4–15, hier S. 8.

55 Vgl. *Helmut Krauch*: Computer-Demokratie: Hilft uns die Technik entscheiden? München 1972.

56 *Helmut Krauch*: Prioritäten in der Forschungspolitik, März 1973; Deutscher Bundestag, Ausschuß für Forschung und Technologie und für das Fernmeldewesen, Sitzung vom 14. Februar 1973, in: BArch, B 196, 97218.

Im Ministerium für Forschung und Technologie, seit 1973 unter der Leitung von Minister Ehmke und Staatssekretär Volker Hauff, stieß die Studie auf Kritik: Sie leide unter dem »unzulänglichen Informationsstand und mangelnden Problembewußtsein der Befragten, die die Lösungsbeiträge der verschiedenen Wissenschaftsbereiche zu dem Zielsystem kaum kennen.«[57] Zweifellos war das Ministerium auch aus finanziellen Gründen nicht bereit, die eigene Planung kurzfristig zugunsten neuer partizipativ ermittelter Schwerpunkte umzuwerfen.[58] Zudem agierten Wissenschaftler in der Forschungspolitik nicht nur als Experten, sondern verfolgten auch eigene Interessen.[59] Dass SPD-Politiker ebenso von der eigenen Planungslogik geleitet wurden, zeigte sich in Hauffs Kritik an der »Emotionalität der Antworten« – dem Gegenbegriff zur Rationalität.[60]

In einem Ausschusshearing eskalierte der Konflikt, auch weil Krauch mediale Unterstützung für eine partizipativ legitimierte Forschungsplanung suchte und sein Papier vorab an den »Spiegel« geschickt hatte, der es in Auszügen abdruckte. Der Ausschussvorsitzende Ulrich Lohmar versuchte, auf Krauch zuzugehen, indem er ein »Amt für die systemanalytische Bewertung von wissenschaftlichen und technischen Entwicklungen des Bundestages« vorschlug, um das Parlament und damit auch die Öffentlichkeit stärker an der Forschungsplanung zu beteiligen.[61] Anders als noch 1968 plädierte Lohmar nun dafür, »die gesamte Planung von Forschung und Entwicklung« verstärkt am gesellschaftlichen Nutzen und an kollektiven Bedürfnissen auszurichten. So glaubte er, auch Kritik von ganz links entkräften zu können, die Forschungspolitik diene nur der mehr oder minder direkten Subventionierung der Großkonzerne und des »Kapitals«.[62] Am Ende richtete die SPD-FDP-Koalition lediglich einen Beratenden Ausschuss für Forschung und Technologie beim Ministerium ein,

---

57 Bundesministerium für Forschung und Technologie (BMFT), Tannhäuser an Minister, 16. März 1973, in: ebd.
58 Ähnlich *Metzler* 2005, S. 358 f.
59 Vgl. *Hannes Friedrich*: Staatliche Verwaltung und Wissenschaft. Die wissenschaftliche Beratung der Politik aus der Sicht der Ministerialbürokratie, Frankfurt a. M. 1970, S. 213–215.
60 BMFT, Tannhäuser, Ergebnisbericht zum Hearing vom 21. März 1973, 22. März 1973, in: BArch, B 196, 97218.
61 Ebd.; vgl. Eine Empfehlung von hundert Weisen, in: *Der Spiegel*, Nr. 12, 19. März 1973, S. 16.
62 *Ulrich Lohmar*: Wissenschaftspolitik und Demokratisierung. Ziele, Analysen, Perspektiven, Düsseldorf 1973, S. 61 u. 58.

der zudem nur nichtöffentlich tagte. Die Vehemenz der sich formierenden Anti-Kernkraft-Bewegung, die sich auch als Kritiker einer technokratischen Forschungsplanung verstand und für mehr Partizipation und Transparenz focht, wurde völlig unterschätzt.

Ein *drittes* Fallbeispiel ist die Stadtplanung. Brandt benannte in seiner Regierungserklärung von 1969 Raumordnung und Städtebau als Politikfelder, in denen Vorausschau und Planung immer wichtiger würden.[63] Bereits die Große Koalition hatte entschieden, dass Stadterneuerungsmaßnahmen entwickelnde und langfristige Initiativen von Bund und Ländern erforderten. Auch hier waren Experten wie Reimut Jochimsen oder der Prognos-Gründer Edgar Salin tonangebend.[64]

1971 verabschiedete der Bundestag ein Städtebauförderungsgesetz, das den Gemeinden eine aktive Entwicklungsplanung erlaubte und eine entsprechende Beteiligung von Bund und Ländern vorsah. Sozialdemokratisches Kernanliegen war es, eine gemeinwohlorientierte Stadtentwicklung gegenüber Einzelinteressen durchzusetzen. Angesichts dramatischer Wertsteigerungen von Boden in urbanen Lagen sollten Gemeinden zudem das Recht erhalten, durch öffentliche Planungsleistungen bedingte Wertsteigerungen abzuschöpfen (eine Regelung, die auf Intervention der FDP und des unionsdominierten Bundesrates stark verwässert wurde). Das Gesetz benannte ein gemeindliches Abbruch-, Bau- und Modernisierungsgebot, aber präferierte »von seiner ganzen Konstruktion her«[65] in einem funktionalen Grundtenor Neubauten gegenüber einer behutsamen Sanierung. Betroffene waren zwar in »vorbereitende Untersuchungen« einzubinden, doch atmete das Gesetz einen wissenschaftsbasierten und zentralisierenden Geist, etwa indem es einen »Rat für Stadtentwicklung« vorsah,[66] dem Vertreter des Bundesministeriums, der Länder und Gemeinden sowie Wissenschaftler angehörten, aber keine zivilgesellschaftlichen Protagonisten.

---

63 Deutscher Bundestag, Plenarprotokoll 6/5, 28. Oktober 1969, S. 28.
64 Vgl. *Tilman Harlander/Gerd Kuhn*: Wohnungspolitik, in: *Hans Günter Hockerts* (Hrsg.): 1966–1974 Bundesrepublik Deutschland. Eine Zeit vielfältigen Aufbruchs (Geschichte der Sozialpolitik in Deutschland seit 1945, Band 5), Baden-Baden 2006, S. 857–886; vgl. *Reimut Jochimsen*: Für einen Bundesentwicklungsplan, in: *Die Neue Gesellschaft* 16 (1969), 3, S. 237–242.
65 *Harlander/Kuhn* 2006, S. 882.
66 Städtebauförderungsgesetz, in: Bundesgesetzblatt Teil I, 1971, Nr. 72, 30. Juli 1971, S. 1125–1156, hier §§ 4 u. 89; *Faulenbach* 2011, S. 226 ff.

Mithin wurde hier ein von Planungsrationalität geleitetes Politikverständnis fassbar, in dem die Konzentration auf Sachlichkeit, technische Funktionalität und Langfristigkeit dominierte. Dieses Verständnis kennzeichnete nicht nur die SPD und ist jeweils personell und regional zu differenzieren. Doch war es auch jene Planungsrationalität, die eine Wende in der gesellschaftlichen Wahrnehmung von Stadtplanung evozierte. Hatten in den 1960er Jahren vielmehr soziale Härten, nämlich Mieterhöhungen und Wohnungsknappheit, die Gemüter erhitzt,[67] so formte sich zwischen 1970 und 1972 Kritik an einer funktionalistischen Stadtplanung, die sich in kühlen Wohnkomplexen und Großwohnsiedlungen am Rande der Städte materialisierte, welche rasch zu sozialen Brennpunkten degenerierten. Es entstanden Bürgerinitiativen und neue soziale Bewegungen, die sich gegen Bevormundung, »totale Planung« sowie ein technisch und wirtschaftlich ausgerichtetes Fortschrittsverständnis richteten, mehr Authentizität leben wollten und Partizipation einforderten.[68]

An die Spitze der Planungskritiker setzten sich aber auch – wie im Fall Krauchs – die einstigen Planungsbefürworter. Robert Jungk hatte 1962 in der SPD-nahen Zeitschrift »Die Neue Gesellschaft« »Entwürfe einer neuen Zeit« gefordert und die »moderne« Informations- und Dokumentationstechnik als großen »Fortschritt« für politische Planung gefeiert.[69] Zehn Jahre später, in der Diskussion um die »Die Grenzen des Wachstums«, hinterfragte er die Werte und Lebensprinzipien der industriellen Moderne und wurde zu einem der Wortführer der Umwelt- und AKW-Bewegung. Ebenso entwickelte er die »Zukunftswerkstätten« als Instrumente der Planung von unten, auf kommunaler Ebene, ausgehend von den Betroffenen und auf Basis einer »sanften« Technologie.[70]

Insofern wirkten Zukunftsforscher und Planungsexperten als Verstärker eines neuen Umweltbewusstseins und von Technokratie- und Planungskritik. Sozialdemokraten griffen dies zum Teil auf. Willy Brandt sprach 1972 dunkel von den »Gefahren, die eine ungesteuerte technisch-industrielle Zivilisation für Mensch und Gesellschaft mit sich bringt«, und die Forderung nach einer »besseren Qualität des Lebens« wurde in

---

67 *Harlander/Kuhn* 2006, S. 874 f.
68 Mit weiterer Literatur vgl. *Silke Mende*: Ausstieg aus der Megamaschine? Planungskritik in den Neuen Sozialen Bewegungen, in: *Seefried/Hoffmann* 2018, S. 198–213; *Faulenbach* 2011, S. 226 f.
69 *Robert Jungk*: Entwürfe einer neuen Zeit, in: *Die Neue Gesellschaft* 9 (1962), 4, S. 257–267, Zitat S. 262.
70 Dazu *Seefried* 2015, S. 125–154, 278 f. u. 400 f.

den Titel des SPD-Wahlprogramms aufgenommen.[71] Der Slogan diente der SPD als neues, bedeutungsoffenes Leitbild, welches Wärme, Sorge um die menschliche und natürliche Umwelt und weniger Zentralisation verhieß. Mit Verweis auf die Lebensqualität kritisierte der neue Minister für Raumordnung, Bauwesen und Städtebau, Hans-Jochen Vogel, 1973 die Konzentration moderner Industriegesellschaften auf das Wirtschaftswachstum, welche zu unwirtlichen Städten, Umweltgefahren und Verkehrsengpässen geführt habe. In der Bodenrechts-Novelle 1974 suchte er, die Mitwirkungsrechte der Bürger in Planungsprozessen zu stärken.[72]

Allerdings begann die SPD erst am Ende der 1970er Jahre damit, sich den neuen sozialen Bewegungen und deren Praktiken zu öffnen, was innerparteilich jedoch heftig umstritten war. In den Diskussionen um die Atomkraft und den NATO-Doppelbeschluss opponierten immer größer werdende Teile der Partei gegen den eigenen Kanzler, dem die Umwelt- und Friedensbewegung fern standen.[73] Aber die »postmaterialistische« Welt der Bürgerinitiativen, aus der 1980 die Grünen hervorgingen, konnte die stark von der Industriegesellschaft geprägte SPD (auch nach 1982) nicht für sich gewinnen. Die neuen sozialen Bewegungen entfalteten auch deshalb eine große Dynamik, weil sie auf den Widerspruch zwischen dem Demokratisierungsversprechen und der Praxis sozialdemokratischer Planung reagierten.

Fazit

Planung avancierte Ende der 1960er Jahre zu einem wichtigen Teil des Reformdiskurses und des Modernisierungswillens der SPD. Zugleich kündigten Sozialdemokraten wie Willy Brandt an, Mitbestimmung und Transparenz in der Demokratie zu stärken. Zum Schlüssel für die argumentative Verbindung von moderner Planung und Demokratisierung wurde für die Sozialdemokratie der Leitbegriff der Rationalität.

---

71 *Willy Brandt*: Die »Qualität des Lebens«, in: *Die Neue Gesellschaft* 19 (1972), 10, S. 739–742, hier S. 741; Wahlprogramm der SPD 1972. Mit Willy Brandt für Frieden, Sicherheit und eine bessere Qualität des Lebens, Bonn 1972; vgl. *Seefried* 2017, S. 207–212.
72 *Hans-Jochen Vogel*: Wirtschaftswachstum. Qualität des Lebens, in: *Aspekte. Das deutsche Studienmagazin* 6 (1973), 7/8, S. 2; vgl. *Seefried* 2015, S. 461–466.
73 Vgl. *Jan Hansen*: Abschied vom Kalten Krieg? Die Sozialdemokratie und der Nachrüstungsstreit (1977–1987), Berlin/Boston 2016, S. 153–164.

In der Regierungspraxis der sozial-liberalen Koalition ab 1969 löste die SPD den Anspruch, mehr Demokratie zu wagen, etwa mit Blick auf größere Bildungsgerechtigkeit ein. Zudem stärkte sie die Transparenz in Planungsprozessen, indem Expertisen veröffentlicht wurden.

Dennoch entwickelte sich eine gewisse Spannung zwischen Planung und Demokratisierung. Die SPD war im Kern der repräsentativen Demokratie und den bestehenden Institutionen verpflichtet und trug in ihrem Wirken für mehr Chancengleichheit und Mitbestimmung ein positives Bild vom Staat als Agent politischer Steuerung in sich. Dies machte sie wiederum affin für ein technokratisches Verständnis des Politischen, das verstärkt von wissenschaftsnahen Protagonisten wie Reimut Jochimsen ausging. In der sozialdemokratischen Regierungspraxis etablierten sich Praktiken, die auf eine Modernisierung der Regierungs*technik*, auf Funktionalität und langfristige Planung zielten und zum Teil in Modi technizistischer Steuerung mündeten. Eine technokratisch aufgeladene Planungsgewissheit erfasste nur Teile der Partei. Trotzdem reflektierten nur wenige Sozialdemokraten kritisch, in welchem Verhältnis »rationale«, expertenbasierte Planung zu politischen Wertorientierungen und Partizipation stand, welche Entscheidungsspielräume Experten besaßen, die nicht demokratisch legitimiert waren, und inwiefern langfristige Planung auch Entscheidungen für die nächste Generation präjudizierte. Die Sozialdemokraten operierten so in der Regierung in einem gewissen Spannungsverhältnis zwischen zwei zentralen Reformversprechen.

Die beiden Versprechen Willy Brandts entfalteten eine Eigendynamik, weil sie eine dauernde prozesshafte Verbesserung von Demokratie und Regierungsarbeit suggerierten und weitreichende Erwartungen weckten. Diese konnten so nicht eingelöst werden. Ein Teil der Planer und der linke Parteiflügel zeigten sich enttäuscht, dass die politische Steuerung angesichts von Vetospielern (der Koalitionspartner, der Bundesrat, das Verfassungsgericht) an Grenzen stieß. In dieser Enttäuschung wurzelte zum Teil die Unregierbarkeitsdebatte.[74] Umgekehrt trug Brandts »Wir wollen mehr Demokratie wagen« maßgeblich zu einem Diskurs über das Verständnis von Demokratisierung und zur Erprobung neuer Ansätze bei. Doch der SPD entglitt diese Debatte, die sie selbst mit angefacht hatte. Die partizipativ unterfütterten Konzepte, mit denen Experten Planung

---

74 Vgl. u. a. *Gabriele Metzler*: Staatsversagen und Unregierbarkeit in den siebziger Jahren?, in: *Konrad H. Jarausch* (Hrsg.): Das Ende der Zuversicht? Die siebziger Jahre als Geschichte, Göttingen 2008, S. 243–260.

und Demokratisierung miteinander verbinden wollten, ließen sich nur bedingt in das sozialdemokratische Regierungshandeln und vor allem nicht in das ambitionierte Planungsprogramm integrieren. In der Folge spielte das hier erläuterte Spannungsverhältnis zwischen den beiden Versprechen eine wichtige Rolle für die Entstehung der neuen sozialen Bewegungen und der Grünen.[75]

---

75 Vgl. dazu auch *Hockerts* 2011, S. 222.

Die neue Lust am Streit –
»Demokratie wagen« in der sozialdemokratischen Erfahrungswelt der Ära Brandt

DIETMAR SÜß

Im Grunde kann man die Forderung »Mehr Demokratie wagen« ja kaum mehr hören. Nicht, dass man ihr nicht zustimmen möchte. Aber sie klingt doch in der Gegenwart inzwischen recht hohl, zumal inzwischen auch die rechtspopulistischen Bewegungen diese Parole für sich entdeckt haben. Hinzu kommt: »Mehr Demokratie wagen« ist eben nicht nur politisches Programm, sondern zugleich auch Erzählmuster einer ganzen, durch die sozial-liberale Ära geprägten Generation, die in diesem Motto eben mehr sah als »nur« eine Regierungserklärung, sondern auch ein sinnstiftendes Motiv ihres eigenen Lebens.[1] Darüber sollte man nicht leichtfertig die Nase rümpfen, aber es macht es doch nicht leichter, den historischen Ort jener Formel zu vermessen. Gerade weil sich in dem Begriff Zeitdiagnose, Zeitzeugenschaft und historiografische Deutungsschlachten überlagern, sind unsere Schwierigkeiten um eine angemessene Verortung so groß.

Ähnliches gilt auch für den Begriff der »Demokratisierung«, der sich als eines der großen Erzählmuster der westdeutschen Nachkriegsdemokratie etabliert hat und bei dem das Staunen über die »geglückte Demokratie«[2] (Edgar Wolfrum) immer noch nachhallt.[3] Die Demokratisierung einer postfaschistischen Gesellschaft war in der Tat kein geradliniger und naturnotwendiger Prozess, sondern getragen von inneren Widersprüchen und bitteren Kompromissen – und das nicht zuletzt für die Sozialdemokratie, die selbst ihre Zeit und einen längeren Häutungsprozess brauchte, um »im Westen« anzukommen. Gewissermaßen war sie da natürlich schon länger gewesen, nicht zuletzt durch die vielen Remigranten, die ihre Erfahrungen aus dem angelsächsischen und nordeuropäischen Exil mit

---

1 Als Überblick vgl. die Einleitung von Wolther von Kieseritzky: in: *Willy Brandt*: »Mehr Demokratie wagen«. Innen- und Gesellschaftspolitik 1966–1974, bearb. von Wolther von Kieseritzky, Bonn 2001 (Berliner Ausgabe, Bd. 7), S. 15–81.
2 *Edgar Wolfrum*: Die geglückte Demokratie. Geschichte der Bundesrepublik Deutschland von ihren Anfängen bis zur Gegenwart, München 2006.
3 Vgl. u. a. *Arnd Bauernkämper/Konrad Jarausch/Marcus M. Payk* (Hrsg.): Demokratiewunder. Transatlantische Mittler und die kulturelle Öffnung Westdeutschlands 1945–1970, Göttingen 2005.

nach Deutschland brachten. Wie auch immer man diesen Prozess nennt
– ob »Liberalisierung«[4] oder »Westernisierung«[5] –, wichtig waren diese
transnationalen Erfahrungsräume des Demokratischen in jedem Fall.
Wenn in diesem Beitrag nach der politischen Praxis und den sozialdemokratischen Erfahrungen in der Ära Brandt gefragt wird, dann geht es
damit exemplarisch um einen Prozess, der vergleichbar auch in anderen
politischen Parteien der Bundesrepublik zu beobachten war: eine in diesem Ausmaß neue Form der Parteipolitisierung des gesellschaftlichen Alltags, eine Ausweitung partizipativer Praktiken in der Politik.[6] Das galt für
Sprache und Kommunikationsformen,[7] das galt für die »Entdeckung« der
Politik im Lokalen, das galt für Wahlkämpfe und den öffentlichen Wettstreit. Dabei war es vor allem die sozialdemokratische Partei, die eine
Arena dieses Transformationsprozesses war. Ein Prozess, der eben keineswegs nur vom »außerparlamentarischen« Protest getragen wurde. Womöglich lassen sich gerade in den Parteien mindestens ebenso radikale Veränderungen beobachten wie außerhalb des parlamentarischen Systems. Dieser Teil der Geschichte von »1968«, dieses »Mehr Demokratie wagen« als
parlamentarische – und parteipolitische – Praxis ist ein Teil bundesrepublikanischer Geschichte, der in den Heldenepen der Studentenbewegung
allzu schnell untergepflügt worden ist.

Demokratische Aufbrüche vor 1968

Es gehört zu den besonderen Pointen der Brandt'schen Formel, dass es ja
letztlich die Opposition war, die durch ihre aufgeschreckte Reaktion aus
der Regierungserklärung einen Hauch von Skandal machte. Denn innerhalb der Debatte über den Zustand der bundesrepublikanischen Demokratie hatte der erste sozialdemokratische Bundeskanzler weder etwas besonders Weitreichendes noch etwas besonders Anstößiges formuliert. Fast

---

4   Vgl. u. a. *Ulrich Herbert* (Hrsg.): Wandlungsprozesse in Westdeutschland. Belastung, Integration, Liberalisierung 1945–1980, Göttingen 2002.
5   Vgl. u. a. *Anselm Doering-Manteuffel*: Wie westlich sind die Deutschen? Amerikanisierung und Westernisierung im 20. Jahrhundert, Göttingen 1999.
6   Dazu ausführlich *Claudia Christiane Gatzka*: An des Wahlvolks Haustür. Urbane Arenen parlamentarischer Demokratie in Deutschland und Italien, 1944–1979, Düsseldorf 2018.
7   Vgl. *Martin H. Geyer*: War over Words. The Search for a Public Language in West-Germany, in: *Willibald Steinmetz* (Hrsg.): Political Languages in the Age of Extremes, Oxford 2011, S. 293–330.

möchte man sagen: Es war – gemessen an den Debatten, die bereits seit den späten 1950er und frühen 1960er Jahren um den Demokratie-Begriff geführt wurden – eher eine verhaltene Formulierung. Für erhöhten Blutdruck bei den konservativen Zuhörern sorgten dann eher auch der Duktus und die Tonalität der Rede und vor allem der kühne Satz: »Wir stehen nicht am Ende unserer Demokratie, wir fangen erst richtig an.«[8]

Tatsächlich war die Debatte über die Ausgestaltung der westdeutschen Nachkriegsdemokratie keineswegs neu – und sie war auch nicht erst ausgelöst worden durch die Studentenbewegung, den Protest gegen die Notstandsgesetze oder gar Willy Brandts Regierungserklärung. Seit den späten 1950er Jahren liefen innerhalb der Sozialdemokratie – angeregt auch durch das Godesberger Programm[9] – an unterschiedlichen Orten Diskussionen darüber, wie diesem Bonner Staatswesen demokratisches Leben eingehaucht werden sollte. »Mehr Demokratie wagen« – dafür hatte beispielsweise mit deutlich mehr utopischem Überschuss der weithin in Vergessenheit geratene ehemalige bayerische Landes- und frühere stellvertretende SPD-Vorsitzende Waldemar von Knoeringen immer wieder geworben und sich in die Debatte über den Zustand der jungen Bundesrepublik eingemischt. Sehr genau kannte Knoeringen jene politikwissenschaftlichen und publizistischen Debatten, die in den 1960er Jahren so intensiv um den Zustand der Bonner Republik geführt worden waren. Nicht wenige politische Beobachter glaubten angesichts des sozialdemokratischen »Gemeinsamkeitskurses«, das »Ende des Parteienstaates« sei nahe. Die übermächtige staatliche Steuerungsgewalt mache einen Regierungs- und echten Politikwechsel zunehmend unmöglich. Ernst Fraenkel befürchtete eine zunehmende »Oligarchisierung des Staatsapparates«[10] und warnte davor, dass politisch-parlamentarische Auseinandersetzungen von der Bevölkerung lediglich als »Spiegelfechtereien« wahrgenommen würden – nicht aber eben als Oppositionspolitik. Schon seit Mitte der 1960er Jahren nahm die Zahl derer zu, die in den Volksparteien lediglich die, wie

---

8   Zit. nach Berliner Ausgabe, Bd. 7, S. 218–224, hier S. 224.
9   Vgl. *Dietmar Süß*: Das Godesberger Programm. Demokratie als Lebensform, in: *Anja Kruke/Meik Woyke* (Hrsg.): Deutsche Sozialdemokratie in Bewegung. 1848 – 1863 – 2013, Bonn 2012, S. 238–243.
10 Zit. nach *Klaus Schönhoven*: Unbehagen an der Bonner Demokratie. Ein Rückblick auf die politikwissenschaftliche Diskussion in den sechziger Jahren, in: *Karsten Rudolph/Christl Wickert* (Hrsg.): Geschichte als Möglichkeit. Über die Chancen von Demokratie. Festschrift für Helga Grebing, Essen 1995, S. 338–353, hier S. 342.

Johannes Agnoli es nannte, »plurale Fassung einer Einheitspartei«[11] zu erkennen glaubten und damit die Funktionsweise repräsentativer Demokratien generell in Frage stellten.[12]

Knoeringen hatte über diese Fragen auf die ihm sehr eigene Weise immer wieder öffentlich und im kleinen Kreis nachgedacht. Dass Demokratie nicht nur eine Staats-, sondern eine Lebensform sei, gehörte seit dem Godesberger Programm fest zum sozialdemokratischen Kanon. Doch darüber, was dies genau bedeutete, wie diese »Lebensform« mit Leben gefüllt werden sollte, gab es keineswegs Einigkeit. Das galt zumal im Kontext des heftig kritisierten »Gemeinsamkeitskurses« seit Mitte der 1960er Jahre. Dadurch drohe ein »Ende der Demokratie«, war immer wieder zu hören. Nicht wenige gerade der linksliberalen Intellektuellen kritisierten die Konsensformeln der SPD vor allem dafür, dass sie ihre Rolle als parlamentarische Opposition so wenig ausfüllen und stattdessen nach der schnöden Machtoption gieren würde.

Auf der SPD-Landeskonferenz in Nürnberg trug Knoeringen im November 1965 seine Vision einer »demokratisierten Gesellschaft« vor und reflektierte dabei auch über die wachsenden Vorbehalte besonders von jungen Menschen gegenüber den Willensbildungsprozessen in Parteien und Parlamenten.[13] In großen Linien zeichnete er den Wandel des Demokratie-Begriffs, und man kann sich kaum vorstellen, eine ähnliche Rede auf einem Parteitag heute noch zu hören. »Unser Ziel ist ‚die demokratisierte Gesellschaft', d. h. die Demokratie als Staats- und Lebensform[.] [...] D. h., es ist die Aufgabe, alle Bereiche des öffentlichen Lebens mit dem Geiste sozialer Demokratie zu durchdringen, die starren Formen überlebter Ordnung aufzulockern und das demokratische Element überall zu wecken, wo Mitverantwortung möglich ist.«

Knoeringen schwebten in der Tat weite Teile der Gesellschaft vor, und es war genau ein solches Konzept von Demokratie als Lebensentwurf, das

---

11 *Johannes Agnoli/Peter Brückner*: Die Transformation der Demokratie, Frankfurt a. M. 1968, S. 40.
12 Vgl. dazu ausführlich *Christian Schletter*: Grabgesang der Demokratie. Die Debatten über das Scheitern der bundesdeutschen Demokratie von 1965 bis 1985, Göttingen 2015.
13 Ms. Manuskript des Vortrags bei der 15. Landeskonferenz der SPD vom 9.–11. Juli 1965 in der Meistersingerhalle in Nürnberg zum Thema »Die demokratisierte Gesellschaft« (Vorlage Nr. 10), in: AdsD, NL Waldemar von Knoeringen, Box 1112 (Reden/Manuskripte/Publikationen).

aus seiner Sicht den kategorialen Unterschied zu den immer noch obrigkeitsstaatlich denkenden Unionsparteien markierte. »Demokratie als Lebensform« – das war für Knoeringen zunächst eine ethische Grundhaltung, aber auch ein Gefühl dafür, dass »die Vielfalt des gesellschaftlichen Lebens« nicht etwa ein Problem sei, sondern eine unbedingt zu bejahende Voraussetzung einer pluralistischen Gesellschaftsordnung. Demokratie hieß Konflikte aushalten, skeptisch bleiben gegenüber politischen Absolutheitsansprüchen und »perfekten starren Formen«, die das Leben einengten. Demokratie sei eben nichts Statisches, sondern beständiger Veränderung unterworfen, und sie brauche Träger, wie die Parteien, die an der Ausgestaltung dieser »Lebensordnung« mitwirkten.

Etwas zugespitzt könnte man sagen: Willy Brandts vielzitierte Regierungserklärung und deren Demokratisierungs-Passage spiegelten eher eine schon deutlich länger laufende Debatte über den Zustand der Bonner Republik wider, als diese selbst neu zu vermessen. Natürlich erhielt die Botschaft mit der Autorität des Kanzlers ein neues Gewicht. Aber die Wirkkraft von »Wir wollen mehr Demokratie wagen« lag nicht zuletzt darin, dass dieser Satz sich – zumindest indirekt – auf viele Ideen einer erneuerten Demokratie berufen konnte, die Brandt selbst aber zunächst ganz sicher nicht im Sinne hatte.

Die Politisierung des Lokalen

Es gehört zu den bekannten Diagnosen, die späten sechziger Jahre und speziell die Ära Brandt mit den Begriffen von Planungseuphorie und schier grenzenlosem Reform- und Fortschrittsoptimismus zu beschreiben.[14] Diese Perspektive hat sich stark auf den politischen Apparat und die Techniken der Macht konzentriert, weniger auf die politische Praxis und die Handlungsformen der Akteure. Ein Beispiel: In Frankfurt forderten Anfang 1970 zwei Drittel der Delegierten des SPD-Unterbezirks knapp drei Monate nach der Bundestagswahl ihren amtierenden – sozialdemokratischen – Polizeipräsidenten Gerhard Littmann zum Rücktritt

---

14 Vgl. *Michael Ruck*: Ein kurzer Sommer der konkreten Utopie? Zur westdeutschen Planungsgeschichte der langen 60er Jahre, in: *Axel Schildt/Detlef Siegfried/Karl Christian Lammers* (Hrsg.): Dynamische Zeiten. Die 60er Jahre in den beiden deutschen Staaten, Hamburg 2003, S. 362–401.

auf.[15] Schon seit geraumer Zeit schwelte der Konflikt über die angeblich viel zu harte, »reaktionäre« und demonstrationsfeindliche Haltung Littmanns. Das Sündenregister, das ihm seine Genossinnen und Genossen vorhielten, reichte bis in das Jahr 1961 zurück: zu wenig Verständnis für das Demonstrationsrecht, zu wenig Bereitschaft für innere Reformen der Polizei, zu gering sein politisches Gespür für die studentischen Proteste.

Eine solche, sehr scharf formulierte Kritik, die allen voran von den Jusos vorgetragen wurde, war in diesen Monaten keine Seltenheit. Die Resolution war auch keineswegs nur Ausdruck eines regionalen jugendlichen Aufbegehrens, über das die altgedienten Parteimitglieder einfach hätten hinweggehen können. Führende Frankfurter Sozialdemokraten, unter ihnen auch der Oberbürgermeister Willi Brundert, suchten deshalb verzweifelt Rat bei Willy Brandt. Schließlich ging es in dem Konflikt nicht zuletzt um die Ausgestaltung dessen, was mit »Mehr Demokratie wagen« gemeint war. Denn die Resolution des Unterbezirks – und genauso verstanden es die daran beteiligten Akteure – richtete sich nicht etwa nur gegen eine politisch missliebige Person des Polizeiapparats, sondern erhob für die Partei den Anspruch, unmittelbar in die Polizeibehörden einzugreifen und Sozialdemokraten, wie den verhassten Polizeipräsidenten, aus ihren Ämtern zu entfernen. »Mehr Demokratie wagen« bedeutete demnach auch das Recht auf das imperative Mandat. Oder anders gesagt: Bürokratie hin, sozialdemokratischer Magistrat her, die SPD-Basis glaubte über die Legitimität zu verfügen, Ämter besetzen und – bei Vertrauensverlust – Ämter entziehen zu können.

Brandt jedenfalls ließ Brundert nicht im Stich und stärkte ihm den Rücken, sich nicht durch solche Beschlüsse unter Druck setzen zu lassen. Der SPD-Parteivorstand ließ am 9. März 1970 in seiner Erkärung auch keinen Zweifel, was er von den Forderungen aus Frankfurt hielt: »Die Parteien haben den Auftrag, bei der politischen Willensbildung des Volkes mitzuwirken. Nicht berührt wird davon die Unabhängigkeit der Abgeordneten aller Parlamente. Sie sind an Weisungen nicht gebunden und nur ihrem Gewissen unterworfen. Die politischen Parteien und ihre Organisationen können und sollten nicht nur turnusmäßig durch Kandidatenaufstellung, sondern auch durch aktuelle Beschlüsse und Stellungnahmen die politische Willensbildung beeinflussen. Deutlich muß jedoch

---

15 Vgl. *Udo Bermbach*: Probleme des Parteienstaates. Der Fall Littmann, in: *Zeitschrift für Parlamentsfragen* 1 (1970), 3, S. 342–363; ausführlicher dazu *Manfred Kittel*: Marsch durch die Institutionen? Politik und Kultur in Frankfurt am Main nach 1968, München 2011, S. 68–72.

bleiben: die Begriffe ›Mitwirkung‹ und ›Beeinflussung‹ schließen nicht die ›Vollzugspflicht‹ gewählter Abgeordneter und der von ihnen bestellten Organe ein. Die verfassungsmäßige Unabhängigkeit der Abgeordneten darf nicht angetastet werden«.[16] Gleichwohl: Nach dem plötzlichen Tod des Oberbürgermeisters und den sich weiter verschiebenden Machtverhältnissen setzte der SPD-geführte Magistrat unter seinem neu gewählten Oberbürgermeister Walter Möller die Entscheidung des SPD-Unterbezirks durch und versetzte Littmann in den einstweiligen Ruhestand.

Die Auseinandersetzung um die Frage, wie weit die gesellschaftliche Demokratisierung reichen sollte, hatte vielfach schon vor der Regierungserklärung Brandts die eigenen Reihen erfasst und damit auch die Frage aufgeworfen, wie weit das neue Selbstbewusstsein der Bürger gehen sollte, das Brandt in seiner Regierungserklärung selbst eingefordert hatte: »Wir haben«, so hieß es dort, »so wenig Bedarf an blinder Zustimmung, wie unser Volk Bedarf hat an gespreizter Würde und hoheitsvoller Distanz. Wir suchen keine Bewunderer; wir brauchen Menschen, die kritisch mitdenken, mitentscheiden und mitverantworten«.[17] Vielleicht ist dies der gesellschaftspolitisch bedeutungsvollste Satz der Brandtschen Regierungserklärung. Mochten viele auch in den eigenen Reihen über die jüngere Generation, die da in die Ortsvereine strömten, schimpfen, über ihre roten Phantasien, über die gestelzte Sprache, die überhebliche Haltung, die Unnachgiebigkeit und Brutalität der Diskussionen, so gab es doch etwas, was – nicht nur bei den Jusos, sondern auch innerhalb beispielsweise der vielen kirchlichen Jugendverbände – prägend war: ein neues Gefühl dafür, nicht etwa nur die Solidarität mit der »Dritten Welt« einzufordern, sondern eben auch den eigenen Lebensraum eigenverantwortlich mitzugestalten und ihn zu »demokratisieren«. Dafür wurde die Tür ab 1969 weit aufgestoßen.

Der theoretische Überbau, mit dem für »antikapitalistische Strukturveränderungen« gestritten wurde, war immens. Doch sollte man sich davon nicht täuschen lassen: Wenn wir uns auf die Suche nach der Wirkungsgeschichte der vielfältigen Wege von »Mehr Demokratie wagen« machen, führt eine wichtige, viel zu lange unterschätzte Spur in die Kommunen und Regionen. Denn dort zeigte sich rasch, dass es sich dabei eben keineswegs nur um hohe Ankündigungen handelte, sondern es tatsäch-

---

16 Zit. nach *Bermbach* 1970, S. 348.
17 Berliner Ausgabe, Bd. 7, S. 223.

lich viele gerade der Jüngeren sehr ernst meinten, nicht nur die »neu-linken« Helden zu studieren, sondern auch aktiv für eine »linke«, ja demokratisch-sozialistische Kommunalpolitik zu streiten. Hier brauchte es einen langen Atem, und hier wuchs in der Tat ein spezifisches Politikverständnis heran, das auch dann noch nicht völlig verbraucht war, als die öffentliche Reformeuphorie der Ära Brandt langsam verpuffte.

Um was es ihnen genau ging, erläuterten die Jusos anlässlich einer kommunalpolitischen Arbeitskonferenz 1971:[18] Bisher sei Kommunalpolitik vor allem Interessenvertretung der Wirtschaft gewesen; »für die arbeitende Bevölkerung und die unterprivilegierten Schichten« habe man sich nicht eingesetzt.[19] Linke Kommunalpolitik müsse aber künftig neue Akzente setzen. Es gehe darum, der Bevölkerung die notwendigen Freiräume für die Politisierung und ihre aktive Interessenvertretung zu geben, um kollektive Bedürfnisse befriedigen zu können. Dafür sollte die Wohnbevölkerung aktiviert und in ihrem antikapitalistischen Problembewusstsein gestärkt werden. Kommunalpolitik solle individuelle Freiräume und demokratische Partizipation sichern sowie die existenziellen Grundbedürfnisse befriedigen.[20] Gemeint war damit: Öffentliche Einrichtungen, Nahverkehr, Gesundheitsvorsorge, Sozialeinrichtungen und anderes mehr sollten kostenfrei sein. Das Schlagwort vom »klassenlosen Krankenhaus« machte die Runde. Die durch öffentliche Institutionen kontrollierten Bereiche sollten ausgedehnt und zugleich alle Bürgerinnen und Bürger mehr Mitsprache erhalten.

Demokratisierung und Mitbestimmung waren auch hier die beiden großen Themen. Sie betrafen, zuvor kaum denkbar, auch die Arbeit der Verwaltung. So forderte der SPD-Nachwuchs, wesentliche Teile der Verwaltungsarbeit öffentlich zu machen, Gutachten und Eingaben von Interessenverbänden einsehen zu dürfen und die Gemeindeparlamentarier und Stadträte einer stärkeren Kontrolle zu unterziehen. Dazu gehörten die Trennung von Amt und Mandat sowie die Forderung, am Ende eines jeden Jahres alle »wirtschaftlichen Abhängigkeiten und Verbindungen«,

---

18 Vgl. dazu ausführlich *Dietmar Süß*: Die Enkel auf den Barrikaden. Jungsozialisten in der SPD in den 1970er Jahren, in: *Archiv für Sozialgeschichte* 44 (2004), S. 67–104. Die folgenden Ausführungen stützen sich darauf.
19 *Wolfgang Roth* (Hrsg.): Kommunalpolitik – für wen? Arbeitsprogramm der Jungsozialisten, Frankfurt a. M. 1971, S. 21.
20 Vgl. *Bundesvorstand der Jungsozialisten* (Hrsg.), Bundesbeschlüsse. Jungsozialisten in der SPD 1969-1976, Bonn-Bad Godesberg 1978, S. 52 f.

alle Vereins- und Verbandszugehörigkeiten offenzulegen. Gerade die Demokratie vor Ort sollte gestärkt und mit dem »Mehr Demokratie wagen« ernst gemacht werden. Deshalb schlugen die Jusos vor, die Kommunalverfassungen zu reformieren, Stadtteilräte in größeren Orten direkt zu wählen und den lokalen Gremien ein »aufschiebendes Veto- und Forderungsrecht« bei all solchen Fragen einzuräumen, die sie unmittelbar betrafen. Neu zu gründende »Benutzerräte« sollten das Leben vor Ort bereichern, »Hearings« die Beteiligung der Bevölkerung erhöhen und einer »Bürokratisierung« der Verwaltung entgegenwirken.

Die Reformvorschläge gingen aber noch weiter. Vor allem die Jusos aus den Großstädten plädierten für weitgehende Eingriffe in die bestehende kommunale Boden-, Stadtplanungs- und Wohnungspolitik. Zielvorgabe war auch hier die »sozialistische Demokratie«, zu deren Aufgabe es gehörte, in »den Verdichtungsgebieten und vor allem in den Sanierungs- und Entwicklungsgebieten« den Boden »in den Besitz der Gemeinde zu bringen (Kommunalisierung). Auszunehmen ist der Grund, der landwirtschaftlich und für Eigenheime genutzt wird und nach der Planung so genutzt werden soll.«[21] Dafür müsse das Bodenrecht reformiert und den Gemeinden müssten die nötigen finanziellen Mittel zur Verfügung gestellt werden, um Land zu erwerben. Nicht überall gab es Zustimmung, doch immerhin Respekt und Anerkennung für die Initiativen, die in ihrer systematischen Analyse weit über das hinausgingen, was bis dahin Standard sozialdemokratischer Kommunalpolitik gewesen war. Und selbst einer der schärfsten Kritiker der Jusos, Münchens SPD-Oberbürgermeister Hans-Jochen Vogel, räumte ein, dass der Parteinachwuchs »den ersten Versuch eines Konzepts für die Kommunalpolitik seit 1945«[22] ausgearbeitet hätte, mit dem sich jeder Stadtrat beschäftigen müsse – ein Lob, das aus seinem Munde mehr als ungewöhnlich war und sich in späteren Jahren nicht mehr oft wiederholen sollte.[23]

Die »Entdeckung« der Kommune als eigenständiges Handlungs- und Politikfeld und die daraus resultierenden Herausforderungen für die Mutterpartei waren ein zentrales Element der Erneuerung der SPD in der Ära

---

21 Ebd., S. 54.
22 Vgl. »Erster Versuch eines Konzepts für Kommunalpolitik«, in: *Mittelbayerische Zeitung*, 8. Mai 1971.
23 Vogel hatte zuvor heftig mit den Jusos auf ihrer Kommunalpolitischen Konferenz in Mannheim gestritten und war dabei keiner der heiklen Fragen in der Auseinandersetzung mit dem politischen Nachwuchs aus dem Weg gegangen; vgl. dazu auch seine Beiträge in: *Roth 1971*, S. 134 ff. u. 146 ff.

Brandt/Schmidt, das lange unterschätzt worden ist. Denn auf einmal gerieten Themen in den Blick, für die sich viele ältere Genossen kaum interessiert hatten. Dazu gehörte nicht nur der öffentlichkeitswirksam ausgetragene Kampf gegen Fahrpreiserhöhungen, Umweltverschmutzung, Mietwucher oder Bodenspekulationen, sondern auch das Interesse an einer eigenständigen Interessenvertretung für Kinder und Jugendliche.[24] Sich für Jugendzentren und Abenteuerspielplätze einzusetzen, war in dieser Hinsicht eine eminent politische Frage. Insofern spricht einiges dafür, den Begriff »Mehr Demokratie wagen« weiter zu fassen, als dies bisher geschehen ist und ihn als Teil einer veränderten alltagskulturellen Praxis von Politik zu verstehen, die in und mit der Ära Brandt einen wesentlichen Schub erfuhr.

Diskutieren lernen

Zu dieser veränderten Praxis in der Politik gehörte nicht nur die (Partei-)Politisierung des Lokalen. Ein wesentliches Element dieser politisierten Erfahrungswelten war das Sprechen über Politik selbst. Denn was sich seit Mitte/Ende der 1960er Jahre veränderte, war die kommunikative Praxis innerhalb der parteipolitischen Kultur selbst.[25] Die neuen »Hearings« und Fragestunden, die es nun in den Gemeinden und Stadtteilen gab, gehörten dazu, aber die Veränderungen betrafen auch die Innenwelt der SPD selbst. Sie betrafen die interne Versammlungskultur und auch die politischen Sprechweisen, wie sie in den Orts- und Parteitagen erprobt wurden, und waren eine Antwort auf hierarchische Debattenkulturen und autoritäre Entscheidungsstrukturen, zu denen auch die Sozialdemokratie neigte. Viele Jusos hatten die SPD – bis weit in die 1960er Jahre – ähnlich erlebt wie Norbert Gansel: »In der Tat, die SPD war ein unheimlich verkrusteter Laden. Ich war 1967 das erste Mal Delegierter auf einem Lan-

---

24 Für die Jugendzentrumsarbeit vgl. z. B. *Juso-Landesvorstand Saar*: Für ein Jugendzentrum in Selbstverwaltung: eine Dokumentation für die Jugendzentrumsarbeit, Saarbrücken [1973]; Wie können Kinder hier spielen? Eine Dokumentation der Jungsozialisten in der SPD-Hardtberg, Bonn [1974]; *Bundesvorstand der Jungsozialisten in der SPD* (Hrsg.): Jugendzentren und Arbeit im Freizeitbereich, Bonn [um 1975].
25 Vgl. *Thomas Mergel*: Zeit des Streits. Die siebziger Jahre in der Bundesrepublik als eine Periode des Konflikts, in: *Michael Wildt* (Hrsg.): Geschichte denken. Perspektiven auf die Geschichtsschreibung heute, Göttingen 2014, S. 224–243.

desparteitag. Da sind vier Referate gehalten worden und eine Dampferfahrt auf der Kieler Förde. Kein einziger Diskussionsbeitrag. Und 1968 brach die Redefreiheit über den Laden herein. Da wurde – ich nehme jetzt den Landesparteitag – über die Notstandsgesetze diskutiert, da wurde über den Nulltarif diskutiert, da wurde die Rednerliste überwacht und, und. [sic]«[26]

Nicht nur die Inhalte, auch die Form der Gespräche und Diskussionen begannen sich zu ändern. Zunächst galt es, die straffe Regie der Parteiführung und ihrer Versammlungsstrategen der Kontrolle der Parteimitglieder, der »Basis«, zu unterwerfen. Deshalb hießen die neuen Schlagworte »Öffentlichkeit« und »Transparenz«. Denn nur so schien gewährleistet, dass Diskussionen überhaupt stattfinden konnten. Damit wollten sich die Jusos von der traditionellen sozialdemokratischen Gesprächs- und Organisationskultur abgrenzen, in deren Zentrum der Monolog stand. Ortsvereinsversammlungen in den späten 1950er und den 1960er Jahren waren von diesem Stil weithin geprägt. Kritik am Vorsitzenden war verpönt und wurde, wenn überhaupt, nur in den halb-privaten Runden in den Wirtshausstuben nach Sitzungsende artikuliert. Die Funktion der Ortsvereine war jedenfalls eine andere: nicht die eines akademischen Debattierclubs, sondern Stätte der Geselligkeit, des Freizeiterlebens und des Informationsaustausches. Die Jusos traten an, das kommunikative Feld der Parteiöffentlichkeit neu zu bestellen. »Diskussionen«, der vermeintlich »rationale« und wissenschaftlich fundierte Austausch von Argumenten zur Lösung von Konflikten, begriffen sie als einen der Schlüssel zur längst überfälligen innerparteilichen Demokratisierung. Der »Streit« und die »Kontroverse« galten keineswegs mehr als Ausdruck mangelnder Geschlossenheit, sondern als Beleg einer neuen Lebendigkeit und »Öffentlichkeit«, die es gegen die Altvorderen zu erobern galt.

Parteitage waren solche Arenen, in denen die neuen herrschaftskritischen Diskurs-Techniken erprobt wurden. »Genossinnen und Genossen«, rief Norbert Gansel, der stellvertretende Juso-Bundesvorsitzende, beim SPD-Parteitag 1970 in Saarbrücken den Parteitagsdelegierten entgegen, »die Jungsozialisten haben sich als wesentliches Ziel auf diesem Parteitag gesetzt, dazu beizutragen, hier das Verfahren der Diskussion zu demokratisieren. Ich glaube, es ist legitim, in entscheidenden Punkten

---

26 *Martin Gorholt/Karsten D. Voigt/Ruth Winkler* (Hrsg.): »Wir sind die SPD der 80er Jahre«. Zwanzig Jahre Linkswende der Jusos, Marburg 1990, S. 45.

anzusetzen und kurz darüber zu diskutieren.«[27] Hintergrund war ein Beschluss des Parteitages, dass während der Konferenz alle Gremien öffentlich tagen sollten. Das alleine war schon außerordentlich. Einige Jusos und Sozialdemokraten, darunter auch Günter Grass, interpretierten den Beschluss dahingehend, dass es ihnen gestattet sei, auch an den sonst nichtöffentlichen Sitzungen des Parteivorstandes teilzunehmen, der sich am Abend treffen sollte. Davon aber wollte die Parteispitze, auch Willy Brandt, nichts wissen. Etwas verlegen wurden die empörten Gäste vor Sitzungsbeginn aus dem Saal gebeten. Schließlich, so Brandt vor den Delegierten, hätte sich das Wort »Gremien« in dem Antrag nicht auf die Partei, sondern auf die »Gremien« des Parteitages bezogen. »Das wird jeder verstehen, der aus den Bezirken kommt, wo die Bezirksvorstände auch den Wunsch haben, ihre laufenden Geschäfte in einer Sitzung ihrer Bezirksvorstände zu erörtern.«[28] Das »Mehr Demokratie wagen« hatte also seine Grenzen.

Nicht alle aber wollten das verstehen. Richard Bünemann aus Schleswig-Holstein hielt Willy Brandts Verhalten für einen »Affront«[29] gegen die Beschlüsse des Parteitages, und Hans Eichel aus Hessen, wie Gansel stellvertretender Juso-Bundesvorsitzender, hielt das Vorgehen Brandts schlicht für einen Fehler, der revidiert werden müsse. Schließlich werde der Partei Schaden zugefügt, »wenn hier zurückgewiesen wird, daß auch am Vorsitzenden dieser Partei Kritik geübt werden kann«.[30] Zudem, so Eichel, erlebe man hier in Saarbrücken einen Parteitag, »auf dem wieder von vornherein versucht wird, die Meinung, die sicherlich hier die Mehrheitsmeinung ist, so durchzusetzen, daß die Minderheit nicht die Chance eines fairen Verfahrens hat.« Es gehe nicht an, dass bereits der Versuch, Einfluss auf die Zusammensetzung des Präsidiums zu gewinnen, diffamiert werde: »Das ist kein Akt der Demokratie auf diesem Parteitag, und wenn man demokratische Parteitage will, kann man so etwas nicht machen.«

Mit ihrer Kritik an den parteitagsrituellen Umgangsformen standen die Jusos freilich weitgehend allein. Eine Abstimmung beendete schließlich die leidige Diskussion im Sinne des Parteivorstandes. In der Debatte ging es nicht nur um die Interpretation eines Beschlusses – das alleine

---

27 Protokoll der Verhandlungen des Parteitages der Sozialdemokratischen Partei Deutschlands vom 11. bis 14. Mai 1970 in Saarbrücken, Hannover/Bonn o. J., S. 220 f.
28 Ebd., S. 218.
29 Ebd., S. 219.
30 Ebd., S. 223.

hätte nicht für so viel Aufregung gesorgt. Worum es ging, war etwas Anderes: Die Jusos versuchten in Saarbrücken, sich mit Verve als politische Fraktion innerhalb der SPD und als linke Gegenkraft zu profilieren. Dazu gehörte aus ihrer Sicht vor allem, die von ihnen so vehement kritisierte Debattenkultur des Parteitags zu verändern und sich gegen die »Abstimmungsguillotine«[31] des Präsidiums zu wehren. Anträge sollten nicht mehr einfach exekutiert oder an andere Gremien überwiesen, sondern ausführlich debattiert und notfalls auch gegen den Willen des Parteivorstandes verabschiedet werden. Viele gerade der jüngeren Teilnehmer des Parteitages verspürten eine regelrechte Lust an der Debatte, an der Kontroverse um den Kurs der Partei und am Streit um die formellen Regeln der Diskussion.

Ein neuer Begriff hielt dabei Einzug in das Parteitagsvokabular: »Manipulation«.[32] Das war der harsche Vorwurf, mit dem Juso-Vertreter die angeblichen Machenschaften der Parteitagsregie kritisierten. Neu war daran nicht nur das Wort aus dem herrschaftskritischen Ideenrepertoire der Neuen Linken. Neu war auch, dass die jungen Sozialdemokraten sich trauten, zusammen mit älteren Vertretern des linken Parteiflügels die Parteiführung zu attackieren. Das hatte es in dieser Form auf sozialdemokratischen Parteitagen lange nicht mehr gegeben – und schon gar nicht von den Vertretern des SPD-Nachwuchses, die bis dahin eher durch übergroße Anpassung, aber nicht durch eigene Initiativen und Anträge aufgefallen waren.

In den – im Vergleich zu früheren Parteitagen – auffallend häufigen Wortmeldungen und Diskussionsbeiträgen spiegelte sich jenes neue Selbstbewusstsein wider, das sich von der Juso-Spitze bis weit in die Parteibasis hinein zeigte und getragen wurde von einer tiefen Überzeugung: Die Jusos seien die »politische Erneuerungsbewegung der deutschen Sozialdemokratie«,[33] eine Avantgarde, ganz so, wie es in den späten 1920er und frühen 1930er Jahren Theodor Haubach und Carlo Mierendorff gewesen seien. So traten sie auf dem Parteitag und auch in zahllosen Ortsvereinen auf, wo die neuen Gesprächsrituale, die beinahe obsessive Diskussionslust, vor allem vielen nichtakademisch geprägten Sozialdemokraten vor den Kopf stießen und zusätzlich zu den programmatischen und

---

31 So Norbert Gansel, in: ebd., S. 220.
32 Ebd., S. 182 ff.
33 Rechenschaftsbericht der Jusos im Bezirk Niederbayern/Oberpfalz 1970/1972, in: AdsD, SPD Bezirk Niederbayern/Oberpfalz, ungeordneter Bestand, Ordner Jusos.

generationellen Unterschieden noch eine weitere tiefe Kluft kommunikativer Entfremdung schuf.

Für viele der gerade in die SPD eingetretenen jungen Frauen und Männer boten die Juso- und Ortsvereinssitzungen seit Anfang der 1970er Jahre einen Ort, an dem sie sich erstmals – jedenfalls ihrer eigenen Erinnerung nach – in freier Rede üben, das Diskutieren lernen konnten. »Ich persönlich«, erinnert sich ein Juso-Aktiver aus Norddeutschland, 1944 geboren und 1969 in die SPD eingetreten, »hab da subjektiv also echt gewonnen durch die Arbeit [...]. Das fängt also an, daß man [...] innerhalb der Parteilandschaft gelernt hat zu differenzieren, überhaupt mit Politik näher in Kontakt gekommen ist, daß man gelernt hat – weil man es nicht konnte auf Grund der Sozialisation – frei zu reden, öffentlich sich hinzustellen und das Ding vom Pferd zu erzählen«.[34] Und ein anderer stellte für sich, rund fünf Jahre nach seinem Eintritt in die SPD, fest: »Ich möchte diese Zeit der Aktivität nicht missen, weil es mir selbst – in meinem politischen Bewußtsein – viel gebracht hat [....] mich zu artikulieren, mich auszudrücken, sei es schriftlich, sei es mündlich, in vielen Sachen«.[35] Dieses politische Lernfeld, das ein prägendes Element auch in kirchlichen oder anderen politischen Jugendverbänden gewesen sein dürfte, erfasste – nicht zuletzt über die Jusos und nicht nur in Großstädten, sondern auch in den »Provinzen« der Republik – eine breite Schicht der nachwachsenden Generation am Anfang der 1970er Jahre. Diese Jahre markierten damit einen Aufbruch, zugespitzt formuliert: ein neues kommunikatives Zeitalter.

Was unter dem Banner diskursiver Emanzipation von den autoritären Gesprächsmustern der Vergangenheit begann, schuf freilich Erwartungen, die in der Praxis kaum einzulösen waren und nicht selten das Gegenteil dessen bewirkten, was ursprünglich beabsichtigt gewesen war:[36] Intoleranz gegenüber vermeintlichen »Abweichlern«, »Reformisten« und »Reaktionären«, neue informelle Herrschaftsformen über die Interpretationshoheit marxistischer Begriffe und selbsternannte »Hohepriester« der Geschäftsordnungen. Für viele, vor allem aus dem nicht-akademischen Umfeld, wirkte das abschreckend: Seine erste Begegnung mit Jungsozialisten aus Hildesheim im Jahr 1972 hat ein gerade in die SPD eingetretenes

---

34 *Heinz Thörmer* (Hrsg.): »... den Sozialismus haben wir nicht aufgebaut.« Eintrittsmotivationen, politisches Lernen und Erfahrungsbildung von Jungsozialisten in der SPD, Marburg 1985, S. 101.
35 Ebd., S. 106.
36 Vgl. dazu *Nina Verheyen*: Diskussionslust. Eine Kulturgeschichte des »besseren Arguments« in Westdeutschland, Göttingen 2010.

Jung-Mitglied nicht in besonders guter Erinnerung behalten: »Damals war so ein Null-Papier da mal vom Bezirk rausgegeben worden und da verstand ich ja nun gar nichts von, ja, ich hab da überhaupt nicht dran langgeblickt, einmal von den vielen Fremdwörtern her und auch der Zusammenhang, der fehlte mir völlig [...].« Ab und zu sei er dann zu solchen Juso-Sitzungen gegangen, hatte aber »im Grunde genommen nichts verstanden, was da eigentlich, was die eigentlich wollten und auch nicht verstanden, was die geredet haben und worum sie gekämpft haben, nicht, und sich gestritten haben.«[37] Und ein anderer »Brandt-Juso«, der im Jahr des Wahlsieges in die Partei eingetreten war, musste zunächst entsetzt feststellen: »Mich hat einmal dies stark formal geprägte Geschäftsgebaren – also – ganz schön irritiert, muss ich sagen. Also, ich hab gedacht, das geht da um richtig [...] inhaltsgeladene Auseinandersetzungen und Diskussionen, und hab dann mit ziemlicher Enttäuschung beim ersten Mal [...] gemerkt, daß denn auch sehr viel Technokratisches da reinspielt.«[38]

Aus den offenen Diskussionen, so hielten es rückblickend viele Beteiligte fest, wurde zunehmend »Gelaber«, aus den Regeln zur »gerechten« Steuerung von Gesprächen und den Methoden zur Bekämpfung der »Manipulation« wurde der Streit um Satzungsänderungen – eine Erfahrung, die sowohl die jungen Nachwuchskräfte an der Juso-Basis wie an der Spitze des Verbandes teilten. Mit einer Mischung aus Schauder und Ironie beschrieb der stellvertretende Juso-Bundesvorsitzende Johano Strasser seine Erfahrung mit Kongressen des SPD-Nachwuchses: Die Jusos, so Strasser im Vorfeld des Münchner Juso-Bundeskongresses von 1974, neigten »sowieso zum totalen Ausflippen in endlosen Diskussionen«.[39] Nachtarbeit sei deshalb schon vorprogrammiert, hielt ein politischer Beobachter fest. Aber zumindest am zweiten Tag der Zusammenkunft der »Reformer und Revolutionäre unter 35« sollte die Diskutierfreudigkeit in Arbeitsgruppen kanalisiert werden. Zu diesem Zeitpunkt hatten sich die Jusos, aber auch andere Parteigliederungen einer exzessiven Streitkultur unterworfen, in der die Forderung nach »offener« Diskussion und eine zunehmende Radikalisierung der marxistischen Argumentation dazu führten, dass selbst Ortsvereinsversammlungen politischen Tribunalen glichen. Bis Mitte der 1970er Jahre hatten sich nicht wenige derjenigen,

---

37 *Thörmer* 1985, S. 62.
38 Ebd., S. 62 f.
39 »Neue Juso-Chefin hat zerstrittene Jünger«, in: *Bonner Rundschau*, 25. Januar 1974.

die als tatkräftige Modernisierer der Partei angefangen hatten, im parteiinternen Kleinkrieg einen Diskussionsstil angewöhnt, der viele abstieß; man schien im politischen Gegner einen Feind zu sehen – und der stand oft in den eigenen Reihen.

Dieser Wandel war Ergebnis überzogener Erwartungen, ideologischer Abschottung, jugendlich-männlicher Überheblichkeit und revolutionärer Attitüde – aber auch Folge heftiger Abwehrreflexe führender Sozialdemokraten auf das Aufbegehren einer ganzen Parteigeneration. Neben allen politischen Differenzen dürften auch diese neu aufgetürmten kulturellen und generationellen Kommunikationsbarrieren wesentlich für das gespannte Verhältnis von SPD und Jusos in den 1970er Jahren verantwortlich gewesen sein. Politisch und für die Selbstdarstellung der Partei in der Öffentlichkeit waren diese Konflikte oft verheerend. Eine der Sollbruchstellen bestand gerade in der Frage, wo die Grenzen des »Mehr Demokratie wagen« lagen. Aus ihrer Uneindeutigkeit entwickelte die Formel Sprengkraft und zeitigte Wirkungen, die weit über die von Brandt intendierte Bedeutung hinausgingen. Der Satz »Wir wollen mehr Demokratie wagen« emanzipierte sich von seinem Schöpfer in ungeahnter Geschwindigkeit und zugleich schneller, als es diesem lieb sein konnte.

Insgesamt spricht einiges dafür, die erfahrungsgeschichtliche und praxeologische Dimension dieses »*doing politics*« in den Mittelpunkt einer Geschichte der Ära Brandt zu stellen, die in gewisser Weise durch die Überlast ihres Heroen beinahe erdrückt wird. Dazu würde dann eben auch gehören, diese Geschichte nicht allzu glatt und widerspruchsfrei zu erzählen. Das gilt für die Widerstände und Konflikte innerhalb der Sozialdemokratie, die man nicht einfach nach »gut« und »böse«, nach alt und autoritär gegen jung und »fundamentaldemokratisch« aufschlüsseln sollte; das gilt noch weniger für die zahlreichen anderen gesellschaftlichen Gruppen, innerhalb derer um neue Formen der Partizipation und demokratischer Willensbildung gerungen wurde. Als Reaktion auf die heftigen gesellschaftlichen Auseinandersetzungen um einen neuen Demokratie-Begriff fühlte sich beispielsweise auch das Zentralkomitee der deutschen Katholiken 1971 herausgefordert, seine »Thesen gegen den Missbrauch der Demokratie«[40] zu formulieren und vor einer gleichsam »pseudoreligiösen Verfälschung des Demokratiebegriffs« zu warnen. Enttäuschungen und Befürchtungen gab es jedenfalls auf allen Seiten des politischen Spek-

---

40 *Generalsekretariat des Zentralkomitees der deutschen Katholiken* (Hrsg.): Berichte und Dokumente, Nr. 13, Bonn 1971.

trums, nicht nur bei denjenigen, die auf weitreichende Reformen gehofft hatten, sondern auch bei eher Liberal-Konservativen, die sich verzweifelt gegen den ominösen »Zeitgeist« zu stemmen versuchten. Und ganz sicher wären gerade diese Gruppen, die sich im Laufe der 1970er Jahre – im Übrigen keineswegs nur in Deutschland, sondern ja auch in Frankreich oder in den USA – als dezidiert antiliberale Bewegungen formierten, künftig viel stärker in den Blick zu nehmen. Ganz sicher jedenfalls gehört zu einer solchen Geschichte von »Mehr Demokratie wagen« die Geschichte seiner Gegner genauso wie die seiner hässlichen und falschen Freunde in der Gegenwart.

RADIKALISIERUNG ODER DEMOKRATISIERUNG?
POLITISIERTE JUGENDKULTUREN UM 1970
KNUD ANDRESEN

Über Demokratisierungsforderungen in der Jugend um 1970 zu schreiben, heißt zwangsläufig, auch über die Chiffre 1968 zu schreiben. Hier klingt vielleicht Hans-Ulrich Wehlers donnerndes Verdikt des politischen Scheiterns von 1968 in den Ohren oder das oft zitierte Wort Jürgen Habermas' von der »Fundamentalliberalisierung«.[1] Die zeitgeschichtliche Forschung hat sich von allzu simplen Verdammungen ebenso wie von unrealistischen Überhöhungen schon lange entfernt. »1968« stand auf dem Boden der »dynamischen Zeiten«, die die 1960er Jahre waren, und radikalisierte sie – Reformdebatten waren bereits in vielen gesellschaftlichen Bereichen aufgekommen und teilweise schon realisiert.[2] Entsprechend einer solchen Reform- – oder zugespitzter: Demokratisierungsströmung – sind gesellschaftliche Auswirkungen zu beobachten, deren Formen und Wirkungen nicht nur in ideologischen Debatten gesucht werden sollten, sondern in sozialen Praktiken. Erkenntnisträchtiger als das eigentliche Symboljahr und die Begrenzung von ›1968‹ auf universitäre Akteure des SDS ist die Frage nach sozial- und gesellschaftsgeschichtlichen Wirkungen. Die Ereignisse um 1968 herum waren geprägt von einer globalen »Jugendrevolte«, zwar mit nationalen Ausprägungen und Spezifika, aber auch mit demokratisierenden, irritierenden und radikalisierenden Impulsen, die weit in die Gesellschaft abstrahlten.[3]

Diese Impulse sollen im vorliegenden Artikel anhand von zwei Bewegungen konturiert werden, die zu den politisierten Jugendkulturen gehö-

---

1 *Hans-Ulrich Wehler*: Deutsche Gesellschaftsgeschichte, Fünfter Band: Bundesrepublik und DDR 1949–1990, München 2008, S. 310–321; Der Marsch durch die Institutionen hat auch die CDU erreicht. Der Frankfurter Philosoph und Soziologe Jürgen Habermas im Gespräch mit Rainer Erd über die politische Kultur in der Bundesrepublik Deutschland nach 1968, in: *Frankfurter Rundschau*, 11. März 1988.
2 *Axel Schildt/Detlef Siegfried/Karl Christian Lammers* (Hrsg.): Dynamische Zeiten. Die 60er Jahre in den beiden deutschen Gesellschaften, Hamburg 2000.
3 Vgl. als fundierte Übersicht: *Detlef Siegfried*: 1968. Protest, Revolte, Gegenkultur, Stuttgart 2018; vgl. *Norbert Frei*: 1968. Jugendrevolte und globaler Protest, München 2008; mit Schwerpunkt auf Südeuropa und einem weiten Verständnis: *Gerd-Rainer Horn*: The Spirit of 68. Rebellion in Western Europe and North America. 1956–1976, Oxford 2007.

ren, aber selten mit 1968 und der Neuen Linken der folgenden Jahre verbunden werden: Die Lehrlingsbewegung und die Jugendzentrumsbewegung. Beide Bewegungen, oft mit personellen Überschneidungen, entfalteten größere Wirkungen ab 1969/70, und dies nicht in Hochschulen, sondern in Betrieben und Kleinstädten. Sie sind einerseits frühe Vertreter der bald die politische Kultur der 1970er Jahre beeinflussenden »neuen sozialen Bewegungen« und andererseits zugleich Nachfolger eines antiautoritären und rebellischen Geistes, in dem »1968« in einem weitverstandenen Sinne noch überaus präsent war.

Demokratisierungsbegehren und Jugendrevolte

Gehören die Bewegungen aber auch in den Demokratisierungsstrom, der in der Gesellschaft so intensiv diskutiert wurde? Demokratisierung ist nicht allein eine Frage von politischen Regularien. Sicher gehörte der Verweis auf die bestehenden demokratischen Herrschaftsformen zu den konservativen Antworten auf die um 1970 fast überall anzutreffende Demokratisierungsforderung,[4] und sicher waren mit der Demokratisierung auch Erwartungen an eine grundlegende Umgestaltung der Gesellschaft verbunden.[5] Vor allem aber ist Demokratisierung ein gesellschaftlicher Prozess, in dem sich Akteure für Mitsprache und Partizipation einsetzen und um Anerkennung ringen. Zugespitzt ließe sich auch von einer Lebenshaltung sprechen, bei der Mitsprache, prozesshafte Entscheidungswege und Gestaltungsmöglichkeiten für die eigene Lebensführung ebenso als zentral gelten wie auch die Forderung nach Selbstbestimmung. Dieses Motivbündel soll im Folgenden als Demokratisierungsbegehren verstanden werden. Denn es ging nicht allein um Änderungen von Regularien, sondern auch um Emotionen, überschießende Ermächtigungen und die hoffnungsfrohe Erwartung, die Zukunft werde sich besser und solidari-

---

4 Vgl. als zeitgenössischen Überblick über die Debatte *Ulrich von Alemann* (Hrsg.): Partizipation – Demokratisierung – Mitbestimmung. Problemstellung und Literatur in Politik, Wirtschaft, Bildung und Wissenschaft, Opladen 1975.
5 Vgl. zeitgenössisch *Fritz Vilmar*: Strategien der Demokratisierung, Band 1: Theorie der Praxis u. Band 2: Modelle und Kämpfe der Praxis, Darmstadt/Neuwied 1973; für die Gewerkschaften *Gerhard Leminsky*: Die Programmatik der Gewerkschaften – Einführende Überlegungen, in: *ders./Bernd Otto*: Politik und Programmatik des Deutschen Gewerkschaftsbundes, Köln 1975, S. 17–42, S. 27 u. 31.

scher gestalten lassen. Um 1970 prägte ein solches Demokratisierungsbegehren insbesondere die Jugend, die hier vorrangig als Alterskohorte der 13- bis 25-Jährigen verstanden wird.

In der Forschung ist die Bezeichnung »Jugendrevolte« für die Jahre um 1968 zu Recht verbreitet, da es nicht nur um konkrete politische Ziele ging, sondern auch um das Lebensgefühl der jüngeren Generation. Dass es dabei politische Irritationen und Überspitzungen gab, lässt sich sicher auch aus Provokationsstrategien und jugendlichen Ermächtigungsvorstellungen erklären. Jürgen Habermas sah 1969 in den Suchbewegungen der antiautoritären Revolte viele »Revolutionsdarsteller«, aber erkannte dennoch darunterliegende Ansprüche: »Noch deren Pose erhält freilich einen Sinn, wenn wir sie als Geste ernst nehmen.«[6] In diesem Sinne sind auch die Lehrlings- und Jugendzentrumsbewegung weniger hinsichtlich manch martialischer Bekundungen und Ermächtigungsphantasien zu analysieren, sondern hinsichtlich der intendierten und nicht-intendierten Wirkungen.

Bernd Faulenbach hat von einer »Fundamentalpolitisierung« gesprochen, die die bundesdeutsche Gesellschaft erfasst habe.[7] Um 1970 war das politische Interesse insbesondere bei jungen Menschen in einem erheblichen Maße gewachsen und verband sich mit jugendkulturellen Signaturen wie legerer Kleidung oder informellen Umgangsformen. Demokratisierungsbegehren entstammten auch einer Mischung von wachsenden Konsumchancen, musikalischen Trends und neuen Wert- und Vergemeinschaftungsvorstellungen. Sie boten auch eine soziale und für Jüngere wichtige Distinktion, um sich gegenüber autoritären und überkommenen Traditionen und Praktiken der Älteren abzusetzen. Nonkonformität und die politische Überformung alltäglicher Konflikte prägten auch die beiden Bewegungen, die hier zu behandeln sind.

Die prominenten sozialwissenschaftlichen Deutungen der Zeit betonten die Avantgarderolle der Jugend. Der französische Soziologe Alain Touraine sah 1969 Jugend als den wichtigsten Motor für sozialen Wandel. Neue soziale Bewegungen würden an die Stelle der alten Arbeiterbewegung treten, geprägt von jugendkulturellen Impulsen.[8] Auch Daniel Bell in der *Postindustriellen Gesellschaft* oder der amerikanische Politologe

---

6   *Jürgen Habermas*: Protestbewegung und Hochschulreform, Frankfurt a. M. 1969, S. 50.
7   *Bernd Faulenbach*: Die Siebzigerjahre – ein sozialdemokratisches Jahrzehnt?, in: *Archiv für Sozialgeschichte* 44 (2004), S. 1–37, S. 6.
8   *Alain Touraine*: La société post-industrielle. Naissance d'une société, Paris 1969.

Ronald Inglehart sahen in der Jugend die Triebkräfte gesellschaftlichen Wandels.[9] Die verbreitete Wahrnehmung einer gesellschaftlichen Avantgarde-Rolle der Jugend war nicht nur ein allgemeiner Topos, wie er historisch häufiger zu beobachten ist, da das Sprechen über Jugend auch immer ein Sprechen über gesellschaftliche Zukunftserwartungen ist. Vielmehr reflektierte sich darin auch der internationale Aufbruch in weiten Teilen der Jugend, weit über studentische Protestgruppen hinaus. In der Lehrlings- und Jugendzentrumsbewegung zeigten sich Demokratisierungsforderungen als soziale Praktiken von Distinktion und Provokation ebenso wie auch Mitgestaltung und wechselseitige Lernprozesse.

Beide Bewegungen formierten sich unter der Hegemonie einer linken Politisierung, und daher ist der zweite Begriff des Titels aufzugreifen, die Radikalisierung. Sie gilt in mancherlei Ausprägungen als die dunkle Seite eines gesellschaftlichen Demokratisierungsprozesses in den 1970er Jahren. Für Ulrich Herbert geht die »Gleichung« eines demokratisierenden Effektes von 1968 nicht auf, wenn antiliberale und dogmatische Elemente einer politischen Radikalisierung als im langen Lauf katalytisch für einen gesellschaftlichen Liberalisierungsprozess verstanden werden.[10] Die Stichworte einer Radikalisierung sind bekannt, die Rote Armee Fraktion, die ideologische Verhärtung in maoistischen Kleingruppen und der marxistischen Orthodoxie sowie die vielgescholtene antiautoritäre Erziehung. Hier schien sich in Teilen der jüngeren Generation ein fundamentalistischer Rigorismus Bahn zu brechen. Dunkel erschienen vielen jedoch manche staatlichen Reaktionen, gerade von der mit so vielen Erwartungen aufgeladenen sozial-liberalen Koalition. Der sogenannte Radikalenerlass von Anfang 1972 ist das hervorstechende negative Beispiel.[11] Denn der Sache nach betrafen Regelanfragen zur Verfassungstreue bei Beschäftigten im Öffentlichen Dienst vor allem jüngere Berufseinsteiger.

Aber die 1970er Jahre sind als ideologische Verhärtungsgeschichte trotz manch bitterer Erfahrungen nur als ein Ausschnitt zu erzählen. In einer gesellschaftsgeschichtlichen Perspektive ist es ertragreicher, nicht vorrangig nach ideologischen Kapriolen, sondern nach sozialen Praktiken

---

9 *Daniel Bell*: The Coming of Post-industrial Society. A Venture in Social Forecasting, New York 1973; *Ronald Inglehart*: The Silent Revolution: Changing Values and Political Styles among Western Publics, Princeton 1977.
10 *Ulrich Herbert*: Geschichte Deutschlands im 20. Jahrhundert, München 2014, S. 864.
11 Siehe den Beitrag von Alexandra Jaeger in diesem Band. Vgl. auch *Dominik Rigoll*: Staatsschutz in Westdeutschland. Von der Entnazifizierung zur Extremistenabwehr, Göttingen 2013.

zu fragen. Zudem wäre es verfehlt, eine linke Politisierung in allen ihren Facetten allein als ein Jugendphänomen zu verstehen. Aber es ist kaum zu übersehen, dass die überwältigende Mehrzahl des entstehenden linken Milieus sich aus den jüngeren Alterskohorten speiste. Die Organisation mit dem größten Mitgliederzuwachs waren die Jusos. Sie stellten über zwei Drittel der rund 140.000 Neumitglieder, die Anfang der 1970er Jahre in die SPD eintraten. Dietmar Süß hat darauf hingewiesen, dass sich neben dem verbreiteten Vorwurf der Akademisierung der Partei und der ideologischen Zerlegung ganzer Ortsvereine insbesondere auf der kommunalen Ebene auch gestaltende Einflüsse der Jusos nachweisen lassen, die nicht allein der Doppelstrategie zugeschrieben werden können, durch innerparteiliches und außerparlamentarisches Engagement die SPD wieder zum Instrument des Klassenkampfes zu machen. Vor allem in der Kommunalpolitik gewannen sie Einfluss und verjüngten den Funktionärsstamm erheblich.[12]

Auch Lehrlings- und Jugendzentrumsbewegung trugen Demokratisierungsbegehren über universitäre Zentren und Großstädte hinaus. Die Jugendzentrumsbewegung war vor allem ein klein- und mittelstädtisches Phänomen; die Lehrlingsbewegung, die hier zuerst betrachtet werden soll, entstand in den Arbeitswelten, zumeist in größeren Industriebetrieben, aber auch in kleineren Handwerksbetrieben.

Die Lehrlingsbewegung

Trotz der spürbaren Auswirkungen der Bildungsexpansion – dazu gehörte auch die flächendeckende Einführung des 9. Schuljahrs Anfang der 1960er Jahre – befand sich die Mehrheit der jungen Generation um 1970 in beruflichen Ausbildungsgängen. Diese zu reformieren, war integraler, wenngleich oft übersehener Bestandteil der Bildungsreformen seit den 1960er Jahren, und die Große Koalition hatte im Juni 1969 ein neues Berufsbildungsgesetz erlassen, das im Kern auf eine stärkere pädagogische

---

12 Siehe dazu den Beitrag von Dietmar Süß in diesem Band. Vgl. auch *ders.*: Die Enkel auf den Barrikaden. Jungsozialisten in der SPD in den Siebzigerjahren, in: *Archiv für Sozialgeschichte* 44 (2004), S. 67–104; für die kritische Deutung der Akademisierung der SPD *Peter Lösche/Franz Walter*: Klassenpartei – Volkspartei – Quotenpartei. Zur Entwicklung der Sozialdemokratie von Weimar bis zur deutschen Vereinigung, Darmstadt 1992.

Vermittlung und fachliche Grundlagenqualifikation gegenüber der Arbeitsdisziplinierung in der traditionellen Meisterlehre zielte.[13] Denn gerade in der betrieblichen Praxis prägten autoritäre Umgangsformen den Erfahrungsalltag von Jugendlichen, und der Zusammenhang von überkommenen Ausbildungsformen, jugendkulturellen Distinktionen, Forderungen nach Anerkennung und die Fundamentalpolitisierung zeigten sich um 1970 in der Lehrlingsbewegung. Zwar gab es eine politisch aktive Jugend in den Betrieben, die meist eng an die Gewerkschaften gebunden war. Nach dem Krieg von ehemaligen Jugendfunktionären der Weimarer Republik im Sinne der traditionellen Jugendpflege aufgebaut, bot die Gewerkschaftsjugend Raum für Freizeit- und politische Aktivitäten, geriet aber schon um 1960 in eine Sinnkrise.[14]

Die Gewerkschaften reagierten darauf mit zwei wesentlichen Neuausrichtungen. Insbesondere die IG Metall versuchte nun wieder verstärkt, betriebliche Jugendgruppen und Jugendvertretungen gegenüber der traditionellen Jugendpflege auszubauen, und die Einzelgewerkschaften und der DGB richteten ihre Bildungsarbeit nach neuen didaktischen und politischen Aspekten aus, wozu vor allem die Bildung eines kritischen Bewusstseins gegenüber der Konsumgesellschaft gehörte. Die Bildungsarbeit entwickelte sich im Austausch mit akademischen Linken, die Seminare konzipierten oder als Teamer daran teilnahmen.[15] Viele der aktiven Gewerkschaftsjugendlichen fühlten sich Mitte der 1960er Jahre der Außerparlamentarischen Opposition zugehörig. Der Bruch zwischen den Gewerkschaften und der Studierendenbewegung im Kampf gegen die Notstandsgesetze fand im Mai 1968 statt, als die radikaleren Teile der APO zu einer Demonstration nach Bonn mobilisierten, die Gewerkschaften aber zu einer Kundgebung nach Dortmund. Allerdings beschloss die kurz vorher stattfindende Jugendkonferenz der IG Metall, an der Bonner Demonstration teilzunehmen, viele Delegierte bekannten sich zur APO.[16]

---

13 Aus berufspädagogischer Perspektive vgl. *Marius R. Busemeyer*: Wandel trotz Reformstau. Die Politik der beruflichen Bildung seit 1970, Frankfurt a. M. 2009.
14 Einen guten Überblick zu diesem Prozess bietet *Harald Schlüter*: Vom Ende der Arbeiterjugendbewegung. Gewerkschaftliche Jugendarbeit im Hamburger Raum 1950–1965, Frankfurt a. M. u. a. 1996.
15 Zur Entwicklung der Bildungsarbeit der IG Metall vgl. *Stefan Müller*: Gewerkschafter, Sozialist und Bildungsarbeiter. Heinz Dürrbeck 1912–2001, Essen 2010.
16 Vgl. *Knud Andresen*: Gebremste Radikalisierung. Die IG Metall und ihre Jugend 1968 bis Mitte der 1980er Jahre, Göttingen 2016, S. 124.

Trotz dieser Politisierung hatte die Gewerkschaftsjugend mit Mobilisierungsproblemen zu kämpfen, viele der lokalen Gremien waren nicht mehr funktionsfähig. Dies änderte sich mit der aufkommenden Lehrlingsbewegung. Ende 1968 versuchten Hamburger Lehrlinge der Metallberufe, eine Freisprechungsfeier zu stören, und 1969 verbreiteten sich Protestaktionen von Lehrlingen in vielen Städten, bei denen Missstände in der Ausbildung – wie die Reinigung von Sanitärräumen oder Nebentätigkeiten durch Lehrlinge – öffentlichkeitswirksam thematisiert wurden. Die sich formierende »Lehrlingsbewegung« übernahm einiges vom Aktionsrepertoire der APO und suchte die mediale Aufmerksamkeit. Dies war nur zum Teil auf studentische Akteure zurückzuführen, die in der zweiten Hälfte des Jahres 1968 mit Betriebsagitation die Arbeiterklasse als revolutionäres Subjekt neu entdeckten. Der wesentliche Anteil speiste sich aus jugendlicher Unzufriedenheit mit der Ausbildungssituation, dem rüden Befehlston, ausbildungsfremden Tätigkeiten und generationellen Konflikten in den Betrieben. Die Lehrlingsbewegung entwickelte sich parallel zur und in der Gewerkschaftsjugend zugleich und wurde von den Jugendfunktionären, insbesondere des DGB, anfänglich hoffnungsfroh gefördert. Die Gewerkschaftsjugend erlebte eine ‚gebremste Radikalisierung'.[17]

Auf dem Jugendkongress der IG Metall im April 1971 zeigte sich die Politisierung nicht nur symbolisch. Neben wortradikalen Anträgen zur Enteignung von Großbetrieben war der Verlauf der Tagung Ausdruck einer kritischen Stimmung auch gegen die Funktionäre. Der stellvertretende Vorsitzende der IG Metall, Eugen Loderer, durfte nicht außer der Reihe das Wort ergreifen, sondern musste sich in die Warteschlange vor dem Mikrophon einreihen; den Referenten, meist hauptamtlichen Funktionären, erlaubte die Mehrheit der Delegierten kein besonderes Schlusswort, dieses habe einen »autoritären Charakter«. Der Ortsjugendausschuss Wetzlar stellte einen Antrag, in dem die Entwicklung von der Jugendpflege zur politischen Interessenvertretung und die Ausrichtung der Gewerkschaften als »Kampforganisation« begrüßt wurde, wobei die älteren Kollegen eine unrühmliche Rolle gespielt hätten: »Die gewählten Funktionäre in Betrieb und Gewerkschaft fürchten angeblich um die Einheit der Vertretung der Arbeiter innerhalb und außerhalb der Betriebe und tatsächlich um ihre Autorität, nicht unter dem Aspekt der Sachautorität, sondern im Sinne autoritärer Verhaltensnormen.« Diese generelle

---

17 Vgl. hierzu grundlegend *Andresen* 2016. Dort auch weitere Belegstellen.

Kritik wurde nach hitziger Debatte durch die Einfügung des Wortes »manche« schließlich abgemildert.[18] Es war nicht allein eine Antragsdynamik, die sich hier zeigte. Allgemein war in der Lehrlingsbewegung bzw. der Gewerkschaftsjugend eine Kritik an bürokratischen Gewerkschaftsstrukturen und einer Ignoranz gegenüber jugendlichen Forderungen verbreitet. Die Lehrlingsbewegung stand von Anbeginn im Spannungsfeld zwischen antiautoritären Strömungen, gewerkschaftlichen und betrieblichen Gremienstrukturen und politischen Fraktionskämpfen innerhalb linker Gruppen. Letztlich wurde sie durch die Bindung an die Gewerkschaftsjugend nicht zu einer dauerhaften eigenständigen Bewegung, sondern führte vor allem zu einem Aufschwung von Aktivitäten in der Gewerkschaftsjugend.

Neben innergewerkschaftlichen Konflikten war das vorrangige Ziel der Lehrlingsbewegung die Überwindung autoritärer Praktiken, um eine stärker pädagogisch grundierte und auf Grundlagenbildung zielende Ausbildung zu erreichen. »Die Lehrlinge der Arbeitsgemeinschaft wünschen zunächst nichts anderes, als nicht mehr ‚letzter Mann' im Betrieb zu sein« hatten zwei Religionslehrer an beruflichen Schulen festgestellt, die eine »Aktionsgruppe Essener Lehrlinge« mit aufgebaut hatten.[19] Als »letzter Mann« empfanden sich viele Jugendliche durch statusbedingte Hierarchien, autoritäre Disziplinierungen und entwürdigende Behandlungen durch ältere Kollegen oder Lehrherren. Mit einem Aktionsrepertoire von lokalen Umfragen zu Missständen bis hin zu Störungen von Freisprechungsfeiern und lokaler Öffentlichkeitsarbeit wurden Jugendliche mobilisiert. In diesen politisierten Alltagskonflikten lassen sich Demokratisierungsbegehren ausmachen. Die Jugendfunktionäre und viele Akteure in der Gewerkschaftsjugend wollten dafür vorrangig die Arbeitgeber verantwortlich machen, aber Konflikte um jugendkulturelle Signaturen wie lange Haare, legere Kleidung und selbstbewusstes Auftreten wurden oft mit älteren Kollegen aus der eigenen sozialen Schicht ausgehandelt. Dies verursachte auch innergewerkschaftliche Spannungen. Da die Gewerkschaften im betrieblichen Feld die größten Ressourcen anboten, orientierten sich jedoch die meisten Gruppen der Lehrlingsbewegung an ihnen. Die Integration in die Gewerkschaften trug daher mit zur gebremsten Ra-

---

18 Ebd., S. 202.
19 *Joachim Weiler/Rolf Freitag*: Ausbildung statt Ausbeutung. Der Kampf der Essener Lehrlinge, Reinbek 1971, S. 209.

dikalisierung bei. Aber auch das von der sozial-liberalen Koalition verabschiedete reformierte Betriebsverfassungsgesetz unterstützte die Integration der Lehrlingsbewegung. Die gewerkschaftliche Machtbasis im Betrieb waren die Jugendvertretungen, die mit der Reform an Einfluss und an Selbstbewusstsein gewannen. Die Einflussmöglichkeiten der Jugendvertretungen wurden ausgeweitet, im Bereich der IG Metall verdoppelte sich 1972 die Zahl der Jugendvertreter auf fast 10.000 Personen.

Die Konfliktformen in den betrieblichen Arbeitswelten waren in der Bundesrepublik allerdings hochgradig verrechtlicht, und die Jugendvertretungen wurden von den Gewerkschaften dafür geschult. Die Bewegungsdynamiken der Lehrlingsbewegung gingen zugunsten der Lektüre von Tarifverträgen und Arbeitsgesetzen zurück. Teile der Lehrlingsbewegung wandten sich enttäuscht ab, wozu auch die gewerkschaftlichen Unvereinbarkeitsbeschlüsse gegenüber den K-Gruppen beitrugen, die ab 1973 zum Ausschluss von Teilen der radikalisierten Gewerkschaftsjugend führten. Die Gewerkschaftsjugend geriet Mitte der 1970er Jahre in eine Krise, da sie einerseits für viele Jugendliche keinen jugendkulturellen Distinktionsgewinn mehr bedeutete und sie andererseits als zu politisch verkopft galt. Für manche Aktivisten waren diese Auseinandersetzungen jedoch auch Einstieg in gewerkschaftliche oder betriebliche Karrieren, die mit zur Verjüngung der Betriebsräte in den 1970er Jahren beitrugen.

Der frühere IG Metall-Vorsitzende Berthold Huber bekannte rückblickend, dass er 1971 als Mitglied einer maoistischen Gruppe eine Lehre begann, aber seine Träume von der Weltrevolution angesichts der betrieblichen Wirklichkeit bald aufgab und sich in den Betriebsrat wählen ließ.[20] Solche Entradikalisierungsprozesse lassen sich bei vielen der jungen Gewerkschaftsaktivisten der 1970er Jahre beobachten. Maoistische Betriebsräte gaben später zu Protokoll, dass ihre Parteizelle mehr zu einem Wohlfühlgremium für sie selbst wurde, während sie im Betrieb nicht gegen den Imperialismus, sondern für saubere Waschkauen oder Leistungszulagen kämpften.[21] Denn trotz der Hybris manch jungmaoistischer Forderungen zielte die soziale Praxis auf Anerkennung und Mitsprache im betrieb-

---

20 Vgl. Reden wir über Geld: Berthold Huber. »Ich wollte die Weltrevolution«, in: *Süddeutsche Zeitung*, 11. Februar 2011. http://www.sueddeutsche.de/geld/reden-wir-ueber-geld-berthold-huber-ich-wollte-die-weltrevolution-1.1058429 (zuletzt abgerufen am 29. Juni 2018).
21 Vgl. *Jan Ole Arps*: Frühschicht. Linke Fabrikintervention in den 70er Jahren, Berlin/Hamburg 2011.

lichen Rahmen. Diese Entwicklung war nicht allein ein einseitiger Anpassungsprozess, da die Konflikte auch dazu führten, dass gewerkschaftliche und betriebliche Gremien ihren patriarchal-autoritären Stil abmilderten.[22]

Die Jugendzentrumsbewegung

Bei der Jugendzentrumsbewegung war die »Fusion von Politik und Kultur« sicher augenfälliger als bei der Gewerkschaftsjugend. Ab 1970 entstanden in vielen Orten Gruppen, die im kommunalen Rahmen selbstverwaltete Jugendzentren forderten. Es sollte wohl staatliche Gelder, aber keine staatliche Kontrolle geben, um Orte jugendlicher Vergemeinschaftungen zu schaffen. In der »Provinz« noch mehr als in Großstädten waren die Träger der Jugendarbeit häufig Sportverbände und Kirchen, deren Formen von Jugendpflege bei vielen Jugendlichen als nicht mehr zeitgemäß galten. Allerdings erlebte auch die verbandliche Jugendarbeit Veränderungsprozesse, die sich schon länger abzeichneten und nach 1968 teilweise radikalisiert wurden.[23] Mit dem Phänomen der Jugendzentrumsbewegung sind wir vor allem durch die Forschungen David Templins vertraut.[24] Anfang der 1970er Jahre waren es rund 1000 Initiativen, die vor allem in klein- und mittelstädtischen Orten entstanden, oft im suburbanen Raum. Rund die Hälfte konnte bis Mitte der 1970er Jahre ein Jugendzentrum eröffnen. Allerdings lässt sich das Label »Selbstverwaltung« kaum abschließend definieren. Denn zum einen finanzierten die Kommunen in rund 90% der von Templin ermittelten Fälle Räumlichkeiten und trugen laufende Kosten. Zum anderen nahmen auch bei anderen Jugendangeboten verbandliche oder staatliche Kontrollen ab bzw. wurden abgefedert. Viele Verbände, wie der Bund Deutscher Pfadfinder oder

---

22 Für die Wandlungen von Betriebsräten in den 1970er Jahren vgl. *Werner Milert/Rudolf Tschirbs*: Die andere Demokratie. Betriebliche Interessenvertretung in Deutschland 1848–2008, Essen 2012, S. 462–473.

23 Als Überblick vgl. *Richard Münchmeier*: Die Vergesellschaftung der Jugendverbände. Von den fünfziger Jahren bis zur Politisierung, in: *Lothar Böhnisch/Hans Gängler/Thomas Rauschenbach* (Hrsg.): Handbuch Jugendverbände. Eine Ortsbestimmung der Jugendverbandsarbeit in Analysen und Selbstdarstellungen, Weinheim und München 1991, S. 86–92.

24 *David Templin*: Freizeit ohne Kontrollen. Die Jugendzentrumsbewegung in der Bundesrepublik der 1970er Jahre, Göttingen 2015.

kirchliche Gruppen erlebten Anfang der 1970er Jahre teils erhebliche Veränderungen in der Jugendarbeit, mit denen man sich auf die politisierten Ansprüche einstellte.[25]

Die Jugendzentrumsinitiativen waren häufig Katalysatoren für gegenkulturelle Entwürfe im kleinstädtischen bzw. provinziellen Raum. Zwar hat Templin darauf hingewiesen, dass »die neuen Formen der Jugendkultur mit Drogenkonsum, ausschweifender Sexualität und Kommunismus in Verbindung gebracht« wurden.[26] Aber diese Stereotype lassen sich nicht verallgemeinern. Die Reaktionen der Kommunalpolitik und der lokalen Öffentlichkeiten changierten von empörter Ablehnung bis zu Interesse an neuen Formen der offenen Jugendarbeit. Templin stellt in der Mehrzahl zwar ablehnende Reaktionen bei Kommunalpolitikern fest. Das klingt aus der Perspektive einer ideologischen Verhärtungsgeschichte nicht überraschend, denn auch in Kleinstädten waren K-Gruppen und Neue Linke aktiv in der Bewegung. Doch die Gleichung geht nicht auf, denn erklärungsbedürftig bleibt, warum so viele der Initiativen erfolgreich waren.

Zum einen waren die Initiativen zwar von Akteuren der Neuen Linken geprägt, aber nicht mit ihnen identisch, auch die Junge Union und unpolitische Jugendliche setzten sich in manchen Orten für selbstverwaltete Jugendzentren ein. In der Praxis waren die Räume, wenn sie eingerichtet werden konnten, gleichermaßen von politischen Debatten, Partys, juveniler Vergemeinschaftung und Paarsuche geprägt, ob nun eher unter dem Einfluss von SDAJ, ML- oder Juso-Gruppen oder allen zusammen. Zum anderen war Offenheit auch in kommunalen Politikgremien festzustellen. Rund ein Viertel der Verwaltungen und über ein Drittel der Gemeinderäte unterstützten 1974 Jugendliche aktiv bei der Einrichtung von selbstverwalteten Jugendzentren. Und wo es schärfere Auseinandersetzungen gab, konnten dennoch Jugendzentren eingerichtet werden. Häufiger als an politischen Konflikten scheiterte die Einrichtung an der Finanzierung. Wie in der Lehrlingsbewegung, die sich zum Teil mit der Jugendzentrumsbewegung personell überschnitt, nutzten die Jugendlichen im

---

25 *David Templin*: Vom Pfadfinderbund zur »Organisation der Selbstorganisierten«. Der Bund Deutscher Pfadfinder (BDP) und die Jugendzentrumsbewegung der 1970er Jahre, in: *Karl Braun/Felix Linzner/John Khairi-Taraki* (Hrsg.): Avantgarden der Biopolitik. Jugendbewegung, Lebensreform und Strategien biologischer »Aufrüstung« (Jugendbewegung und Jugendkulturen, Jahrbuch 13/2017), Göttingen 2017, S. 181–203.
26 *Templin* 2015, S. 261.

lokalen Raum ein großes Aktionsrepertoire. Dazu gehörten auch Regelüberschreitungen wie Hausbesetzungen, aber vor allem waren es Verhandlungen und Gespräche sowie Anpassungen an rechtliche Regularien. Meist wurden Trägervereine für die Jugendzentren gegründet sowie Stadt- und Kreisjugendringe als vermittelnde Akteure eingeschaltet.

Wie bei der Gewerkschaftsjugend erwiesen sich die Mühen der Ebenen als größte Herausforderung, denn nach der Inbetriebnahme von Jugendzentren zeigten sich z. T. soziale Spannungen unter den Jugendlichen, Überforderungen von der täglichen Kleinarbeit und den Auswirkungen der transitorischen Jugendphase durch den Wegzug von tragenden Aktivisten. Wenn die Jugendzentren bestehen blieben, wurden sie häufig lokale Zentren für das sich bildende alternative Milieu.[27] Zum Erfolg vieler Jugendzentrumsinitiativen haben auch politische Gelegenheitsstrukturen beigetragen, denn die professionelle Jugendarbeit diskutierte ebenfalls neue Formen, die Jugendpflege früherer Jahre galt als antiquiert. Die Jugendzentrumsinitiativen passten gut in diese Suchbewegung. Sie trugen zu einem politkulturellen Wandel und einer kulturellen Vielfalt auch im kleinstädtischen und suburbanen Raum mit bei.

Fazit

Natürlich stehen weder Gewerkschaftsjugend noch Jugendzentrumsbewegung für eine Jugend in ihrer Gänze, Jugend ist als historische Kategorie immer ein falscher Kollektivsingular. Aber um 1970 waren auch in Betrieben und Kleinstädten jugendkulturelle Demokratisierungsbegehren zu beobachten, in denen polemische Überschüsse, Regelüberschreitungen und utopische Phantasien ebenso dazu gehörten wie pragmatische Aushandlungen und gegenseitige Lerneffekte. Es war nicht nur eine einseitige Anpassung. Lernprozesse waren auch in der Kommunalpolitik, bei Betriebsräten und Geschäftsleitungen zu beobachten. Trotz vieler Konflikte leisteten die sozialen Praktiken einen wichtigen Beitrag zu den gesellschaftlichen Demokratisierungsprozessen. Dass in der verrechtlichten Konfliktregulierung der Arbeitswelten und den sozialen Alltagsproblemen in

---

27 Mit großer Verve vertritt diese These ein früherer Aktivist. Vgl. *Albert Herrenknecht*: »Kleinstadt 1968« – Die politischen Jugendbewegungen in der Provinz von den 1950er bis 1970er Jahren, in: *Pro-Regio-Online. Zeitschrift für den ländlichen Raum*, Nr. 5/2008, S. 16–146. Siehe www.pro-regio-online.de/downloads/klein1968.pdf (abgerufen am 15. Mai 2018).

den Jugendzentren beide Bewegungen in Krisen gerieten, unterstreicht einerseits den Zusammenhang von Demokratisierungsbegehren und Jugendkultur. Denn der soziale Gewinn jugendkultureller Distinktionen war in den Mühen der Ebenen weitaus schwieriger zu erreichen als in Zeiten dynamischer Aktionen, und nicht wenige Akteure suchten neue Lebenswege im Studium oder in großstädtischen subkulturellen Milieus. Andererseits beförderten die Bewegungen die Demokratisierung der Gesellschaft, die lernte, Politik als Aushandlungsprozess zu verstehen, in dem Mitsprache und Partizipation grundlegende Bestandteile sind.

Mehr Toleranz wagen? Die SPD und der Radikalenbeschluss in den 1970er Jahren
ALEXANDRA JAEGER

Im Dezember 1978 veröffentlichte der Hamburger Senat eine Pressedokumentation mit dem Titel »Mehr Toleranz wagen«. Darin versammelt waren Presseberichte über den Vorschlag des Hamburger Ersten Bürgermeisters Hans-Ulrich Klose (SPD) zur »Lockerung des Extremisten-Beschlusses«.[1] Nicht zufällig hatte die Pressestelle des Senats mit dem Titel an das bekannte Zitat »Wir wollen mehr Demokratie wagen« aus Willy Brandts Regierungserklärung von 1969 erinnert, wurde doch der Radikalenbeschluss häufig als Widerspruch zum Demokratisierungsversprechen des ersten SPD-Kanzlers verstanden.[2] Auch in der geschichtswissenschaftlichen Literatur ist diese Deutung verbreitet: Während die Anfänge der Regierung Brandt von Reformoptimismus, Aufbruch und Demokratisierung geprägt gewesen seien, habe die Endphase im Zeichen von Pessimismus und Repression gestanden, nicht zuletzt manifestiert durch den von den Kritikern sogenannten »Radikalenerlass«.[3]

---

1 *Staatliche Pressestelle Hamburg*: Mehr Toleranz wagen. Ausgewählte Pressestimmen zum Vorschlag des Hamburger Bürgermeisters Hans-Ulrich Klose zur Lockerung des Extremisten-Beschlusses, Hamburg o. J. [1979], in: Archiv der Forschungsstelle für Zeitgeschichte in Hamburg (FZH-Archiv), 834-7, Extremistenbeschluss I + II.
2 Dieser Aufsatz basiert auf meiner Dissertation, in der ich die Auswirkungen des Radikalenbeschlusses am Beispiel Hamburgs untersucht habe. *Alexandra Jaeger*: Auf der Suche nach Verfassungsfeinden. Der Radikalenbeschluss in Hamburg 1971–1987 (Diss.), Universität Hamburg 2017. Als Buch erscheint sie 2019.
3 Vgl. *Silke Mende*: Eine Partei nach dem Boom. Die Grünen als Spiegel und Motor ideengeschichtlicher Wandlungsprozesse seit den 1970er Jahren, in: *Morten Reitmayer/ Thomas Schlemmer* (Hrsg.): Die Anfänge der Gegenwart. Umbrüche in Westeuropa nach dem Boom, München 2014, S. 23–36, hier S. 29. Der Beschluss war als »Radikalenerlass«, »Ministerpräsidentenbeschluss« oder »Extremistenbeschluss« bekannt. Ich verwende den zeitgenössisch seltener gebrauchten Begriff »Radikalenbeschluss«, da es sich nicht um einen Erlass – also eine Verwaltungsanordnung – handelte, sondern um eine politische Willenserklärung. Vgl. *Dominik Rigoll*: »Was täten Sie, wenn quer durch Paris eine Mauer wäre?« Der Radikalenbeschluss von 1972 und der Streit um die westdeutschen Berufsverbote. Deutsch-deutsch-französische Verflechtungen, in: *Heiner Timmermann* (Hrsg.): Historische Erinnerung im Wandel. Neuere Forschungen zur deutschen Zeitgeschichte unter besonderer Berücksichtigung der DDR-Forschung, Berlin 2007, S. 603–623, hier S. 603.

Mit ihrem gemeinsamen Beschluss von 1972 wollten die Regierungschefs von Bund und Ländern Mitglieder »verfassungsfeindlicher« Organisationen vom öffentlichen Dienst fernhalten. Diejenigen »68er«, die in den 1970er Jahren in kommunistische Gruppen eingetreten waren, sollten am »Marsch durch die Institutionen« gehindert werden.[4] Neben der Bekämpfung von Kriminalität und Terrorismus galt das Vorgehen gegen den »Extremismus« seinerzeit als ein zentrales Feld der Inneren Sicherheit.[5] Die Verfassungstreue aller Bewerberinnen und Bewerber für den Staatsdienst wurde auf Basis der regelhaften Anfrage beim Verfassungsschutz (Regelanfrage) überprüft und nicht wenigen der Weg in den erlernten Beruf verwehrt.[6] Knapp zehn Jahre später war diese Praxis in den sozial-liberal regierten Ländern gescheitert.

Der Radikalenbeschluss war weniger Ausdruck unterschiedlicher Phasen in der Brandt'schen Regierungspolitik, sondern verweist vielmehr auf eine grundsätzliche Zwiespältigkeit der SPD gegenüber der Außerparlamentarischen Opposition (APO) sowie deren Folgeerscheinungen in den 1970er Jahren. Der Beschluss war Gegenstand und Auslöser von Selbstverständigungsdebatten über politische Werte und die Ausgestaltung der Demokratie im Kalten Krieg – wie später auch der Nato-Doppelbeschluss.[7] Die SPD changierte dabei zwischen repressiven Maßnahmen

---

4 Zur Entstehung und Vorgeschichte vgl. *Dominik Rigoll*: Staatsschutz in Westdeutschland. Von der Entnazifizierung zur Extremistenabwehr, Göttingen 2013. Vgl. auch *Gerard Braunthal*: Politische Loyalität und Öffentlicher Dienst. Der »Radikalenerlaß« von 1972 und die Folgen, Marburg 1992.

5 Vgl. *Achim Saupe*: »Innere Sicherheit« und »law and order«. Die politische Semantik von Ordnung, Sicherheit und Freiheit in der bundesdeutschen Innenpolitik, in: *Johannes Hürter* (Hrsg): Terrorismusbekämpfung in Westeuropa. Demokratie und Sicherheit in den 1970er und 1980er Jahren, Berlin 2015, S. 171–200, hier S. 181, 186 u. 196.

6 In Hamburg wurden zwischen 1971 und 1981 etwa 90 Personen abgelehnt oder entlassen. Im engeren Sinn handelte es sich aber nicht um »Berufsverbote«, weil nur der Zugang zum öffentlichen Dienst verweigert wurde. Einige betroffene Lehrerinnen und Lehrer wurden etwa in Privatschulen eingestellt. Aufgrund der starken Dominanz des Staates im Schulbereich bedeutete eine Ablehnung jedoch für viele andere Betroffene de facto, dass sie ihren erlernten Beruf nicht ausüben konnten. Vgl. *Jaeger* 2017, S. 11, 303 u. 574. In Niedersachsen gab es zwischen 1972 und 1988 mindestens 141 Ablehnungen. Vgl. *Jutta Rübke*: Einleitung, in: *dies.* (Hrsg.): Berufsverbote in Niedersachsen 1972–1990. Eine Dokumentation, Hannover 2018, S. 6–23, hier S. 22.

7 Vgl. *Philipp Gassert*: Viel Lärm um Nichts? Der NATO-Doppelbeschluss als Katalysator gesellschaftlicher Selbstverständigung in der Bundesrepublik, in: *ders./Tim Geiger/ Hermann Wentker* (Hrsg.): Zweiter Kalter Krieg und Friedensbewegung. Der NATO-Doppelbeschluss in deutsch-deutscher und internationaler Perspektive, München 2011, S. 175–202, hier S. 176.

und Liberalität. Der allmähliche Wandel in dieser Frage kam auch im Titel der Hamburger Broschüre zum Ausdruck: Wer mehr Demokratie wagen wolle, müsse auch mehr Toleranz wagen. Im Folgenden werden die Ambivalenzen innerhalb der Sozialdemokratie beim Umgang mit dem Radikalenbeschluss skizziert. Dabei werden die übergreifenden Debatten in der SPD in den Blick genommen und einige Aspekte am Hamburger Beispiel erläutert.[8]

Mehr Demokratie wagen: Die Ambivalenz von Extremismusbekämpfung und Toleranz

Bereits zur Zeit der Großen Koalition stellte der politische und kulturelle Aufbruch junger Menschen, der sich nicht nur in den politischen Protesten von APO und Studentenbewegung ausdrückte, sondern auch in sich verändernden Werten und Lebensstilen,[9] die SPD vor neue Herausforderungen. Die Reaktionen der Partei bewegten sich zwischen zwei Polen: Einerseits sollte der Dialog mit der Jugend gesucht, andererseits sollten jene Strömungen bekämpft werden, die als »extremistisch« angesehen wurden wie beispielsweise der SDS.[10]

Die zwiespältige Haltung der SPD gegenüber APO und Studentenbewegung kam auch in Willy Brandts Regierungserklärung im Oktober 1969 zum Ausdruck. Dem jugendlichen Radikalismus begegnete er mit Reformversprechen und einem Appell an die Verantwortungsbereitschaft: Zum einen sollten Bildungsreformen und die Absenkung des Wahlalters von 21 auf 18 Jahre demonstrieren, dass die Jugend von der Bundesregierung ernst genommen würde. Zum anderen müssten junge Menschen einsehen, dass »auch sie gegenüber Staat und Gesellschaft Verpflichtungen« hätten.[11] Noch deutlicher äußerte sich Brandt zum Umgang mit den »68ern« in einer als »zweite Regierungserklärung« apostrophierten Rede

---

8   Bisher gibt es keine umfassende Analyse des Umgangs der SPD mit dem Radikalenbeschluss. Meine Dissertation untersucht mit Fokus auf ein Bundesland auch die Aushandlungsprozesse in der SPD. *Jaeger* 2017.
9   Vgl. *Detlef Siegfried*: 1968. Protest, Revolte, Gegenkultur, Ditzingen 2018.
10 Vgl. *Klaus Schönhoven*: Wendejahre. Die Sozialdemokratie in der Zeit der Großen Koalition 1966–1969, Bonn 2004, S. 601–613.
11 Deutscher Bundestag, Plenarprotokoll 6/5, 28. Oktober 1969, S. 20. http://dip21.bundestag.de/dip21/btp/06/06005.pdf (wie alle folgenden Internetlinks zuletzt abgerufen am 6. August 2018).

in der Evangelischen Akademie in Tutzing im Juli 1971.[12] Zwar lehnte er einen allzu sanften Umgang mit »demokratie-feindlichen Gruppen« ab, plädierte jedoch dafür, mit der »Unruhe eines Teils der Jungen« zu leben und deren »revolutionäre Parolen« nicht einfach als »Wohlstandslangeweile« abzutun. Man müsse darin die Suche nach neuen Formen gesellschaftlichen Zusammenlebens und das Streben nach »mehr Gerechtigkeit« erkennen.[13] Gerade diese Rede konnte als Toleranzgebot gegenüber dem radikalisierten Teil der Jugend verstanden werden, als Aufforderung zur politischen Diskussion.

Bestärkt wurde dieser Eindruck durch innenpolitische Liberalisierungen: Gegen die 1968 gegründete Deutsche Kommunistische Partei (DKP) wurde kein Verbotsantrag eingereicht,[14] mit dem Straffreiheitsgesetz von 1970 wurden zahlreiche »Demonstrationsdelikte« aus der APO-Zeit nicht mehr verfolgt und auf die Absenkung des Wahlalters folgte die Herabsetzung der Volljährigkeit von 21 auf 18 Jahre.[15] Von grundlegender Bedeutung waren die Hochschulreforminitiativen in vielen Bundesländern, die auch den linken Gruppen, die nach dem Zerfall des SDS entstanden waren, neue Spielräume in den Hochschulen eröffneten.[16]

Repression statt Diskussion: Der Radikalenbeschluss und die Einschränkung der Grundrechte im öffentlichen Dienst

Der Radikalenbeschluss bildete das Gegenstück zu der angekündigten Politik von Beteiligung und Toleranz. Am 28. Januar 1972 einigten sich Bundeskanzler Willy Brandt und die Ministerpräsidenten der Länder auf

---

12 *Wolther von Kieseritzky*: Einleitung, in: *Willy Brandt*: »Mehr Demokratie wagen«. Innen- und Gesellschaftspolitik 1966–1974, bearb. von *Wolther von Kieseritzky,* Bonn 2001 (Berliner Ausgabe, Band 7), S. 15–81, hier S. 42.

13 *Willy Brandt*: Eine Politik für den Menschen – Phrase oder Programm?, in: *Bulletin des Presse- und Informationsamtes der Bundesregierung*, Nr. 108, 14. Juli 1971, S. 1181–1186, hier S. 1184 f. https://www.willy-brandt-biografie.de/quellen/bedeutende-reden/rede-tutzing-1963-2/.

14 Brandt sicherte Breschnew im Sommer 1971 die Tolerierung der DKP zu. *Rigoll* 2013, S. 284 f.

15 Vgl. *Kieseritzky* 2001, S. 50.

16 Das Bundesministerium des Innern setzte auf eine schnelle Durchsetzung von Schul- und Hochschulreformen, um den radikalisierten Teil der Jugend wieder in das System der parlamentarischen Demokratie zu integrieren. *Bundesministerium des Innern* (Hrsg.): Zum Thema. Hier: Die Studentenunruhen, Bonn 1969, S. 14, 42, 48 u. 59.

eine Rechtsauslegung, die eine Einschränkung der Grundrechte von Beschäftigten im öffentlichen Dienst vorsah. Die in den Beamtengesetzen festgeschriebene Treuepflicht sollte Vorrang vor dem Parteienprivileg haben. Mitglieder »verfassungsfeindlicher« – aber nicht verbotener – Organisationen sollten von den Behörden wegen dieser Mitgliedschaft abgelehnt werden können.[17] Dies tangierte vor allem das in Artikel 9 des Grundgesetzes (GG) verbriefte Recht, sich Parteien und Vereinigungen anzuschließen (Vereinigungsfreiheit) sowie den gleichen Zugang zum öffentlichen Dienst (Art. 33 Abs. 2 GG). Bis 1972 vertrat die juristische Literatur mehrheitlich die Auffassung, das Parteienprivileg aus Artikel 21 GG schütze Parteimitglieder, Parteifunktionärinnen und -funktionäre auch im öffentlichen Dienst. Erst nach einem Parteiverbot durch das Bundesverfassungsgericht könne die Verfassungswidrigkeit geltend gemacht werden.[18]

Die Regierungschefs reagierten mit ihrem Beschluss darauf, dass die Integrationsangebote und Reformmaßnahmen nicht zu einer Entradikalisierung der Studierenden geführt hatten, sondern der Zulauf zu kommunistischen und sozialistischen Gruppen an den Hochschulen Anfang der 1970er Jahre noch größer geworden war.[19] Der Radikalenbeschluss verlagerte den politischen Konflikt von den kommunistischen Organisationen auf die einzelnen Mitglieder. Der Hamburger Verfassungsschutz hoffte beispielsweise, dass Ablehnungen von Bewerberinnen und Bewerbern für den öffentlichen Dienst eine Signalwirkung haben würden und dies in der orthodoxen sowie der Neuen Linken zu Austritten und Anpassung führen werde.[20]

---

17 Siehe Mitgliedschaft von Beamten in extremen Organisationen, S. 1 [Anlage zu Ehmke an Staats- und Senatskanzleien der Länder, 16. Februar 1972], in: Staatsarchiv Hamburg (StA HH), 131–11, 1711, Materialband. Der Beschluss ist abgedruckt in *Hermann Borgs-Maciejewski*: Radikale im öffentlichen Dienst. Dokumente, Debatten, Urteile, Bonn 1973, S. 9. Vgl. *Rigoll* 2013, S. 339–341.

18 Vgl. *Jaeger* 2017, S. 107–127 u. 404. Vgl. auch *Alexandra Jaeger*. »Auch Marx ist Deutschland«. Aushandlungen über Freiheitsrechte und Staatsräson im Zuge des Radikalenbeschlusses in den 1970er Jahren, in: *dies./Julia Kleinschmidt/David Templin* (Hrsg.): Den Protest regieren. Staatliches Handeln, neue soziale Bewegungen und linke Organisationen in den 1970er und 1980er Jahren, Essen 2018, S. 123–154, hier S. 128 ff.

19 Der Höhepunkt politischer Mobilisierung lag in den 1970er Jahren und nicht in den späten 1960er Jahren. Vgl. *Jaeger* 2017, S. 33. Laut Bundesinnenministerium gab es 1971 67.000 Mitglieder in linksextremen Organisationen, 1975 105.000. Vgl. *Karl Dietrich Bracher/Wolfgang Jäger/Werner Link*: Republik im Wandel 1969–1974. Die Ära Brandt, Stuttgart 1986, S. 77.

20 Siehe Argumentationshilfe für Innenminister (zur Vorbereitung M[inister]Pr[äsidenten]-Konf[erenz] bei Brandt), 6. Dezember 1971, S. 14 f., in: Staatsarchiv Hamburg

Bei der Herbeiführung des Radikalenbeschlusses hatte die SPD – im Gegensatz zu der Annahme, sie habe nur widerwillig zugestimmt – eine tragende Rolle. Die ersten Maßnahmen gegen DKP-Mitglieder forcierten 1971 sozial-liberal regierte Bundesländer.[21] Ein wichtiges Zeichen setzte der Hamburger Senat mit seiner Pressemitteilung vom November 1971, in der er »besondere[] politische[] Aktivitäten [...] in rechts- oder linksradikalen Gruppen« als unvereinbar mit der Verbeamtung auf Lebenszeit erklärte.[22] In dieser sozialdemokratischen Politik verband sich die Abgrenzung von der jugendlichen Rebellion mit der antikommunistischen Tradition in der SPD, die insbesondere durch die Konflikte mit der KPD in der Weimarer Republik sowie die Verfolgung von Sozialdemokratinnen und Sozialdemokraten durch das SED-Regime in der SBZ bzw. DDR geprägt war.[23] Mitgliedern der DKP wurde vorgeworfen, sie wollten in der Bundesrepublik Verhältnisse wie in der DDR etablieren. Aktivistinnen und Aktivisten der K-Gruppen wurde der Einsatz für die »Diktatur des Proletariats« vorgehalten.[24]

Bereits 1970 hatte die SPD ihren Mitgliedern mit einem Unvereinbarkeitsbeschluss die Zusammenarbeit mit der DKP untersagt. Ein Jahr später leitete der Hamburger Landesverband sogar Parteiordnungsverfahren gegen den Juso-Landesvorstand und den Juso-Bundesvorsitzenden Karsten Voigt ein.[25] Vor diesem Hintergrund überzeugt die Einschätzung

---

(StA HH), 131-11, 1717. Vgl. *Rigoll* 2013, S. 299.
21 Vgl. *Rigoll* 2013, S. 277–280.
22 Staatliche Pressestelle Hamburg: Grundsätzliche Entscheidung des Senats, 23. November 1971, in: StA HH, 135–1 VI, 1062. Abgedruckt in: *Hanspeter Knirsch/Bernhard Nagel/Wolfgang Voegeli* (Hrsg.): »Radikale« im öffentlichen Dienst. Eine Dokumentation, Frankfurt a. M. 1973, S. 11.
23 Zu den verschiedenen Spielarten des Antikommunismus vgl. *Bernd Faulenbach*: Erscheinungsformen des »Antikommunismus«. Zur Problematik eines vieldeutigen Begriffs, in: *Jahrbuch für Historische Kommunismusforschung* 19 (2011), S. 1–13; *Andreas Wirsching*: Antikommunismus als Querschnittsphänomen politischer Kultur, 1917–1945, in: *Stefan Creuzberger/Dierk Hoffmann* (Hrsg.): »Geistige Gefahr« und »Immunisierung der Gesellschaft«. Antikommunismus und politische Kultur in der frühen Bundesrepublik, München 2014, S. 15–28.
24 Vgl. *Jaeger* 2017, S. 273–278.
25 Siehe SPD Hamburg: Der Konflikt zwischen SPD und Jungsozialisten in Hamburg – Eine Dokumentation, August 1971, in: StA HH, 135–1 VI, 811; Zwei Jahre Funktionsverbot für sechs Jusos, in: *Die Welt*, 3. November 1971. Vgl. auch *Martin Oberpriller*: Jungsozialisten. Parteijugend zwischen Anpassung und Opposition, Bonn 2004, S. 186, sowie *Dietmar Süß*: Die Enkel auf den Barrikaden. Jungsozialisten in der SPD in den Siebzigerjahren, in: *Archiv für Sozialgeschichte* 44 (2004), S. 67–104.

Wolther von Kieseritzkys, Willy Brandt habe den Radikalenbeschluss in erster Linie aus inhaltlicher Zustimmung mitgetragen und nicht, weil er von der Opposition dazu gedrängt worden wäre.[26] Denn der Radikalenbeschluss stellte zwar einerseits einen Widerspruch zum Plädoyer des Kanzlers für Toleranz und Diskussion dar, entsprach aber andererseits durchaus seiner Vorstellung von einer wehrhaften Demokratie und war zugleich Ausdruck des tief in der SPD verankerten Antikommunismus sowie der Abgrenzung der Partei vom radikaleren Teil der »68er«.

Die Diskussion in der SPD über Rechtsstaatlichkeit und staatliche Willkür

In den 1970er Jahren debattierten die Sozialdemokratinnen und Sozialdemokraten häufig und kontrovers über den Radikalenbeschluss. In erster Linie ging es dabei um die Frage, inwieweit er staatliche Willkür befördere und Liberalität und Rechtsstaatlichkeit behindere. Als einer von wenigen hatte Herbert Wehner einige Tage vor dem Beschluss vor Sondergesetzen und einer Einschränkung der Grundrechte gewarnt. Das in Artikel 3 GG festgeschriebene Grundrecht, niemand dürfe wegen seiner politischen Anschauungen benachteiligt werden, gelte auch für Kommunisten, erklärte der SPD-Fraktionsvorsitzende.[27] Damit war ein zentrales Problem angesprochen, das auch die Debatte der nachfolgenden Jahre prägen sollte: Weil die Landesregierungen und -verwaltungen bereits vor einem Verbot über die »Verfassungsfeindlichkeit« politischer Parteien sowie politischer Vereine urteilten, gab es weder eine Rechtssicherheit für die Betroffenen noch eine einheitliche Praxis zwischen den Ländern. Es war zwar allgemein bekannt, dass die DKP, die diversen K-Gruppen[28] und auch die NPD von dem Radikalenbeschluss betroffen waren, ob aber bereits die Mitgliedschaft oder erst eine Funktion in den Organisationen bzw. einer ihrer Vorfeldorganisationen für eine Ablehnung ausreichten, wurde nicht transparent gemacht.[29]

---

26 Vgl. *Kieseritzky* 2001, S. 53.
27 Vgl. Wehner lehnt »Ausnahme-Gesetze« strikt ab, in: *Frankfurter Rundschau*, 21. Januar 1972; vgl. auch *Rigoll* 2013, S. 337.
28 Zu den K-Gruppen vgl. *Andreas Kühn*: Stalins Enkel, Maos Söhne. Die Lebenswelt der K-Gruppen in der Bundesrepublik der 70er Jahre, Frankfurt a. M. 2005.
29 Die betroffenen Organisationen wurden nicht genannt. Der Hamburger Senat veröffentlichte eine unvollständige Liste. Siehe Bürgerschaft der Freien und Hansestadt Hamburg, Drucksache VII/1643.

Bereits im März 1972 beurteilte Helmut Schmidt, Verteidigungsminister und stellvertretender SPD-Vorsitzender, den Beschluss intern als »abwegig«.[30] Mehrere, vornehmlich linke, Landes- und Bezirksparteitage der SPD sprachen sich bald darauf gegen den Ministerpräsidentenbeschluss aus.[31] Und selbst der Bundesparteitag in Hannover setzte sich 1973 für die Geltung des Parteienprivilegs ein.[32] Für die Aufrechterhaltung des Ministerpräsidentenbeschlusses engagierten sich unter anderem Willy Brandt und Heinz Kühn, Ministerpräsident von Nordrhein-Westfalen und ab April 1973 einer der Stellvertreter des Parteivorsitzenden.[33] Auch in der Innenminister- bzw. Ministerpräsidentenkonferenz existierten 1973 Meinungsverschiedenheiten zwischen den sozial-liberalen bzw. sozialdemokratischen Landesregierungen: Hessen und Niedersachsen rückten vom Radikalenbeschluss ab und gingen vom Vorrang des Parteienprivilegs aus. Entsprechend gab es in beiden Ländern im ersten Jahr nach dem Beschluss keine Ablehnungen.[34] Hamburg und Bremen setzten sich hingegen weiter für den Vorrang der Treuepflicht ein.[35] Auch Nordrhein-Westfalen und Berlin setzten den Beschluss um – ebenso wie die unionsregierten Länder.[36] Obwohl sich die Ministerpräsidenten und der Bundeskanzler am 20. September 1973 einig waren, den verfassungsrechtlichen Disput vom Bundesverfassungsgericht klären zu lassen, bekräftigte Brandt anschließend vor der Presse die Rechtsauslegung des Radikalenbeschlusses so vorbehaltlos wie noch nie: Die Bundesregierung

---

30 *Bernd Faulenbach*: Das sozialdemokratische Jahrzehnt. Von der Reformeuphorie zur neuen Unübersichtlichkeit. Die SPD 1969–1982, Bonn 2011, S. 356.
31 Siehe z. B. den Beschluss des Bezirksparteitages der SPD Hessen-Süd, Mai 1972, abgedruckt in: *Knirsch/Nagel/Voegeli* 1973, S. 65 f.; vgl. auch *Rigoll* 2013, S. 371.
32 Der Beschluss des SPD-Parteitages vom 14. April 1973 in Hannover ist abgedruckt in: *Horst Bethge/Erich Roßmann* (Hrsg.): Der Kampf gegen das Berufsverbot. Dokumentation der Fälle und des Widerstands, Köln 1973, S. 264 f.; vgl. auch *Rigoll* 2013, S. 372 ff.
33 Vgl. *Faulenbach* 2011, S. 355 f.
34 Siehe Bericht über die Handhabung des Beschlusses der Regierungschefs des Bundes und der Länder vom 28. Januar 1972, Abschnitte Hessen, Niedersachsen, o. D. (Entwurf), in: StA HH, 131–11, 1839; Schreiben von Schrader (Rechtsamt) an Staatsamt, 5. September 1973, sowie Schreiben von Albert Osswald an Hans Filbinger (Vorsitzender Ministerpräsidentenkonferenz), 10. August 1973, in: StA HH, 136–1, 3663.
35 Siehe Schrader (Rechtsamt) an Staatsamt, 5. September 1973 (wie Anm. 34).
36 Im Saarland gab es allerdings keine Fälle. Siehe Bericht über die Handhabung (wie Anm. 34).

habe »keinen Zweifel« mehr am Vorrang der Treuepflicht vor dem Parteienprivileg.[37]

Auch nachdem das Bundesverfassungsgericht 1975 diese Auffassung im Grundsatz bestätigt hatte, ging die Kontroverse zwischen SPD-Basis und sozialdemokratischen Regierungsmitgliedern weiter. Beim Bundesparteitag in Mannheim 1975 forderten die Delegierten die SPD-geführten Landesregierungen auf, von der positiven Verfassungstreue aller Bewerberinnen und Bewerber auszugehen und auf die Regelanfrage zu verzichten.[38] Nach der Karlsruher Entscheidung schien dies der vielversprechendste Weg zu sein, die Praxis des Radikalenbeschlusses zu verändern.[39] De facto hätte der Verzicht auf die Regelanfrage eine Rückkehr zum Parteienprivileg bedeuten können, denn ohne Verfassungsschutzmaterial wäre der Vorwurf mangelnder Verfassungstreue kaum zu erheben gewesen. Wiederum folgten die Landesregierungen dem Parteitagswunsch nicht. Nur Bremen schränkte 1977 die Regelanfrage weitgehend unbemerkt von der Öffentlichkeit deutlich ein,[40] und in Hamburg gab es einige Lockerungen.[41]

Wenngleich Willy Brandt 1976 erklärte, er habe sich beim Ministerpräsidentenbeschluss »geirrt«,[42] und die SPD im Bundestagswahlkampf

---

37 Vgl. *Rigoll* 2013, S. 415 f.
38 Siehe Beschluss des SPD-Parteitages Mannheim, 11. bis 15. November 1975, in: *Horst Bethge* u.a. (Hrsg.): Die Zerstörung der Demokratie in der BRD durch Berufsverbote, Köln 1976, S. 256–259.
39 Entscheidungen des Bundesverfassungsgerichts (BVerfGE) 39, 334, [22. Mai 1975]. Zur Ambivalenz des Beschlusses vgl. ausführlich *Jaeger* 2017, S. 437–454; vgl. auch *Jaeger* 2018, S. 143–145.
40 Die Anfrage beim Verfassungsschutz erfolgte nur noch im sicherheitsrelevanten Bereich oder wenn die Lehramtsbewerberinnen und -bewerber den Vorbereitungsdienst in einem anderen Bundesland abgeleistet hatten bzw. wenn konkrete Hinweise über »verfassungsfeindliches« Verhalten vorlagen. Vermerk Claußen (Senatsamt für den Verwaltungsdienst – SfV), 19. Juni 1978, in: StA HH, 131–11, 1851.
41 Insbesondere wurde die Regelanfrage im Ausbildungsbereich mit staatlichem Monopol abgeschafft und im Angestelltenbereich eingeschränkt. Siehe Mehrkens (SfV) an Senatsämter und Fachbehörden, 21. Mai 1976, in: StA HH, 131–11, 1846; Anlage zum Senatsbeschluß vom 19.10.1976 (3), in: StA HH, 136–1, 3665.
42 Gleichzeitig befürwortete der SPD-Vorsitzende aber den Gesetzesentwurf der Bundesregierung von 1974, der wie der Radikalenbeschluss vom Vorrang der Treuepflicht ausging. *Willy Brandt/Helmut Schmidt*: Deutschland 1976. Zwei Sozialdemokraten im Gespräch. Gesprächsführung Jürgen Kellermeier, Reinbek 1976, S. 48 f. Der Gesetzesentwurf (Bundestags-Drucksache 7/2433) scheiterte in der Länderkammer.

behauptete, der Beschluss sei für sie »gegenstandslos«,[43] wurde die Überprüfungspraxis im Kern auch in den Ländern mit sozialdemokratischer Regierungsbeteiligung fortgesetzt. Denn auch die SPD ging weiterhin vom Vorrang der Treuepflicht aus und setzte auf die Regelanfrage – allein in Hamburg wurden 1976 vierzehn Personen nicht eingestellt.[44] Bei den genannten Äußerungen handelte es sich vor allem um verbale Rückzugsgefechte, mit denen die SPD-Spitze auf die Kritik am Radikalenbeschluss reagierte. Im Gegensatz zur CDU/CSU, die sich weitgehend konstant als Bollwerk gegen den Kommunismus und als Vertreterin von »*law and order*« inszenierte, war die staatliche Überprüfungspraxis innerhalb der SPD deutlich umstrittener, weil hier unterschiedliche Traditionslinien und Überzeugungen in Widerspruch miteinander gerieten. Verstärkt wurden die Konflikte durch die Verjüngung der Partei, denn gerade jüngere Mitglieder stellten staatstragende Traditionen und Antikommunismus infrage.[45]

Glaubwürdigkeitsverlust im linken und linksliberalen Spektrum

Der Radikalenbeschluss war nicht nur innerhalb der SPD, sondern auch gesamtgesellschaftlich umstritten. Im linken und linksliberalen Spektrum war Kritik an der Überprüfungspraxis weit verbreitet, was zu einem relevanten Glaubwürdigkeitsverlust der SPD in diesem Lager führte. Junge Menschen wandten sich am stärksten von der Partei ab. Weit über die Gruppe kommunistischer Aktivistinnen und Aktivisten hinaus machten sich vor allem bei politisch interessierten Akademikerinnen und Akademiker Staatsverdrossenheit und Angst vor dem »Überwachungsstaat« breit.[46] 1979 erklärte Willy Brandt im Parteivorstand, die Abkehr in der Jugend vom »Establishment« sei Ende der 1970er tiefgreifender als 1968.[47] Dazu hatte der Radikalenbeschluss maßgeblich beigetragen. Theo

---

43 SPD-Regierungsprogramm 1976–80, S. 40. Siehe http://library.fes.de/pdf-files/bibliothek/retro-scans/fc-02947.pdf.
44 *Jaeger* 2017, S. 458–465.
45 Vgl. ebd., S. 373 f. Vgl. auch *Jeanette Seiffert*: »Marsch durch die Institutionen?«. Die »68er« in der SPD, Bonn 2009, S. 163. Fast alle von Seifert interviewten sozialdemokratischen »68er« engagierten sich gegen den Radikalenbeschluss.
46 1976 erklärten 51 Prozent der Gruppe junger Menschen mit höherer Bildung und politischem Interesse, in der Bundesrepublik sei die Meinungsfreiheit verwirklicht, 1959 waren es noch 89 Prozent gewesen. Vgl. *Axel Schildt/Detlef Siegfried*: Deutsche Kulturgeschichte. Die Bundesrepublik – 1945 bis zur Gegenwart, München 2009, S. 291 f.
47 Protokoll der Sitzung des SPD-Parteivorstands, 5. November 1979, S. 10, in: Archiv

Sommer diagnostizierte in dieser Frage eine »Kluft zwischen Alten und Jungen«.[48] Zu den »Jungen« zählten nicht mehr allein die »68er« – also etwa die Geburtsjahrgänge zwischen 1940 und 1950,[49] die in erster Linie direkt vom Beschluss betroffen waren, – sondern auch Jüngere wie jene 18- bis 24-Jährigen, die 1978 bei der Hamburger Bürgerschaftswahl mit 29 Prozent die »Bunte Liste/Wehrt Euch« oder kleine linke Parteien wählten[50] – also die Jahrgänge zwischen 1954 und 1960. Die Sozialdemokratie drohte den Kontakt zu politisch links engagierten Jugendlichen und jungen Erwachsenen zu verlieren, die 1969 und 1972 noch in großem Maße SPD gewählt hatten.[51]

Ebenso kühlte sich das Verhältnis zwischen der Partei und einigen ihrer Bündnispartner und Sympathisanten merklich ab. Gerade Kunstschaffende und Intellektuelle distanzierten sich von dem Vorgehen gegen »Radikale«. Klaus Staecks Plakat gegen den Radikalenbeschluss wurde zum festen Inventar der Proteste gegen die Überprüfungspraxis, und der Kabarettist Dieter Hildebrandt erklärte Jesus zum »Radikalen«.[52] Die Künstlerinnen und Künstler bewegte zumeist die Sorge, inwieweit noch »radikale« Fragen gestellt werden dürften. Im Rahmen eines Hamburger Entlassungsverfahrens brachte ein Theaterregisseur seine Kritik so zum Ausdruck: »Schaut man sich die Praxis der politischen Überprüfungen genau an – die ja eine ganze Generation von Studenten ins politische Abseits stellt – dann stellt sich mir allmählich die Frage, wann bei uns Theatermachern die Bretter abgeklopft werden, wie lange wir noch radikale

---

der sozialen Demokratie (AdsD), Parteivorstand (PV), 332.
48 *Theo Sommer*: Die Freiheit zu Tode schützen?, in: *Die Zeit*, Nr. 33, 11. August 1978.
49 Vgl. *Christina von Hodenberg*: Das andere Achtundsechzig. Gesellschaftsgeschichte einer Revolte, München 2018, S. 54.
50 Bei den 25- bis 34-Jährigen waren es 17 Prozent. Vgl. *Herbert Schütte*: Eine Absage an die Privatisierung, in: *Die Welt*, 24. Juni 1978. Zur Bunten Liste vgl. *Joachim Szodrzynski*: Fliegen Schmetterlinge nur einen Sommer? Prolog der Grün-Alternativen in Hamburg, in: *Forschungsstelle für Zeitgeschichte in Hamburg* (Hrsg.): 19 Tage Hamburg. Ereignisse und Entwicklungen der Stadtgeschichte seit den fünfziger Jahren, München/Hamburg 2012, S. 202–215.
51 Vgl. *Schönhoven* 2004, S. 620; *Peter Brandt/Detlef Lehnert*: »Mehr Demokratie wagen«. Geschichte der Sozialdemokratie 1830–2010, Berlin 2013, S. 208.
52 Das Plakat ist abgedruckt in: *Wolfgang Beutin/Thomas Metscher/Barbara Meyer* (Hrsg.): Berufsverbot. Ein bundesdeutsches Lesebuch, Fischerhude 1976, S. 33. Zu Hildebrandt vgl. Zeitmosaik, in: *Die Zeit*, Nr. 3, 9. Januar 1976. Vgl. auch die Erklärung zahlreicher Künstlerinnen und Künstler für die Beibehaltung einer liberalen Praxis: Nicht wieder Lokführer-Antikommunismus, in: *Frankfurter Rundschau*, 22. Februar 1980.

Autoren – wie Brecht und Kroetz – zeigen können und wann man uns vergangenes und gegenwärtiges Engagement aufrechnen wird.«[53]

Die im »Vorwärts« kolportierte Antwort des Hamburger Senatssprechers Paul O. Vogel (SPD) bestätigte eher die Kritiker, als sie zu widerlegen. Die Stücke von Bertolt Brecht könnten natürlich aufgeführt werden, weil sie »zu den wertvollsten unter den neueren deutschen Sprachschöpfungen zählen«, aber wenn Brecht leben würde und darauf beharrte, Mitglied der SED zu bleiben, könnte er beispielsweise nicht Intendant des Hamburger Schauspielhauses werden,[54] so Vogel. Das erinnerte an die Hochzeit des Kalten Krieges, als Stücke von Brecht teilweise nicht aufgeführt wurden.[55] Ein Kernproblem der Ablehnungspraxis wird hier deutlich: Es ging weniger um Inhalte denn vor allem um Gruppenmitgliedschaften. Die fehlende Verfassungstreue wurde in der Regel allein aus den Zielen der Organisation, der jemand angehörte, abgeleitet. Individuelle Überzeugungen spielten meist keine Rolle.

In den linksliberalen Medien wurde wiederholt Kritik an den staatlichen Überprüfungsverfahren formuliert.[56] Als die SPD 1978 über eine Liberalisierung der Überprüfungspraxis diskutierte, brachte Theo Sommer neue Dynamik in die Debatte: Er beurteilte den Radikalenbeschluss als »Perversion des Grundgesetzes« und forderte insbesondere die Rückkehr zum Parteienprivileg, dessen Aushebelung er als »rechtspolitischen Skandal« empfand.[57] Auch Rudolf Augstein setzte sich für einen »Staat der politischen Auseinandersetzung« ein und unterstützte Hans-Ulrich Kloses Plädoyer für die Einstellung von Kommunistinnen und Kommunisten.[58]

Die Einforderung von Toleranz und politischer Auseinandersetzung verwies auf die Frage, die Willy Brandt schon in seiner Regierungserklä-

---

53 Schreiben eines Theaterregisseurs an Hans-Ulrich Klose, 1. August 1975, in: StA HH, 131-11, 1757, Teil I. Der Name wird aus Datenschutzgründen nicht angegeben.
54 Zitiert nach *Wehrhart Otto*: Radikalenkur nach Hamburger Art, in: *Vorwärts*, Nr. 37, 11. September 1975. Brecht war allerdings nie Mitglied der SED.
55 Vgl. *Stephan Buchloh*: Erotik und Kommunismus im Visier. Der Staat gegen Bertolt Brecht und gegen die »Schundliteratur«, in: *York-Gothart Mix* (Hrsg.): Kunstfreiheit und Zensur in der Bundesrepublik Deutschland, Berlin/Boston 2014, S. 67–95, hier S. 72 u. 82.
56 Vgl. z. B. Radikalen-Suche: McCarthy auf deutsch?, in: *Der Spiegel*, Nr. 16, 12. April 1976, S. 52–57.
57 Siehe Anm. 48. Sommers Artikel war ein Auslöser für Klose, sich für eine Rückkehr zum Parteienprivileg einzusetzen. Vgl. hierzu *Jaeger* 2018, S. 150 f.
58 Vgl. *Rudolf Augstein*: Um einen Pumperklacks, in: *Der Spiegel*, Nr. 41, 9. Oktober 1978, S. 24.

rung thematisiert hatte. Mehrere Jahre Radikalenbeschluss hatten das öffentliche Bild der deutschen Sozialdemokratie in dieser Hinsicht deutlich verändert. Gegenüber den europäischen Schwesterparteien musste sich die SPD ebenfalls um ihr Ansehen sorgen. Auch wenn die Parteispitze der Meinung war, die sozialdemokratischen bzw. sozialistischen Freunde im Ausland in gemeinsamen Gesprächen über vermeintliche Fehlinformationen aufklären zu können, dürfte die Kritik insbesondere aus Frankreich und den Niederlanden zum Kurswechsel in der SPD beigetragen haben.[59]

Toleranz statt Überwachung

Im Dezember 1978 sprach sich der SPD-Bundesparteitag für die Abschaffung der Regelanfrage aus.[60] Diese Forderung wurde wenig später von der Bundesregierung und den SPD-geführten Länderregierungen übernommen,[61] die Anfang 1979 tatsächlich das Ende des Radikalenbeschlusses besiegelten. Die internen Debatten, die den Grundstein für den Parteitagsbeschluss legten, lassen klar erkennen, dass es um eine faktische Rückkehr zum Parteienprivileg ging. Parteifunktionen allein sollten nicht mehr geahndet werden, nur noch individuelles »verfassungsfeindliches« Verhalten oder Agitation im Dienst.[62] Zumindest der Hamburger Senat folgte dieser Leitlinie: Zahlreiche ehemalige Betroffene wurden trotz kommunistischer Parteifunktionen eingestellt bzw. verbeamtet.[63] Regierung und Verwaltung verabschiedeten sich von der Logik der Kaderpartei, nach der die fehlende Verfassungstreue aus den »verfassungsfeindlichen« Zielen ei-

---

59 Vgl. *Hélène Miard-Delacroix*: Willy Brandt, Helmut Schmidt und François Mitterand. Vom Komitee gegen »Berufsverbote« 1976 zum Streit um die Mittelstreckenraketen 1983, in: *Horst Möller/Maurice Vaïsse* (Hrsg.): Willy Brandt und Frankreich, München 2005, S. 231–245, hier S. 236–240; *Rigoll* 2007.
60 Der Beschluss des außerordentlichen Parteitages der SPD vom 10. Dezember 1978 ist abgedruckt in: *Hans Koschnick* (Hrsg.): Der Abschied vom Extremistenbeschluß, Bonn 1979, S. 165 f.
61 Der Beschluss der Bundesregierung vom 17. Januar 1979 ist abgedruckt in: ebd., S. 173–175, hier S. 173.
62 Protokoll der gemeinsamen Sitzung von Parteirat, Parteivorstand und Kontrollkommission, 8. Dezember 1978, in: AdsD, PV, 316.
63 Vgl. *Jaeger* 2017, S. 540–595.

ner Partei abgeleitet werden könne. In anderen Bundesländern scheint der Kurswechsel aber weniger weitreichend gewesen zu sein.[64]

Führende Sozialdemokraten äußerten sich im Laufe der Debatte in den Jahren 1978/79 zunehmend selbstkritisch. Bundeskanzler Helmut Schmidt erklärte, der Staat dürfte nicht mit »Kanonen auf Spatzen«[65] schießen, und der stellvertretende Parteivorsitzende und Bremer Bürgermeister Hans Koschnick gab eine Mitschuld der SPD an Entwicklungen zu, »die wir nur bedauern können«.[66] Koschnick war vom Parteivorstand beauftragt worden, die Praxis zu untersuchen und im Gespräch mit sozialliberalen Regierungsvertretern und Gewerkschaften nach Änderungsmöglichkeiten zu suchen. Im Zwischenbericht brachte er mit dem Titel »ungerecht, uneinheitlich und uneffektiv«[67] die häufig formulierte Kritik auf den Punkt, die er auch im Abschlussbericht bestätigte.[68]

Bei der Veränderung der Praxis spielte in der SPD insbesondere die Frage des Umgangs mit der Jugend eine große Rolle, wie sich aus einer der bekanntesten Äußerungen von Hans-Ulrich Klose herauslesen lässt: »Lieber stelle ich 20 Kommunisten ein, als 200.000 junge Menschen zu verunsichern.«[69] Später stellte Klose selbstkritisch fest, die SPD sei nicht in der Lage gewesen, die Diskussionen aus der APO-Zeit aufzunehmen.[70] Zudem monierte er, beim Radikalenbeschluss wie auch den Antiterrorgesetzen sei nur administrativ reagiert und nicht die politische Diskussion gesucht worden.[71] Der Extremismus lasse sich jedoch nicht »aus der Welt verwalten«. Die Demokratie müsse durch Überzeugung, Liberalität und

---

64 In Nordrhein-Westfalen mussten Bewerberinnen und Bewerber eine schriftliche Erklärung zur Verfassungstreue unterzeichnen, in Hessen wurden sie auf die Gewährbieteformel hingewiesen. Vermerk Claußen (SfV), 20. August 1979, in: StA HH, 131–11, 1868.
65 Zit. nach Worte der Woche, in: *Die Zeit*, Nr. 47, 17. November 1978.
66 »Wir können nur bedauern«, in: *Der Spiegel*, Nr. 21, 22. Mai 1978, S. 46–49, hier S. 46.
67 Erster Zwischenbericht zur Überprüfungspraxis von Bewerbern für den öffentlichen Dienst, Informationsdienst der SPD, intern-dokumente Nr. 2, in: Privatarchiv Joist Grolle, Ordner »Radikale im öffentlichen Dienst Hamburg«.
68 Vgl. *Hans Koschnick*: Grundsätze zur Feststellung der Verfassungstreue im öffentlichen Dienst, in: *ders.* 1979, S. 147–156.
69 Zit. nach Klose: Beschluesse zum Extremistenerlass im Oktober, in: dpa/lno, 26. September 1978, in: Staatliche Pressestelle Hamburg: Mehr Toleranz wagen (wie Anm. 1).
70 Vgl. Klose: »Kritisches Potential in mir angesammelt«, in: *Sozialist*, Nr. 2, April 1979, in: StA HH, 131–11, 1867.
71 Klose: Anti-Terror-Gesetze brachten »Minus an Freiheit«, in: *Parlamentarisch-Politischer Pressedienst (ppp)*, 17. April 1979.

soziale Politik gestärkt werden.[72] Auch Helmut Schmidt sprach sich unter dem Motto »Auch Marx ist Deutschland« für Verhältnismäßigkeit und Toleranz aus.[73]

Die jugendliche Rebellion wurde nun in einem größeren biografischen Zusammenhang beurteilt. Der stellvertretende Vorsitzende der SPD-Bundestagsfraktion Karl Liedtke erklärte, für Jugendliche sei die »Antiphase« aus psychologischen Gründen notwendig, um reifere Entscheidungen zu treffen.[74] Hans Koschnick bestätigte in einem »Spiegel«-Interview, Willy Brandt und Herbert Wehner wären als junge Männer nach den Maßstäben des Radikalenbeschlusses möglicherweise nicht in den Staatsdienst eingestellt worden.[75] Die politische Einstellung von Kommunistinnen und Kommunisten erschien nicht mehr unveränderbar, sogar eine Demokratisierung der orthodox-kommunistischen DKP etwa nach dem Vorbild der eurokommunistischen Parteien war nicht mehr undenkbar.[76] Die SPD hoffte, solche Prozesse durch Offenheit und Liberalität eher befördern zu können. Zugleich spielten aber auch taktische Gründe eine Rolle: Gerade die DKP hatte mit der ihr nahestehenden Initiative »Weg mit den Berufsverboten« Erfolge erzielen können – mit einer Liberalisierung sollte ihr ein Agitationsfeld entzogen werden.[77]

Der Wandel beim Radikalenbeschluss korrelierte mit Veränderungen in anderen Themenfeldern innerhalb der SPD: Der Kalte Krieg spielte eine immer geringere Rolle und die Partei öffnete sich allmählich den Themen der neuen sozialen Bewegungen, etwa der Anti-AKW-Bewegung.[78] Auch Klose erhielt nicht nur in der Frage des Radikalenbeschlusses, sondern auch bei der Ablehnung des AKW-Baus in Brokdorf breite

---

72 Staatliche Pressestelle Hamburg: Ansprache von Bürgermeister Klose auf dem Empfang zum 100jährigen Bestehen des Vereins hamburgischer Staatsbeamter am 4. Mai im Rathaus, 4. Mai 1979, in: StA HH, 131–11, 1867.
73 Deutscher Bundestag, Plenarprotokoll 8/104, 21. September 1978, S. 8210. http://dip21.bundestag.de/dip21/btp/08/08104.pdf; vgl. auch *Jaeger* 2018, S. 152.
74 *Karl Liedtke*: Der Grauschleier wird weggewischt, in: *Vorwärts*, Nr. 7, 8. Februar 1979.
75 Siehe Anm. 66.
76 Vgl. *Jaeger* 2017, S. 607–612.
77 So beispielsweise Hans-Ulrich Klose. Vgl. *Landeszentrale für Politische Bildung, Hamburg:* Extremisten und Staatsdienst. Aus der Bürgerschaftsdebatte vom 11. Oktober 1978 in Hamburg, Hamburg 1978, S. 21.
78 Vgl. *Jan Hansen*: Abschied vom Kalten Krieg? Die Sozialdemokraten und der Nachrüstungsstreit (1977–1987), Berlin 2016, S. 239; *Janine Gaumer*: Machtkampf um die Wiederaufarbeitungsanlage Wackersdorf. Staatliche Strategien gegen die Anti-Atomkraftbewegung in den 1980er Jahren, in: *Jaeger/Kleinschmidt/Templin* 2018, S. 181–204, hier S. 182.

Unterstützung von der Parteibasis – gegen den vehementen Protest einiger führender Funktionäre.[79] Die internen Konflikte korrespondierten auch mit einer sich verändernden Parteistruktur. In den 1970er Jahren wandelte sich die SPD allmählich von einer Arbeiter- zur Mittelschichtenpartei, die sich zudem deutlich verjüngte.[80]

Fazit

Der Radikalenbeschluss und die nachfolgende Überprüfungspraxis machen deutlich, wie widersprüchlich die Demokratisierungsinitiativen der späten 1960er und frühen 70er Jahre waren. Die SPD befand sich in einer Position zwischen den Unionsparteien, die eine weitgehende Demokratisierung der Gesellschaft ablehnten, und einer Vielzahl von linken Organisationen, die auf revolutionäre Umwälzungen hofften. Trotz des geringen gesamtgesellschaftlichen Einflusses dieser Gruppen galt der Umgang mit ihnen vielen im linken und linksliberalen Spektrum als Gradmesser für die demokratische und rechtsstaatliche Verfasstheit der Bundesrepublik gut dreißig Jahre nach dem Ende des Zweiten Weltkriegs. Befürworter des Radikalenbeschlusses sahen diesen als Ausdruck der »wehrhaften Demokratie« an – zum Schutz der demokratischen Grundordnung vor ihren Gegnern. Kritische Stimmen erkannten in der Einschränkung von Freiheitsrechten hingegen die größere Gefahr für die Stabilität der bundesdeutschen Demokratie als in kommunistischen Lehrerinnen und Lehrern. Während CDU und CSU die Überprüfungs- und Ablehnungspraxis auch in den 1980er Jahren fortsetzten, beendeten die SPD-geführten Regierungen diese 1978/79. Die Lockerung der Praxis kann auch als eine verspätete Einlösung der von Willy Brandt in Aussicht gestellten Toleranz und politischen Diskussion gegenüber der revoltierenden Jugend verstanden werden.

---

79 1978 forderten alle Hamburger SPD-Kreisverbände eine Abkehr von der Überprüfungspraxis. Siehe die Anträge C1 bis C8 zum Landesparteitag am 24./25. November 1978, in: AdsD, Landesorganisation Hamburg, 2243. Letztlich führte der Streit um die Brokdorf-Frage aber zu Kloses Rücktritt. Vgl. Klose-Rücktritt. Der große Schuschu, in: *Der Spiegel*, Nr. 23, 1. Juni 1981, S. 28–32.
80 Vgl. *Faulenbach* 2011, S. 275–280.

WILLY BRANDT ALS HOFFNUNGSTRÄGER?
»MEHR DEMOKRATIE WAGEN« UND DIE DDR
DANIELA MÜNKEL

Schon einige Zeit vor der Regierungserklärung Willy Brandts befassten sich das SED-Politbüro und das Ministerium für Staatssicherheit (MfS) intensiv mit der Frage, wo der erste sozialdemokratische Bundeskanzler seine politischen Schwerpunkte setzen würde, welche Bedeutung das für die DDR und ihre Bemühungen um internationale Anerkennung hätte und welche innenpolitischen Folgen sich für sie daraus ergeben könnten. Anfang Oktober 1969 fertigte die »Zentrale Auswertungs- und Informationsgruppe« (ZAIG) des MfS für die engere Partei- und Staatsführung der DDR einen geheimen Bericht über eine SPD-Fraktionssitzung vom 3. Oktober an,[1] in der Willy Brandt sein Regierungsprogramm erläutert hatte. Ein weiterer Bericht vom 24. Oktober 1969, der auf von der Hauptverwaltung A (HV A), dem Auslandsspionagebereich der Stasi, beschafften Informationen basierte, enthielt bereits ausführliche Angaben über den geplanten Inhalt der Kanzlerrede, die vier Tage später im Bundestag stattfinden sollte.[2]

Die politischen Aussagen dieser Regierungserklärung, der Umgang mit einer sozialdemokratisch geführten Bundesregierung und die Folgen für die eigene Außen- und Innenpolitik waren für das SED-Regime weit über das Jahr 1969 hinaus prägend. Fragt man nach den Wirkungen auf die DDR, müssen das mit Brandts Formulierung »Wir wollen mehr Demokratie wagen« verbundene Versprechen einer weiteren Demokratisierung der bundesdeutschen Gesellschaft und die Konzeption der neuen Deutschland- und Ostpolitik zusammen betrachtet werden. Denn die Entspannungspolitik bildete eine wesentliche Grundlage für die Hoffnungen auf Liberalisierungsschritte in der DDR, die sich nicht zuletzt daran knüpften, dass die sozial-liberale Reformpolitik nach Osten ausstrahlte.

---

1 Siehe Bundesbeauftragter für die Unterlagen des Staatssicherheitsdienstes der ehemaligen Deutschen Demokratischen Republik (BStU), MfS, HVA 152, Information 1034/69.
2 Siehe BStU, MfS, HVA 154/178, Information 1111/69. Am Ende des Berichtes ist zu lesen: »Bis zum heutigen Datum lag der Entwurf der Regierungserklärung noch nicht vor. Maßnahmen zur Beschaffung sind eingeleitet.« Ebd., Bl. 185.

Vor dem Hintergrund der deutsch-deutschen Verflechtungsgeschichte werden im Folgenden die Differenzen innerhalb der DDR-Führung bei der Bewertung der sozial-liberalen Bundesregierung genauso in das Blickfeld genommen, wie die Frage, welche Hoffnungen und Zukunftsvisionen sich für viele DDR-Bürger mit der Politik und der Person Willy Brandts verbanden und wie die Staatsmacht – hier in Form der DDR-Geheimpolizei – darauf reagierte.

Erste Reaktionen auf den Regierungswechsel in Bonn

Im Oktober 1969 notierte sich Markus Wolf, der Chef der HV A, Stichworte für eine Beratung mit dem KGB über die neue Regierungskoalition in Bonn und deren zukünftige Politik. Wolf, dem zuweilen unkonventionelles Denken attestiert wird, formulierte ganz doktrinär und eindimensional: »Programm der Regierung dient dazu staatsmonopolistisches System im Innern zu festigen und zu stärken, besonders für Auseinandersetzung mit dem Sozialismus, besonders DDR [...] Fortsetzung/Verstärkung der alten aggressiven, revanchistischen Politik, aber wesentliche Modifizierungen möglich, die erhebliche neue Gefahren und Illusionen erzeugen können.«[3] Die Gefährlichkeit des »Sozialdemokratismus«,[4] die Angst vor einer »Konterrevolution auf Filzlatschen« – wie der DDR-Außenminister Otto Winzer formuliert haben soll – und die Bedrohung der SED-Herrschaft durch die sogenannte »politisch-ideologische Diversion«,[5] d. h. das verstärkte Eindringen westlicher Einflüsse in die DDR-

---

3 BStU, MfS, SdM 1471, Bl. 1.
4 In der DDR hielt man an der von Stalin in den späten 1920er Jahren geprägten, diffamierenden Charakterisierung der gesamten Sozialdemokratie als »Sozialdemokratismus« fest. Nach der Zwangsvereinigung von KPD und SPD im Jahr 1946 instrumentalisierte die SED diese Sichtweise immer wieder zur Verfolgung von SPD-Anhängern. Vgl. u. a. *Ulla Plener:* »Sozialdemokratismus« – Instrument der SED-Führung im Kalten Krieg gegen Teile der Arbeiterbewegung (1948–1953), in: *Utopie kreativ* 15 (2004), 161, S. 248–256.
5 »Mit der politisch-ideologischen Diversion strebt der Feind in einem langfristig angelegten, mehrstufigen Prozeß subversive Ziele an. Sie bestehen in der Zersetzung des sozialistischen Bewußtseins bzw. der Störung und Verhinderung einer Herausbildung, in der Untergrabung des Vertrauens breiter Bevölkerungskreise zur Politik der kommunistischen Parteien und der sozialistischen Staaten, in der Inspirierung antisozialistischer Verhaltensweisen bis hin zur Begehung von Staatsverbrechen, in der Mobilisierung feindlich-negativer Kräfte in den sozialistischen Staaten, in der Entwicklung einer feindlichen, ideologischen, personellen Basis in den sozialistischen Staaten zur

Gesellschaft, wurden hier beschworen und eine substanzielle Kontinuität westdeutscher Politik postuliert.

Im gleichen Tenor verfasst war auch eine Vorlage für die außerordentliche Sitzung des SED-Politbüros am 30. Oktober 1969 in Dölln zur »Lage in Westdeutschland und der Regierungserklärung der Bonner Regierung«.[6] Die in diesem Papier formulierte Position entsprach der Linie Moskaus und wurde nachdrücklich von den Hardlinern um Erich Honecker und Erich Mielke vertreten. »Mit den ›neuen Akzenten‹ in der Außenpolitik versucht die SPD-Regierung offenbar: die sogenannte ›neue‹ Ostpolitik aus der Stagnation herauszuholen, um sie als Hauptbeweis für ihre ›realistische Haltung‹ aller Welt [...] vorzuzeigen. [...] Man kann jetzt schon voraussehen, daß sich die Regierung Brandt/Scheel nicht wesentlich von der Linie Kiesingers entfernen wird. Dafür werden schon die Monopole sorgen. Die verlockenden Angebote Brandts, z. B. an die sozialistischen Länder, an die DDR, sind ein Ausdruck der Schwäche des westdeutschen Monopolkapitals, ein Beweis der Richtigkeit unserer Politik«,[7] so Honecker.

Einen nuanciert anderen Standpunkt nahm Walter Ulbricht ein.[8] Der Erste Sekretär der SED hob vor allem das Neue in der Regierungserklärung Brandts hervor und betonte die Unterschiede zu den von der CDU/CSU geführten Vorgängerregierungen. Ulbricht, der im Gegensatz zu seinen Kontrahenten eine von Moskau etwas unabhängigere Deutschland- und Außenpolitik betreiben wollte, sagte in jener Politbüro-Sitzung am 30. Oktober 1969 wörtlich: »Wenn Brandt neue Ostpolitik macht,

---

Inspirierung politischer Untergrundtätigkeit sowie im Hervorrufen von Unzufriedenheit, Unruhe, Passivität und politischer Unsicherheit unter breiten Bevölkerungskreisen«, hieß es in der Definition der Staatssicherheit. Zit. nach *Siegfried Suckut* (Hrsg.): Das Wörterbuch der Staatssicherheit. Definition zur »politisch-operativen Arbeit«, Berlin 1996, S. 303.

6   Die Vorlage an das Politbüro vom 29. Oktober 1969 und das Protokoll der Sitzung am 30. Oktober 1969 sind abgedruckt in: Dokumente zur Deutschlandpolitik, VI. Reihe/Bd. 1: 21. Oktober 1969–31. Dezember 1970 (DzD 1969/70), bearb. von Daniel Hofmann, München 2002, S. 9–16 u. S. 23 f.

7   »Zur Einschätzung der Brandt-Reg[ierung] Döllnsee«, Disposition Erich Honeckers, o. D. Abgedruckt in: DzD 1969/70, S. 19–22, hier S. 20.

8   Zu den Auseinandersetzungen im Politbüro vgl. ausführlich *Monika Kaiser*: Machtwechsel von Ulbricht zu Honecker. Funktionsmechanismen der SED-Diktatur in Konfliktsituationen 1962–1972, Berlin 1997, S. 324–332; *Heike Amos*: Die SED-Deutschlandpolitik 1961 bis 1989. Ziele, Aktivitäten und Konflikte, Göttingen 2015, S. 148 ff.

dann machen wir eine neue Westpolitik, und zwar eine, die sich gewaschen hat. Dabei soll er ins Schwitzen kommen.«[9]

Aber nicht nur in der Bewertung der außenpolitischen Fragen bestand Uneinigkeit im Politbüro, sondern auch bei der Beurteilung von Brandts Ankündigung, »mehr Demokratie« wagen zu wollen, und der damit verbundenen innenpolitischen Reformversprechen. So witterte Honecker dahinter den Versuch der SPD, die Bundesrepublik »in der Systemauseinandersetzung zwischen Kap[italismus] + Soz[ialismus] attraktiver zu machen«, was nur »dem Interesse des staatsmonopol[istischen] Systems in W[est-]D[eutschland]« diene.[10] Demgegenüber schätzte Walter Ulbricht die Situation wesentlich positiver ein: Brandt habe erklärt, »›Wir wollen erst mal richtig mit der Demokratie beginnen.‹« Es gehe darum, »zunächst einmal das Positive aufzugreifen«. »Brandt sagte, die Mehrheit will, daß die Staatsführung aus der konservativen Erstarrung gelöst wird. Also knüpfen wir an alles an, was uns die Möglichkeit gibt, die Menschen zu aktivieren.«[11] Durch die neue SPD/FDP Regierung sah Ulbricht für die SED-Politik deutschlandpolitische Chancen. Aus diesem Grund forderte er auch: »Diese Regierung – mit gewissen Änderungen – sollte möglichst lange bestehen. Das entspricht doch unserem Interesse.«[12]

Die vom SED-Politbüro geplante offizielle Stellungnahme zur Regierungserklärung Willy Brandts stellte dann eine Art Kompromiss mit einer leichten Dominanz der Ulbricht'schen Position dar: Einerseits wurde auf die Kontinuität westdeutscher Politik vor allem gegenüber der DDR, andererseits auf das Neue besonders im Bereich der Innenpolitik und dem damit verbundenen Versprechen »von mehr Demokratie« verwiesen.[13]

Doch diese Stellungnahme wurde nicht veröffentlicht, da die sowjetische Führung den Entwurf ablehnte, der ihr vom SED-Politbüro umgehend übermittelt worden war. Stattdessen erschien am 4. November 1969 im *Neuen Deutschland* ein Artikel von Außenminister Winzer, der auf der Linie Honeckers und damit der Sowjets lag.[14] Auch auf das Kanz-

---

9 »Darlegungen des Genossen Walter Ulbricht auf der Sitzung am 30.10.1969«, Stenografische Mitschrift seines persönlichen Mitarbeiters Wolfgang Berger. Abgedruckt in: DzD 1969/70, S. 26–31, hier S. 28.
10 Ebd., S. 20 (wie Anm. 7).
11 Ebd., S. 27 (wie Anm. 9).
12 Ebd.
13 Zu den Kompromisslinien im Politbüro vgl. *Kaiser* 1997, S. 329 f.
14 Vgl. »Für Sicherheit und Zusammenarbeit der Völker Europas«, in: *Neues Deutschland*, 4. November 1969, S. 1 f.

lerversprechen von mehr Demokratie in der Bundesrepublik nahm das Zentralorgan der SED in der Folgezeit mehrmals Bezug. Unter Berufung auf Brandts Satz wurde insbesondere die Aufhebung des KPD-Verbotes gefordert. Außerdem wurde die wachsende Unsicherheit der Arbeitsplätze in der Bundesrepublik beschworen und damit implizit die Überlegenheit der DDR postuliert.[15]

Die Haltung des MfS gegenüber Brandt und der sozial-liberalen Koalition

Unabhängig von den Differenzen im Politbüro – die letztlich zur Ablösung Walter Ulbrichts führten – standen für die DDR-Geheimpolizei die sicherheitspolitischen Gefahren, die von der Regierung Brandt und ihrem innen- und außenpolitischen Reformprogramm ausgehen konnten, im Vordergrund. Derartige Bedrohungsperzeptionen hatten sich nach den Erfahrungen des »Prager Frühlings«, für den westliche, insbesondere sozialdemokratische Einflüsse verantwortlich gemacht wurden, ab 1968 nochmals verfestigt.[16] Die Forderung nach menschlichen Erleichterungen, nach mehr Freizügigkeit sowie nach »mehr Demokratie«, bargen vor diesem Hintergrund Sprengstoff für die innere Stabilität der DDR und gefährdeten die SED-Herrschaft. In der Ankündigung einer neuen Bonner Deutschlandpolitik, die eben nicht – wie von der DDR gefordert – eine vollständige völkerrechtliche Anerkennung der DDR implizierte, sahen Erich Mielke und seine Führungsoffiziere einzig den Versuch, den SED-Staat in die Defensive zu drängen und den Alleinvertretungsanspruch der Bundesrepublik zu zementieren. Dementsprechend agierte die Staatssicherheit nicht nur in den folgenden Monaten und Jahren, sondern

---

15 Vgl. u. a. »Kommentare und Meinungen«, in: *Neues Deutschland*, 23. Oktober 1969, S. 2; »Das Morgen ist für viele ein Fragezeichen«, in: *Neues Deutschland*, 28. Dezember 1969, S. 6.

16 »Ein besonderer Schwerpunkt der Unterwanderung der sozialistischen Bewegung wurde im Jahr 1968 die CSSR. Hier versuchte die SPD-Führung, neben der ideologischen Unterwanderung der KPC und der Zersetzung der Gewerkschaften eine Neubildung der SPC zu erreichen. [...] Zwischen den Vertretern der revisionistischen Kräfte der CSSR und Beauftragten der SPD-Führung wurden teils in Westdeutschland, teils in der CSSR ständig Kontakte und Verbindungen geschaffen, über die die konterrevolutionären Kräfte in der CSSR sowohl ideell als auch finanziell unterstützt wurden« hieß es u. a. in einer ZAIG-Information vom 27. Januar 1970. Siehe BStU, MfS, ZAIG 1789, Bl. 2 f.

letztlich bis zum Ende der DDR: Dass die ersten Treffen der Regierungschefs Brandt und Stoph in Erfurt und Kassel im März bzw. Mai 1970 unter dem Codewort »Konfrontation I u. II« liefen und in diesem Sinne von der Stasi vorbereitet, begleitet und nachbereitet wurden, war in der Logik der DDR-Geheimpolizei nur konsequent.[17]

In der Forschung wird die Unterzeichnung des Moskauer Vertrages zwischen der Bundesrepublik und der Sowjetunion im August 1970 im Hinblick auf die Position des MfS als Wendepunkt charakterisiert.[18] Auf Druck Moskaus habe man nun die positiven Aspekte der Entspannungspolitik hervorgehoben, den Kampf gegen den »Sozialdemokratismus« beendet, sich für die Ratifizierung der Verträge eingesetzt und sich auf eine Bekämpfung des »Rechtsblocks« in der Bundesrepublik konzentriert. Dieser Einschätzung ist nur bedingt zuzustimmen. Was die öffentliche und halböffentliche Rhetorik anbelangt, trifft dies zu. Auch für die Ratifizierung der Verträge hat sich die Staatssicherheit außerordentlich engagiert, da dies ganz im Sinne der SED-Führung war – hier sind vor allem die »Brandt-Schutz-Wochen« und der Stimmenkauf beim Misstrauensvotum gegen Willy Brandt im Frühjahr 1972 zu nennen.[19]

In Bezug auf die Angst des MfS vor der wachsenden politisch-ideologischen Diversion seit Amtsantritt der sozial-liberalen Regierung ist allerdings kein Umschwenken zu erkennen – im Gegenteil: Je mehr Anerkennung Willy Brandt für seine Politik und als Person in der DDR-Bevölkerung fand, umso alarmierter war die Stasi und desto mehr richtete sie ihre praktische »Abwehrarbeit« nach innen und nach außen darauf aus. Die Ereignisse beim Kanzlerbesuch im März 1970 in Erfurt,[20] die Sympathiekundgebung der Menge und die frenetischen »Willy Brandt, Willy Brandt«-Rufe waren ja gleichsam eine Demonstration gegen die eigene Führung. Sie konnten trotz intensiver Vorbereitungen von SED, MfS und Polizei nicht verhindert werden und schienen erstmals die Befürchtungen der Stasi zu bestätigen, wonach Brandt und seine Politik die Gefahren einer »ideologischen Aufweichung« der DDR förderten.

---

17 Vgl. dazu u. a. *Amos* 2015, S. 151–154.
18 Vgl. u. a. *Siegfried Suckut*: Probleme mit dem »großen Bruder«. Die DDR-Staatssicherheit und die Deutschlandpolitik der KPdSU 1969/70, in: *Vierteljahrshefte für Zeitgeschichte* 58 (2010), 3, S. 403–439, hier S. 417 f.
19 Vgl. dazu u. a. *Daniela Münkel*: Kampagnen, Spione, geheime Kanäle. Die Stasi und Willy Brandt, 2. Aufl. Berlin 2015, S. 47–56.
20 Vgl. dazu ausführlich *Jan Schönfelder/Rainer Erices*: Willy Brandt in Erfurt, Berlin 2010, bes. S. 202–213.

Die führenden Funktionäre der Staatssicherheit gingen gemäß ihrer ab 1957 entwickelten Theorie von der »politisch-ideologischen Diversion« davon aus, dass die sozialdemokratische Regierung ein strategisches Konzept verfolge, um die DDR durch westliches Gedankengut, durch Ideen von Demokratisierung und durch menschliche Kontakte zu destabilisieren. »Entsprechend unseren Kenntnissen über die politische Konzeption der Brandt/Scheel-Regierung, über ihre Pläne und Absichten, müssen wir uns darauf einstellen, daß der Gegner die politisch-ideologische Diversion weiter forcieren wird«,[21] führte Stasichef Erich Mielke im März 1971 vor Führungskräften des MfS aus. In den Analysen seines Ministeriums war die Rede von »psychologischer Kriegsführung« der SPD gegen die DDR und wurde ein ganzes Bündel von »gezielten« Versuchen der Einflussnahme aufgezählt, die sich seit Amtsantritt der sozialliberalen Bundesregierung verstärkt hätten: Dies betraf die Spionage des BND zur »Forcierung des politisch-ideologischen Kampfes«, den Ausbau der DDR- und Ostforschung, die »Einschleusung von Hetzschriften«, die Förderung menschlicher Begegnungen zwischen Ost und West sowie des Kultur- und Wissenschaftsaustausches.[22]

Als besonders gefährlich und kaum kontrollierbar galten die westlichen elektronischen Medien, die von den »Feindzentralen« in der Bundesrepublik ebenfalls gezielt eingesetzt würden, um die Bevölkerung der DDR zu beeinflussen. Mielke erklärte: »Ihnen stehen alle Massenkommunikationsmittel, besonders Presse, Rundfunk und Fernsehen zur Verfügung […]. [M]it viel Demagogie [wird] versucht, die angebliche Notwendigkeit der Veränderung bzw. Reformierung des Sozialismus zu begründen, vor allem seine sogen[annte] menschliche, demokratische und freiheitliche Gestaltung. […] Wir dürfen nicht außer Acht lassen, daß die SPD-Führung und Zentren der politisch-ideologischen Diversion sich besonders von der Propagierung und Einschleusung der Gedanken und Vorstellungen des Sozialdemokratismus, verbunden mit der Vortäuschung von Verständigungs- und Entspannungsbereitschaft, eine größere Wirkung der politisch-ideologischen Diversion versprechen.«[23]

Die Konsequenzen, die aus dieser Ausgangsanalyse für die praktische Arbeit der DDR-Geheimpolizei gezogen werden sollten, kamen dann z. B.

---

21 Referat von Erich Mielke auf dem Zentralen Führungsseminar vom 1.–3. März 1971, in: BStU, GVS, MfS 008-235/71, Bl. 221.
22 Siehe dazu u. a. »Faktenmaterial über das Vorgehen der SPD gegen die DDR und die dabei angewandten Mittel und Methoden« vom 21. Juli 1970, in: BStU, SdM 227.
23 Referat Mielke, 1.–3. März 1971, in: BStU, GVS, MfS 008-235/71, Bl. 222.

bei einer Arbeitstagung der Referatsleiter der Linie XX/2 – der Abteilung, die u. a. für die Bereiche Sozialdemokratie und »staatsfeindliche Hetze« zuständig war – im August 1972 zur Sprache: »Es kommt darauf an, die noch vorhandenen Möglichkeiten und Reserven des Gegners, insbesondere auch sozialdemokratische Kräfte innerhalb der DDR, unter exakte Beobachtung zu bringen [...]. Die Einflüsse der konterrevolutionären Ideologie des Sozialdemokratismus und deren Auswirkungen, vor allem auf dem Gebiet der staatsfeindlichen Hetze, der staatsfeindlichen Gruppenbildung und andere Feindaktivitäten durch Einzelpersonen, aufzudecken und vorgangsmäßig mittels gezieltem Einsatz inoffizieller Kräfte [zu] bearbeiten«.[24] Dazu gehörte natürlich der Ausbau des Netzes der Inoffiziellen Mitarbeiter (IM). Dass die größte personelle Expansion der Staatssicherheit in die Zeit zwischen 1968 und 1982 fiel,[25] ist auch im Zusammenhang mit den sicherheitspolitischen Begleiterscheinungen und Folgen der Entspannungspolitik zu sehen.

Die Stimmung in der DDR-Bevölkerung

Der geheimpolizeiliche Kampf gegen die sogenannte »politisch-ideologische Diversion« setzte eine genaue Beobachtung der Bevölkerungsstimmung voraus. Diese spiegelt sich in der entsprechenden Berichterstattung der Stasi,[26] aber auch anderer Herrschaftsinstitutionen der DDR, wider.

Kurz nach Brandts Regierungserklärung wurde aus der SED-Parteiorganisation des Ministeriums für Nationale Verteidigung gemeldet: »In einigen Grundorganisationen [...] gab es im Zusammenhang mit der Bildung der Brandt-Regierung und ihrer Regierungserklärung gewisse Illusionen [...]. ›Jetzt ist die SPD an der Macht, also wird sich in Deutschland

---

24 Beitrag zur Arbeitstagung mit den Referatsleitern der Linie XX/2 am 23./24. August 1972 in Potsdam-Eiche, in: BStU, MfS, HA XX, 12579, Bl. 12.
25 Vgl. *Jens Gieseke*: Der Mielke-Konzern. Die Geschichte der Stasi 1945–1990. München 2006, S. 71.
26 Die geheimen Berichte, die die Staatssicherheit von Juni 1953 bis Ende Dezember 1989 für die engere Partei- und Staatsführung der DDR anfertigte, werden in einer kommentierten Komplettedition von der Stasiunterlagenbehörde sukzessive publiziert. Bislang erschienen sind die Bände für die Jahre 1953, 1956, 1961, 1964, 1965, 1968, 1976, 1977, 1981 und 1988. Vgl. *Daniela Münkel* (Hrsg.): Die DDR im Blick der Stasi. Die geheimen Berichte an die SED-Führung 1953 bis 1989, Göttingen 2009–2018.

etwas ändern«.«[27] Dieses Zitat verweist darauf, dass man sogar in den Kernbereichen des DDR-Herrschaftsapparates mit der Wahl Willy Brandts zum Bundeskanzler Hoffnungen auf eine neue Politik hegte. Das galt natürlich erst recht für »staatsfernere« Bevölkerungskreise, wie an Brandt gerichtete und von der Stasi abgefangene Briefe bestätigen. Besonders beunruhigte das MfS die Stimmung unter Intellektuellen und »Kulturschaffenden«. Deshalb ließ die Staatssicherheit gesonderte Berichte zu diesen Berufsgruppen erstellen und ermittelte z. B. im November 1970 durch IM, wie die führenden Mitarbeiter der DEFA Wochenschau zur sozial-liberalen Bundesregierung standen. Das Ergebnis entsprach den Befürchtungen: »Der Aufnahmeleiter [...] bezeichnete die Brandt-Regierung als die beste Regierung, die man sich jeweils wünschen könne. Für die Partei- und Staatsführung der DDR könne es deshalb nichts Schlimmeres geben als diese Regierung.«[28]

Mit den Fortschritten in der Entspannungspolitik verstärkten sich diese Stimmungen noch. In einem Bericht über die »Reaktion der Bevölkerung der DDR« auf den Abschluss des Moskauer Vertrages im August 1970 wurden die Erwartungen der DDR-Bürger auf Veränderungen thematisiert, die mit Bonns neuer Ost- und Deutschlandpolitik einhergingen. Dabei war nicht nur von Reiseerleichterungen, einer größeren Durchlässigkeit der Grenze und einer engeren wirtschaftlichen Zusammenarbeit die Rede, sondern auch von der Hoffnung auf den »Eintritt einer Liberalisierungswelle auf allen Gebieten des gesellschaftlichen Lebens«.[29] Es entstanden also auch Zukunftserwartungen, die den Rahmen dessen sprengten, was in der DDR politisch und ökonomisch möglich war.

Die Sympathien der Menschen in der DDR für Willy Brandt und seine Politik verstärkten sich in den folgenden Jahren weiter. So musste das MfS die SED-Spitze im November 1972 darüber unterrichten, wie sehr sich die DDR-Bürger über das Ergebnis der Bundestagswahl freuten und den Wahlsieger verehrten: »In vielen Gesprächen wird eine *Tendenz der Überbewertung der Rolle der SPD und besonders der Rolle Willy Brandts* sichtbar. Diese Überbetonung der Rolle Brandts reicht in einigen Fällen

---

27 Einschätzung der Stimmungen und Meinungen zur Regierungserklärung von Brandt, 3. November 1969, in: BStU, MfS, HA I, 59, Bl. 205.
28 »Information zu Auffassungen zur Politik der Brandt-Regierung und zu den Verhandlungen der SU sowie der DDR mit der BRD aus dem Bereich DEFA-Wochenschau, Berlin«, 17. November 1970, in: BStU, MfS, HA XX, 12807, Bl. 45.
29 BStU, MfS, ZAIG 1844, Information 863/70, Bl. 12.

bis zur Glorifizierung seiner Person. [...] Man sei Brandt gegenüber zur ›Dankbarkeit‹ verpflichtet, weil er bisher so viel für die Bürger der DDR erreicht habe; [...] Brandt sei eine ›Autoritätsperson im Weltmaßstab‹ und gewinne immer mehr Freunde«.[30] Eine solche Wertschätzung der DDR-Bevölkerung für einen Sozialdemokraten bestätigte die Stasi natürlich in ihrer Angst vor »politisch-ideologischer Diversion«. Zugleich waren die Lobeshymnen aus dem Volk Ausdruck der Legitimationsdefizite des SED-Staates und verdeutlichten die mangelnde Popularität des eigenen Führungspersonals.

Neben den vielen Stimmen, die in Willy Brandt einen Hoffnungsträger sahen, gab es allerdings auch kritische Meinungsäußerungen, die davor warnten, dass die neue Bonner Deutschlandpolitik die DDR legitimieren und damit stabilisieren könne. In einem an den Bundeskanzler adressierten Brief eines DDR-Bürgers liest sich das folgendermaßen: »So sehr wie ich, so sehr wie viele andere meiner Mitbürger Sie verehren, so unbegreiflich & unfassbar ist für uns, dass Sie willens sind, diesen furchtbaren Unrechtsstaat DDR, der doch ein buchstäbliches Zuchthaus seiner Insassen-Bürger ist, anzuerkennen. [...] [G]lauben Sie denn wirklich ernsthaft, dass Sie dadurch für uns Bürger nur den geringsten Schritt auf Freiheit aus unserem Zuchthaus erreichen können?«[31]

Obwohl Willy Brandt auch nach seinem Rücktritt als Bundeskanzler in der DDR populär blieb, – das zeigen u. a. die Reaktionen auf seine dortigen Reisen in den 1980er Jahren – ebbte die mit ihm verbundene politische Euphorie später ab. Ohne die von Brandt initiierte Entspannungs- und Vertragspolitik, die die SED-Führung zu Kompromissen zwang und die Grenze durchlässiger werden ließ, sind die späteren Entwicklungen, die 1989 in der DDR zur Friedlichen Revolution führten, aber kaum denkbar.

Schlussbemerkungen

Die Regierungsübernahme durch einen SPD-Kanzler und eine sozial-liberale Koalition, die eine neue Deutschland- und Ostpolitik sowie »mehr Demokratie« versprachen, war für das SED-Regime in mehreren Punkten

---

30 BStU, MfS, ZAIG 2095, Information 1100/72, Bl. 3 u. 5 f.
31 Anonymer Brief an Willy Brandt, abgedruckt in: *Susanne Schädlich*: Briefe ohne Unterschrift. Wie eine BBC-Sendung die DDR herausforderte, München 2017, S. 148 f.

ambivalent. Zwar lösten sich dadurch einige Probleme für die DDR-Führung, aber es entstanden auch neue, die langfristig die Herrschaft der SED ins Wanken brachten. Drei Punkte sind dabei festzuhalten:

1. In der unterschiedlichen Bewertung der neuen Regierung in Bonn brachen 1969 Konflikte innerhalb des SED-Politbüros auf, bei denen sich die moskautreuen Hardliner um Erich Honecker schließlich durchsetzen konnten.
2. Obwohl bei der Mehrheit der SED-Führung die ideologisch begründete Skepsis gegenüber Sozialdemokraten bestehen blieb, war sie auf die Regierung Brandt/Scheel angewiesen. Nur die Umsetzung der neuen Deutschland- und Ostpolitik ermöglichte der DDR die lang ersehnte internationale Anerkennung. Deshalb tat man 1972 alles, um die sozial-liberale Koalition in Bonn zu stützen. Ohne den Stimmenkauf der Stasi wäre das konstruktive Misstrauensvotum gegen Willy Brandt wahrscheinlich erfolgreich gewesen.
3. Von Anbeginn der Kanzlerschaft Brandts sah die DDR-Staatssicherheit machtpolitische Gefahren für das SED-Regime vor allem im Hinblick auf eine innere politisch-ideologische Aufweichung durch die Bundesrepublik und agierte dementsprechend: Sie versuchte mit geheimpolizeilichen Maßnahmen, die Stimmung im Lande zu ermitteln und zu verhindern, dass die westlichen Ideen von Freiheit, Pluralismus und Demokratie in der DDR eine positive Resonanz fanden, und sanktionierte politisch missliebiges Verhalten. Dennoch konnte das MfS nicht verhindern, dass der Bundeskanzler und Sozialdemokrat Willy Brandt für viele DDR-Bürger zum Hoffnungsträger für menschliche Erleichterungen und die Öffnung ihres Landes wurde. Er war Projektionsfläche für Erwartungen und Wünsche, die politischen Sprengstoff bargen. So war die Entspannungspolitik, die den SED-Machthabern die internationale Anerkennung ihres Staates brachte, gleichzeitig ein destabilisierendes Element, dessen Wirkungen die Stasi langfristig nicht unter Kontrolle halten konnte.

III.

VORREITER ODER NACHHUT?
»MEHR DEMOKRATIE WAGEN«
IM INTERNATIONALEN VERGLEICH

Mehr partizipatorische Demokratie wagen?
Demokratisierung, Modernisierung und Protest im transatlantischen Vergleich
PHILIPP GASSERT

Rückblickend werden die Proteste und Protestbewegungen der Jahre um 1968 gerne mit dem innenpolitischen »Machtwechsel« von 1969 verzahnt. Tatsächlich finden sich in Willy Brandts vielzitiertem Versprechen seiner ersten Regierungserklärung als Bundeskanzler, »Wir wollen mehr Demokratie wagen«, mit der Betonung des *Mit*denkens, *Mit*entscheidens und *Mit*verantwortens deutliche Anklänge an Ideen und Konzepte »partizipatorischer Demokratie«, wie sie als Leitbegriff bei der Neuen Linken der 1960er Jahre hoch im Kurs standen.[1]

Der SPD-Vorsitzende und Bundeskanzler reüssierte mit dieser Strategie zunächst. Jusos und Gewerkschaftsjugend erhielten großen Zulauf.[2] Kurzfristig schien es, als wäre die Reintegration der Neuen Linken in das »etablierte« Spektrum von SPD und Gewerkschaften geglückt. So jedenfalls visualisierte es der Tiroler Karikaturist Paul Flora für »Die Zeit«. Eine markante Karikatur zeigt Brandt als einen »Pilzsammler«, der bärtige, männliche Jusos (nur diese!) in das Körbchen der SPD zu klauben versucht.[3] Doch kurz danach war die integrative Kraft der Partei erlahmt. Sie hielt an der Politik der Modernisierungen fest, weshalb sich der Konflikt zwischen »alter« und »neuer« Linker an der Frage der Kernenergie bald neu entzündete.[4]

Auf den ersten Blick steht der politische Durchbruch der SPD zur Kanzlerschaft 1969 in einem auffälligen Kontrast zur politischen Ent-

---

1 Vgl. *Philipp Gassert*: Narratives of Democratization. 1968 in Postwar Europe, in: *Martin Klimke/Joachim Scharloth* (Hrsg.): 1968 in Europe. A History of Protest and Activism, 1956–1977, New York 2008, S. 307–324.
2 Vgl. *Knud Andresen*: Gebremste Radikalisierung. Die IG Metall und ihre Jugend 1968 bis in die 1980er Jahre, Göttingen 2016. Siehe auch die Beiträge von Knud Andresen und Dietmar Süß in diesem Band.
3 »Auf der Suche nach den verlorenen Söhnen«, in: *Die Zeit*, Nr. 51, 18. Dezember 1970, abgedruckt in: *Helena Pereña* (Hrsg.): Paul Flora. Karikaturen, Innsbruck 2016, S. 55.
4 Vgl. *Silke Mende*: »Nicht rechts, nicht links, sondern vorn«. Eine Geschichte der Gründungsgrünen, München 2011, S. 168–172 u. 328–339.

wicklung in den USA und anderen westlichen Ländern. Die US-Präsidentschaftswahlen 1968 gewann Richard Nixon, der sich in der McCarthy-Ära einen Ruf als prononcierter Rechter erworben hatte. Dieser stilisierte sich angesichts der andauernden Proteste gegen den Vietnam-Krieg sowie der gewalttätigen Ausschreitungen in den afroamerikanischen »Ghettos« der großen Städte zum Anwalt einer »*silent majority*«. Dies sei die große Mehrheit derjenigen Amerikaner, die »nicht demonstrierten«, nicht »schreiend« durch die Straßen liefen (er sprach von den »*non-shouters*« und »*non-demonstrators*«, die er vertrete).[5] Auch in Europa provozierte »1968« partiell einen konservativen *backlash*. Nur einen Monat nach den Mai-Unruhen siegten in Frankreich die regierenden Gaullisten bei den vorgezogenen Parlamentswahlen, und im Jahr darauf – nach dem Rücktritt von Charles de Gaulle – gewann der Gaullist Georges Pompidou die Präsidentschaftswahl. In Großbritannien wurde Labour 1970 abgewählt.

Anders als in der Bundesrepublik, wo die Proteste der Jahre um 1968 den etablierten Politikbetrieb nur marginal tangierten, waren in den USA die Auswirkungen auf Kongress und Präsidentschaft erheblich. Nachdem Präsident Lyndon B. Johnson nach dem Desaster der Tet-Offensive von Januar 1968 seinen Verzicht auf eine erneute Kandidatur verkündet hatte, wetteiferten Vizepräsident Hubert Humphrey als Mann des Establishments mit dem Überraschungs- und »Friedenskandidaten« Eugene McCarthy sowie dem ebenfalls in den Ring gestiegenen Robert (»Bobby«) Kennedy um die Nominierung der Demokraten.[6] George Wallace, der (demokratische) Gouverneur von Alabama, machte sich zum Fürsprecher von »Recht und Ordnung« und gründete eine dritte Partei. Er fand die Unterstützung der weißen Rassisten des Südens, aber auch vieler Arbeiter im Norden und Mittleren Westen, die sich von den Demokraten als »Partei der Unordnung«, der Hippies und der »unpatriotischen Friedensbewegten« (»*peaceniks*«) nicht mehr vertreten sahen. Mit Tiraden gegen das elitäre Washington sprach Wallace in alter populistischer Manier tiefsit-

---

5 *Richard Nixon*: Address Accepting the Presidential Nomination at the Republican National Convention in Miami Beach, Florida, 8. August 1968, in: The American Presidency Project. https://www.presidency.ucsb.edu/documents/address-accepting-the-presidential-nomination-the-republican-national-convention-miami (wie alle weiteren Internetlinks zuletzt abgerufen am 22. November 2018).
6 Vgl. *Michael A. Cohen*: American Maelstrom. The 1968 Election and the Politics of Division, Oxford 2016.

zende Ängste und Frustrationen an und trug zur Veränderung der politischen Sprache in den USA massiv bei.[7] Symbol des Zerbrechens der seit Roosevelt die US-Politik dominierenden Koalition wurden die Krawalle während des Wahlparteitags der Demokraten im August 1968.[8]

Aber verlief die Entwicklung in Deutschland so grundsätzlich anders? Auch hier trugen Neue Linke und »1968« mittelfristig nicht zur linearen Stärkung der großen Volkspartei der linken Mitte bei, weil im Laufe der 1970er Jahre eine neuerliche parteipolitische Spaltung der Linken durch grün-alternative Listen erfolgte, die ab 1979 zunächst in Länderparlamente und 1983 schließlich auch in den Bundestag einzogen. In den USA hingegen gelang aufgrund der starken konservativen Gegenbewegung der 1970er und 80er Jahre sowie der Eigenheiten des dortigen politischen Systems die Reintegration der Neuen Linken in die Demokratische Partei, wenn auch um den Preis des langjährigen Verlusts des Weißen Hauses. Die Wählbarkeit der Demokraten auf nationaler Ebene erodierte ab 1968. Aufgrund ihres Bündnisses mit dem »*Civil Rights Movement*« räumten die Demokraten ihre Bastionen im Süden. Konservativ-rassistische Südstaatendemokraten bzw. Vertreter vergleichbarer Positionen im Norden und Westen, wo die Debatte stärker auf »*migration*« als auf »*race*« fokussierte, liefen zu den Republikanern über.[9]

In der Sache jedoch ging Nixon keineswegs auf einen klaren neokonservativen Gegenkurs zum liberalen Konsens des *New Deal*, im Gegensatz zu Ronald Reagan, dem damaligen Gouverneur von Kalifornien. Nixon kämpfte mit schriller Polemik gegen linke Rebellen und »Gegenkultur«, verunglimpfte Anti-Vietnam-Protestler als unpatriotische Geister und spielte auf der Klaviatur des amerikanischen Rassismus. Doch zugleich setzte er Johnsons Reformpolitik fort.[10] Auch aufgrund einer anhaltenden demokratischen Dominanz im Kongress trieb er den Ausbau des Wohlfahrtsstaats voran. In der Außenpolitik wiederum riss der frühere glühende Antikommunist Nixon Mauern ein, sorgte für Entspannung mit

---

7   Vgl. *Stephan Lesher*: George Wallace: American Populist, Cambridge (MA) 1994, S. 408; *Dan T. Carter*: The Politics of Rage. George Wallace, the Origins of the New Conservatism, and the Transformation of American Politics, New York 1995.
8   Vgl. *David Farber*: Chicago '68, Chicago 1988.
9   Vgl. *David Farber*: The Silent Majority and the Talk about Revolution, in: *ders.* (Hrsg.): The Sixties: From Memory to History, Chapel Hill (NC) 1994, S. 291–316; *James T. Patterson*: Restless Giant. The United States From Watergate to Bush v. Gore, Oxford 2005, S. 130–145.
10 Vgl. *Melvin Small*: The Presidency of Richard Nixon, Lawrence (KS) 1999, S. 185.

der UdSSR und überraschte Gegner und Anhänger mit seinem »Gang nach China«.[11] Zieht man die sehr prinzipiellen Unterschiede der politischen Kultur, des politischen Systems und der jeweiligen politischen Herkünfte ab, dann lagen Brandt und Nixon so weit nicht auseinander. Thesenhaft zugespitzt: Beide machten Politik im Sinne des von der Neuen Linken hinterfragten westlichen Modernisierungsmainstreams der 1960er Jahre, als hätte sich »1968« nicht ereignet.

Im Folgenden werfe ich, ausgehend von den Entwicklungen in den USA, einen asymmetrisch vergleichenden Blick auf die alte Bundesrepublik, um für sie Entwicklungen hervorzuheben, die sowohl in der Zeit selbst als auch retrospektiv unterhalb der Wahrnehmungsschwelle blieben. Trotz der systematischen Unterschiede in der politischen Kultur beider Länder eröffnet der vergleichende Blick eine kritische Perspektive auf die (west-)deutschen Verhältnisse, auch weil die Defizite in der kulturell und sozial sehr viel stärker zerklüfteten amerikanischen Gesellschaft in den 1970er Jahren schon viel offenkundiger zutage traten. Hierzulande sollte die von der Neuen Linken eingeforderte »postkoloniale Wende« erst in den 1990er Jahren und im frühen 21. Jahrhundert verfangen, als das inzwischen wiedervereinigte Deutschland sich als Einwanderungsland zu entdecken begann. Noch früher jedoch wurde das Festhalten an der Modernisierungsagenda zum Problem. Prinzipiell stand also Willy Brandts Regierungserklärung für den reformerischen, »konsensliberalen« Mainstream des atlantischen Westens, in dem seit Kennedys Antrittsrede 1961 Unionsparteien und SPD schwammen.[12] »Mehr Demokratie wagen« vollendete die Westintegration der alten Bundesrepublik.

Die Neue Linke im Zeitalter von Prosperität, Bürgerrechtskampf und Vietnam-Krieg

»1968« oder die »*roaring sixties*« setzten beiderseits des Atlantiks irgendwann in den 1950er Jahren ein, in den USA etwas früher als in Deutschland. Doch im Großen und Ganzen verliefen die Entwicklungen paral-

---

11 Vgl. *Keith L. Nelson*: Explorations of Détente, in: *Melvin Small* (Hrsg.): A Companion to Richard Nixon, Malden (MA) 2011, S. 400–424.
12 Vgl. *Anselm Doering-Manteuffel*: Wie westlich sind die Deutschen? Amerikanisierung und Westernisierung im 20. Jahrhundert, Göttingen 1999, S. 101 f. u. 129–132.

lel.¹³ Mitte der 1960er Jahre ließen sich die Rufe nach einer Verwirklichung individueller und sozialer Freiheits- und Gleichheitsrechte deutlicher vernehmen, wie sie dann auch theoretisch in Begriffen wie »partizipatorische Demokratie« gefasst wurden. Das geschah vor dem Hintergrund eines großflächigen Durchbruchs zu einer durch Massenkonsum geprägten Gesellschaft, die das Versprechen der Freiheit in sich trug. Ermöglicht wurde die Konsumgesellschaft, die sich in den USA bereits in den 1930er Jahren angebahnt hatte, durch Wachstum der Wirtschaft, aber auch der Bevölkerung. Dass diese sozioökonomische Dynamik kulturelle Unzufriedenheit und Ängste provozierte, war zeitgenössisch etwa durch den Harvard-Ökonom John Kenneth Galbraith in seinem Bestseller *»The Affluent Society«* (1958) thematisiert worden.

Besorgt reagierten Pädagogen beiderseits des Atlantiks auf die unkonventionellen Regungen einer neuen Jugendkultur in einer sich wandelnden Gesellschaft. Festmachen lässt sich das an Kinofilmen wie z. B. *»Rebel Without a Cause«* (deutscher Titel: »… denn sie wissen nicht, was sie tun«), wo ein aufmüpfiger James Dean Konventionen hinterfragt, wenn er auch am Ende die Autorität des Vaters akzeptiert. Der Film löste 1955 eine erbitterte Kontroverse aus, wie im gleichen Jahr auch der Streifen *»Blackboard Jungle«* (»Die Saat der Gewalt«), der mit dem Song *»Rock Around the Clock«* endet und dessen Aufführung lokale Stadtverwaltungen zu verbieten suchten.¹⁴ Eine »amerikanisierte« Jugendkultur transportierte auch in Deutschland kurz danach nonkonforme Haltungen. Die von der US-Populärkultur inspirierten »Halbstarken« bereiteten die Rebellion der Jugend in den 1960er Jahren vor, wenn auch der zeitgenössische Begriff »Krawalle« darauf verweist, dass nonkonformes Verhalten in den 1950er Jahren entpolitisiert wurde. In den langen 1960ern wurde die Jugendkultur dann auffallend politisch. Konsum, Musik, Kleidung und Jugendlichkeit standen für Aufbegehren gegen gesellschaftliche Normen.¹⁵

---

13 Für einen deutsch-amerikanischen Vergleich siehe *Claus Leggewie*: 1968 – ein transatlantisches Ereignis und seine Folgen, in: *Detlef Junker* (Hrsg.): Die USA und Deutschland im Zeitalter des Kalten Krieges. Ein Handbuch, Bd. 2: 1968–1990, S. 632–643.
14 Vgl. *Gerd Raeithel*: Geschichte der nordamerikanischen Kultur, Bd. 3: Vom New Deal bis zur Gegenwart, 1930–1988, München 1989, S. 311–318.
15 Vgl. *Kaspar Maase*: Bravo Amerika. Erkundungen zur Jugendkultur der Bundesrepublik in den fünfziger Jahren, Hamburg 1992; *Detlef Siegfried*: Time Is On My Side. Konsum und Politik in der westdeutschen Jugendkultur der 60er Jahre, Göttingen 2006.

Jungen Menschen eröffneten die boomende Wirtschaft und der enorme Anstieg des Lebensstandards ungeahnte Möglichkeiten und Spielräume, weil sie über mehr Freizeit, Einkommen und Platz verfügten. Wie wir aus den Forschungen von Detlef Siegfried und anderen wissen, war der gewachsene Wohlstand Voraussetzung zunächst der Jugend- und dann auch der Gegenkultur.[16] »1968« oder die »*Sixties Counter Culture*« war daher Teil der Gewöhnung an die neue Konsumgesellschaft.[17] Vieles, was damals skandalös erschien, etwa die »Spaziergangsdemonstrationen« der Berliner Kommunarden, wirkt im Rückblick kaum aufsehenerregend. Die »Rebellion am Markt« der 68er griff ungeachtet ihrer Kritik am Kapitalismus Entwicklungstendenzen der Konsumgesellschaft auf, weshalb zeitgenössisch der Regisseur Jean-Luc Godard die Kombination von Genuss und Politik auf die einprägsame Formel »Kinder von Marx und Coca-Cola« brachte.[18]

Entscheidend für die frühe Protestmobilisierung in den USA war der Kampf gegen die legale Rassendiskriminierung. Die amerikanische Bürgerrechtsbewegung hat eine lange Vorgeschichte im 19. Jahrhundert, doch *New Deal*, Zweiter Weltkrieg und Kalter Krieg verliehen ihr neuen Schwung und Brisanz.[19] Eingeschlossen in das Problem der verfassungsrechtlichen Gleichstellung war eine soziale Frage, weil trotz insgesamt abnehmender Armut zwei Drittel der statistisch als »arm« Klassifizierten zur afroamerikanischen Minderheit gehörten. Die »*inner city*« wurde zum Synonym »schwarzer Armut«. Schlaglichtartig wurde das oft an der Hauptstadt Washington festgemacht, wo nicht zufällig 1968 große Rassenunruhen ausbrechen sollten. »D. C.« verfügte zwar über eines der höchsten Pro-Kopf-Einkommen der USA, doch zugleich dehnten sich in Sichtweite des Kapitols die Slums aus. Nicht zuletzt an dieser rassischen Aufladung von Klassenverhältnissen machte sich die Kritik der Neuen Linken fest.

Der »Rassenkonflikt« und der Vietnam-Krieg verliehen dem amerikanischen »1968« seine besondere Sprengkraft. Während in der Bundesrepublik die Lage um 1968 relativ friedlich war, eskalierte der Protest in

---

16 Vgl. *Detlef Siegfried*: 1968. Protest, Revolte, Gegenkultur, Ditzingen 2018, S. 19 ff.
17 Vgl. *Philipp Gassert*: Bewegte Gesellschaft. Deutsche Protestgeschichte seit 1945, Stuttgart 2018, S. 108–114.
18 Vgl. auch *Axel Schildt/Detlef Siegfried*: Between Marx and Coca-Cola. Youth Cultures in Changing European Societies, 1960–1980, New York 2006.
19 Vgl. *Thomas Borstelmann*: The Cold War and the Color Line. American Race Relations in the Global Arena, Cambridge (MA) 2001.

den USA aufgrund der militärischen Zuspitzung in Vietnam und der gleichzeitig explodierenden urbanen »Ghettos«. Das wiederum stärkte die Gegenbewegung, weil der prononcierte Rechtsruck, den Nixon instrumentalisierte, nur als Reaktion auf die Bürgerrechtsgesetze verständlich wird. »1968« in den USA lässt sich kaum unabhängig von der »Rassenfrage« betrachten, wohingegen die westdeutsche Gesellschaft, ungeachtet wachsender ausländischer Immigration seit den 1950er Jahren, um 1970 vergleichsweise homogen wirkte. Im Selbstverständnis der Bundesrepublik waren Migranten noch »Gastarbeiter«, so dass für Brandt und die sozial-liberale Koalition Fragen der Diskriminierung aufgrund von Herkunft insgesamt unterhalb einer politisch relevanten Schwelle lagen.[20]

1960 hatte eine neue Phase im Bürgerrechtskampf begonnen, als vier schwarze Studenten in einem Restaurant in Greensboro (North Carolina) an einer für Weiße vorbehaltenen Theke bedient zu werden wünschten. Dieses »*sit-in*« machte Schule und wurde auf zahlreiche andere Städte und Institutionen ausgedehnt. Avantgarde dieser neuen Protesttaktiken waren die Studenten des 1960 überwiegend von afroamerikanischen Studenten gegründeten *Student Non-Violent Coordinating Committee* (SNCC). Fahrten in Überlandbussen durch den Süden (»*freedom rides*«), die auf das Fortdauern der Rassentrennung plakativ aufmerksam machten, provozierten gewalttätige Gegenreaktionen, wie das Abfackeln eines Busses im Mai 1961 und die Ermordung von Aktivisten. An den Fahrten beteiligten sich insbesondere Mitglieder der nördlichen, überwiegend weißen Studentenbewegung. Für Tom Hayden, bald einer der führenden Köpfe des amerikanischen SDS (*Students for a Democratic Society*) waren die SNCC-Aktivisten wie Halbgötter: »Ich wollte leben wie sie.«[21]

Somit existierte in den USA schon Anfang der 1960er Jahre eine starke außerparlamentarische Protestbewegung. Die Hochphase der Protestmo-

---

20 Auch in seiner Rede zur Woche der Brüderlichkeit 1971, in der sich Brandt gegen rassistische Diskriminierung von afrikanischen Studierenden, schwarzen US-Soldaten sowie von »Gastarbeitern« im Alltag und in den Betrieben wandte, ging er ganz selbstverständlich bei Letzteren von einer Minderheit »anderer Sprache und anderer Nationalität« aus, die »keine ansässige und verwurzelte, sondern fluktuierende« sei. Veröffentlicht in: *Bulletin des Presse- und Informationsamtes der Bundesregierung*, Nr. 43, 23. März 1971, S. 441–446. https://www.willy-brandt-biografie.de/wp-content/uploads/2017/03/1971_Brandt_Rede_Br%C3%BCderlichkeit_4982.pdf; ich danke Wolfgang Schmidt für diesen Hinweis.
21 Zit. nach *David Farber*: The Age of Great Dreams. America in the 1960s, New York 1994, S. 78.

bilisierung begann 1964, etwa drei Jahre bevor die westdeutsche Studentenbewegung nach der Ermordung Benno Ohnesorgs im Juni 1967 zum Massenphänomen wurde. 1964 wurde zum entscheidenden Wendepunkt, weil die »*freedom rides*« nicht allein die Aufmerksamkeit auf die Situation im tiefen Süden lenkten, sondern der vom SNCC in jenem Jahr organisierte »*Mississippi Freedom Summer*« Hunderte Studierende aus dem Norden motivierte, sich an der Registrierung schwarzer Wähler zu beteiligen. Nicht wenige der nördlichen Freiwilligen waren Töchter und Söhne besserer Familien (»*Kennedy's children*«). Als gleich zu Beginn des Freedom Summer zwei weiße und ein schwarzer Freiwilliger von Ku-Klux-Klan-Mitgliedern gelyncht wurden, öffnete die breite mediale Resonanz vielen besser situierten Amerikanern die Augen.[22] In Deutschland gab es nichts Vergleichbares, auch wenn der deutsche SDS die Entwicklungen in den USA sehr genau beobachtete und führende Aktivisten als Austauschstudenten von den dortigen Konflikten stark geprägt wurden.[23]

Der Freedom Summer ging nahtlos in eine Campus-Revolte über. An der University of Michigan in Ann Arbor hatte sich eine zunächst recht kleine und elitäre studentische Bewegung herausgebildet. Ihr institutioneller Kern war der SDS, der wiederum in der alten Linken der 1930er Jahre wurzelte.[24] Hier sind die Parallelen zur Bundesrepublik deutlich zu erkennen. Beeinflusst von den Schriften des Soziologen C. Wright Mills und nonkonformen Linken der Weimarer Zeit, wie dem Emigranten Karl Korsch, die an die Verantwortung der jungen intellektuellen Elite bei der Überwindung gesellschaftlicher Ungleichheiten appellierte, brach das Häuflein der SDS-Aktivisten einerseits mit marxistischen Dogmen und machte andererseits gegen bürokratisierte Strukturen, technokratische Modernisierungsideologien und die schwarz-weiße Weltsicht des Kalten Krieges mobil. Im »Port Huron Statement« (1962) sind die Überlegungen zu einer »partizipatorischen Demokratie« zusammengefasst. Es kritisierte die eingespielten parlamentarischen Verfahren als ungenügend, war skeptisch gegenüber Institutionen, hielt die »real existierende« Demokratie für manipulativ, und schlug, wiederum mit mehr implizitem als explizitem Bezug auf die sozialen Normen einer Konsumgesellschaft, den Bogen von

---

22 Vgl. ebd., S. 94.
23 Vgl. *Martin Klimke*: The Other Alliance. Student Protest in West Germany and the United States in the Global Sixties, Princeton (NJ) 2010.
24 Vgl. *James Miller*: »Democracy is in the Streets«. From Port Huron to the Siege of Chicago, New York 1987.

politischer Mitbestimmung zu persönlicher Glückserfüllung und Autonomie.[25]

Zum Mekka der Protestbewegung wurde 1964 die University of California in Berkeley. Dort traf alles zusammen: die Einflüsse des Mississippi Freedom Summer, die Überfüllung der Universität, angesichts der Überlast eine frühe Computerisierung der Verwaltung, was als besonders entwürdigend und manipulativ empfunden wurde, aber auch die Regulierung von Sexualität in Studentenwohnheimen (wie auch in Frankreich ein wichtiger Auslöser von »1968«). Die Unterdrückung der freien Rede im September 1964, als das Verteilen von Flugblättern verboten wurde, zog eine Explosion nach sich, mit dem »*Free Speech Movement*« als Höhepunkt.[26] 1965 wurde an der University of Michigan in Ann Arbor das erste »*teach-in*« zu Vietnam organisiert. Weil 1966 die Zurückstellung von Studenten vom Wehrdienst aufgehoben wurde, rückte der inzwischen auch militärisch eskalierende Vietnamkrieg ins Zentrum der Aufmerksamkeit.

Neben der (südlichen) Bürgerrechtsbewegung und der (nördlichen) Campus-Revolte kam somit als dritter und alsbald wichtigster Kristallisationspunkt der Anti-Vietnamkriegs-Protest hinzu. In der Friedensbewegung verschmolz die Systemkritik zu einem einzigen Komplex. Vietnam wurde zum »Exempel«. 1965/66 setzten die Friedensmärsche ein, mit ersten Höhepunkten schon im Oktober 1967, als 20.000 Demonstranten das Verteidigungsministerium belagerten (»*March on the Pentagon*«). Als 1966 und 1967 erste Aufstände in den innerstädtischen Ghettos der USA auflodertern, verglichen Aktivisten wie Stokely Carmichael vom SNCC und Tom Hayden vom SDS die Situation an diesen »inneren Peripherien« mit der »Dritten Welt«. Enttäuscht über mangelnde Fortschritte und inspiriert von südamerikanischen Guerilleros wie Che Guevara, rief Carmichael, der den Begriff »*Black Power*« popularisierte, zum bewaffneten Befreiungskampf auf. Er und andere Aktivisten reagierten damit auch auf die brutalen Gegenbewegungen der weißen Rassisten und der durchaus nicht »farbenblinden« Polizei. Zugleich kündigten der SNCC und die ihm nahestehenden *Black Panthers* ostentativ die Zusammenarbeit mit weißen Aktivisten auf. Rassismus wurde mit Rassismus bekämpft, die »Bewegung« zerklüftete sich schon vor 1968.[27]

---

25 Das »Port Huron Statement« ist abgedruckt in: Ebd., S. 329–374. Siehe dazu auch den Beitrag von Detlef Siegfried in diesem Band.
26 Vgl. *W. J. Rorabaugh*: Berkeley at War: The 1960s, Berkeley (CA) 1989.
27 Vgl. *Manning Marable*: Race, Reform, and Rebellion. The Second Reconstruction in

Drei wichtige Gemeinsamkeiten und Unterschiede zwischen den im Austausch stehenden Bewegungen der Neuen Linken beiderseits des Atlantiks lassen sich festhalten:

1. Die für die Neue Linke zentrale Idee einer »partizipatorischen Demokratie« stand in einer kritischen Spannung zu dem von Willy Brandt vertretenen institutionellen Verständnis parlamentarischer »sozialer Demokratie«. Johannes Agnoli hatte 1967 von der »Transformation der Demokratie« gesprochen und dabei den Staat als das »legale Instrument« bezeichnet, mit dem die »Massen« von der Mitwirkung ausgeschlossen würden. Ähnlich argumentierte das Port Huron Statement.
2. Mobilisierend wirkte beiderseits des Atlantiks der Vietnamkrieg, wobei an bereits laufende Debatten über die anti-kolonialen Befreiungskämpfe seit Anfang der 1960er Jahre angeknüpft wurde.[28] Die Idee der »globalen Solidarität«, die »1968« einforderte, stand ebenfalls in einem Spannungsverhältnis zur prinzipiell national gedachten »sozialen Demokratie«, die Brandt repräsentierte.
3. Für die Neue Linke der USA war die »Rassenfrage« zentral. Hier fehlen direkte Vergleichspunkte in der Bundesrepublik, auch wenn die Vorstellung einer »inneren Peripherie« zu den Begründungszusammenhängen des deutschen »1968« gehört und sich etwa die RAF zur deutschen »*Black Power*«-Bewegung stilisierte.[29] Die sehr viel näher liegende Frage des Ausschlusses der »Gastarbeiter« von demokratischer Mitbestimmung lag damals weit außerhalb des bundesrepublikanischen Horizonts.

Black America, 1945–1990, Jackson (MS) 1991, S. 86 ff.; *Philipp Gassert*: Die amerikanischen Träume zersplittern: 1967 in den USA, in: *Aus Politik und Zeitgeschichte* 67 (2017), 5–7, S. 15–20.
28 Vgl. *Quinn Slobodian*: Foreign Front. Third World Politics in Sixties West Germany, Durham (NC) 2012.
29 Vgl. *Maria Höhne/Martin Klimke*: A Breath of Freedom. The Civil Rights Struggle, African American GIs, and Germany, New York 2010, S. 107–122.

»1968«, der konservative backlash in den USA und der bundesdeutsche Sonderfall

1967 hatten Rudi Dutschke und Gaston Salvatore die Schrift des kubanischen Revolutionärs Che Guevara »Schafft zwei, drei, viele Vietnams« übersetzt – und sich erträumt, dass es nach dem Vorbild der Befreiungsbewegungen in Lateinamerika, Afrika und Asien gelingen könne, die Verhältnisse auch in Europa und den USA zu revolutionieren.[30] Doch hier wie dort gelang es den Aktivisten nicht, die zentrale Achse der Weltpolitik von der Ost-West- in die Nord-Süd-Richtung zu drehen. Aus den USA, Frankreich und der Bundesrepublik Deutschland wurde kein zweites oder drittes Vietnam. In ihrem politischen Anspruch scheiterten die Bewegungen von »1968«, weshalb sich im Rückblick viele der ehemaligen Protagonisten auf die Interpretation einigten, die »Revolte« sei zwar politisch stecken geblieben, aber kulturell sehr folgenreich gewesen und habe zur Liberalisierung und Demokratisierung der politischen Kultur entscheidend beigetragen.[31]

Parteipolitisch gesehen schlug das Pendel in der Bundesrepublik 1969 nach links aus. Dies dürfte jedoch mehr mit der besonderen Konstellation in den ersten beiden Dekaden nach der Gründung des »Bonner Provisoriums« zu tun gehabt haben als mit den Einflüssen von »1968«. Die Christdemokraten konnten sich vor dem Hintergrund des Kalten Krieges, aufgrund der deutschen Teilung und angesichts der Erinnerung an die Instabilität der Weimarer Republik gegen den Trend im atlantischen Westen behaupten, als in den 1960er Jahren zumeist die gemäßigte parlamentarische Linke die Wahlen gewann und regierte.[32] Trotz massiver interner Querelen, wie dem unfruchtbaren Streit zwischen »Atlantikern« und »Gaullisten« sowie der programmatischen Auszehrung der alten Adenauer-CDU, glückte es der Union bis 1969, ihre Positionen in Bonn zu verteidigen und den seit Adenauers Abschied überfälligen »Machtwechsel« zu verhindern.[33] Gemeinsam mit der SPD konnten CDU und CSU

---

30 Vgl. *Che Guevara*: *Schaffen wir zwei, drei, viele Vietnam*. Brief an das Exekutivsekretariat von OSPAAL. Eingeleitet und übersetzt von Gaston Salvatore und Rudi Dutschke, Berlin 1967.
31 Vgl. *Silja Behre*: Bewegte Erinnerung. Deutungskämpfe um »1968« in deutsch-französischer Perspektive, Tübingen 2016, S. 362–366.
32 Vgl. *Eckart Conze*: Die Suche nach Sicherheit. Eine Geschichte der Bundesrepublik Deutschland von 1949 bis in die Gegenwart, München 2009, S. 265–272.
33 Vgl. *Frank Bösch*: Die Adenauer-CDU. Gründung, Aufstieg und Krise einer Erfolgspartei, 1945–1969, Stuttgart 2001, S. 339–355.

1968 sogar die Notstandsgesetze verabschieden, obwohl diese Ergänzung des Grundgesetzes sowohl für die Neue Linke als auch für wichtige Teile der Gewerkschaften und der Sozialdemokratie 1968 den Fokus ihres »Widerstandes« gegen den »CDU-Staat« und einen temporären Punkt der Kooperation zwischen Teilen der »alten« und der »neuen« Linken gebildet hatte.[34]

Auch in den USA steht der Regierungswechsel im Januar 1969 für einen politischen Einschnitt, nur nicht im Zeichen einer Links-, sondern einer gebremsten Wende nach rechts. Nixon hatte in populistischer Manier nicht allein gegen Protestler agitiert, sondern gegen das demokratische Establishment. Dieses machte er für Staatsversagen und die Fehler der Kriegsführung verantwortlich. Er machte zugleich symbolische Politik mit der »Rassenfrage«, obwohl er dann trotz seiner ausgeprägt anti-elitären Rhetorik die konsensliberalen, auf Modernisierung durch staatlichen Input setzenden Reformen seines Vorgängers fortsetzte. Nixon hat mit dem *New Deal* noch nicht gebrochen. In der Ära Nixon wurde vielmehr der Wohlfahrtsstaat weiter ausgebaut, u. a. mit Hilfen für unterstützungsbedürftige Familien mit Kindern. Der US-Präsident forderte einen nationalen Krankenversicherungsplan, ließ geschlechtsspezifische Diskriminierung im Bildungswesen verbieten und erschloss der Bundesregierung mit wichtigen umweltpolitischen Initiativen sowie der Gründung einer nationalen Umweltbehörde neue Kompetenzbereiche.[35] In seine Amtszeit fallen nicht nur große Durchbrüche in der Umweltpolitik. Nixon hatte, mit Einschränkungen, auch eine »*civil rights agenda*«, wobei er den Fokus von den Afroamerikanern auf die Latinos verschob.[36]

Wie Brandt machte also auch Nixon Politik mit »1968«. Doch während der deutsche Kanzler als »Linker« den produktiven Beitrag der APO für die Erneuerung der politischen Kultur anerkannte, nutzte der US-Präsident als »Konservativer« das Potential eines symbolpolitischen Konflikts mit der »Gegenkultur«. In der Sache also agierte Nixon wie ein konsensliberaler Modernisierer der 1960er Jahre, mit einer der sozial-liberalen

---

34 Vgl. *Klaus Schönhoven*: Wendejahre. Die Sozialdemokratie in der Zeit der Großen Koalition 1966–1969, Bonn 2004, S. 267–289.
35 Vgl. *James T. Patterson*: Grand Expectations. The United States, 1945–1974, Oxford 1996, S. 718–735; *Small* 1999, S. 185–203.
36 Vgl. *John D. Skrentny*: Zigs and Zags: Richard Nixon and the New Politics of Race, in: *Kenneth Osgood/Derrick E. White* (Hrsg.): Winning While Losing. Civil Rights, the Conservative Movement, and the Presidency from Nixon to Obama, Gainesville (FL) u. a. 2014, S. 26–54.

Koalition verwandten Agenda. Doch in seiner populistischen Rhetorik eines Kulturkrieges zwischen »patriotischen« Amerikanern und einer »unamerikanischen Gegenkultur« leistete er Tendenzen der gesellschaftlichen Spaltung Vorschub und unterschied sich darin massiv von Brandt. Die konservative Wende der USA in den 1970er Jahren wurde von Nixon daher angebahnt. Man darf dabei nicht vergessen, und hierin liegt ein eklatanter Unterschied zur Bundesrepublik, dass in den USA hinter vielen politischen Konflikten fundamental rassistische Praktiken und Haltungen standen und stehen. Diese wurden trotz der legalen Beendigung der Rassendiskriminierung nie vollständig aus dem Weg geräumt und bildeten den unausgesprochenen Subtext des *backlash*. Denn Nixon versuchte, Wallace entscheidende Stimmen abzunehmen, indem auch er rhetorisch auf die »Rassenkarte« setzte.

Zu den wichtigen parteipolitischen Folgen von »1968« in den USA gehörte das überraschend starke Abschneiden von Senator George McGovern aus North Dakota bei den Vorwahlen der Demokraten 1968 und dann dessen Nominierung zum Präsidentschaftskandidaten 1972. Er positionierte sich als Repräsentant des »linken«, progressiven Parteiflügels und fand viele Anhänger auch unter Studierenden (wie Bernie Sanders 2016). Der an sich bodenständige McGovern wurde von Nixon als Liebling der Ostküstenpresse gebrandmarkt, als »*Mr. Radical Chic*«, der für linke Radikale und demokratisches Establishment gleichzeitig spreche.[37] McGovern verlor die Präsidentschaftswahlen 1972 trotz der schon laufenden Watergate-Untersuchungen krachend. Doch indem er außer den jungen Protestlern von »1968« (»*baby boomer*« in der US-Terminologie) auch ethnische Minoritäten und Afroamerikaner an sich band, legte er die Grundlage für die Koalition, die bis heute die Demokratische Partei dominiert.[38]

Aufgrund der bis 1992 andauernden und nur von Jimmy Carter kurz unterbrochenen Dominanz der Republikaner im Weißen Haus und der Besonderheiten des politischen Systems, drifteten »alte« und »neue« Linke in den USA parteipolitisch weniger auseinander als in der Bundesrepublik, wo der Durchbruch der Grünen während der Kanzlerschaft von Helmut Schmidt erfolgte. Um in Paul Floras Bild zu bleiben: Willy Brandts bärtige Söhne hüpften aus dem Körbchen des Pilzsammlers spätestens

---

37 *Farber* 1994 (wie Anm. 9), S. 309.
38 Vgl. *Maik Bohne/Torben Lütjen*: Mehr als nur Wahlkampfmaschinen: Über die neue Lebendigkeit US-amerikanischer Parteien, in: *Christian Lammert/Markus B. Siewert/Boris Vormann* (Hrsg.): Handbuch Politik USA, Wiesbaden 2016, S. 265–284, hier S. 271.

Mitte der 1970er Jahre wieder heraus, als sich der Konflikt um die Atomenergie zum symbolischen Spaltpunkt steigerte. Hier zeigte sich, dass die Kohäsionskräfte der »alten Linken« nicht ausreichten, um das »linksalternative Milieu«, das sich in Opposition zur etablierten Politik sah, wieder vollständig einzubinden. Seine Protagonisten lehnten die modernisierungstheoretischen Prämissen der sozialdemokratischen Reformagenda ab. Unter der doppelten Herausforderung der Ökologie- und dann auch der Friedensbewegung der 1980er Jahre fächerte sich die Linke parteipolitisch wieder auf.³⁹

Man sollte nicht ganz übersehen, dass es auch in der Bonner Republik in Folge von »1968« Ansätze zu einer neokonservativen und zum Teil sogar rechts-nationalistischen Wende gab.⁴⁰ Ausgerechnet in dem bodenständigen und sich selbst oft als »liberal« zeichnenden Baden-Württemberg schaffte es die NPD 1968 mit knapp 10% in den Landtag, wie auch schon zuvor in einigen anderen Bundesländern. Auch gewann in dem am stärksten industrialisierten Bundesland 1972 mit Hans Filbinger ein konservativer Christdemokrat die Landtagswahlen. Dieser positionierte sich auch als innerparteiliche Alternative bewusst rechts von dem liberalen Pfälzer Helmut Kohl. Filbinger errang zum ersten Mal überhaupt im traditionell mit einer starken FDP ausgestatteten Südwesten die absolute Mehrheit für die CDU. Etwas abgemildert finden sich vergleichbare Tendenzen auch in Bayern und (Nord-)Hessen, von wo es der »Stahlhelmer« Alfred Dregger schließlich bis zum Vorsitzenden der Unionsfraktion im Bundestag (1982–1991) brachte. Auf den zweiten Blick gab es auch in der Bundesrepublik, wenn auch politisch wirksam nur auf Länderebene, eine konservative Gegenbewegung. Hierbei spielte »1968« und die aus der Studentenbewegung hervorgegangene RAF als politisch instrumentalisierbare Kontrastfolie zur Mobilisierung wertkonservativer Wähler eine Rolle.⁴¹

Die Bildung der sozial-liberalen Koalition in Bonn 1969 war das Ergebnis robuster Macht- und Parteipolitik und des handwerklich zünftigen

---

39 Vgl. *Mende* 2011, passim; *Gassert* 2018, S. 180–184.
40 Vgl. *Axel Schildt*: »Die Kräfte der Gegenrevolution sind auf breiter Front angetreten«. Zur konservativen Tendenzwende in den Siebzigerjahren, in: *Archiv für Sozialgeschichte* 44 (2004), S. 449–478.
41 Vgl. *Philipp Gassert*: Ein »rotes« oder »schwarzes« Jahrzehnt? Parteienlandschaft und politische Milieus in Baden-Württemberg in den 1970er Jahren, in: *Philipp Gassert/ Reinhold Weber* (Hrsg.): Filbinger, Wyhl und die RAF. Die Siebzigerjahre in Baden-Württemberg, Stuttgart 2015, S. 21–46.

Schmiedens von Bündnissen. Der für unser Land so wichtige und prägende »erste richtige« Machtwechsel kam mit Glück zustande. SPD und FDP setzten das Reformwerk der ersten Großen Koalition fort. Die Regierung Brandt/Scheel agierte innenpolitisch recht konsensual. Ihre Reformen waren denen von Nixon ähnlich. Dass die parteipolitische Entwicklung in den USA so anders verlief, hatte wesentlich mit systemischen Unterschieden zu tun. Während in der Bundesrepublik förmliche Koalitionen möglich sind, werden diese im Mehrheitswahlsystem der USA quasi innerhalb der Parteien geschlossen. So war die äußerst heterogene *New Deal*-Koalition, die in den 1970er Jahren zerbrach, im Unterschied zu den meisten europäischen Parteien nur ein (Wahl-)Bündnis ohne integrierenden Milieukern und Ideologie. US-Parteien fungierten zwar auch vor der konservativen Tendenzwende 1968 nicht ausschließlich als Wahlbündnisse. Aber sie prägten erst nach Nixon starke ideologische Positionen aus.

Fazit

Zusammenfassend lässt sich *erstens* sagen, dass die beiden Gewinner der Wahlen von 1968 und 1969, Richard Nixon und Willy Brandt, in ihrer politischen Rhetorik völlig konträre Ansätze verfolgten. Brandt setzte mit »Mehr Demokratie wagen« auf die ostentative Integration der Protestbewegungen der Jahre um 1968. Er machte sich öffentlich zentrale Begriffe der Neuen Linken wie »Partizipation«, »Teilhabe« und »Emanzipation« zu eigen. Nixon hingegen fuhr, nicht allein aus wahltaktischen Gründen, einen Kurs der scharfen Abgrenzung von der »*counter culture*«. Er führte seinen Wahlkampf als selbsternannter Sprecher der »schweigenden Mehrheit« gegen »1968« und den amerikanischen Liberalismus, machte Protestler und Neue Linke für Probleme der US-Gesellschaft einseitig verantwortlich.

Zweitens: In der politischen Praxis unterschieden sich Brandt und Nixon weniger fundamental als ihre parteipolitische Positionierung und öffentlichen Verlautbarungen erwarten lassen. Beide führten den Ausbau des Sozial- bzw. Wohlfahrtsstaates und den Abbau rechtlicher Diskriminierungen (vor allem von Frauen) fort. Nixon setzte in der Umweltpolitik ausgesprochen innovative Akzente, als das Thema im bundesdeutschen Politikbetrieb noch wenig Resonanz erzielte. Beide standen in den Traditionen staatlicher Reformpolitik, d. h. sie setzten die konsensliberale Modernisierungsagenda des Kalten Kriegs fort. In der Außenpolitik waren die Schnittmengen ohnehin groß, wenn es auch in der Frage der Umsetzung der jeweiligen Schritte von Détente und Ostpolitik zu den bekannten Eifersüchteleien und Spannungen kam. Diese addierten sich nicht zu substanziellen Differenzen, zumal beide Länder unterschiedliche weltpolitische Rollen spielten. Nixon zielte außenpolitisch noch weiter als Brandt, weil er von einer künftig multipolaren Welt ausging und Amerika auf eine Zeit nach dem Ost-West-Konflikt vorbereiten wollte.

Damit ist *drittens* klar, dass Brandts augenfälliges Werben um die Neue Linke, das in seiner ersten Regierungserklärung als Bundeskanzler zu erkennen ist, zwar kurzfristig erfolgreich war. Aber mittelfristig konnten die substanziellen Unterschiede zwischen »alter« und »neuer« Linker nicht überbrückt werden. Die Neue Linke, die sich um und auch aus »1968« heraus entwickelte, stand höchst kritisch zum reformerischen Mainstream des atlantischen Westens, so jedenfalls wie ihn Nixon und Brandt auf ihre Weise jeweils verkörperten. Die »1968er« hielten wenig von staatlich verantworteter, paternalistischer, auch »patriarchalischer«[42] Reformpolitik. Man wollte sich »emanzipieren«, bevorzugte ein basisdemokratisches, nicht parlamentarisches Modell von Partizipation. Brandt konnte diesen fundamentalen Konflikt zwischen »partizipatorischer« und »sozialer« Demokratie nicht heilen, zumal er sich als Kanzler vor allem auf die Außenpolitik konzentrierte.

Viertens: In den USA verwischte der Konflikt zwischen »alter« und »neuer« Linker auch daher schneller als in der Bundesrepublik, weil die Demokraten zum einen das Präsidentenamt verloren (wenn auch vorerst nicht ihre strukturelle Mehrheit im Kongress). Zum anderen repräsentierten Parteien in den USA in den 1970er Jahren weiter ein breiteres ideologisches Spektrum als in Deutschland (auch wenn sich dies in den 1990er Jahren ändern sollte). Die Demokraten schickten Politiker unterschiedlichster Herkunft und Couleur in den Kongress, von traditionellen Gewerkschaftern, evangelikalen Christen (wie Carter) bis zu ehemals Neuen Linken. So war Tom Hayden, eine der Führungsfiguren des amerikanischen SDS und der Autor des Port Huron Statement, von 1982 bis 2000 Abgeordneter bzw. Senator der Demokratischen Partei in Kalifornien.

---

42 Zur Gender-Dimension vgl. *Christina von Hodenberg*: Das andere Achtundsechzig. Gesellschaftsgeschichte einer Revolte, München 2018.

Fünftens ergibt sich der zentrale deutsch-amerikanische Kontrast aus der Rolle von »Rasse« für die US-Politik. Die Auseinandersetzungen um die Bürgerrechtsgesetze der 1960er Jahre stellen den Hintergrund der großen amerikanischen Verwerfungen der folgenden Jahrzehnte dar. Für die schon 1967/68 aufbrechenden gesellschaftlichen Spaltungen war der Faktor »*race*« ursächlich. In der Bundesrepublik fehlte um 1970 eine vergleichbare Konfliktlinie völlig. Trotz der starken »Gastarbeitereinwanderung« war etablierte Politik wie auch die hiesige Neue Linke weit davon entfernt, sich mit derartigen Fragen intensiver zu befassen. Die Migranten besaßen kein Wahlrecht und konnten daher von Brandt und der parlamentarischen Linken ohne politische Kosten ignoriert werden. Verständlicherweise musste der Kanzler den »Gastarbeitern« überhaupt keine Angebote machen. Er sah sie auch nicht als Teil des bundesdeutschen nationalen Selbst, wie seine Ausführungen aus Anlass des »Anwerbestopps« 1973 nur zu deutlich belegen.[43] Die US-Demokraten hingegen machten sich zum Fürsprecher nationaler Minoritäten, trugen damit aber auch zu ihrer politischen Marginalisierung bei, was Republikaner wie Nixon auf recht zynische Weise auszunutzen verstanden.

Sechstens wäre es lohnenswert, im historischen Kontext von »1968« dem Zielkonflikt zwischen den Forderungen der Neuen Linken nach »globaler Solidarität«, wie sie z. B. Dutschke und Hayden propagierten, und der prinzipiell national gedachten »sozialen Demokratie« weiter auf den Grund zu gehen, weil dies eine Problematik von heute aktueller Relevanz ist. Der Nord-Süd-Konflikt ist die oft vergessene Hauptfrage von »1968«. Die APO zog nicht allein politische Konsequenzen aus dem Emanzipations- und Freiheitsversprechen der Konsumgesellschaft, sondern thematisierte auch die Dekolonisierung und die damit einhergehende grundsätzliche Verschiebung der Machtverhältnisse weg von Europa. Man tritt Brandt nicht zu nahe, wenn man akzeptiert, dass er zwar ein ausgesprochen glaubwürdiger Befürworter einer verstärkten entwicklungspolitischen Zusammenarbeit war und sich als Altkanzler und Präsident der Sozialistischen Internationale für Nord-Süd-Fragen engagierte. Aber das war keine wichtige Baustelle seiner Kanzlerschaft. Die Sozialdemokratie konnte schon allein deshalb nicht in der Weise wie die Neue Linke globale Solidarität zur zentralen Plattform ihrer Politik machen,

---

43 Vgl. *Willy Brandt*: Notwendige europäische Solidarität in der Energiekrise. Interview des Bundeskanzlers, ARD, 23. November 1973, in: *Bulletin des Presse- und Informationsamtes der Bundesregierung*, Nr. 151, 27. November 1973, S. 1498 f.

weil Wahlen nun einmal auf nationaler Ebene gewonnen werden und der Sozialstaat national organisiert ist. Hier waren die Protestbewegungen von »1968« ihrer Zeit voraus und in ihrer Zielprojektion utopisch, da dies einer national orientierten Wählerklientel mehrheitlich nicht vermittelbar war (und ist). Dies galt und gilt auch für die USA. Bis heute dürfte sich daran wenig geändert haben, dass »soziale Gerechtigkeit« und »mehr Demokratie« überwiegend national gedacht werden.

»Von einem *weniger* zu einem *Mehr*«?
Mehr Demokratie im Wechselverhältnis von Protest, Partizipation und Moderne in deutschfranzösischer Perspektive

HÉLÈNE MIARD-DELACROIX

»Die Zeit war eine große Reise, sie führte uns von einem *weniger* zu einem *mehr*. Wir hatten eine andere Welt zum Ziel, die noch nirgendwo existierte, aber verheißen war.«[1] Dieser Rückblick des französischen Intellektuellen Régis Debray auf 1968 gibt den erwartungsvollen Optimismus der Zeit wieder, der eine ganze Generation in Bewegung setzte. Aber er nennt auch das Utopische und die Nichtrealisierbarkeit von Zukunftserwartungen. Willy Brandts Formel »Wir wollen mehr Demokratie wagen« aus seiner Regierungserklärung vom 28. Oktober 1969 wurde als eine Antwort auf das Verlangen der Jugend nach Partizipation, Emanzipation und Selbstgestaltung verstanden. Das ambitionierte Reformwerk sollte ein *Mehr* anbieten und die Gegenwart radikal zukunftsorientiert gestalten. Bei allen partiellen Rückschlägen und nicht gehaltenen Versprechen bleiben die inneren Reformen ein Erfolg der Regierung Brandt/Scheel. Nimmt man aber etwas Abstand, drängt sich die Frage auf: War die Bundesrepublik mit dem Brandt'schen Reformprogramm und -werk im internationalen Vergleich ein Vorreiter oder reihte sie sich lediglich in eine allgemeine Bewegung ein?

In Deutschland gelten die 1960er und 70er Jahre als die Epoche einer »Fundamentalliberalisierung«.[2] Zum großen Teil trifft das auch für den französischen Nachbarn zu. Dort wurde der damals sich beschleunigende und sich offen zeigende Wertewandel von einigen mit Erleichterung aufgenommen, von anderen aber als Orientierungsverlust und Ursache für die Desintegration bewährter Strukturen angesehen. Für die Geschichte

---

1 *Régis Debray*: Loués soient nos seigneurs. Une éducation politique, Paris 1996, S. 604: »Le temps était un grand voyage, il nous emmenait d'un *moins* vers un *plus*. Nous avions pour destination un autre monde, qui n'existait encore nulle part mais nous était promis.« Ins Deutsche übersetzt bei *Ingrid Gilcher-Holtey*: 1968. Eine Zeitreise. Frankfurt a. M. 2008, S. 112 f.
2 *Jürgen Habermas*: Die nachholende Revolution (Kleine politische Schriften VII), Frankfurt a. M. 1990, S. 21–28, hier S. 26. Vgl. auch *Ulrich Herbert* (Hrsg.): Wandlungsprozesse in Westdeutschland. Belastung, Integration, Liberalisierung 1945–1980, Göttingen 2002, hier v. a. die Einleitung des Herausgebers, S. 7–49.

der Bundesrepublik ist der Begriff der Modernisierung nicht unproblematisch – ohnehin wegen seiner eingebauten Normativität und weil er in der Vergangenheit von demokratiefeindlichen Kräften, nicht zuletzt vom NS-Regime, beschlagnahmt und pervertiert worden war und somit für die Forschung lange tabuisiert wurde. Insofern wirft die Fundamentalliberalisierung in der letzten Phase des Wirtschaftswunders (frz. »*trente glorieuses*«) zwei Fragen auf: Zum einen geht es um den historischen Ort der Partizipation vor dem Hintergrund des sozialen Wandels; zum anderen um das Verhältnis von Protest und Demokratisierung in sich stark modernisierenden Industrieländern. Das läuft auf die Frage nach einer eventuellen deutschen Besonderheit hinaus. Mithilfe des Vergleichs mit dem nächsten Nachbarn im Westen soll das Bahnbrechende an Brandts Programm und dessen Durchsetzung perspektivisch durchmessen und möglicherweise relativiert werden.

Das Reformprogramm des ersten sozialdemokratischen Kanzlers und seiner sozial-liberalen Koalition, das eine Antwort auf das Verlangen nach Emanzipation darstellte, lässt sich zusammengefasst nach folgenden vier Zielsetzungen gliedern: 1. *Partizipation* im Sinne größerer individueller Teilhabe am kollektiven Wirken, 2. *Demokratisierung* als Ablösung von Autoritätsstrukturen, 3. Ermöglichung von mehr *Freiheit* in der individuellen Lebensgestaltung, insbesondere durch mehr Chancengleichheit für die persönliche Entfaltung, unabhängig von Geschlecht, Herkunft und Milieu, sowie 4. *Modernisierung* der Strukturen über den Weg rationaler Planung. Diese vier genannten Leitprinzipien und nicht der Wunsch nach einer radikalen Politisierung des öffentlichen Lebens dominierten in Willy Brandts Denken und Handeln. »Modernität« wurde dabei nicht als gegebener Zustand verstanden, sondern als von Staat und Gesellschaft steuerbarer Fortschrittsprozess begriffen.

Im Folgenden wird anhand von fünf Thesen das Verhältnis der drei Begriffe Demokratisierung, Modernisierung und Protest zueinander in Frankreich und in der Bundesrepublik analysiert und nach einer westdeutschen Besonderheit gefragt.

Westdeutschland als Vorreiter der Demokratisierung und Emanzipation

Ein Vorreiter war die Bundesrepublik im deutsch-französischen Vergleich insofern, als hier der Liberalisierungs- und Demokratisierungsprozess eindeutiger auf Partizipation ausgerichtet war. Die überall geforderte Senkung des aktiven Wahlalters auf 18 Jahre erfolgte in Westdeutschland 1970, in Frankreich erst vier Jahre später mit dem Gesetz vom 24. Juni 1974 unmittelbar nach der Wahl Giscard d'Estaings zum Staatspräsidenten. Frankreich war in dieser Frage Schlusslicht hinter Großbritannien, der Bundesrepublik und den USA.

Auch die Unruhen, die allgemein unter der Chiffre »68« firmierten, hatten in der Bundesrepublik eindeutig früher als bei ihrem westlichen Nachbarn eingesetzt. Die Auseinandersetzungen um die Notstandsgesetzgebung, über die schon seit Anfang der 1960er Jahre öffentlich gestritten wurde, und das Aufkommen der APO als Reaktion auf die Bildung der Großen Koalition 1966 gaben der westdeutschen Protestbewegung einen längeren Anlauf, während Frankreich gerade zu Beginn der Dekade mit anderen Problemen konfrontiert war.

Einige der Liberalisierungsreformen in der Bundesrepublik wurden bereits in der Zeit der Großen Koalition auf den Weg gebracht. Beispielhaft zu nennen sind die im Juni 1969 verabschiedete Strafrechtsreform, die u. a. die männliche Homosexualität durch die Änderung des § 175 StGB entkriminalisierte und die Strafbarkeit des Ehebruchs abschaffte (in Frankreich 1975 mit der Ehescheidungsreform beschlossen), oder das am 1. Juli 1970 in Kraft getretene Gesetz über die rechtliche Stellung nichtehelicher Kinder. Mehr Partizipation brachte die Novellierung des Betriebsverfassungsgesetzes, die im Januar 1972 in Kraft trat und den Arbeitnehmern eine bessere Vertretung in den Unternehmen einräumte. Auch im Zentrum der Reform der Bundeswehr stand der autonom denkende und mitbestimmende Bürger, diesmal in Uniform. Mehr Freiheit und Chancengleichheit brachte die sozial-liberale Gesetzgebung insbesondere im Bildungsbereich mit der Einführung des BAFöG im Juli 1971, mit dem Ausbau der Hochschulen sowie mit der Umgestaltung von Studieninhalten und Ausbildungsgängen.[3] Vor allem das umfassende sozial-liberale Strukturmodernisierungsprogramm im Städte- und Straßenbau wurde von Rationalisierungsvorstellungen bzw. vom Ideal rationaler Planung geleitet.

Es wäre aber verkehrt zu behaupten, dass Frankreich in der Modernisierungsanstrengung den anderen westlichen Staaten hinterhergehinkt hätte. Auch dort war die Ambition zur Modernisierung Ende der 1960er Jahre keineswegs neu, aber sie war unter de Gaulle mit dem Instrument der Planung – und nicht der Partizipation – anders angelegt worden. Be-

---

3 Vgl. *Bernd Faulenbach*: Das sozialdemokratische Jahrzehnt. Von der Reformeuphorie zur Neuen Unübersichtlichkeit. Die SPD 1969–1982, Bonn 2011, S. 200–208.

reits zu Beginn seiner Amtszeit Ende der 1950er hatte de Gaulle die Planungstätigkeit des Staates als »*ardente obligation*« (»brennende Pflicht«) bezeichnet und mit den Strukturreformen des 5. Plans war die Modernisierung des französischen Produktionsapparats die allerhöchste Priorität gewesen. Es ging darum, dank des Wachstums zugleich die Unabhängigkeit des Landes und den zu dessen Stabilität notwendigen sozialen Frieden zu erreichen. Sehr gaullistisch war dabei der Wunsch, Frankreichs Größe abzusichern.

Auch nach de Gaulles Rücktritt und der Wahl Georges Pompidous 1969 fällt das französische Festhalten an einem top-down-Modell bei der Modernisierung mitsamt ihrer so aufgefassten sozialpolitischen Komponente auf. Quasi zeitgleich mit der Bundesrepublik wurde eine aktive Sozialpolitik in der Tradition des sogenannten »*gaullisme social*« geführt. Im Januar 1970 wurde die Grundrente erhöht, der monatliche Mindestlohn eingeführt und dynamisch an den Anstieg der Produktion und des Durchschnittslohns gekoppelt, was den Arbeitnehmern eine regelmäßige Lohnerhöhung garantierte.[4] Die Auffassung von Pompidou, wonach individuelle Anstrengungen der Empfänger mit der Aktion des Staats harmonieren sollten,[5] sah lediglich eine Form der Partizipation vor, die eher auf die Rettung des starken Staates als priorität auf die Mitbestimmung autonomer Bürger zielte.

Wenngleich sich in Frankreich auch die Überzeugung durchsetzte, dass der wirtschaftliche und technologische Wandel von neu organisierten sozialen Beziehungen begleitet werden sollte, erkannte man in Deutschland eindeutig früher – und davon zeugt die Wende des Godesberger Programms der SPD 1959 –, dass der Aufstieg der Mittelschichten einen Zwang zum Umdenken und Umorganisieren bedeutete. Pompidou versprach 1969 das Ende der sogenannten »einsamen Praxis der Macht« seines Vorgängers und beteuerte zugleich eine gesteigerte Aufmerksamkeit gegenüber den Forderungen des Mittelstands. Dennoch staute sich der Unmut weiter.

Auch sektoral betrachtet war die Bundesrepublik vergleichsweise ein Vorreiter. Insbesondere war im bereits dezentral organisierten Rundfunkwesen ihr Vorsprung in Sachen Liberalisierung und Partizipationszuwachs nicht zu übersehen, während das französische System der staatlich

---

4 Vgl. *Serge Berstein/Jean-Pierre Rioux*: La France de l'expansion, Bd. 2: L'apogée Pompidou 1969–1974, Paris 1995, S. 51 f.
5 Vgl. *Serge Berstein*: Histoire du gaullisme, Paris 2001, S. 347.

kontrollierten ORTF erst spät (1974) mühsam und noch beschränkt reformiert wurde. Bis zum Beginn der Amtszeit von Staatspräsident Mitterrand 1981 und der Zulassung von freien Sendern wurde eine Staatsaufsicht über Rundfunk und Fernsehen aufrechterhalten.

Der deutsch-französische Vergleich zeigt nicht zuletzt, dass die Grenzen der Finanzierbarkeit von ambitionierten Reformen früher in Bonn eingesehen wurden als in Paris.

Starke deutsch-französische Gemeinsamkeiten

Nicht anders als in Westdeutschland war in Frankreich das Verlangen nach mehr Partizipation damals nicht zu überhören, wenngleich unterschiedliche Gründe die Unruhe einer ganzen Generation speisten.[6] Ähnliche Umstände, die Wechselwirkung von gleichen Faktoren und auch vergleichbare Ausdrucksformen charakterisierten die »letzte Euphorie der Moderne«[7] (Paul Nolte), die in einer Bottom-up-Bewegung den Anstoß für einige Reformen gab. Wenngleich eine breite Masse der Bevölkerung sich nur schwer mit linksradikal revolutionären Zielen der Studentenbewegung und mit den Vorgängen an den Universitäten und auf der Straße identifizieren konnte, führten die generationell geprägten transnationalen Mobilisierungen in der zweiten Hälfte der 1960er Jahre dazu, dass die Existenz einer Jugend wahrgenommen wurde, die nicht nur eine plötzliche Konstruktion war.

In beiden Ländern wuchs die Zahl der Schüler und Studenten in den drei Jahrzehnten nach dem Krieg rapide an, wodurch es zu großen Engpässen in den universitären Infrastrukturen kam.[8] In Frankreich wurde dieses Phänomen als regelrechte Explosion wahrgenommen, als die Jugend in einer lautstarken Eruption jäh auf das politische Feld eines »gelangweilten Landes«[9] trat. Nach dem Wort von Jean-François Sirinelli erschien eine Generation, sie ragte heraus, da sie vergleichsweise besonders

---

6 Vgl. *Norbert Frei*: 1968. Jugendrevolte und globaler Protest, München 2008.
7 *Paul Nolte*: Riskante Moderne. Die Deutschen und der neue Kapitalismus, München 2006, S. 27.
8 Vgl. *Michel Margairaz/Danielle Tartakowsky*: Mai-juin 1968 et ses suites, in: *Michel Pigenet/Danielle Tartakowsky*: Histoire des mouvements sociaux, de 1814 à nos jours, Paris 2012, S. 474–485.
9 So der Titel des Artikels »Quand la France s'ennuie… « von *Pierre Viansson-Ponté*, in: *Le Monde*, 15. März 1968.

zahlreich war.[10] Der »*baby boom*« war eine gemeinsame Erfahrung beiderseits des Rheins.[11] Aber mehr noch kulturell als numerisch zeigte sich eine Generation, die (zumindest vordergründig) postmaterielle Werte vertrat, mehr Partizipation verlangte und die Abschaffung von allen möglichen autoritären Strukturen forderte.[12] In der Öffentlichkeit, das heißt außerhalb der politischen Repräsentationsorgane, wurde in beiden Ländern mit Unterstützung von Intellektuellen eine allgemeine Gesellschaftskritik artikuliert im Protest gegen den Vietnamkrieg, den Kapitalismus, den Kolonialismus, die patriarchalischen Geschlechterrollen sowie gegen eine fehlende Aufarbeitung der Vergangenheit.[13] Das Verlangen nach einem breiteren Zugang zu den Universitäten, aus denen »der Muff von tausend Jahren« vertrieben werden sollte, war in Nanterre und an der Sorbonne das gleiche wie in den deutschen Universitätsstädten.

Verbunden mit einer Neuinterpretation der marxistischen Theorie setzte die Neue Linke auf eine Politisierung und Demokratisierung der Gesellschaft »von unten«.[14] Die als antiautoritär und subversiv verstandene Forderung nach Autonomie, gar nach »*autogestion*« (Selbstverwaltung) als

---

10 Vgl. *Jean-François Sirinelli*: Les baby-boomers. Une génération 1945–1969, Paris 2003.
11 1966 machten die 15- bis 29-Jährigen 21,6% der bundesdeutschen und 21,5% der französischen Bevölkerung aus. Vgl. *Mathieu Dubois*: Génération politique. Les »années 68« dans les jeunesses des partis politiques en France et en RFA, Paris 2014, S. 10. Die Zahl der französischen Schüler stieg von einer Million (1950) auf 4,5 (1970) und schließlich 5 Millionen (1975). Bereits 1968 war die Zahl der französischen Studenten von 200.000 im Jahre 1960 auf eine halbe Million gestiegen, womit Frankreich in der Bildungsstatistik an der Spitze der westeuropäischen Staaten stand – im deutsch-französischen Vergleich hatte Frankreich mit 16 Studenten auf 1000 Einwohner mehr als doppelt so viele wie die Bundesrepublik mit nur 7,5. Vgl. *Ingrid Gilcher-Holtey*: »Die Phantasie an die Macht«: Mai 68 in Frankreich, Frankfurt a. M. 1995, S. 108.
12 Vgl. *Anne-Marie Sohn*: La jeunesse, un mouvement social ? (1955–1975), in: *Pigenet/ Tartakowsky* 2012, S. 555–562, hier S. 561; *Anne-Marie Sohn*: Âge tendre et tête de bois. Histoire des jeunes des années 1960, Paris 2001.
13 Vgl. *Günther Rüther*: Die Unmächtigen. Schriftsteller und Intellektuelle seit 1945, Göttingen 2016, S. 159; *Jean-François Sirinelli*: Intellectuels et passions francaises. Manifestes et pétitions au XX siècle, Paris 1990. Jean-Paul Sartre, Raymond Aron und Claude Levi-Strauss kritisierten das harte Vorgehen der Polizei und nahmen Partei für die rebellierende Jugend.
14 Vgl. *Gilcher-Holtey* 2008, S. 202; *dies.* 1995, S. 46 f.; *dies.*: 1968 – ein deutsch-französischer Vergleich, in: *Bernhard Gotto/Horst Möller/Jean Mondot/Nicole Pelletier* (Hrsg.): Krisen und Krisenbewusstsein in Deutschland und Frankreich in den 1960er Jahren, München 2012, S. 1–15.

Mittel der wirklichen Demokratisierung schwappte auf alle kulturellen Institutionen (Theater, Verlagshäuser, Rundfunkanstalten, u. ä.) über. In beiden Ländern lehnten sich die Studentinnen gegen das Verhalten ihrer männlichen Kommilitonen auf – z. B. mit dem Aufstand der Frauen im deutschen SDS im September 1968[15] –, und Frauen aus unterschiedlichen Kreisen protestierten gegen ihre Nichtanerkennung. So legten französische Feministinnen am 26. August 1970 am Arc de Triomphe einen Kranz nieder und zeigten ein Transparent mit der Parole »Es gibt jemanden, der noch unbekannter ist als der Unbekannte Soldat: seine Frau!«. Mit dem Protest der Frauen gegen naturalisierende kulturelle Konstruktionen und Vorurteile, gegen die faktische Ungleichheit der Geschlechter (»Proletarier aller Länder, wer wäscht eure Socken?«) und mit den im *Mouvement de Libération des Femmes* artikulierten Forderungen erfolgte eine Politisierung des Privaten, d. h. der Sexualität, der Liebe, der Mutterschaft, der Ehebeziehung.[16]

Unter Pompidou flaute die politische Agitation an den französischen Universitäten nach dem Mai 1968 nicht ab. Auch an den Gymnasien fand sie zwischen 1968 und 1975 permanent statt, mit Streiks und Protesten im jährlichen Rhythmus der Schul- und Hochschulreformen (Gesetz Debré 1973, Gesetz Fontanet 1974, Gesetz Haby 1975). Bei den sehr politischen Aktionen maoistischer Gruppen ging es, insbesondere nach dem Tod des Aktivisten Pierre Overney Anfang 1972, mehr um die Verbreitung einer revolutionären Bewegung als um Fragen der Bildungsorganisation.[17] Aber die verstärkte Nachfrage nach mehr Partizipation war in Frankreich weniger durch revolutionäre Zielsetzungen als vielmehr durch die Forderung nach der unmittelbaren Verbesserung der Arbeitsbedingungen geprägt. Die dauernde soziale Unzufriedenheit fand nicht nur in der Solidarisierung der Studenten und Arbeiter im Generalstreik 1968 ihren Ausdruck, sondern auch in der stetig hohen Zahl an Streiks in den 1970er Jahren.[18]

---

15 Vgl. *Gilcher-Holtey* 2008, S. 148–155.
16 Vgl. *Françoise Thébaud*: Le privé est politique. Féminismes des années 1970, in: *Pigenet/ Tartakowsky* 2012, S. 509–520, hier S. 512.
17 Vgl. *Pascal Dumontier*: Les situationnistes et Mai 1968. Théorie et pratique de la Révolution (1962–1972), Paris 1990, S. 218.
18 Auf dem Höhepunkt der Streikbewegung im Frühjahr 1968 streikten zwischen 7,5 und 9,5 Millionen Arbeitnehmer. Abgesehen davon, erreichte die Zahl der Streikstunden 1970/71 ihre höchsten Werte. Erst 1977 begann diese Kurve langsam zu sinken.

Die Worte des neugewählten Staatspräsidenten Giscard d'Estaing bei seiner Amtsübernahme am 27. Mai 1974 (»Ich höre das gewaltige Raunen des Volks, das nach Wandel und Veränderung verlangt«[19]) sprechen dafür, dass der festgestellte Stau eindeutig ein Push-Faktor für die »immense Reformbaustelle« war, die er einige Wochen später ankündigte. Die Notwendigkeit des Handelns war aber bereits von Simon Nora, dem Kabinettschef von Premierminister Chaban-Delmas, 1969 diagnostiziert worden. Wie für Brandts Versprechen von »mehr Demokratie« stellt sich für Frankreich die Frage nach dem Ausmaß der reaktiven Dimension der Politik und dem Gewicht von Grundsätzen und Überzeugungen. Im Diskurs jedenfalls sind kaum Unterschiede zur Bundesrepublik festzustellen.

Sprache und Diskurse der Modernisierung

Der deutsch-französische Vergleich lässt erkennen, dass sich die jeweiligen Diskurse über die Notwendigkeit der Demokratisierung zur Rechtfertigung der Reformen sehr ähnelten. In beiden Ländern zeigten alle Parteien ein besonderes Interesse für die Jugend.[20] Auch die Reformversprechen, die daraus folgten, wiesen viele Ähnlichkeiten auf. Aber die Verwirklichung der Reformen, also das, was in der Bundesrepublik »Fundamentalliberalisierung« genannt wird, fand in Frankreich zeitversetzt statt.

Pompidous Premierminister Jacques Chaban-Delmas sagte in seiner Regierungserklärung am 16. September 1969, also genau sechs Wochen vor Willy Brandts Rede im Bundestag, er habe die Gründe für den Mai 1968 verstanden und ihm schwebe eine »*nouvelle société*«, eine »prosperierende, junge und befreite« neue Gesellschaft vor. Für sein Handeln nannte er vier Achsen: »die Bildung und Information des Bürgers, die Verwandlung der Rolle des Staats, die Steigerung der Wettbewerbsfähigkeit der Volkswirtschaft sowie die Verjüngung der Strukturen«.[21]

---

19 »*J'entends l'immense rumeur du peuple qui nous a demandé le changement*«. Die Rede ist dokumentiert unter http://www.elysee.fr/la-presidence/discours-d-investiture-de-valery-giscard-d-estaing/ (wie alle folgenden Internetlinks zuletzt abgerufen am 3. Juli 2018).
20 Vgl. *Ludivine Bantigny*: Que jeunesse se passe? Discours publics et expertises sur les jeunes après Mai 68, in: *Vingtième Siècle. Revue d'Histoire* 25 (2008), Nr. 98, S. 7–18; *Dubois* 2014, S. 180–189.
21 Die Regierungserklärung von Jacques Chaban-Delmas vor der Assemblée nationale am 16. September 1969 ist dokumentiert unter http://discours.vie-publique.fr/notices/103002573.html.

Brandt stellte ebenfalls eine tiefgreifende Reform der Staatsstrukturen und der Machtpraxis in Aussicht, allerdings betonte er mehr die Ebene des Bürgers als die des Staates, auch im Bereich der Bildung, die er – ganz im Sinne von Ralf Dahrendorf – als Bürgerrecht auffasste.[22] Der deutsche Kanzler war ein Befürworter von Reformen nach skandinavischem Modell. Demgemäß und im Gegensatz zu denjenigen, die Staat und Gesellschaft revolutionieren wollten, setzte er auf einen progressiven Wandel. Wie bei seinem französischen Amtskollegen war bei Brandt die Absicht zu erkennen, das wirre Verlangen nach Partizipation eher in der Form von »Mitbestimmung« und »Mitverantwortung«[23] in kontrollierte Bahnen zu lenken. In seiner Regierungserklärung 1969 führte er aus: »Das Ziel ist die Erziehung eines kritischen, urteilsfähigen Bürgers, der imstande ist, durch einen permanenten Lernprozeß die Bedingungen seiner sozialen Existenz zu erkennen und sich ihnen entsprechend zu verhalten. [...] Diese jungen Menschen müssen aber verstehen, daß auch sie gegenüber Staat und Gesellschaft Verpflichtungen haben.«[24]

Dass Chabans Programm nicht umgesetzt wurde, erklärt sich größtenteils dadurch, dass der konservative Staatspräsident Pompidou das Projekt der »*nouvelle société*« nicht goutierte und seinen Premier 1972 entließ. Erst unter Giscard d'Estaing konnte ab 1974 die deutsch-französische Parallelität im Diskurs wieder und noch eindeutiger festgestellt werden. Der junge liberale Präsident, der sich als dynamisches Medien-Talent inszenierte, bekannte sich ausdrücklich zu einer Politik im Zeichen des Fortschritts und der Modernität – aber diesmal folgten den Worten auch Taten. Während in Bonn nach dem Kanzlerrücktritt Brandts und im Bangen vor einer Ölkrisenrezession bereits 1974 eine Aschermittwoch-Stimmung herrschte, sorgte das Modernisierungsversprechen der gemäßigten Rechten in Frankreich für eine noch von Zukunftsoptimismus geprägte Aufbruchstimmung.

Nach seinem knappen Wahlsieg gegen den Gaullisten Chaban-Delmas, den er dank der Stimmen der Frauen, Senioren, Erwerbslosen und der Landbevölkerung errang, verkündete Giscard am 27. Mai 1974 »eine neue Ära der französischen Politik, jene der Verjüngung und des Wandels Frankreichs«. Sein Ziel für das Land, das wegen des Erstarkens der Linken

---

22 Vgl. *Ralf Dahrendorf*: Bildung ist Bürgerrecht. Plädoyer für eine aktive Bildungspolitik, Hamburg 1965.
23 Das Wort »Mitverantwortung« kam bei Brandt fünf Mal vor und damit ebenso oft wie das französische Wort »*participation*« bei Chaban.
24 Deutscher Bundestag, Plenarprotokoll 6/5, 28. Oktober 1969, S. 20–34, hier S. 27 und S. 20. http://dip21.bundestag.de/dip21/btp/06/06005.pdf.

»in der Mitte zu regieren sei«, nannte er eine »*société libérale avancée*« (»fortgeschrittene liberale Gesellschaft«). Mithilfe einer liberal-konservativen parlamentarischen Mehrheit setzte Giscard d'Estaing in schnellem Tempo vielfältige Reformen durch. Sie betrafen u. a. den Platz der Jugend im politischen Leben, die Geburtenkontrolle, Informationsfragen und Medienfreiheit, die Erziehungsreform sowie Organisationsfragen in der Wirtschaft und im sozialen Bereich.[25] Zu den Reformen zählten die Senkung des Wahlalters, die Legalisierung des Schwangerschaftsabbruchs, ein neues Scheidungsgesetz, welches neben dem Schuldprinzip das Zerrüttungsprinzip einführte, die Liberalisierung und eine gewisse Pluralisierung im Rundfunk- und Fernsehbereich sowie eine Steuerreform, die durch die Besteuerung von Veräußerungsgewinnen für mehr Steuergerechtigkeit sorgen sollte. Viele dieser Reformen wurden von einer sehr breiten parlamentarischen Mehrheit aus Liberalen und gemäßigten Gaullisten sowie dem gesamten linken Lager mitgetragen. Ihr stand nur eine kleine Opposition um den streng konservativen Gaullisten Jean Foyer entgegen. Einige Reformversuche scheiterten, wie im Bildungswesen oder bei der Mitbestimmung (»*Rapport Sudreau*«) im Frühjahr 1976.[26]

Die Reformwelle dauerte gut zwei Jahre, bis Regierungschef Jacques Chirac vom Wirtschaftsexperten Raymond Barre abgelöst wurde. Er hatte Wichtigeres zu tun als Giscards Reformen weiterzutreiben: »Die große Frage heute und die einzige ist die Sanierung der Wirtschaftssituation«, behauptete Barre im November 1976. Zwar hatte es schon seit 1974 Wirtschaftsprobleme und vor allem einen steilen Anstieg der Arbeitslosigkeit gegeben. Dennoch waren die Jahre 1974–76 von einer eindeutigen Reformdynamik geprägt gewesen.

Partizipations- und Protestformen gegen die Modernisierung

Die Wechselbeziehung von Protest, Partizipation und Modernisierung war insgesamt aber in der Bundesrepublik wie in Frankreich komplexer, als es bis hierher scheinen könnte. In beiden Ländern wandten sich diejenigen, die mehr Partizipation forderten, teilweise auch gegen die moderne Lebenswelt selbst.

---

25 Vgl. *Jean-Jacques Becker*: Crises et alternances (1974–1995), Paris 1998, S. 34 f.
26 Vgl. *Alain Chatriot*: Du contrôle ouvrier à l'échec du projet modernisateur, in: *Vingtième siècle. Revue d'histoire* 29 (2012), Nr. 114, S. 183–197.

Abweichend von dem Schema, nach dem die Fundamentalliberalisierung im Übergang von den 1960er zu den 70er Jahren als Ergebnis des Verlangens nach Partizipation mit dem allgemeinen Fortschritt konvergierte, organisierten sich in beiden Ländern zugleich auch die Gegenkräfte. Sie mobilisierten sich im Namen der Autonomie des Subjekts und reagierten damit gegen die politischen Modernisierungsprojekte mit dem erklärten Ziel, sie zu stoppen. Die partizipative, also demokratische Komponente der Modernität verselbständigte sich und löste sich von den technologischen und wirtschaftlichen Aspekten ab. Zum Teil wurde der Begriff der Partizipation in die Richtung des Widerstands gebogen. Die Radikalisierung von basisdemokratischen Protestaktionen gewann in Frankreich an Sichtbarkeit mit dem Kampf um den Larzac (1971–1981), wo lokale Bauern sich gegen die Vergrößerung eines Militärlagers auflehnten und bis zu 100.000 Besetzer, auch aus Deutschland, anzogen, die unterwegs meist auch einen Halt im besetzten Kernkraftbaugelände Wyhl machten.[27]

Die Anti-Atomkraft-Bewegung am Oberrhein entstand vor dem Hintergrund umfassender Pläne für eine Industrialisierung des Oberrheintales. Insbesondere die Pläne für ein Atomkraftwerk in Fessenheim stießen bei Teilen der elsässischen Bevölkerung auf heftige Kritik und führten zur Gründung von Aktivistengruppen. Neben den Projekten von Bleichemiewerken auf beiden Seiten des Flusses rief der Bau eines Kernkraftwerkes im badischen Breisach Bauern und Winzer der Region auf den Plan, die negative Einflüsse auf ihre Felder und Weinberge fürchteten. Die Verlegung des Projekts an den Kaiserstuhl nach Wyhl ließ den Protest nicht abflauen, im Gegenteil.[28] Interessant war dabei die Vernetzung von Bürgerinitiativen über Grenzen hinweg und die Transfers bei der Entstehung der Umweltbewegung in beiden Ländern. Ähnliche Proteste fanden im bretonischen Plogoff statt;[29] in der Bretagne lehnten sich die Proteste der Landwirte auch gegen staatliche Großprojekte, gegen eine auf Massenproduktion ausgerichtete Landwirtschaft oder gegen den Tourismus auf.[30]

---

27 Vgl. *Pierre-Marie Terral*: Le Larzac: de la lutte paysanne à l'altermondialisation, Toulouse 2011.
28 Vgl. *Andrew S. Tompkins*: Better active than radioactive! Anti-Nuclear protest in 1970s France and West Germany, Oxford 2016.
29 Vgl. *Gilles Simon*: Plogoff, l'apprentissage de la mobilisation sociale, Rennes 2010.
30 Vgl. *Jean-Philippe Martin*: Histoire de la nouvelle gauche paysanne. Des contestations des années 1960 à la Confédération paysanne, Paris 2005.

Nicht zuletzt förderte die »Protestdemokratie«[31] die Wiederentdeckung regionaler Identitäten. Berühmt wegen der terroristischen Folgen ist das Beispiel des korsischen Aleria. Der hier stattfindende Aufstand gegen allzu intensive Weinproduktion wurde zur Geburtsstunde des *Front National de Libération de la Corse* im August 1975. Nicht gewalttätig war dagegen die Schaffung eines bewegten »Dreyeckland« am Oberrhein, das ein transnationales Konstrukt als Gegenentwurf zur regionalen Zusammenarbeit darstellte, wie sie seit den 1960er Jahren auf institutioneller Ebene entstanden war. Der Regionalismus war somit ein Charakteristikum vieler neuer sozialen Bewegungen – was ein interessantes Licht auf das Nationale in der Wechselbeziehung Demokratisierung/Modernisierung in den ausschließlich national konzipierten und durchgeführten Reformen der 1970er Jahre wirft.

Nationale Besonderheiten und Pfadabhängigkeiten

In dem Demokratisierungsprozess der 1970er Jahre gab es sowohl westdeutsche als auch französische Besonderheiten. Die Berücksichtigung von Pfadabhängigkeiten und einzigartigen Blockaden führt zu einem nuancierten Fazit in Bezug auf die Vorreiterposition der Bundesrepublik.

Grob gesehen lässt sich in beiden Ländern der gleiche Prozess einer Fundamentalliberalisierung hin zu einer geregelten »*participating democracy*« im System der repräsentativen Demokratie erkennen. Neue Formen des zivilgesellschaftlichen Engagements ermöglichen die aktive Partizipation von Individuen, wenngleich unterhalb dessen, was sich die Jugend von 1968 in den Parolen von schrankenloser Selbstbestimmung, von Abbau der Hierarchien und von Beseitigung jeder Form der Unterdrückung utopisch erhofft hatte. Ihr lautstarkes neues Verständnis von Politik, mit dem Ziel, die Missstände zu artikulieren und Lösungsmodelle experimentell zu erproben, musste sich letztendlich mit eher liberalen Gesetzen, nicht zuletzt zugunsten der mobilisierten Gruppen, abfinden. Auch sehr beeindruckende Streiks und der Versuch der »*autogestion*« wie im Fall der französischen Uhrenfirma Lip im Frühjahr 1973 wurden von institutionell eingerahmten Arbeitskonflikten abgelöst, in denen die Ge-

---

31 Vgl. *Lilian Mathieu*: La Démocratie protestataire. Mouvements sociaux et politique en France aujourd'hui, Paris 2011; *Nonna Mayer*: Sociologie des comportements politiques, Paris 2010, S. 198.

werkschaften ihre Macht wieder behaupteten. In beiden Ländern ließen sich also transgressive Formen des Konflikts mit neuen Akteuren und innovativen Aktionsformen wieder in die geordneten Bahnen von kontrollierten, nach festgelegten Modalitäten geführten Konflikten bringen.[32]

Dabei fällt die besondere französische Erfahrung einer eruptiven und dann lange währenden sozialen Krise auf. Die Verbindung von Jugendrevolution und Generalstreik 1968, wie sie Pierre Bourdieu als »kritisches Moment« in der »Konjunktion von historischen Ereignissen« bezeichnet hat,[33] fand in Westdeutschland nicht statt. Eine Erklärung ist das französische Top-down-Schema des sozialen Dialogs, das auch in der noch patriarchalisch klingenden Formel der »Teilung der Früchte des Wachstums« bei Giscard d'Estaing dominierte, wie auch die besondere Pfadabhängigkeit der französischen Oppositionskultur, die auf Protesten und zivilem Ungehorsam basiert. Eine andere Last des Gewohnten, bei der die Veränderung mehr Kraft kostet als das Weitermachen, war der Rundfunk- und Fernsehbereich mit der Tradition des Informationsmonopols unter de Gaulle. Mit der ORTF gelangte die französische Regierung damals ins Wohnzimmer eines jeden Franzosen. Erst beim zweiten Anlauf wurde das ORTF mit dem Gesetz vom 7. August 1974 in sieben Gesellschaften und vier Programme zerlegt. Dennoch setzte die Exekutive ihren starken Druck auf die Intendanten zunächst fort. Auch die Reformvorschläge der von der Regierung beauftragten »Sudreau-Kommission«, die in ihrem Bericht vom Februar 1975 u. a. Arbeitnehmerbeteiligung und Mitbestimmung in Unternehmen mit mehr als 2.000 Beschäftigten vorgeschlagen hatte, blieben nach dem Einbruch der Wirtschaftskrise auf der Strecke und hatten keine Priorität mehr. Währenddessen setzte die sozial-liberale Regierung unter Helmut Schmidt in Deutschland das Mitbestimmungsgesetz durch, das am 1. Juli 1976 in Kraft trat. In Frankreich blieb die rechte Parlamentsmehrheit dauerhaft ein Problem. Denn in ihren Reihen versiegte der Reformeifer, nachdem Reformversuche auch am Widerstand der Gewerkschaften gescheitert waren.

Eine deutsche Besonderheit, die auf die Last der Vergangenheit zurückzuführen ist, sticht in einem anderen Bereich ins Auge. In den Debatten um die Straffreiheit und die Legalisierung von Schwangerschaftsabbrüchen forderten die Frauen beiderseits des Rheins weitgehend das-

---

32 Vgl. *Doug McAdam/Sidney Tarrow/Charles Tilly*: Dynamics of contention, Cambridge 2001.
33 *Pierre Bourdieu*: Homo academicus, Paris 1984.

selbe. Sie reihten sich ein in die lange Geschichte der Forderungen nach einem einfacheren Zugang zur Schwangerschaftsverhütung und nach der Selbstbestimmung über den eigenen Körper (»Ein Kind, wenn ich es möchte«, »Mein Bauch gehört mir«). Bekanntestes Beispiel für die Wechselbeziehungen und Transfers zwischen den Nachbarländern in dieser Frage ist die deutsche Nachahmung des Manifests von 343 französischen Frauen, die am 5. April 1971 öffentlich bekannten, abgetrieben zu haben. Damit prangerten sie sowohl die mit illegalen Schwangerschaftsabbrüchen verbundenen gesundheitlichen Gefahren für Frauen an als auch die allgemeine Scheinheiligkeit in der Gesellschaft, vor allem der Männer, beim Umgang mit Abtreibungen.[34] Über die Gesetzesänderungen wurde in der Öffentlichkeit und im Parlament beider Länder äußerst kontrovers diskutiert und heftig gestritten. Von einer Mehrheit der Bevölkerung befürwortet,[35] wurde das französische Gesetz Veil, das den Abbruch bis zur zehnten Schwangerschaftswoche legalisierte, Ende November 1974 angenommen und später mehrmals ergänzt.[36] Die Reform des § 218 StGB zielte zunächst in die gleiche Richtung. Im April 1974 verabschiedete der Bundestag eine Neuregelung, die den Schwangerschaftsabbruch bis zur zwölften Woche erlaubte und straffrei stellte. Aber im Februar 1975 erklärte das Bundesverfassungsgericht die Fristenregelung für verfassungswidrig, da sie der Verpflichtung des Gesetzgebers zum Schutz menschlichen Lebens, die sich aus den Artikel 1 und 2 des Grundgesetzes ergibt, nicht gerecht werde. Es ist einleuchtend, dass dieses Urteil vor dem Hintergrund der Eugenik und der »Euthanasie«-Programme des NS-Regimes gesehen werden muss, die weiter ihre langen Schatten warfen.[37] Mit dem

---

34 Vgl. *Françoise Picq*: Libération des femmes. Les années-mouvement, Paris 1993. In der Zeitschrift »Stern« vom 6. Juni 1971 erklärten 374 deutsche Frauen: »Wir haben abgetrieben!«

35 In einer französischen Umfrage von September 1974 sprachen sich 65% der Befragten für eine Liberalisierung aus. Vgl. *Jean-Jacques Becker* 1998, S. 41.

36 1979 wurden die staatlichen Krankenhäuser verpflichtet, auf Verlangen Schwangerschaftsabbrüche vorzunehmen; ab 1982 übernahm die Sozialversicherung die Kosten; 2001 wurde die Frist auf zwölf Schwangerschaftswochen verlängert und die elterliche Zustimmungspflicht bei Minderjährigen aufgehoben. Zum deutsch-französischen Vergleich vgl. *Hélène Miard-Delacroix*: Deutsch-französische Geschichte 1963 bis in die Gegenwart. Bd. 11: Im Zeichen der Europäischen Einigung, Darmstadt 2011, S. 272–274.

37 Vgl. *Norbert Frei*: 1945 und wir. Das Dritte Reich im Bewußtsein der Deutschen, München 2005.

Vier-Indikationen-Modell wurde schließlich 1976 ein Ausweg aus der Blockade gefunden und der § 218 neu geregelt.

Fazit

Der deutsch-französische Vergleich ergibt, dass die westdeutschen Demokratisierungs- und Modernisierungsbemühungen in den 1960er und 70er Jahren eindeutig Teil einer allgemeinen Welle vertiefter Liberalisierung parlamentarisch verfasster Staaten waren. Dabei weisen Diskurs und Durchsetzung des Reformwerks in jedem Land Besonderheiten auf, die mit der jeweiligen politischen Kultur, mit unterschiedlichen Ausgangslagen und Pfadabhängigkeiten, d. h. auch mit unterschiedlichen Traditionen (föderalistischer Bottom-up in der Bundesrepublik vs. zentralistischer Top-down in Frankreich), und nicht zuletzt mit dem politischen und institutionellen Kräfteverhältnis zu tun haben. Der Vergleich zeigt in dieser Hinsicht einen Kontrast in der Position und Handlungsfähigkeit der Sozialdemokraten bzw. Sozialisten, die sich zusammen mit liberalen Verbündeten in der Mitte als die Kräfte des Fortschritts hin zur Liberalisierung bzw. Demokratisierung sahen. Während die SPD in der Bundesrepublik zusammen mit der FDP ab 1969 die Regierungsverantwortung innehatte, machte die französische SFIO eine tiefe Krise durch, die sie nach der Gründung der *Parti socialiste* erst allmählich in den 1970er Jahren überwinden konnte.

Wenngleich Westdeutschland gewissermaßen ein Vorreiter war, liberalisierte sich Frankreich bereits in der Amtszeit von Giscard d'Estaing – insgesamt etwas zeitversetzt, bei einigen Reformen aber auch zeitgleich mit der Bundesrepublik. Eine Art französisches Pendant zum sozial-liberalen Machtwechsel von 1969 gab es schließlich im Mai 1981 mit der Wahl von François Mitterrand zum Staatspräsidenten. Allerdings übernahm damit in Paris eine ganz andere, in Bonn völlig undenkbare Koalition aus Sozialisten und Kommunisten die Regierung. Mitterrand hatte bereits 1972 versprochen, »das Leben der Menschen verändern zu wollen« (»*changer la vie*«[38]). Den vielfältigen Reformen seiner Amtszeit, darunter prägnante wie die Abschaffung der Todesstrafe, wurde im Nachhinein attestiert, in der Kontinuität der »Befreiungsbewegung« von 1968 zu stehen.

---

38 So lautete der Titel des Programms der *Parti socialiste* 1972 und der Text des Parteilieds, das erstmals auf dem Parteitag in Nantes (17./18. Juni 1977) gesungen wurde.

In beiden Ländern mussten auch einige Erwartungen zurückgesteckt werden, als wirtschaftliche und soziale Krisen den Horizont verdunkelten. Eine tiefgreifende Demokratisierung mit mehr Partizipation und Mitbestimmung in den diversen Bereichen des Gesellschaftslebens fand aber langsam, sozusagen *peu à peu,* statt.

SORGE UM DIE DEMOKRATIE.
DEUTSCHE UND BRITISCHE KONSERVATIVE UND DAS LINKE
DEMOKRATIEPROJEKT IN DEN 1970ER JAHREN
MARTINA STEBER

Als Prophet des Untergangs trat Lord Hailsham Mitte der 1970er Jahre in der britischen Öffentlichkeit auf. In geradezu apokalyptischer Manier kündigte er das baldige Ende demokratischer Freiheit an.[1] Die Demokratie sei in ernster Gefahr, nicht nur im Vereinigten Königreich sondern überall im Westen – von außen herausgefordert durch den Warschauer Pakt und von innen bedroht von einer sozialistischen Revolution, die sich, wenn auch auf leisen Sohlen, unaufhörlich Bahn verschaffe. In Großbritannien würde diese zielstrebig von der seit 1974 amtierenden Labour-Regierung vorangetrieben. Die Sozialistische Internationale habe sich der britischen Exekutive bemächtigt und zerstöre die Demokratie.

Hailsham war nicht als esoterischer Spinner bekannt. Geboren 1907 als Quintin McGarel Hogg, machte er in der Conservative Party Karriere und profilierte sich nach 1945 als deren Ideengeber. Sein 1947 publiziertes und 1959 wiederaufgelegtes Pamphlet »*The Case for Conservatism*« wurde zu einem Manifest des britischen Konservatismus unter Winston Churchill, Anthony Eden und Harold Macmillan.[2] In den 1970er Jahren gehörte er zu jenen Parteigranden, die Margaret Thatcher skeptisch, aber nicht völlig ablehnend gegenüberstanden. Dabei vertrat Hailsham einen paternalistischen, christlich geprägten »*One-Nation Conservatism*« der alten, oftmals adeligen Tory-Elite.[3] Umso mehr musste sein prophetisch daherkommendes Niedergangsszenario erschrecken. Hailsham nutzte 1976 die prestigeträchtige Richard-Dimbleby-Lecture, um seine Warnung vor dem Ende der Demokratie per Radio in die britischen Haushalte zu trans-

---

1 *Lord Hailsham*: The Dilemma of Democracy. Diagnosis and Prescription, London 1978, z. B. S. 15.
2 Vgl. *Quintin Hogg*: The Case for Conservatism, Harmondsworth 1947.
3 Vgl. *S. M. Cretney*: Hogg, Quintin McGarel, second Viscount Hailsham and Baron Hailsham of St Marylebone (1907–2001), in: Oxford Dictionary of National Biography Online, https://doi.org/10.1093/ref:odnb/76372 (2007/11) (zur Nutzung dieser Quelle ist eine Zugangsberechtigung erforderlich). Zur Selbstdeutung vgl. Hailshams Autobiographie: *Lord Hailsham*: A Sparrow's Flight. The Memoirs of Lord Hailsham of St. Marylebone, London 1990.

portieren.⁴ Gastbeiträge bzw. Redeauszüge in großen Tageszeitungen ergänzten die Medienoffensive, und die Buchveröffentlichung unter dem Titel »*The Dilemma of Democracy*« zwei Jahre später rundete sie ab.⁵ Die Queen war nach der Lektüre des Buches indes weniger erschrocken als angetan. In einem persönlichen Brief ließ sie Hailsham wissen, dass sie es mit Vergnügen gelesen habe und sicher sei, dass »viele leicht verwirrte, von der BBC ramponierte Menschen« (»*many slightly muddled, BBC-battered people*«) die Dinge nun klarer sehen würden.⁶

Hailshams unheilschwangere Warnung vor dem Ende der Demokratie zeigt, wie sehr die Angst vor dem linken Demokratieprojekt in den mittleren und späten 1970er Jahren unter britischen Konservativen umging. Dem Thatcherismus, der als eine Variante konservativen Denkens und politischen Handelns seit 1975 formuliert wurde und immer klarere Konturen gewann,⁷ lag diese Sorge um die Demokratie zugrunde. Seine Anhänger verstanden ihn als Projekt zur Errettung der Demokratie in Großbritannien und als Speerspitze im Kampf gegen antidemokratische, sprich: kommunistische Tendenzen im »Westen«.

Ähnlich definierten Konservative in der Bundesrepublik ihre Rolle: als Warner vor einer sozialistischen Revolution auf leisen Sohlen, die die Bonner Republik in eine totalitäre Diktatur umzubilden im Begriff sei, und zugleich als Verteidiger der Demokratie des Grundgesetzes. Wie in Großbritannien war die Sorge um die Demokratie weit verbreitet und erfasste Publizistik wie Parteien gleichermaßen. Sie ließ eine Diskurskoalition aus Intellektuellen und Parteipolitikern aus CDU und CSU entstehen, die in der Geschichte der Bundesrepublik selten so eng war. Und wie in Großbritannien glauben deutsche Konservative, dass die Gefahr deshalb so real sei, weil sich die vermeintlichen sozialistischen Revolutionäre

---

4 *Lord Hailsham*: Elective Dictatorship. The Richard Dimbleby Lecture, in: *The Listener*, 21. Oktober 1976, S. 496–500.
5 Vgl. z. B. *Lord Hailsham*: How We Can Stop the Dictators at the Top, in: *Daily Mail*, 12. Januar 1976; Hailsham Call for Written Constitution to Limit Parliament's Powers, in: *The Times*, 15. Oktober 1976.
6 Zit. nach *R. W. Johnson*: High-Priest of Mumbo-Jumbo, in: *London Review of Books*, 13. Oktober 1997, S. 3.
7 Zur Genealogie des Thatcherismus vgl. *E. H. H. Green*: Ideologies of Conservatism. Conservative Political Ideas in the Twentieth Century, Oxford/New York 2002; *ders.*: Thatcher, London 2006; *Richard Vinen*: Thatcher's Britain. The Politics and Social Upheaval of the Thatcher Era, London 2009; *Dominik Geppert*: Thatchers konservative Revolution. Der Richtungswandel der britischen Tories (1975–1979), München 2002.

der Exekutive bemächtigt hatten. Willy Brandts Versprechen von »mehr Demokratie« bedeutete ihnen das genaue Gegenteil: den Anfang vom Ende der zweiten deutschen Demokratie.

So sehr sich die britischen und bundesrepublikanischen Gegenwartsdiagnosen ähnelten, so sehr waren die Ausgangspunkte der konservativen Warnungen vor dem Ende der Demokratie national bedingt. In der Bundesrepublik zielten die konservativen Angriffe neben der SPD auf die Studentenbewegung und die Neue Linke, in Großbritannien auf Labour und die Gewerkschaften. In der Bundesrepublik sahen Konservative die Symptome der Demokratiekrise in der Verweigerung gegenüber Autoritäten, der Ablehnung des Staates, der Untergrabung von institutionellen Verfahrensregeln oder der Missachtung moralischer und ethischer Prinzipien; in Großbritannien dagegen zuvorderst in der Politik der Gewerkschaftsführungen, die ihre organisatorische und politische Macht vorgeblich dazu nutzten, die Schaltstellen des britischen Staates zu besetzen, um diesen nach sozialistischem Bilde zu formen.

Die konservativen Debatten um die Demokratie der 1970er Jahre enthielten mithin transnationale wie nationale Momente. Der internationale Krisendiskurs dieses Jahrzehnts um die Zukunft der Demokratie wurde mithin nicht allein von den Theorien der Unregierbarkeit und des »*overload*« bestimmt,[8] sondern auch von konservativen Schreckbildern einer linkstotalitären Umbildung der Demokratie in den Staaten des transatlantischen Westens.[9] Am britischen wie bundesrepublikanischen Beispiel soll dieser Diskurs im Folgenden aufgeschlüsselt werden. Wie nahmen die Konservativen in beiden Ländern das linke Demokratieprojekt wahr? Welches Verständnis von Demokratie profilierten sie? In welche Kontexte ordneten sich die demokratietheoretischen Diskurse ein? Und nicht zuletzt: Welche politische Wirkung entfalteten die konservativen Warnungen vor dem nahen Ende der Demokratie?

---

8 Der Diskurs um Unregierbarkeit wurde von dem Bericht der Trilateralen Kommission aus dem Jahr 1975 bestimmt. Vgl. *Michel Crozier/Samuel P. Huntington/Joji Watanuki*: The Crisis of Democracy. Report on the Governability of Democracies to the Trilateral Commission, New York 1975.

9 Zu einer Geschichte der Demokratie im 19. und 20. Jahrhundert vgl. *Jan-Werner Müller*: Contesting Democracy. Political Ideas in Twentieth-Century Europe, New Haven/London 2011; *Paul Nolte*: Was ist Demokratie? Geschichte und Gegenwart, München 2012; *Charles Maier*: Democracy Since the French Revolution, in: *John Dunn* (Hrsg.): Democracy. The Unfinished Journey. 508 BC to AD 1993, Oxford 1997, S. 125–153.

Die britischen Konservativen und das Gespenst der sozialistischen Diktatur

Das Kernargument im britischen Konservatismus lautete, dass die Linke seit dem Wahlsieg Harold Wilsons im Februar 1974, mit dem die konservative Regierung unter Edward Heath knapp, aber eindeutig abgewählt worden war, an den Schalthebeln der Macht säße und die britische Demokratie konsequent in eine sozialistische Diktatur umgestalten würde. Ihre Methode sei die Wirtschaftspolitik, die bestimmenden Akteure seien die Gewerkschaften. Die Diskussion über die Gewerkschaften, ihre Rolle im Prozess des »*collective bargaining*« sowie ihre Rechte und Pflichten, wurde seit Mitte der 1960er Jahre kontrovers geführt. Im Gegensatz zur Bundesrepublik basierte das britische System der Arbeitnehmer-Arbeitgeber-Beziehungen auf dem Grundsatz des Voluntarismus, d. h. der freien Verhandlung und des Verzichts auf staatliche Regulierung. Während der ersten beiden Regierungen unter Wilson (1964–1970) hatte es in den Reihen der Labour Party ernsthafte Versuche gegeben, die Arbeitsbeziehungen gesetzlich zu regulieren und die interne Organisation der Gewerkschaften nach demokratischen Prinzipien zu ordnen. Sie scheiterten, wobei der spätere Premierminister James Callaghan, der 1976 Wilson folgte, die gewerkschaftsnahe Opposition in der Partei organisiert hatte.[10]

Die konservative Regierung unter Edward Heath trat 1970 mit dem Versprechen einer gesetzlichen Regulierung der Arbeitsbeziehungen an. Ohnehin galt in der Partei der Einfluss der Gewerkschaften als Hemmnis für Innovation und Wachstum und damit als wichtiger Grund dafür, weshalb die britische Wirtschaft im internationalen Wettbewerb schwächelte. Als fragwürdig galten das Instrument des »*closed shop*«[11] (die verpflichtende Mitgliedschaft aller Mitarbeiter eines Unternehmens in einer bestimmten Gewerkschaft), die Macht einzelner »*shop stewards*« (von Gewerkschaftsführern im Betrieb) sowie die Häufigkeit von Streiks, die aus konservativer Sicht auf die fehlende gesetzliche Regulierung von Arbeitskonflikten zurückzuführen waren. Der 1971 verabschiedete »*Industrial Rela-*

---

10 Zum Verhältnis zwischen Conservative Party und Gewerkschaften vgl. *Peter Dorey*: British Conservatism and Trade Unionism, 1945–1964, Farnham (Surrey)/Burlington, VT 2009.

11 Vgl. *ders*.: Individual Liberty versus Industrial Order. Conservatives and the Trade Union Closed Shop 1946–90, in: *Contemporary British History* 23 (2009), 2, S. 221–244.

tions Act« besiegelte die konservativen Regulierungspläne. Die Gewerkschaften sahen sich um ihr Recht auf freie Tarifverhandlungen gebracht und rannten mit aller Macht gegen das Gesetz sowie den liberalen wirtschaftspolitischen Kurs von Heath an. Dabei schreckten sie nicht davor zurück, mittels mitunter militanter Streiks die Regierung frontal anzugreifen. Als probates Mittel erwies sich die Beeinträchtigung der Energieversorgung, die sich während der Ölpreiskrise ohnehin in einer Stressphase befand, so dass Heath 1973 dazu gezwungen war, die Drei-Tage-Woche einzuführen und den nationalen Notstand auszurufen.[12]

Diese dramatischen Wochen im Winter 1973/74, als in Großbritannien buchstäblich die Lichter ausgingen, brannten sich ins nationale Gedächtnis ein – und in das konservative umso mehr.[13] Denn sie erschienen als schmachvoller Tiefpunkt einer Regierung, die auf ganzer Linie versagt hatte, weil sie sich der Macht der Gewerkschaften nicht widersetzte. Heath wurde in den Wahlen im Februar 1974 abgestraft, die der Premierminister unter der Überschrift »*Who governs Britain?*« angesetzt hatte. Besonders scharf fiel die Verurteilung seines Schlingerkurses in der Conservative Party aus: Durch die Preisgabe der marktliberalen und damit auch der konservativen Grundsätze habe die Regierung sich selbst der Legitimation beraubt. Die von der äußersten Linken gesteuerten Gewerkschaften hätten nicht nur eine konservative Regierung zu Fall gebracht, sondern zögen nun die Fäden in einer Labour-Regierung, die bloße Marionette gewerkschaftlicher Interessen sei.[14]

Harold Wilson, der den »*Industrial Relations Act*« umgehend zurückzog, und einen korporativen Ausgleich mit den Gewerkschaften im »*Social Contract*« suchte, wurde den turmhohen ökonomischen Problemen, die sich aus galoppierender Inflation, hoher Arbeitslosigkeit und Inflexibilität der Unternehmen ergaben, aber genauso wenig Herr wie Heath. Denn auch Wilson gelang es nicht, die Spirale aus Lohnerhöhungen und Preissteigerungen zu durchbrechen. Erst unter Callaghan stabilisierte sich die ökonomische wie politische Lage. Allein die ausgedehnten Streiks der

---

12 Vgl. *Robert Taylor*: The Heath Government and Industrial Relations. Myth and Reality, in: *Stuart Ball/Anthony Seldon* (Hrsg.): The Heath Government, 1970–1974. A Reappraisal, London 1996, S. 161–190.
13 Aus kulturgeschichtlicher Perspektive vgl. *Andy Beckett*: When the Lights Went Out. Britain in the Seventies, London 2009.
14 Vgl. *Martina Steber*: Die Hüter der Begriffe. Politische Sprachen des Konservativen in Großbritannien und der Bundesrepublik Deutschland, 1945–1980, Berlin/Boston 2017, S. 75–80.

Gewerkschaften des öffentlichen Dienstes im Winter 1978/79 machten diese Erfolge zunichte. Jener »*Winter of Discontent*« war das Vorspiel zur Wahl Margaret Thatchers im Mai 1979.[15]

Nach dem Sturz von Heath im Frühjahr 1974 glaubten die Konservativen allerdings nicht nur die britische Demokratie in ernster Gefahr, vielmehr sahen sie das gesamte Land im Niedergang (»*Decline*«) begriffen.[16] Die einst so stolze Imperialmacht lag gleichsam in der Gosse. Dass die britische Demokratie zu wanken schien, fügte sich in dieses Bild. In ihrer Besorgnis bestätigt fühlten sich die Konservativen angesichts der Debatten um die »*industrial democracy*«, einer »Wirtschaftsdemokratie«, die von den Labour-Regierungen vorangetrieben wurden. Dahinter verbargen sich komplexe Diskussionen um die Lösung der vertrackten britischen Arbeitsbeziehungen mittels korporatistischer Modelle bzw. Formen der betrieblichen Mitbestimmung, die sich nicht zuletzt die Bundesrepublik zum Vorbild nahmen. Die Gewerkschaften lehnten diese Initiativen mehrheitlich ab, Unternehmer und Konservative suchten die avisierte Arbeitnehmermitbestimmung so stark wie möglich einzudämmen. Es war kaum verwunderlich, dass das 1975 eingesetzte »*Committee of Inquiry on Industrial Democracy*« unter Lord Bullock bis 1977 zu keiner einheitlichen Linie fand. Das unternehmerfreundliche Lager legte einen Minderheitsbericht vor; der mitbestimmungsfreundliche Mehrheitsbericht der Kommission wurde von der konservativen Presse jedoch erwartungsgemäß zerrissen. Würden die Vorschläge umgesetzt, sei man auf dem besten Weg, die britische Demokratie zu beerdigen und stattdessen »*union rule*« – die Herrschaft der Gewerkschaften – zu installieren, ätzte die »Times«.[17]

Vor diesem Hintergrund bewegten sich die konservativen Debatten um die Demokratie. Dabei kristallisierten sich zwei Strömungen der Argumentation heraus, die beide in den Thatcherismus eingingen. Die eine wurde von Lord Hailsham repräsentiert. Die ursprünglich vorhandenen

---

15 Vgl. *Colin Hay*: Chronicles of a Death Foretold. The Winter of Discontent and Construction of the Crisis of British Keynesianism, in: *Parliamentary Affairs* 63 (2010), 3, S. 446–470.
16 Vgl. *Jim Tomlinson*: The Politics of Decline. Understanding Postwar Britain, London 2000, bes. S. 83–99; zum Krisennarrativ vgl. *Robert Saunders*: ›Crisis? What Crisis?‹. Thatcherism and the Seventies, in: *Ben Jackson/Robert Saunders* (Hrsg.): Making Thatcher's Britain, Cambridge 2012, S. 24–42.
17 Vgl. The British Abhor a Monopoly of Power, in: *The Times*, 27. Januar 1977. Zum »Bullock Report« und den Auseinandersetzungen um die »*industrial democracy*« vgl. *Adrian Williamson*: The Bullock Report on Industrial Democracy and the Post-War Consensus, in: *Contemporary British History* 30 (2016), 1, S. 119–149.

Sicherungsmechanismen der ungeschriebenen Verfassung, die den Schutz der Demokratie vor einer Usurpation durch eine militante Minderheit gewährleisten sollten, seien ausgehöhlt und das System der »*checks and balances*« aus den Angeln gehoben worden, so dass die Freiheit des Individuums fundamental bedroht sei.[18] Während die dominierende verfassungsrechtliche Lesart das Parlament als Garant für den Schutz der Freiheit bestimmte, lokalisierte Hailsham gerade dort jene Kräfte, die die Demokratie von innen zu zersetzen drohten.[19]

Fünf Gründe identifizierte Hailsham für die diagnostizierte Verfassungskrise. Er argumentierte erstens mit dem Machtverlust des Oberhauses durch den gesellschaftlichen Akzeptanzverlust des ständischen Systems und die Machtanmaßung eines von Labour geführten Unterhauses. Dadurch liege zweitens die legislative Gewalt allein beim Unterhaus, das sich jedoch die Exekutive mittels Fraktionszwang und Parteidisziplin einverleibt habe. Da zudem allein die Regierungsfraktion von der Zuarbeit durch einen stark ausgeweiteten Civil Service profitiere, sei eine gleichberechtigte Debattenteilnahme der Opposition unmöglich, deren Kontrollfunktion somit beschnitten werde. Die Entwicklung hin zu bürokratisierten Parteien hebele drittens das Prinzip der Unabhängigkeit eines Abgeordneten aus. Das Mehrheitswahlrecht werde so zu einem Mittel, um die Vorherrschaft von Parteiapparaten zu festigen. Wenn die regierende Partei aufgrund der Logiken des Mehrheitswahlrechts nur mehr maximal ein Drittel der wahlberechtigten Bevölkerung vertrat und in der Regierungspartei der extreme Flügel dominierte, dann regierte eine extreme Minderheit das Land. Solch ein Repräsentationsdefizit – das in weiten Kreisen der Conservative Party geteilt wurde und Forderungen nach Einführung des Verhältniswahlrechts untermauerte[20] – erkannte Hailsham viertens hinsichtlich der »*devolution*«, der Integration der Regionen in das Verfassungsgefüge, die sich im Falle von Schottland, Nordirland und Wales als Nationen im Vereinigten Königreich verstanden. Regionalistische Bewegungen und Parteien hatten in den 1970er Jahren erheblich an Gewicht

---

18 Vgl. *Hailsham* 1978, S. 126 f.
19 Vgl. *Peter Catterall*: ›Efficiency with Freedom‹? Debates about the British Constitution in the Twentieth Century, in: *ders./Wolfram Kaiser/Ulrike Walton-Jordan* (Hrsg.): Reforming the Constitution. Debates in Twentieth-Century Britain, London 2000, S. 1–42. Für einen Überblick über die Geschichte der britischen Verfassung vgl. *Martin Loughlin*: The British Constitution. A Very Short Introduction, Oxford 2013.
20 Vgl. *Peter Catterall*: The Politics of Electoral Reform since 1885, in: *ders./Kaiser/Walton-Jordan* 2000, S. 129–157, hier S. 142–147.

gewonnen, der Nordirland-Konflikt eskalierte in Gewalt. Fünftens und letztens machte Hailsham die Ausweitung der Staatstätigkeit seit 1945 für die Verfassungskrise verantwortlich, die weite Teile staatlichen Handelns der parlamentarischen Kontrolle entzogen habe. Die fortschreitende Zentralisierung vergrößere die Distanz zwischen Bürger und Staat und entziehe dem demokratischen System Vertrauen und Legitimation.

All diese Faktoren hätten dazu geführt, so Hailshams These, dass sich die britische Demokratie in eine »*elective dictatorship*«, eine Wahldiktatur, verwandelt hätte.[21] Diese sei in der Hand Labours, geführt von sinistren linken Mächten, auf dem besten Weg hin zur sozialistischen Diktatur.[22] Den einzigen Ausweg sah Hailsham in einer radikalen Verfassungsreform. Durch eine geschriebene Verfassung sollte die Macht des Parlaments eingehegt, das System der »*checks and balances*« festgeschrieben und die Freiheit des Einzelnen gewährleistet werden. Eine »*Bill of Rights*« sollte die Grundrechte kodifizieren, die Gerichte sollten über die Einhaltung der Verfassung wachen. Neben das Unterhaus, bestimmt durch das Mehrheitswahlrecht, sollte als zweite Kammer ein »*Senate*« treten, in dem mittels Verhältniswahlrecht die Regionen repräsentiert sein sollten. In diesen sollten sich zudem Regionalparlamente konstituieren. Hailsham schlug also ein Föderativsystem vor.

Das war ein radikales Programm, das die britische Verfassungstradition infrage stellte und Großbritannien an die kontinentalen Verfassungsstaaten angleichen wollte. Seinen Plan bettete Hailsham in konservative Begründungszusammenhänge ein. Nur so könne die britische Tradition des Parlamentarismus gerettet und verfassungsrechtliche Kontinuität garantiert werden. Es gehe um Kontinuität und Evolution, nicht um Wandel um des Wandels willen, unterstrich Hailsham – der »*Cicero of this time and place*«, wie die »Times« kommentierte.[23]

Mit seiner Forderung nach einer Rekonstruktion des »historischen Hauses« der britischen Verfassung[24] stand Lord Hailsham in den 1970er

---

21 Hailsham formulierte diese These bereits während der Wilson-Regierungen der 1960er Jahre, vgl. z. B. Wigg's a Loudmouth Moron, Says Hogg, in: *Daily Mail*, 29. März 1966; Dr Hogg's Remedy for the Constitution, in: *The Guardian*, 16. April 1969. In systematischer Weise publizierte er seine Thesen in *Quintin Hogg*: New Charter, London 1969.
22 Lord Hailsham's Warning, in: *The Times*, 13. Mai 1978; Thatcher Warning on Europe's Early Rising Marxists, in: *The Guardian*, 13. Mai 1978.
23 *T. J. O. Hickey*: Constitution under Mounting Attack, in: *The Times*, 5. Januar 1977.
24 Vgl. *Hailsham* 1976, S. 500.

Jahren nicht allein. Vielmehr trug er zu einem Diskurs bei, der von Politikwissenschaftlern und Juristen sowie juristisch versierten Parteipolitikern dominiert wurde und durch den Beitritt Großbritanniens zu den Europäischen Gemeinschaften 1973 dynamisiert worden war.[25] Die Debatte um das Für und Wider einer Implementierung der Europäischen Menschenrechtskonvention in britisches Recht wurde seit Ende der 1960er Jahre im House of Lords kontrovers geführt.[26] Europa galt Hailsham wie anderen Konservativen als Garant individueller Freiheit, als Interventionsmacht im Falle einer sozialistischen Umgestaltung des britischen Staates. Die europäische Menschenrechtskonvention stand seit den späten 1940er Jahren im Zentrum dieses konservativen Verständnisses des europäischen Integrationsprozesses. Nicht von ungefähr hatten britische Konservative, namentlich Winston Churchill und David Maxwell Fyfe, entscheidenden Einfluss auf ihre Formulierung genommen und die Aufnahme sozialer Rechte verhindert – ohne die 1950 verabschiedete Konvention schließlich in nationales Recht zu inkorporieren.[27] In dieser Tradition stand Hailsham und genauso in jener konservativen Verfassungsinterpretation, in der die Skepsis gegenüber der Massendemokratie, gegenüber einem Zuviel an Gleichheit und gegenüber »*popular politics*« seit dem 19. Jahrhundert tief verankert war.[28]

Die zweite Strömung, die sich in den demokratietheoretischen Debatten der Konservativen in den 1970er Jahren herauskristallisierte, argumentierte wirtschaftspolitisch. Für sie stand der Journalist Samuel Brittan prominent ein. Zusammen mit Peter Jay, Wirtschaftsredakteur der »Times«, bereitete Brittan bei der »Financial Times« der marktliberalen

---

25 Als Überblick vgl. *Vernon Bogdanor*: Conclusion, in: *ders.* (Hrsg.): The British Constitution in the Twentieth Century, Oxford/New York 2003, S. 689–720.
26 Siehe die Debatten im Oberhaus um die Inkorporation einer »*Bill of Rights*« vom 23. April 1969, 22. Juli 1969, 26. November 1970, 25. März 1976, 3. Februar 1977 und 8. November 1979, in: Hansard, 1803–2005, https://hansard.parliament.uk. Vgl. auch *Michael Zander*: A Bill of Rights?, Chichester u.a. 1975; United Kingdom Charter of Human Rights. A Discussion Document for the Labour Movement, London 1976; *Patrick Cosgrave*: A Bill of Rights, in: *The Spectator*, 29. November 1975. Auch Keith Joseph trat in diesen Jahren für die Inkorporation einer »Bill of Rights« in die britische Verfassungsarchitektur ein. Vgl. *Andrew Denham/Mark Garnett*: Keith Joseph, Abingdon 2014, S. 301.
27 Vgl. *Marco Duranti*: The Conservative Human Rights Revolution. European Identity, Transnational Politics, and the Origins of the European Convention, New York 2017.
28 Vgl. *Vernon Bogdanor*: Introduction, in: *ders.* 2003, S. 1–28.

Wende unter Thatcher den Weg.[29] Die beiden Journalisten verschafften marktliberalen Ideen eine breite Öffentlichkeit und bildeten einen wichtigen Baustein in dem transatlantischen Geflecht aus Think Tanks, Wissenschaftlern und Politikern, in dem sich der Neoliberalismus amerikanischer Prägung seit den 1950er Jahren konstituierte.[30]

Brittan begnügte sich nicht mit journalistischen Beiträgen, sondern machte sich auch mit wirtschaftswissenschaftlichen Publikationen einen Namen, die sich dadurch auszeichneten, dass sie politiktheoretische Positionen in die Analyse einbezogen. In diesem Sinne intervenierte er 1975 mit seinem Aufsatz »*The Economic Contradictions of Democracy*« in die Debatte um die Zukunft der westlichen Demokratie.[31] Wiederum fungierte die britische Demokratiekrise als Beispiel, um grundlegende Ambivalenzen des westlichen Demokratiemodells zu beschreiben. Die liberale, repräsentative Demokratie, so die These, sei in beständiger Gefahr, an ihren inneren Widersprüchen zugrunde zu gehen. Die von Alexis de Tocqueville klassisch beschriebene Spannung zwischen Freiheit und Gleichheit löste Brittan zugunsten der Freiheit auf.

Die Gefahren, denen Demokratien ausgesetzt waren, lauerten nach Brittan zum einen in dem Überschießen der generierten Erwartungen. Versprechungen würden an der Wahlurne honoriert, egal ob sie realistisch seien oder dem Gemeinwohl dienten. Die Spirale aus Lohnerhöhungen und Inflation sowie die Versuche staatlicher Wirtschaftslenkung der 1970er Jahre führte Brittan auf die sich gegenseitig überbietende Erwartungsgenerierung der Parteien zurück, die in diesem Mechanismus gefangen seien. Hier schloss seine Diagnose an die Unregierbarkeitsdebatte der 1970er Jahre an.[32] Die Krise der britischen Wirtschaftskraft und die Krise

---

29 Vgl. *Roger Middleton*: Brittan on Britain. 'The Economic Contradictions of Democracy' Redux, in: *The Historical Journal* 54 (2011), 4, S. 1141–1168; *Ben Jackson*: Currents of Neo-Liberalism. British Political Ideologies and the New Right, c. 1955–1979, in: *English Historical Review* 131 (2016), 551, S. 823–850, bes. S. 843–849 (fokussiert auf Peter Jay).
30 Vgl. *Ben Jackson*: The Think-Tank Archipelago. Thatcherism and Neo-Liberalism, in: *Jackson/Saunders* 2012, S. 43–61; *Daniel Stedman Jones*: Masters of the Universe. Hayek, Friedman and the Birth of Neoliberal Politics, Princeton 2012.
31 Vgl. *Samuel Brittan*: The Economic Contradictions of Democracy, in: *British Journal of Political Science* 5 (1975), 2, S. 129–159.
32 Vgl. ebd., S. 130. Zur britischen *ungovernmentability*-Debatte vgl. *Middleton* 2011. Zur Debatte um die Unregierbarkeit vgl. *Gabriele Metzler*: Staatsversagen und Unregierbarkeit in den siebziger Jahren?, in: *Konrad H. Jarausch* (Hrsg.): Das Ende der Zuversicht? Die siebziger Jahre als Geschichte, Göttingen 2008, S. 243–260; *Jens Hacke*: Der

der britischen Demokratie waren untrennbar miteinander verknüpft, so die These.

Zum anderen wähnte Brittan die liberale Demokratie durch die ungehinderte Verfolgung von Gruppeninteressen bedroht. Denn sie ermögliche es einer kleinen, militanten Minderheit, ihre Interessen zulasten der Mehrheit durchzusetzen. Dieses Argument zielte auf die Gewerkschaften. Mittels ihrer Monopolstellung würden sie Regierungen zwingen, gegen das allgemeine Interesse zu handeln, und letztlich die Demokratie ad absurdum führen. Dass die Freiheit des Einzelnen, sich mit anderen in Verbänden zu organisieren, die Freiheit des Individuums gefährden konnte, definierte Brittan im Rückgriff auf Albert Venn Dicey als Paradox liberaler Demokratien.[33] Vor allem aber sah Brittan die Demokratie bedroht, weil der Grundkonsens über die gesellschaftliche Verfasstheit erodierte. Das Fehlen einer gemeinsamen Wertegrundlage, die schwindende Akzeptanz von Ungleichheit und Autorität sowie Materialismus und Individualismus untergrüben die Fundamente der Demokratie und ihrer Institutionen.[34] Dabei konzipierte er Politik in der Demokratie unter Verweis auf Joseph Schumpeter als Markt.[35] So gelte es, den politischen Markt wieder in sein Recht zu setzen, der demokratischen Freiheit des Individuums in der Freiheit als Marktteilnehmer seine Entsprechung zu verschaffen. Diese Ökonomisierung des Politischen war charakteristisch für das Demokratieverständnis im Thatcherismus. Die Lösung, die Brittan und andere vorschlugen, setzte bei der Wirtschaftspolitik an: Marktliberalismus, das Ende keynesianischer Steuerung, der Rückzug des Wohlfahrtsstaates und die Brechung gewerkschaftlicher Macht.

Das konservative, höchst alarmistische Räsonieren über die Demokratie im Großbritannien der 1970er Jahre hatte eine markante Schlagseite: Es nahm von ökonomischen Zusammenhängen seinen Ausgangspunkt und war auf die Rolle der Gewerkschaften konzentriert. Entscheidend

---

Staat in Gefahr. Die Bundesrepublik in den 1970er Jahren zwischen Legitimationskrise und Unregierbarkeit, in: *ders./Dominik Geppert* (Hrsg.): Streit um den Staat. Intellektuelle Debatten in der Bundesrepublik 1960–1980, Göttingen 2008, S. 188–206.

33 *Brittan* 1975, S. 145.
34 Vgl. ebd., S. 150–159.
35 Vgl. ebd., S. 132–137; *Samuel Brittan*: Inflation and Democracy, in: *Fred Hirsch/John H. Goldthorpe* (Hrsg.): The Political Economy of Inflation, London 1978, S. 161–185, hier S. 164–167.

war, dass der Demokratiediskurs unterschiedliche Strömungen im Konservatismus vereinte und dem Thatcherismus Legitimität und politische Kraft verlieh. Dabei verlor sich der verfassungspolitische Diskurs in der Conservative Party schnell, als diese die Regierung stellte. Von den demokratietheoretischen Problemen einer »*elective dictatorship*« war nun nichts mehr zu hören.[36] Margaret Thatcher nutzte vielmehr die Macht, die ihr das politische System bot.[37] Anstelle einer Verfassungsreform setzten die Konservativen auf Finanz-, Wirtschafts- und Gewerkschaftspolitik, um die britische Demokratie nach ihrem Bilde zu formen.

»Demokratisierung« und die Herausforderung von 1968 in der Bundesrepublik

In der Bundesrepublik hatten sich die konservativen Gemüter ob des linken Demokratieprojekts bereits ein halbes Jahrzehnt früher erhitzt. Auch hier stand ein politischer Machtverlust im Hintergrund: 1969 wurden CDU und CSU im Bund erstmals nach zwanzig Jahren auf die Oppositionsbänke verbannt. Die Rhetorik der Epochenwende, die von der sozialliberalen Koalition profiliert wurde, assoziierte die Linke mit Fortschrittlichkeit und unterstellte der Bundesrepublik ein Demokratiedefizit, das durch das Wagnis von »mehr Demokratie« behoben werden sollte.[38] Die Unionsparteien sahen nicht nur ihre eigene Leistung beim Aufbau der zweiten deutschen Demokratie negiert, sondern glaubten sich in die Rolle der Anti-Demokraten gedrängt. Dementsprechend empört waren die Reaktionen.

Schwerer aber wog, dass die SPD sich die Forderungen nach Partizipation, Emanzipation und »Demokratisierung« zu eigen machte, die die Studentenbewegung propagierte. Das mobilisierte nicht nur CDU und CSU, sondern auch Wissenschaftler und Intellektuelle, die konsensliberal geprägt waren, sich selbst als Demokratisierer verstanden hatten und nun

---

36 *Alan Watkins*: When Margaret's Eyes Glaze Over, in: *The Observer*, 31. Mai 1981.
37 Vgl. *Harford Thomas*: Adjusting to a Very Different Kind of World because the Good Old Days will not Return, in: *The Guardian*, 2. April 1980.
38 Siehe dazu den Beitrag von Elke Seefried in diesem Band und vgl. *Gabriele Metzler*: Politik nach Plan? Konzepte und Zielvorgaben für die Modernisierung von Politik, Wirtschaft und Gesellschaft, in: *Bernd Rother* (Hrsg.): Willy Brandt. Neue Fragen, neue Erkenntnisse, Bonn 2011, S. 189–206.

ihre Bemühungen konterkariert glaubten.[39] Dabei kristallisierte sich in der Debatte um die Zukunft der Demokratie eine Diskurskoalition aus Parteipolitikern und Intellektuellen heraus, innerhalb derer ein genuin bundesrepublikanischer, demokratischer Konservatismus entwickelt wurde.[40] Wie in Großbritannien war die Demokratiedebatte ein wichtiger Faktor in der Neuformulierung des Konservativen.

Sowohl von parteipolitischer als auch von intellektueller Seite wurde die konservative Kritik am sozialdemokratischen Demokratiemodell zunächst unabhängig voneinander formuliert. Zwei Positionen erhielten dabei stellvertretende Bedeutung für ein breites Feld von Interventionen. Bruno Heck, Generalsekretär der CDU, setzte die Debatte 1969 in Gang, indem er das Demokratieverständnis der Union von jenem absetzte, das er in der SPD zu erkennen vermeinte. Dabei lieferte er sich während des Bundestagswahlkampfs 1969 einen direkten Schlagabtausch mit Willy Brandt. In einer Fernsehsendung war Heck gefragt worden, was er von der sozialdemokratischen Forderung nach einer »Demokratisierung der Gesellschaft« halte. Demokratie, so seine Antwort, war für die CDU eine »Organisationsform des Staates, aber nicht in gleicher Weise [...] Gestaltungsprinzip der Gesellschaft«.[41] Darauf antwortete Brandt prompt in »Die Neue Gesellschaft« und stilisierte das Demokratieverständnis zum elementaren Unterscheidungsmerkmal zwischen SPD und Unionsparteien: »[H]ier ist die Alternative, die so viele übersehen haben: Für die CDU/CSU bedeutet Demokratie eine Organisationsform des Staates. Für die SPD bedeutet Demokratie ein Prinzip, das alles gesellschaftliche Sein der Menschen beeinflussen und durchdringen muss«.[42]

---

39 Vgl. u. a. *Riccardo Bavaj*: Verunsicherte Demokratisierer. »Liberal-kritische« Hochschullehrer und die Studentenrevolte von 1967/68, in: *Geppert/Hacke* 2008, S. 151–168; *Franka Maubach*: »Die Generation, auf die wir gewartet haben« – 45er, 68er und die Träume von einer »wahren« Demokratie. Ein Beitrag zur Beziehungsgeschichte politischer Generationen, in: *Kirsten Gerland/Benjamin Möckel/Daniel Ristau* (Hrsg.): Generation und Erwartung. Konstruktionen zwischen Vergangenheit und Zukunft, Göttingen 2013, S. 199–221.

40 Zur Formulierung eines liberalen Konservatismus in der Bundesrepublik vgl. *Nikolai Wehrs*: Protest der Professoren. Der Bund Freiheit der Wissenschaft in den 1970er Jahren, Göttingen 2014; *Jens Hacke*: Philosophie der Bürgerlichkeit. Die liberalkonservative Begründung der Bundesrepublik, Göttingen 2006; *Steber* 2017, S. 240–354.

41 *Bruno Heck*: Demokraten oder Demokratisierte? Eine notwendige Auseinandersetzung, in: *Die politische Meinung* 14 (1969), 128, S. 11–18, hier S. 11.

42 *Willy Brandt*: Die Alternative, in: *ders. u. a.* (Hrsg.): Zwanzig Jahre Bundesrepublik. Zehn Jahre Godesberger Programm der SPD, Bonn 1969 [*Die Neue Gesellschaft* 16 (1969), Sonderheft], S. 4.

Heck nahm den Ball auf und antwortete seinerseits mit einem Artikel in »Die politische Meinung«.[43] Demokratie als »Prinzip alles gesellschaftlichen Seins des Menschen und gar als Lebensordnung« war für den CDU-Generalsekretär Beweis dafür, dass die Sozialdemokraten den Traum vom »sozialistischen Utopia« nicht aufgegeben hätten.[44] »Demokratisierung« im Sinne der SPD, so unterstrich Heck, würde »Sozialisierung« bedeuten: Die »Auflösung der Demokratie in einen Prozess« verhindere, dass Herrschaft sich in Strukturen verfestige, wodurch sie nicht mehr gebändigt werde. Allein die Institutionen und Verfahren des demokratischen Staates sicherten die Demokratie ab. Würden Staat und Gesellschaft nicht mehr unterschieden, drohe Totalitarismus und Anarchie. Darüber hinaus unterlaufe das demokratische Prinzip der Gleichheit die naturrechtlich verankerte Ungleichheit in einer Gesellschaft. Das führe unter anderem dazu, dass Sozialformationen, deren Funktionsfähigkeit auf eben jener Ungleichheit beruhte, ihre Aufgaben für das Gemeinwohl nicht mehr erfüllen könnten. »Demokratisierung« bedeutete aus Hecks Sicht die umfassende Politisierung aller Lebensbereiche und löste so die Trennung von politischer und nicht-politischer Sphäre auf – in letzter Konsequenz ginge damit die Freiheit verloren. Bewusst setzte der sprachsensible und begriffspolitisch versierte Heck den Begriff der »Demokratie« gegen den der »Demokratisierung«, einen klassischen Bewegungsbegriff.[45] Dabei wurde die der Demokratie inhärente Gefahr der Selbstzerstörung im bundesrepublikanischen Konservatismus ebenso betont wie im britischen Konservatismus. Die Demokratie, so der Tenor in beiden Ländern, musste vor sich selbst geschützt werden.

Diese konservativen Befürchtungen nährten sich aus beständigen Vergleichen mit der Endphase der Weimarer Republik – auch in Großbritannien.[46] »1933« wurde zur Chiffre für die konservative Warnung vor dem baldigen Ende der zweiten deutschen Demokratie. Der totalitarismustheoretische Hintergrund der Debatte um die Demokratisierung wurde komplementiert mit dem Verweis auf die »Volksdemokratien« des Ostblocks.

---

43 Vgl. *Heck* 1969, S. 11–18.
44 Ebd., S. 15.
45 Zu Hecks sprachpolitischen Initiativen vgl. *Steber* 2017, S. 212 ff. Zur Kategorie des Bewegungsbegriffs bei Reinhart Koselleck vgl. *Kari Palonen*: Die Entzauberung der Begriffe. Das Umschreiben der politischen Begriffe bei Quentin Skinner und Reinhart Koselleck, Münster 2004, S. 249 f.
46 Vgl. z. B. *Hailsham* 1978, S. 22, 31 u. 135.

Dabei erntete Heck nicht nur den Widerspruch der Sozialdemokraten. Kritik kam auch aus den eigenen Reihen. Besonders die Parteijugend zweifelte an dem Demokratiebegriff, den der Generalsekretär verordnete.[47] Der neu gewählte Bundesvorsitzende der Jungen Union, Jürgen Echternach, kritisierte in seiner Antrittsrede im September 1969 Hecks Festlegung des Demokratieprinzips auf den Staat: »Hier wird ein überholtes Staats- und Demokratieverständnis deutlich, das nicht das unsere sein kann. ... Wir dürfen nicht vor den erstarrten Herrschaftsstrukturen im gesellschaftlichen Bereich resignieren«, zitierte ihn »Die Zeit«.[48] Beim CDU-Bundesparteitag im November 1969 legte der JU-Vorsitzende nach. Aus Hecks Worten spreche ein »zu formales Verständnis der Demokratie«. Demokratie aber »meint mehr«, so Echternach, nämlich eine »breite demokratische Gestaltung der Gesellschaft und ihrer Machtstrukturen«. Nur so erhalte die Demokratie ein festes Fundament, werde der »Auftrag« des Grundgesetzes realisiert.[49]

Der gescholtene Generalsekretär differenzierte daraufhin seine Argumentation: »Demokratisierung« im Verständnis der Union meine die »Anwendung des demokratischen Ethos im Bereich der Gesellschaft«, unterscheide sich mithin diametral von dem sozialdemokratischen Begriff, der auf die Sozialisierung der Gesellschaft ziele. Hatte Heck für die Union zunächst der bundesrepublikanischen Demokratie die Entwicklungsdynamik abgesprochen, gestand er ihr nun ein Stück an Prozesshaftigkeit zu. Er kam nicht umhin, den Bewegungsbegriff »Demokratisierung« zu verwenden und ihn in die Sprache der Union zu integrieren – allerdings in eingehegter Form. Die Diskussion über die gesellschaftliche Reichweite der Demokratie sollte die Union über Jahre beschäftigen und die tiefgreifende Programmrevision der 1970er Jahre prägen.[50]

---

47 Zu den Jugendorganisationen der Partei um 1968 vgl. *Anna von der Goltz*: Eine Gegen-Generation von 1968? Politische Polarisierung und konservative Mobilisierung an westdeutschen Universitäten, in: *Massimiliano Livi/Daniel Schmidt/Michael Sturm* (Hrsg.): Die 1970er Jahre als schwarzes Jahrzehnt. Politisierung und Mobilisierung zwischen christlicher Demokratie und extremer Rechter, Frankfurt a. M. 2010, S. 73–89. Zur Positionierung vgl. *Wulf Schönbohm/Jürgen Bernd Runge/Peter Radunski*: Die herausgeforderte Demokratie. Deutschlands Studenten zwischen Reform und Revolution, Mainz 1968.
48 *Sepp Binder*: Das Lied von der Veränderung, in: *Die Zeit*, Nr. 39, 25. September 1970.
49 17. Bundesparteitag der CDU. Niederschrift, Mainz, 17./18. November 1969, hrsg. von der Bundesgeschäftsstelle der Christlich Demokratischen Union Deutschlands, Bonn [1969], S. 65 f.
50 Vgl. *Steber* 2017, S. 333–354; *Frank Bösch*: Die Krise als Chance. Die Neuformierung

Diskursive Unterstützung von intellektueller Seite erhielt Bruno Heck, als Wilhelm Hennis in die Debatte eingriff. Der Politikwissenschaftler argumentierte in weiten Teilen ganz ähnlich wie der CDU-Generalsekretär. Hennis gehörte zu jenen konsensliberalen Intellektuellen, die sich infolge von »1968« von der Sozialdemokratie ab- und der Christdemokratie zuwandten und sich um die Neuformulierung eines Konservatismus vor dem Horizont der liberalen Demokratie bemühten.[51] Hinter dem linken Demokratisierungsprojekt verberge sich, so Hennis, nicht weniger als »die Preisgabe von Grundlagen der abendländischen politischen Kultur«, die »einschneidender nicht gedacht werden« könne.[52] Die Aufhebung der Differenzbestimmung von Politischem und Nichtpolitischem, von »Gemeinwesen und Ämterordnung«[53] führe geradewegs in die Tyrannis, wobei er seine Argumentation auf eine Auseinandersetzung mit der politischen Theorie des Absolutismus stützte.[54] Hennis' Gegenwartswahrnehmung wurde ebenfalls durch den Horizont von 1933 bestimmt. »Demokratisierung« setzte er mit »Gleichschaltung« gleich, die er als »Erstreckung [...] des politischen Prinzips der Ämterordnung – ›Führerprinzip‹ – auf alle Bereiche des gesellschaftlichen Lebens« definierte.[55] Die Bundesrepublik stehe an einer entscheidenden Schwelle, und es gelte, den Weg in die Diktatur nicht ein weiteres Mal einzuschlagen.

Dabei gingen Hennis und Heck gleichermaßen davon aus, dass die Linke eine sprachpolitische Strategie verfolgte, die nur dazu diente, über eine Manipulation der Begriffe die sozialistische Diktatur zu errichten. »Wandlungen des Bewusstseins«, so unterstrich Hennis, »sind zunächst immer Wandlungen der Sprache, der Begriffe, mit denen sich der Mensch

---

der Christdemokraten in den siebziger Jahren, in: *Jarausch* 2008, S. 296–309; *Daniel Schmidt*: »Die geistige Führung verloren«. Antworten der CDU auf die Herausforderung »1968«, in: *Franz-Werner Kersting/Jürgen Reulecke/Hans-Ulrich Thamer* (Hrsg.): Die zweite Gründung der Bundesrepublik. Generationswechsel und intellektuelle Wortergreifungen 1955–1975, Stuttgart 2010, S. 85–107.

51 Vgl. *Stephan Schlak*: Wilhelm Hennis. Szenen einer Ideengeschichte der Bundesrepublik, München 2008.

52 *Wilhelm Hennis*: Demokratisierung. Zur Problematik eines Begriffs, in: *ders.*: Die missverstandene Demokratie. Demokratie – Verfassung – Parlament. Studien zu deutschen Problemen, Freiburg i. Br. 1973, S. 26–51, hier S. 37.

53 Ebd., S. 30.

54 Vgl. ebd., S. 37–47. Zur Einordnung des Demokratisierungs-Textes in Hennis' Werk vgl. *Schlak* 2008, S. 156–162.

55 *Hennis* 1973, S. 30.

die Wirklichkeit auslegt.«[56] Der Begriff der »Demokratisierung« werde bewusst nicht klar definiert, denn auf diese Weise könnten mit ihm Konzepte verbunden werden, die den Grundsätzen der Demokratie geradezu widersprächen. Drei Gebrauchsformen unterschied Hennis: erstens die Verwendung als »gedankenlose liberale Parole« im Sinne von mehr Freiheit und Offenheit; zweitens die Bezugnahme auf Herrschafts- und Machtverhältnisse aller Art; drittens das Verständnis als Prozess, »in dessen Folge Herrschaft überhaupt abgeschafft« und Gleichheit absolut realisiert werde. Die unbedachte Übernahme des Demokratisierungsbegriffs aktiviere letztlich seine antidemokratischen Bedeutungspotenziale und mache diese allgemein verfügbar.[57] Mit der Veränderung der Grundbegriffe, auf denen die Demokratie ruhte, würde ihr ein schleichendes Ende bereitet.

Diese These teilten eine ganze Reihe konservativer Intellektueller: Hans Maier, Kurt Sontheimer, Hermann Lübbe und auch Helmut Schelsky. In der CDU war sie weit verbreitet und das nicht erst, als Kurt Biedenkopf 1973 Generalsekretär unter dem neu gewählten Parteivorsitzenden Helmut Kohl wurde und zum Kampf um die Begriffe aufrief, sondern bereits seit Mitte der 1960er Jahre. Der Sprache der Linken, die angeblich die Demokratie unterminierte, musste eine Sprache entgegengesetzt werden, deren Begriffe die Demokratie zu stützen und zu verteidigen imstande waren.[58] Sie garantierten den normativen Grundkonsens, auf dem die Bundesrepublik ruhte und den sie brauchte, um bestehen zu können – den die Verfassungsordnung, wie Ernst-Wolfgang Böckenförde argumentierte, selbst aber nicht gewährleisten konnte.[59] Die Begriffe zu hüten, definierte Wilhelm Hennis als konservative Aufgabe seiner Zeit.[60] Das setzte voraus, dass die Begriffe einen festen Bedeutungskern hatten, dessen sie verlustig gehen konnten. Das Grundgesetz, so die Überzeugung, schrieb die Begriffe der bundesrepublikanischen Demokratie fest. »Demokratisierung« kam dort jedenfalls nicht vor. Dementsprechend versuchte Bruno

---

56 Ebd., S. 31.
57 Ebd., S. 31–37.
58 Vgl. *Steber* 2017, S. 208–239.
59 Vgl. ebd. S. 233 f. Zur Bedeutung der Böckenförde-Doktrin für das liberalkonservative Denken vgl. *Hacke* 2006, S. 161–166.
60 Vgl. 41. Bergedorfer Gesprächskreis 1972: Sprache und Politik, Hamburg-Bergedorf. Bergedorfer Schloss, Protokoll, https://www.koerber-stiftung.de/fileadmin/user_upload/koerber-stiftung/redaktion/bergedorfer-gespraechskreis/pdf/import/bnd_41_de.pdf (zuletzt abgerufen am 4. November 2018).

Heck, die Begriffe »Demokratie« und »Demokratisierung« als gegensätzliche Pole zu definieren – die Union machte sich den Demokratiebegriff zu eigen und stellte sich als Verteidigerin des Grundgesetzes dar. Die Diskussion um die Reichweite des demokratischen Prinzips ebbte in den 1970er Jahren kaum ab. Zwei Pole markierten das Spektrum, das sich im Zuge des konservativen Demokratiediskurses in der Bundesrepublik entfaltete. Auf der einen Seite standen jene, die die Forderung nach einer Ausweitung von Partizipationsmöglichkeiten, von mehr »Mitbestimmung«, mittrugen, sie aber auf einzelne Bereiche begrenzt sehen wollten. Der reformerische Flügel in der CDU drängte in diesem Sinne vorwärts. Warnfried Dettling – Leiter der Planungsgruppe in der Bundesgeschäftsstelle der CDU, der christdemokratischen Ideenschmiede der 1970er Jahre – suchte deren Dilemma im Begriff »Demokratisierung ohne Dogma« einzufangen. Demokratisierung wollte er verstanden wissen als »bestimmte Form der Konfliktregulierung«, um die gesellschaftliche Integration von Gruppen in pluralistischer Weise zu lösen.[61] Auf der anderen Seite stand insbesondere Helmut Schelsky, der die Demokratisierungsdebatte nutzte, um seinen antipluralistischen Entwurf einer durch Sachgesetzlichkeiten und überkommene Autoritätsverhältnisse bestimmten Funktionsdemokratie zu profilieren.[62]

Ihm widersprach Christian von Krockow an prominenter Stelle. Er kennzeichnete Schelskys Entwurf als »rechts« und suchte damit das Konservatismuslabel von antiliberalen Traditionen des politischen Denkens zu reinigen.[63] Von Krockow gehörte ebenfalls zu jenen konsensliberalen Intellektuellen, die im Zuge der Auseinandersetzung mit »1968« den

---

61 *Warnfried Dettling*: Demokratisierung. Wege und Irrwege, 3. Aufl., Köln 1974, S. 125–134, Zitat S. 125.

62 Vgl. *Helmut Schelsky*: Mehr Demokratie oder mehr Freiheit?, in: *Frankfurter Allgemeine Zeitung*, 20. Januar 1973; *ders*.: Systemüberwindung, Demokratisierung und Gewaltenteilung. Grundsatzkonflikte der Bundesrepublik, München 1973. Zum Demokratieverständnis Schelskys vgl. *Ellen Thümmler*: Mehr Demokratie oder mehr Freiheit? Helmut Schelskys Demokratie der Sachlichkeit, in: *Alexander Gallus* (Hrsg.): Helmut Schelsky – der politische Anti-Soziologe. Eine Neurezeption, Göttingen 2013, S. 206–220; *Jens Hacke*: Der Intellektuelle und die Industriegesellschaft. Arnold Gehlen und Helmut Schelsky in der frühen Bundesrepublik, in: *Harald Bluhm/Walter Reese-Schäfer* (Hrsg.): Die Intellektuellen und der Weltlauf. Schöpfer und Missionare politischer Ideen in den USA, Asien und Europa nach 1945, Baden-Baden 2006, S. 233–257.

63 *Christian von Krockow*: Mehr Demokratie – weniger Freiheit?, in: *Die Zeit*, Nr. 9, 23. Februar 1973.

Konservatismus für sich entdeckt hatten.[64] Einzig durch »Demokratisierung«, verstanden als »Systemreform«, sei die Demokratie zu bewahren, so Krockow. Als Vorbild für einen solchen Konservatismus diente ihm mit Benjamin Disraeli nicht zufällig ein britischer Konservativer. Der habe im 19. Jahrhundert »mehr Demokratie gewagt« und so den Konservatismus zukunftsfähig gemacht. Nur einen »deutschen Disraeli« vermochte Krockow 1973 nicht zu erblicken.

Bilanz

Vergleicht man die westdeutsche und die britische konservative Debatte um die Demokratie in den 1970er Jahren, so ergeben sich einerseits markante Unterschiede. Standen in Großbritannien wirtschafts- und verfassungspolitische Zusammenhänge im Zentrum, so konzentrierte sich das Räsonieren in der Bundesrepublik auf die Bedeutung des Staates und der politischen Kultur. Andererseits sind markante Übereinstimmungen festzustellen. In beiden Ländern lagen Antisozialismus und Antikommunismus der konservativen Diagnose einer Demokratiekrise zugrunde, beeinflussten totalitarismustheoretische Gewissheiten die Debatte, wurde auf die der Demokratie inhärenten Zerstörungspotenziale abgehoben, bekräftigten Konservative ihren Glauben an die Bedeutung von Ungleichheit und verpflichteten sich auf die Freiheit als höherrangigen Wert gegenüber der Gleichheit. Dabei wurde die Debatte in Großbritannien wie in der Bundesrepublik in einer höchst alarmistischen Weise geführt. Nicht von ungefähr schöpfte in beiden Ländern ein neuformulierter Konservatismus aus den Demokratiediskursen. Diese Ähnlichkeiten nahmen Konservative auf beiden Seiten wahr. Darauf fußte nicht zuletzt die enge Kooperation von CDU, CSU und Conservative Party in den 1970er Jahren, die sich im Rahmen der Europäischen Gemeinschaften entwickelt hatte. Unter dem Banner von Freiheit und Demokratie fanden sie und andere Mitte-Rechts-Parteien zusammen, so dass die 1978 in Ergänzung zur Europäischen Volkspartei (EVP) von CDU/CSU, Conservative Party, Öster-

---

64 Vgl. *Steber* 2017, S. 255–277. Zur Auseinandersetzung Krockows mit Schelsky vgl. auch *Christian von Krockow*: Helmut Schelskys Deutsche Ideologie, in: *Vorgänge* 14 (1975), 3, S. 88–91.

reichischer Volkspartei (ÖVP) und anderen konservativen Parteien gegründete »Europäische Demokratische Union« nicht von ungefähr die Demokratie im Namen trug.[65]

In der Bundesrepublik ebbte die Welle konservativer Besorgnis um die Demokratie Anfang der 1980er Jahre ab, zumal als die Union mit Helmut Kohl als Kanzler seit 1982 die Regierung stellte. Einige ihrer zentralen Interpretamente wurden in anderen Kontexten weitergeführt, vor allem in der Grundwertedebatte und in der Tendenzwendediskussion.[66] In Großbritannien dagegen blieb die alarmistische Sorge um die Demokratie ein inhärenter Bestandteil des Thatcherismus, der sich aus dem Narrativ der nationalen Krise speiste.[67] Die Regierungspolitik Margaret Thatchers wurde nicht zuletzt davon angetrieben. Als die Bergarbeitergewerkschaft 1984/85 die Konfrontation suchte und die konservative Regierung dies zum willkommenen Anlass nahm, die Macht der Gewerkschaften endgültig und für alle sichtbar zu brechen, legitimierte sie ihr Vorgehen mit der angeblich nötigen Verteidigung der britischen Demokratie vor kommunistischer Unterwanderung.[68] Thatchers Konservative, so die Botschaft, bewahrten die britische Demokratie und damit das Land vor dem Untergang. Dieses Argument war der britischen Öffentlichkeit mittlerweile wohl vertraut.

---

65 Zur Kooperation von CDU, CSU und Conservative Party vgl. *Steber* 2017, S. 367–422; *dies.*: Talking in Europe. The CDU/CSU, the British Conservative Party, and the Quest for a Common Political Language in the 1960s and 1970s, in: *Anna von der Goltz/Britta Waldschmidt-Nelson* (Hrsg.): Inventing the Silent Majority in Western Europe and the United States. Conservatism in the 1960s and 1970s, Cambridge u. a. 2017, S. 295–314.

66 Vgl. *Martin H. Geyer*: Rahmenbedingungen. Unsicherheit als Normalität, in: *ders.* (Hrsg.): Bundesrepublik Deutschland, 1974–1982. Neue Herausforderungen, wachsende Unsicherheiten (Geschichte der Sozialpolitik in Deutschland seit 1945, Bd. 6), Baden-Baden 2008, S. 4–109, hier S. 34–38; *Peter Hoeres*: Von der »Tendenzwende« zur »geistig-moralischen Wende«. Konstruktion und Kritik konservativer Signaturen in den 1970er und 1980er Jahren, in: *Vierteljahrshefte für Zeitgeschichte* 61 (2013), 1, S. 93–119.

67 Vgl. *Saunders* 2012, S. 24–42.

68 Vgl. *Martina Steber*: Fundamentals at Stake. The Conservatives, Industrial Relations and the Rhetorical Framing of the Miners' Strike 1984/1985, in: *Contemporary British History* 31 (2017), 4, S. 1–18.

IV.

FÜR MEHR DEMOKRATIE WELTWEIT?
ZUR INTERNATIONALEN REICHWEITE
DES WESTLICHEN DEMOKRATIEMODELLS

Welche Demokratie?
Die Sozialistische Internationale und ihre Öffnung für neue Partner in der »Dritten Welt«
BERND ROTHER

Anfang der 1970er Jahre standen Sozialdemokraten[1] in vielen Ländern Westeuropas vor der Herausforderung, ihre in den beiden Dekaden zuvor – während der Hochphase des Kalten Krieges – erprobte Bündnispolitik zu überdenken. In den 1950er und 60er Jahren koalierten sozialdemokratische Parteien mit Christdemokraten, Liberalen oder – seltener – Konservativen, aber nicht mit Kommunisten.[2] Die Entspannungspolitik mit den nun engeren Kontakten zu regierenden Kommunisten in Osteuropa, das Aufkommen der Neuen Linken innerhalb und außerhalb sozialdemokratischer Parteien und der von Italien ausgehende Eurokommunismus ließen mehr und mehr Zweifel am Sinn dieser strikten Festlegungen aufkommen. Die Sozialistische Internationale (SI), die 1951 gegründete und seither stark europazentrierte Vereinigung sozialdemokratischer Parteien, beschloss daher 1972, ihren Mitgliedern bei diesem Thema freie Hand zu lassen.[3]

Die Frage, mit wem man künftig zusammenarbeiten wollte, wurde auch mit Blick auf die international aufstrebenden Staaten der »Dritten Welt« zunehmend wichtig. Manche Parteien, parteinahe Einrichtungen und führende Politiker der europäischen Sozialdemokratie fühlten sich herausgefordert, über die Grenzen des alten Kontinents hinaus aktiv zu werden. Dahinter standen Überlegungen, dass der sich immer deutlicher abzeichnende Nord-Süd-Konflikt zwischen Industrieländern einerseits und Entwicklungs- und Schwellenländern andererseits, ähnlich wie der Ost-West-Konflikt, den Weltfrieden bedrohe, die Supermächte der daraus

---

1 Die Begriffe »Sozialdemokrat« und »Sozialist« werden in diesem Beitrag synonym verwendet.
2 Einzig Italiens Sozialisten hielten bis Ende der 1950er Jahre ihre Allianz mit dem PCI aufrecht.
3 Siehe SI Circular B39/74 vom 18. Oktober 1974, »Relations between the Socialist International and other Parties. Report by Bruno Pittermann", in: Archiv der sozialen Demokratie, Bonn (AdsD), Bestand »Sozialistische Internationale« (A 13), o. Signatur.

erwachsenden Verantwortung aber nicht gerecht würden.[4] Angesichts der schwachen Verankerung der Demokratie außerhalb des nordatlantischen Raumes stellte sich bei der Suche nach Partnern in Übersee für Europas Sozialdemokraten und speziell die SI rasch das Problem, wie man sich gegenüber jenen nichtkommunistischen Regierungsparteien in Afrika, Asien, Mittel- und Südamerika positionieren sollte, die Konkurrenten nicht zuließen oder diesen keine wirkliche Chance auf die Übernahme der Macht gewährten. Prominentestes Beispiel für Ersteres war Tansanias TANU unter Führung von Julius Nyerere; für Letzteres stand die mexikanische Regierungspartei PRI, die seit Jahrzehnten die politische Hegemonie im Lande ausübte.

Zuvor hatte die SI bereits auf das Phänomen »linker« Militärputsche reagieren müssen, zu denen es 1968 in Peru und 1969 in Ecuador gekommen war. Auch hier ging es darum, wie man sich gegenüber Regierungen verhalten sollte, die in vielen wirtschafts- und außenpolitischen Themen mit der Sozialdemokratie übereinstimmten, jedoch nicht demokratisch regierten. Perus APRA, Mitglied der SI mit beratender Stimme, forderte die sofortige Verurteilung der Militäraktion. Die Internationale weigerte sich und verwies auf die Reformen, welche die Junta eingeleitet habe, darunter eine Landreform. Wortführer der Mehrheit waren die SPD und die schwedische Sozialdemokratie (SAP).[5] Die SPD-nahe Friedrich-Ebert-Stiftung (FES) stellte sogar ihre Zusammenarbeit mit der APRA ein, um die Kooperation mit der neuen Regierung nicht zu gefährden.[6] Auch in Ecuador entschied sich die Stiftung für eine »partielle Zusammenarbeit mit Militärdiktaturen«.[7] Hier deutete sich bereits die Konstellation künftiger Debatten an: Die Parteien von Willy Brandt und Olof Palme waren die wichtigsten Fürsprecher einer neuen »Elastizität« in den Beziehungen der westeuropäischen Sozialdemokratie zur »Dritten Welt«.[8]

---

4 Vgl. z. B. Olof Palme, Brief vom 29. April 1974, in: *Willy Brandt/Bruno Kreisky/Olof Palme*: Briefe und Gespräche 1972 bis 1975, Frankfurt a. M./Köln 1975, S. 90–103, hier S. 93.
5 Vgl. *Guillaume Devin*: L'Internationale Socialiste, Paris 1993, S. 107.
6 Siehe »Konzeptionelle Überlegungen zur Weiterentwicklung von ILDIS, o. D., o. V., Reise Dr. Heidermann Nov./Dez. 1975«, in: AdsD, FES-Hausakten, 8362. ILDIS war das Forschungsinstitut der FES in Lateinamerika.
7 Klaus Lindenberg, Willy Brandt in Caracas, 5. April 1975, ILDIS/FES, in: AdsD, FES-Hausakten, 3003.
8 Im Gespräch mit Bruno Kreisky und Olof Palme am 25. Mai 1975 in Wien sprach Willy Brandt von einer »elastische[n] Zusammenarbeit mit Kräften in anderen Teilen der Welt«, die künftig notwendig sei. *Brandt/Kreisky/Palme* 1975, S. 131.

Im Oktober 1974 traf sich das SI-Büro, das wichtigste Gremium zwischen den Kongressen der Internationale, um über die Beziehungen zu »anderen Parteien« zu beraten. Gemeint waren u. a. solche Parteien, die nicht zum kommunistischen Lager gehörten, »zugleich aber ein Ein-Parteien-System betreiben«. Die Debatte verlief kontrovers. Die finnischen und die schwedischen Sozialdemokraten sprachen sich für mehr Flexibilität gegenüber Parteien und Bewegungen in der »Dritten Welt« aus. Am weitesten ging Schwedens Internationaler Sekretär, Bernt Carlsson: »Zum Beispiel seien viele Dritte-Welt-Länder Opfer des westlichen Imperialismus geworden; ihnen seien westliche parlamentarische Systeme aufgezwungen worden und sie hätten sich politisch nicht so entwickelt, wie es von imperialistischen Mächten erwartet worden sei.« Seine Worte konnten so gedeutet werden, als würde er die parlamentarische Demokratie in Entwicklungsländern als Relikt der Kolonialzeit betrachten. Dezidiert gegen einen Verzicht auf das Eintreten für ein Mehrparteiensystem als Voraussetzung für die Mitgliedschaft in der SI argumentierten der Brite Ian Mikardo und der Vertreter der österreichischen Sozialisten. Zu konkreten Festlegungen kam es indes nicht.[9]

Willy Brandt hatte sich mit derartigen Themen bereits früh beschäftigt. In einer Rede vor SPD-Funktionären in Berlin führte er im Januar 1949 aus, »daß man die Frage der Demokratie in der internationalen Politik nicht schematisch stellen darf. [...] Gegenüber den Ländern ohne demokratische Tradition und meist auch ohne entsprechenden Grad der wirtschaftlichen Entwicklung und der Volksaufklärung dürfen keine falschen Maßstäbe angelegt werden.«[10] Mit seiner Hinwendung zu Nord-Süd-Problemen nach dem Rücktritt vom Amt des Bundeskanzlers kam er auf solche Gedankengänge zurück. Ende 1974 bemerkte er in einem Interview zu den Voraussetzungen von Demokratie: »Wenn die Menschen nicht nur Hunger leiden, sondern wenn Menschen in grossen Teilen der Entwicklungswelt Hungers sterben, dann ist es schwer, Demokratie in unserem Sinne aufzubauen.« Aber der SPD-Vorsitzende äußerte sich nicht zugunsten einer Entwicklungsdiktatur. Es müsse darum gehen, »rechtsstaatliche und freiheitliche Strukturen« zu entwickeln. Auch auf

---

9 SI Circular M29/74 vom 18. Dezember 1974, »Minutes of the Special Meeting of the Bureau of the Socialist International in London, October 26, 1974«, in: AdsD, A 13, o. Signatur.
10 Referat auf der Konferenz der Kreis- und Abteilungsfunktionäre am 14. Januar 1949 in Berlin, in: *Willy Brandt*: Der Wille zum Frieden, 2. Aufl., Hamburg 1972 (= 1971), S. 42–51, hier S. 47.

die Problematik von Einparteienstaaten ging Brandt ein. In Afrika stehe man vor der Schwierigkeit, dass es nach »den programmatischen Vorstellungen der Sozialistischen Internationale kaum möglich ist, Parteien aufzunehmen, die die einzigen sind in ihrem Land, wenn auch häufig in solchen Einheitsparteien der Entwicklungsländer die verschiedenen Flügel wiederum das darstellen, was in anderen Ländern in einem Mehrparteiensystem zum Ausdruck kommt.«[11] Österreichs Parteivorsitzender und Bundeskanzler, Bruno Kreisky, argumentierte ähnlich: Es gebe in Afrika, Asien und Lateinamerika Bewegungen, »die durchaus Gesprächspartner sozialdemokratischer Parteien sein können, ohne daß wir deshalb an sie die strengen Maßstäbe anlegten, die in unseren Satzungen enthalten sind. Allein zu prüfen wäre doch hier, ob in einem Land die Voraussetzungen für die Demokratie gegeben sind, inwieweit in einem Land ein Regime sich mit Methoden behauptet, die zu tolerieren wir nicht bereit sind, die unseren demokratischen Grundanschauungen widersprechen.«[12]

Auch der Politikprofessor und SPD-Theoretiker Richard Löwenthal, ein Wegbegleiter und Berater Willy Brandts seit Berliner Zeiten, äußerte sich zu dem Thema. Am Beispiel des mexikanischen PRI erörterte er das Problem der »vorherrschenden [...] Staatsparteien«. Seit 1929 regierte der PRI Mexiko und dominierte alle Bereiche des öffentlichen Lebens. Zwar gab es weitere zugelassene Parteien, die aber keinerlei Chance besaßen, die Mehrheit bei Wahlen zu gewinnen. Löwenthal sah »schwierige Fragen der Grenzziehung« bei der Entscheidung, ob man mit solchen Kräften zusammenarbeiten könne. Seine Empfehlung lautete, man solle »vor allem zwei Typen von Systemen verwerfen: Autoritäre Systeme ohne Teilnahme des Volkes (traditionelle Herrschaft oder reaktionäre Militärdiktatur) und totalitäre Systeme mit dogmatisch vorgeschriebener Ideologie«. Dies schließe die kommunistischen Staaten und »Diktaturen wie etwa [Kwame] Nkrumahs« in Ghana aus, »läßt aber undoktrinäre Einparteienstaaten mit pluralistischen Elementen im Aufbau der Partei, wie etwa die PSD Tunesiens, oder dominante Parteien wie die PRI Mexikos zu [...].«[13]

---

11 SPD-Pressemitteilung, Nr. 551/74, 26. November 1974, in: AdsD, Willy-Brandt-Archiv (WBA), A 3, 585. http://library.fes.de/cgi-bin/digibert.pl?id=011317&dok=19/011317 (wie alle folgenden Internetlinks zuletzt abgerufen am 12. Juli 2018).
12 Brief Kreiskys vom 15. April 1975, in: *Brandt/Kreisky/Palme* 1975, S. 111–117, hier S. 117.
13 Richard Löwenthal, Zur Frage einer internationalen Allianz (oder zunächst Konferenz) für sozialen Fortschritt und individuelle Freiheitsrechte, New York, 19. September 1975, in: AdsD, SPD-PV, 11934.

In seiner Antrittsrede als SI-Präsident sprach Willy Brandt im November 1976 vom Kompass, der auf »Frieden und Freiheit« gerichtet sei. »Der Weg dorthin muß frei sein von Diskriminierung, fern jeglicher Diktatur [...]. Es ist gewiß ein Weg der politischen Demokratie, die wir mehr als sichern, nämlich ausbauen und vertiefen wollen. Aber gewiß ist auch, daß es eine universell gültige Lösung für die Probleme der Organisation von Staat und Gesellschaft – zumal eine, die sich einseitig an europäischen Erfahrungen orientiert – nicht geben wird.«[14]

»Demokratie« und »Pluralismus« in der Debatte
um ein neues SI-Programm

Mit der Präsidentschaft Willy Brandts nahm die globale Expansion der Sozialistischen Internationale richtig Fahrt auf. Schon 1980 waren die außereuropäischen Mitgliedsparteien in der Mehrheit. Nicht von ungefähr war dies auch das Jahr, in dem die SI ihre Beratungen über eine neue Grundsatzerklärung startete, mit der die seit 1951 geltende Erklärung abgelöst werden sollte.

Zu Beginn der Debatte, die sich schließlich über den gesamten Zeitraum der 1980er Jahre erstreckte, erklärte Brandt in einem Interview, das größte Problem stelle die Definition von »Pluralismus« dar. »Demokratischer Sozialismus ist ohne Pluralismus der Meinungen und ohne Möglichkeit, unterschiedliche Interessen zu vertreten, nicht vorstellbar. Ob dies in allen Teilen der Welt aber sich ausdrücken muss, indem man westeuropäischen Parlamentarismus [...] nachmacht, dazu kann man durchaus unterschiedlicher Meinung sein.«[15] 1983 äußerte sich Brandt konkreter. Zum unabdingbaren Kern der Demokratie gehörte für ihn das Recht des Volkes, »gewaltlos und ohne Angst vor Repressalien die Politik zu ändern und die Amtsinhaber auszuwechseln.« Aber: Es sei »[w]ohl nicht nur theoretisch denkbar, dass man sich in Ländern einer bestimmten Entwi[cklungs]-stufe ein Mehrparteiensystem nicht glaubt leisten zu können + dass gleichwohl nicht nur Grundrechte garantiert, sondern auch pluralist[ische] Be-

---

14 Die Rede ist dokumentiert in *Willy Brandt*: Über Europa hinaus. »Dritte Welt« und Sozialistische Internationale, bearb. von Bernd Rother und Wolfgang Schmidt, Bonn 2006 (Berliner Ausgabe, Bd. 8), S. 161–177, hier S. 167 f.
15 SPD-Pressemitteilung, Nr. 783/80, 10. November 1980, in: AdsD, WBA, A 3, 830. http://library.fes.de/cgi-bin/digibert.pl?id=014940&dok=27/014940.

tätigungen im Sinne von Interessenvertretung gewährleistet werden können.« Dies war wieder die Idee des Einparteienstaates mit demokratischer Binnenstruktur der Partei. Zur Untermauerung der Legitimität dieses Modells verwies Brandt auf »die unbezweifelbar freiheitl[ichen] Zielsetzungen von reform-kommun[istischen] bzw. –sozialist[ischen] Bewegungen, wie der Tschechoslow[akei] von 1968, [die] glaubten ohne Parteienpluralismus auskommen zu können.« Auch die »Dritte Welt« blieb nicht unerwähnt: »Länder, die keine demokratische Tradition besitzen, die koloniale Ausbeutung, blutige Diktaturen und tiefe Armut erleben, können sich nicht plötzlich zu Demokratien im abendländischen Sinne entwickeln.«[16]

Ähnlich klang es aus dem Mund spanischer Sozialisten, wenn sie über Panamas starken Mann, General Omar Torrijos, sprachen, der das Land von 1969 bis 1981 regierte. Für Miguel Ángel Martínez, der seit den 1960er Jahren den PSOE in der SI vertrat, trug das Torrijos-Regime zwar formal die Züge einer Diktatur. Aber er lobte 1978, dass die sozialpolitischen Errungenschaften höchst positiv seien und die Demokratisierung vorankomme.[17] Bis dahin waren dort bei Wahlen nur unabhängige Kandidaten zugelassen, keine Parteien. Felipe González, der Generalsekretär des PSOE, bezweifelte 1981 unter Verweis auf Panama, dass nur die in Europa praktizierte Form der Demokratie mit Gewaltenteilung, Parteienpluralismus etc. akzeptabel sei. Torrijos habe andere Wege beschritten, die ebenfalls zur Demokratisierung seines Landes führen könnten.[18]

Auf ihrem Kongress in Lima 1986 definierte die Internationale in einer Zwischenbilanz der Debatte als unverzichtbare Bestandteile einer politischen Demokratie die Wahl der Volksvertreter in allgemeiner, direkter und geheimer Wahl. Offen blieb, ob dazu auch ein Parteienpluralismus gehörte. Parteien wurden nicht ausdrücklich erwähnt, aber zu den Grundfreiheiten zählte die SI auch die Vereinigungsfreiheit.[19]

---

16 Vortrag von Willy Brandt bei der internationalen Tagung »Die Zukunft des demokratischen Sozialismus – Was heißt heute Internationalismus?«, 22. Mai 1983, in: AdsD, WBA, A 3, 921.
17 Siehe Miguel Ángel Martinez, Informe Misión a Panama, 4.–8. August 1978, September 1978, in: Internationales Institut für Sozialgeschichte (IISG), SI, 1150.
18 Vgl. *Zoilo G. Martínez de la Vega*: Felipe González habla de Torrijos y del Modelo Político Panameño, in: *Revista Lotería* (Panama), Nr. 309, Dezember 1981 (2. Aufl. Juli 1996), S. 727–734, hier S. 729 u. 731 f.
Siehe http://200.115.157.117/RevistasLoteria/309.pdf
19 Siehe das »Lima Mandate« unter
http://www.socialistinternational.org/viewArticle.cfm?ArticleID=79.

Im Oktober 1987 nahm sich die SI-Führung erneut des Themas an. Willy Brandt warnte vor einer »europäischen Pseudomorphose« in Afrika. Dieser Begriff, geprägt von Oswald Spengler, bezeichnet die Übertragung von Formen unter Vernachlässigung des ursprünglich dazu gehörenden Inhalts. Marokkos Mehrparteiensystem, dem keine wirkliche Konkurrenzdemokratie zugrunde lag, diente als Beispiel dafür. In seinen »*Opening remarks*« mahnte Brandt, die Internationale müsse »die Traditionen und die Lebensbedingungen, die in verschiedenen Teilen der Welt herrschen, richtig einschätzen«.[20] Beließ es der SI-Präsident bei allgemeinen Ausführungen, wie es seiner Art entsprach, so wurde der besonders in Afrika aktive Internationale Sekretär der österreichischen Sozialisten, Peter Jankowitsch, konkreter: »Solange die Einheitspartei [...] nicht ideologisch indoktriniert, Unterdrückung ausübt und über jede Facette des politischen Lebens bestimmt, sondern sich nur als Antriebsmotor des Staates versteht, müßte sich ein Einvernehmen mit den Vorstellungen der SI herstellen lassen.«[21]

Die Arbeitsgruppe, die einen Entwurf für die neue Grundsatzerklärung vorlegen sollte, unterbreitete dem SI-Präsidium 1988 die Frage: »Sollte der Mindestpluralismus, der zum Selbstverständnis eines Demokratischen Sozialismus hinzugehört, unbedingt auch ein Mehrparteiensystem einschließen oder können wir auch politischen und sozialen Pluralismus unterhalb dieser Schwelle akzeptieren?«[22] Die spanischen Sozialisten hatten kurz zuvor gefordert – anders als es ihr Generalsekretär Jahre zuvor formuliert hatte –, dass bei Wahlen »Alternativen« vorhanden sein müssten.[23]

Willy Brandt leitete die Frage der AG Mitte Mai 1988 der SI-Führung zu. Eine Antwort ist nur vom jamaikanischen Parteivorsitzenden Michael Manley überliefert:

»Was den Fall von Einparteienstaaten angeht, ist Afrika unser größtes Problem. [...] Mir kam der Gedanke, dass wir nicht automatisch alle Fälle

---

20 SI Council Circular C2/88 vom 23. Februar 1988, »Minutes of the Meeting of the Council of the Socialist International, October 15–16, 1987, Dakar, Senegal«, S. 41, in: AdsD, WBA, A 13, 105; zu Marokko siehe Wolfgang Weege, Vermerk, 9. September 1985, in: AdsD, SPD-PV, Ordner: SPD-PV, Internationale Abteilung, SI: Internationales Sekretariat.
21 *Carola Kaps*: »Afrikanische Demokratie und Sozialistische Internationale«, in: *Frankfurter Allgemeine Zeitung*, 30. Oktober 1987.
22 Schreiben von Thomas Meyer an Willy Brandt, 2. Mai 1988, in: AdsD, WBA, A 13, 43a.
23 Thomas Meyer, Vermerk, 3. Februar 1988, in: AdsD, WBA, A 13, 138.

ausschließen sollten, wo Einparteiensysteme herrschen. Stattdessen könnten wir zwei Kriterien anwenden:
1. Gründet sich die existierende Einheitspartei auf echter interner Demokratie [...]? Tansania würde diesen Test sicherlich bestehen.
2. Existiert die Einheitspartei auf der Grundlage eines Gesetzes oder von Vorschriften in der Verfassung, die das Entstehen irgendeiner anderen Partei verbieten?

Es scheint so, dass wir keine Parteien als Vollmitglieder in Erwägung ziehen können, wenn nicht beide Kriterien erfüllt sind. Ein gesetzlicher erzwungener Status kann nicht akzeptiert werden. [...] Ich übermittele Dir diese Idee, da ich das Gefühl habe, dass Länder wie Tansania, Zimbabwe oder sogar Sambia einen Beitrag zu den fortschrittlichen Kräften der Welt leisten können. Andererseits darf Pluralismus nicht verhandelbar sein.«[24]

Manley plädierte gegen die Forderung, ein Mehrparteiensystem zur absoluten Voraussetzung für die Mitarbeit in der SI zu machen. Einheitsparteien sollten den Beobachterstatus erhalten können, und selbst die Vollmitgliedschaft schloss der Jamaikaner nicht kategorisch aus. Dagegen erhob sich in den folgenden Monaten Widerspruch. Auf der Parteiführerkonferenz der SI im März 1989 bezeichneten die spanischen Sozialisten und Israels Labour Party die Aussage, wonach die Formen der Demokratie verschieden sein könnten, als missverständlich. Demokratie sei mit einem Einparteiensystem nicht vereinbar. Dieser Meinung waren auch die Kanadier und die Australier.[25] In der endgültigen Fassung, beschlossen vom Stockholmer SI-Kongress im Juni 1989, hieß es:

»Die Formen der Demokratie können natürlich verschieden sein. Aber es ist nur dann möglich von Demokratie zu sprechen, wenn Menschen im Rahmen freier Wahlen zwischen verschiedenen politischen Alternativen frei wählen können; wenn es die Möglichkeit für einen Regierungswechsel durch friedliche Mittel gibt, der auf dem freien Willen des Volkes beruht; wenn individuelle und Minderheitenrechte garantiert sind; und wenn es

---

24 Schreiben von Manley an Brandt, hs., o. D., auf Papier mit Aufdruck: »Consejo de la Internacional Socialista, Madrid, 9–12 Mayo 1988«, in: AdsD, WBA, A 13, 43A.
25 Siehe das Protokoll der Party Leaders Conference in Wien, 9./10. März 1989, sowie »Amendments to the Declaration of Principles in view of the discussions at the SI Party Leaders Conference in Vienna", 4. April 1989, in: AdsD, WBA, A 13, 139.

ein unabhängiges Justizsystem gibt, das auf der unparteiisch für alle Bürger geltenden Rechtsstaatlichkeit beruht.«[26]

Zwischenbilanz: Der Demokratiebegriff der SI bei der Suche nach neuen Partnern

Als sich die Sozialistische Internationale unter Führung von Willy Brandt ab 1976 auf die Suche nach neuen Partnern außerhalb Europas machte, ließ sie sich vom Gedanken leiten, innerhalb eines nur vage definierten Spektrums demokratischer Reformkräfte die einflussreichsten, nicht aber die »sozialdemokratischsten« Parteien eines Landes zu gewinnen. In Teilen der »Dritten Welt« gerieten dabei potenzielle Partner in den Blick, die europäischen Anforderungen an Treue zur Demokratie nur eingeschränkt genügten. Brandt und seine Mitstreiter standen nicht in der Tradition einer nur auf das Politische verengten liberalen Demokratie, die sich darauf beschränkte, auf die Einhaltung demokratischer Verfahren zu achten. Ohne einen – nicht näher zu bestimmenden – Mindeststandard an sozialer Absicherung und an Zugang zu Bildung blieben aus ihrer Sicht die politischen Freiheitsrechte nur wertloses Papier. Ähnlich argumentierte die SI-Spitze in Bürgerkriegs- und Nachkriegssituationen und nach langjährigen Diktaturen. Nicht in allen Fällen war demnach eine Demokratie sofort möglich. Aber der Übergang durfte auch nicht zu lange dauern. Für Nicaragua veranschlagte der Venezolaner Carlos Andrés Pérez, später einer der Vizepräsidenten der SI, nach dem Sturz der Diktatur 1979 zwei Jahre, bis aus seiner Sicht Wahlen Sinn machten, die dann aber auch wirklich abgehalten werden sollten.[27]

Man darf die Haltung der SI und speziell von Willy Brandt nicht mit älteren konservativen oder mit kommunistischen Argumenten gegen die parlamentarische Massendemokratie verwechseln. Weder sprach er armen und ungebildeten Menschen die Fähigkeit zu politischen Entscheidungen ab, wie dies seit der Französischen Revolution von konservativer Seite immer wieder zu hören war, noch spielte er die sozialen gegen die politischen Menschenrechte aus, wie es von kommunistischer Seite stets geschah. Es war für Brandt empirische Evidenz, nicht eine normative Hierarchisie-

---

26 *Socialist Affairs* (London) 39 (1989), 1–2, S. 28–35, hier S. 29.
27 Vgl. *Alfredo Peña*: Conversaciones con Carlos Andrés Pérez, vol. II, Caracas 1979, S. 229.

rung, die ihn dazu führte, einen gewissen ökonomischen und sozialen Entwicklungsstand als Voraussetzung effektiver politischer Freiheit zu betrachten.[28]

Es war auch kein grundsätzlicher kultureller Relativismus, den die Führung der Internationale in der Frage der Demokratie vertrat. Nie argumentierte sie, ein bestimmtes Volk oder ein bestimmtes Land sei auf lange Zeit nicht reif für die Demokratie oder diese sei dort gänzlich unmöglich. Aber die Abgrenzung von solchen Positionen war nicht immer klar zu erkennen, wenn z. B. Brandt, wie weiter oben erwähnt, dafür eintrat, unterschiedliche Traditionen und Lebensumstände mit zu bedenken. Und die Unterscheidung zwischen nichtparlamentarischen Formen von Demokratie und undemokratischer Herrschaft war manchmal vage. Am Ende der Debatte stand 1989, wie bereits gezeigt, ein klares Bekenntnis der Internationale zum Pluralismus konkurrierender Parteien.

Anhand von drei Fallbeispielen soll nun beleuchtet werden, welche Auswirkungen die theoretischen Diskussionen auf die praktische Politik der SI hatten und welche Reichweite programmatische Erklärungen wie die von 1989 besaßen. Es geht dabei um Nicaragua, Grenada und Panama.

Fallbeispiel Nr. 1: Nicaragua – Solidarität mit Marxisten-Leninisten?

Im Juli 1979 wurde in Nicaragua der autoritär herrschende Anastasio Somoza durch einen Volksaufstand unter Führung der Sandinistischen Befreiungsfront (FSLN) gestürzt. Die SI hatte sich frühzeitig an die Seite der Aufständischen gestellt. Sie hoffte, dass Nicaraguas Revolution einen nichtkommunistischen Weg zur Überwindung der strukturellen Probleme eines Dritte-Welt-Staates aufzeigen würde.[29] Doch schnell kamen Zweifel auf, ob die Sandinisten wirklich auf eine Konkurrenzdemokratie zusteuerten. Bereits im August 1979 berichtete ein FES-Vertreter aus Managua: »Niemand kann ausschliessen, dass in einiger Zeit totalitäre Tendenzen in Nicaragua quasi im Hauruck-Verfahren nach stärkerem Einfluss in der politischen Führung streben werden.« Gerade deshalb aber

---

28 Vgl. *Bernd Rother:* »Entwicklung ist ein anderes Wort für Frieden«. Willy Brandt und der Nord-Süd-Konflikt von den 1960er bis zu den 1980er Jahren, in: *Jost Dülffer/ Gottfried Niedhart* (Hrsg.): Frieden durch Demokratie? Genese, Wirkung und Kritik eines Deutungsmusters, Essen 2011, S. 257–269.
29 Berliner Ausgabe, Bd. 8, S. 42 f.

müssten Sozialdemokraten dort präsent sein, um dem entgegenzuwirken.[30] Bei dieser Haltung blieb es auch in der Folgezeit. Weder die SPD noch die SI-Führung wollten es auf einen Bruch mit den Sandinisten ankommen lassen. Nichts sollte unversucht bleiben, um Schlimmeres zu verhindern.

In den ersten Jahren nach der Revolution schien diese Strategie nicht aufzugehen. Immer enger rückte Nicaragua an die Seite Kubas und der Sowjetunion. Mário Soares, der nach einem Besuch des Landes im August 1979 der SI empfohlen hatte, die Zusammenarbeit mit den Sandinisten fortzusetzen, sah im Mai 1982 den Zeitpunkt für eine Kursänderung gekommen. Legitimiert als Anführer im Kampf gegen kommunistisches Vorherrschaftsstreben in Portugal 1975, war sein Rat von besonderer Bedeutung. Die SI, so Soares 1982, müsse für Selbstbestimmung, Freiheit und Menschenrechte eintreten; dies sei wichtiger, als dem einen oder anderen Land Einflusszonen zu nehmen. Damit zielte er auf den Kern der Begründung, welche die Internationale bisher für ihre Zentralamerika-Politik gegeben hatte: Um einen Vormarsch von Kuba oder der Sowjetunion zu verhindern, seien Kompromisse mit der Führung Nicaraguas in Fragen der pluralistischen Demokratie vorübergehend erforderlich. Diese Position könne nicht beibehalten werden, erklärte der Portugiese. Zu oft seien von den Sandinisten die Menschenrechte verletzt worden. Die SI laufe Gefahr, gegenüber dem Volk Nicaraguas und gegenüber der Welt die Mitverantwortung für ein undemokratisches Regime zu übernehmen.[31] Doch für diese Haltung fand Soares in der SI keine Mehrheit.

Die Sandinisten trugen zur weiteren Belastung der Beziehungen bei. Bayardo Arce, in Nicaraguas Führung der Kontaktmann zur SI, erklärte im Februar 1983 einem SPD-Vertreter offen: »Wir haben uns ganz klar für die wirtschaftliche und gesellschaftliche Demokratie entschieden und sind uns bewußt, daß wir uns damit gegen die politische Demokratie entschieden haben.«[32]

---

30 Schreiben von Hermann Benzing (FES Costa Rica) an Walter Hacker (SPÖ), 17. August 1979, in: Bruno Kreisky Archiv, Wien, IX.27, SI 18.
31 Rede von Soares auf dem SI-Büro, 26./27. Mai 1982, in: Arquivo Mário Soares, Lissabon, Partido Socialista, Box 00744.002. Ähnlich auch das Schreiben von Mário Soares (Generalsekretär des PS) an Willy Brandt (SPD-Vorsitzender), 12. Mai 1982, in: AdsD, SPD-PV, Ordner »SI-Bürositzung Helsinki 26./27.5.82«.
32 W[olfgang] W[eege] (SPD), Bericht: Empfang der FSLN-Führung für die SI-Mission, 28. März 1983, in: AdsD, SPD-PV, Internationale Abteilung, Ordner »H[ans-]J[ürgen]W[ischnewski] + WW Mexiko, WW SI-Mission November 1982«.

1984 fanden in Nicaragua die ersten Wahlen seit der Revolution von 1979 statt. Große Teile der Opposition boykottierten sie; die Sandinisten gewannen mit klarer Mehrheit. Das von ihnen vor dem Sturz von Somoza proklamierte Ziel einer pluralistischen Demokratie war damit noch nicht erreicht. In einem Offenen Brief an US-Präsident Reagan begründete Hans-Jürgen Wischnewski, der sich in der SI intensiv um Nicaragua kümmerte, im Februar 1985 die demokratischen Defizite so: »[...] [N]ach einer langen und grausamen Diktatur, nach einer opfervollen Revolution können wir alle noch nicht erwarten, daß die Vorstellungen von Demokratie derjenigen, die diese Revolution getragen haben, und unsere Vorstellungen von Demokratie übereinstimmen.«[33] Außerdem würden die militärischen Angriffe der US-gestützten Rebellen die demokratische Entwicklung behindern. Der Brief trug dem SPD-Schatzmeister eine scharfe Replik des nicaraguanischen Oppositionellen Pedro Joaquín Chamorro ein: »Wenn Sie sagen, daß wir Nicaraguaner nicht die gleiche Demokratie verdienen wie Sie, so läßt dies auf eine kulturelle Diskriminierung Ihrerseits schließen, die bei sehr vielen europäischen Liberalen und Sozialisten, die uns als minderwertig betrachten, ein weit verbreitetes Übel ist.«[34]

Wischnewski stand mit seiner Meinung nicht alleine. Der norwegische Sozialdemokrat Thorvald Stoltenberg, der im Auftrag der SI die politische Entwicklung Nicaraguas beobachtete, schlug Ende 1985 als Konsens der Internationale vor: »In Nicaragua herrschen Hunger und Krieg. Solange das der Fall ist, können wir keine Demokratie von ihnen verlangen.«[35] Der Weg zu einer friedlichen Lösung wurde 1988/89 durch Verhandlungen unter den Präsidenten Zentralamerikas gefunden. Im Februar 1990 fanden allgemeine Wahlen statt, an denen auch Nicaraguas Opposition teilnahm. Entgegen den Erwartungen fast aller Beobachter verloren die Sandinisten die Macht. Aber sie hatten nun das Versprechen von 1979 erfüllt, dem Land die Demokratie zu bringen. Sergio Ramírez, FSLN-Comandante, beschrieb im Rückblick, wie die wiederholten Mahnungen von SPD und SI dazu beigetragen hatten: Nach außen habe man aus taktischen Gründen das Bekenntnis zu einem gemischten Wirt-

---

33 Der Offene Brief wurde veröffentlicht in SPD-Pressemitteilung, Nr. 112/85, 27. Februar 1985. http://library.fes.de/cgi-bin/digibert.pl?id=017399&dok=33/017399
34 Zitiert nach *Lateinamerika-Report* 7 (1985), Nr. 5, S. 39. Siehe auch AdsD, SPD-PV, Internat. Abt., Ordner »Nicaragua I, ab Januar 1985«.
35 Schreiben von Thomas Meyer an Willy Brandt, 17. Februar 1986, in: AdsD, WBA, A 11.2, 182.

schaftssystem, politischem Pluralismus und Blockfreiheit aufrechterhalten. »Doch im dauernden Spiel der Paradoxien, unter dem Druck der Kriegsumstände und der abgehandelten oder erzwungenen Zugeständnisse, wurde das taktische Konzept nach und nach zum strategischen; und das, was als Fassade gedacht war, wurde zum eigentlichen Inhalt.«[36]

Fallbeispiel Nr. 2: Grenada – Fiasko mit einer »linkstotalitären« Partei

In welche Probleme die Sozialistische Internationale durch die zumindest vorübergehende Duldung von Einparteiensystemen geraten konnte, zeigte sich drastisch auf Grenada, einer kleinen Insel in der Ost-Karibik mit etwa 110.000 Einwohnern.

Noch in der Opposition hatte dort die politische Partei *New Jewel Movement* (NJM), angeführt von Maurice Bishop, 1978 den Anschluss an die SI gesucht. Als sie im März 1979 durch einen Putsch die Macht errang, plädierten Venezuelas Präsident Carlos Andrés Pérez wie auch Michel Manley, Ministerpräsident von Jamaika, für die Unterstützung der neuen Regierung durch die Internationale. Da die NJM nicht demokratisch ins Amt gelangt war, ergab sich hier eine erste Herausforderung für die SI.[37] Doch konstatierte auch das FDP-geführte Auswärtige Amt, dass dem gestürzten Machthaber »Anmaßung diktatorischer Vollmacht nachgesagt« wurde.[38]

1980 wurde die NJM Mitglied der Internationale. Als SI-Generalsekretär Bernt Carlsson unmittelbar danach von einem befreundeten österreichischen Diplomaten Warnungen erhielt, die Bewegung sei »linkstotalitär«, antwortete der Schwede, die SI habe mit der Aufnahme der NJM nicht nur die Revolution in Grenada gegen die USA geschützt, sondern dort auch den Einfluss Kubas geschwächt. Um die Verhältnisse auf der Karibikinsel zu verstehen, müsse man den repressiven Charakter des vor-

---

36 *Sergio Ramírez*: Adios, Muchachos! Eine Erinnerung an die sandinistische Revolution, Wuppertal 2001, S. 101.
37 Zu Pérez siehe das Schreiben von Karl-Ludolf Hübener an Klaus Lindenberg (FES Bonn), 21. August 1979, in: AdsD, FES-Hausakten, 11029; zu Manley siehe das Schreiben von Bernt Carlsson (Socialist International) an Hans-Eberhard Dingels (SPD), 23. März 1979, in: AdsD, SPD-PV, 11085.
38 Vermerk des Auswärtigen Amtes, 330-321.10 GRE, Bonn, 21. März 1979, in: AdsD, SPD-PV, 11085.

herigen Regimes berücksichtigen.[39] Gänzlich anders reagierte die Labour Party von Barbados, einer Nachbarinsel Grenadas. Sie war seit 1978 SI-Mitglied und vertrat eine proamerikanische Politik.[40] Die von ihr gestellte Regierung brach nur zwei Tage nach dem SI-Kongress, der die NJM als Mitglied akzeptiert hatte, die diplomatischen Beziehungen ab, nachdem sich die Regierung Grenadas geweigert hatte, allgemeine Wahlen abzuhalten.[41]

Im Dezember 1981 schrieb Willy Brandt an Ministerpräsident Maurice Bishop: »Es wird Ihnen [...] nicht verborgen geblieben sein, daß über den weiteren innen- und außenpolitischen Weg Ihres Landes seit unserem Kongreß in Madrid auch Sorgen geäußert worden sind.«[42] In seiner Antwort sicherte Bishop zwar zu, Grenada werde blockfrei bleiben, zur Frage von Wahlen äußerte er sich aber nicht.[43] Im November 1982 kam es in der SI-Führung erstmals zu einer offenen Debatte über Grenada. Insbesondere die portugiesischen Sozialisten kritisierten die NJM (und auch Nicaraguas Sandinisten).[44] Dennoch zeigte sich die Internationale auf der Sitzung zufrieden, dass ein Prozess zum Aufbau demokratischer Institutionen (»*process of democratic institutionalising*«) begonnen habe.[45] Keine zwei Wochen später desavouierte Grenadas Regierungschef die SI, indem er allen Forderungen nach Wahlen mit dem Argument eine Absage erteilte, dass sein Land »das demokratischste in der ganzen Karibik sei. Die Revolution in seinem Land habe nicht stattgefunden, um Wahlen abzuhalten, sondern ›wegen Nahrung, Brot, Gerechtigkeit und Wohnungen sowie um sicherzustellen, daß das Volk zum ersten Mal ein Recht auf Mitbestimmung hat‹«.[46] Im März 1983 beschrieben Frankreichs Sozialis-

---

39 IISG, SI, 1105 u. 1106.
40 SI Circular G10/78 vom 6. Juli 1978, in: AdsD, WBA, A 13, 30; Schreiben von Klaus Lindenberg an Horst Ehmke, 24. Januar 1980, in: AdsD, Dep. Lindenberg, 63. Zur Politik der Labour Party Barbados vgl. *Archiv der Gegenwart (AdG)* 55 (1985), S. 28567 (11. März 1985).
41 *AdG* 50 (1980), S. 24054 (18. November 1980).
42 Schreiben von Brandt an Bishop, 16. Dezember 1981, in: AdsD, SPD-PV, 10892.
43 Schreiben von Bishop an Brandt, 25. März 1983, in: IISG, SI, 1106.
44 SI Circular B3/83 vom 28. Januar 1983, »Minutes of the Socialist International Bureau meeting in Basle, November 3–4, 1982«, in: AdsD, SPD-PV, 12108.
45 SI Circular G3/82 vom 10. November 1982, »Summary of the Socialist International Bureau Meeting in Basle, November 3-4 1982«, in: AdsD, SPD-PV, 11989.
46 *AdG* 52 (1982), S. 26143 (18. November 1982).

ten die NJM als eine Partei, die sich klar für den Ostblock, gegen das westliche Lager entschieden habe.[47]

Im Oktober 1983 überstürzten sich die Ereignisse auf Grenada. In der NJM setzte sich eine Gruppe durch, die die Partei schnell nach sowjetkommunistischem Modell ausrichten wollte. Ministerpräsident Bishop, der dagegen opponierte, wurde mit Hilfe des Militärs gestürzt, verhaftet und am 19. Oktober, wie auch mehrere seiner Mitstreiter, standrechtlich erschossen. International waren die neuen Machthaber völlig isoliert. Nicht einmal Kuba erkannte sie an. Am 25. Oktober landeten US-Marines, begleitet von Kontingenten aus mehreren Karibikstaaten, so auch aus dem von einem SI-Mitglied regierten Barbados, und beendeten die Terrorherrschaft. Tausende Grenader begrüßten die Soldaten als Befreier.[48]

Gegen die Ermordung von Maurice Bishop protestierte die SI sofort.[49] Michael Manley erklärte, er habe »in jeder Phase« (»*at every stage*«) die Regierung Grenadas zur Abhaltung von Wahlen aufgefordert. »Während Beschwerden in Bezug auf individuelle Inhaftierungen und Pressefreiheiten erhoben wurden, stellten wir fest, dass das Justizsystem weiter bestand und dass das Regime keine Hinrichtungen anordnete.« – Ein wahrlich niedrig angesetzter Mindeststandard für eine Partei des Demokratischen Sozialismus.[50]

Ende Oktober 1983 stand die Internationale vor einem Scherbenhaufen. Noch nie zuvor hatten sich eine oder mehrere ihrer Mitgliedsparteien intern und extern bekriegt – auf Grenada war beides geschehen. In der SI-Führung wurden diese Ereignisse sehr unterschiedlich bewertet, wie die Diskussion bei der nächsten Zusammenkunft des »Büros« Ende November 1983 zeigte. Der Jamaikaner Manley verurteilte die Invasion als Bruch des Völkerrechts; er kam aber nicht umhin anzuerkennen, dass sie bei Grenadas Bevölkerung auf Zustimmung gestoßen war. Der zur Labour Party gehörende Außenminister von Barbados sprach hingegen von

---

47 Nicole Bourdillat (PS, Secretariat International), A l'attention de Lionel Jospin et Jacques Huntzinger, 18. März 1983, in: Fondation Jean Jaurès. Paris (FJJ), Archives Parti Socialiste, 60 RI (WB) 68.
48 Schilderung nach *AdG* 53 (1983), S. 27081 (19. Oktober 1983) und S. 27152 (10. November 1983).
49 *Socialist Affairs* 34 (1984), 1, S. 11.
50 People's National Party, Michael Manley, Statement, 20. Oktober 1983, in: AdsD, NL Wischnewski, 651.

einem »gelungenen Versuch, eine weitere Ausbreitung sowjetisch-kubanischer Infiltration in der Karibik zu verhindern«.[51] Weitere Entscheidungen erübrigten sich, da die NJM nicht mehr existierte.

Fallbeispiel Nr. 3: Panama – Umgang mit Wahlfälschern

Offiziell nur Chef der Nationalgarde, war Omar Torrijos über zehn Jahre lang Panamas wirklicher Machthaber. In dieser Zeit entstanden enge Beziehungen zur SI, in der er mit Felipe González einen großen Unterstützer hatte. Die Initiative dazu ging von Torrijos aus, der 1979 eine Mitte-Links-Partei, den Partido Revolucionario Democrático (PRD), gründete. Nach seinem Tod im Jahr 1981 kühlten sich die Beziehungen zur Internationale ab. Der Nachfolger an der Spitze der Nationalgarde, Manuel Noriega, war fortan der de facto-Herrscher des Landes. Zwar wurde der PRD 1986 in die SI aufgenommen, jedoch erhielt die Partei nur Beobachterstatus. Gegen eine Vollmitgliedschaft hatten die Mitglieder aus Costa Rica, Frankreich und Venezuela Einspruch eingelegt. Sie und das gesamte Lateinamerika-Komitee der SI klagten, der von Torrijos angestoßene Demokratisierungsprozess sei unter seinem Nachfolger ins Stocken geraten.[52]

Am 7. Mai 1989 sollten Präsident und Parlament des Landes neu gewählt werden. Als sich ein Sieg der von den USA unterstützten Opposition abzeichnete, ließ die Regierung den Wahlgang annullieren. Am 12. Mai forderte Willy Brandt im Namen der Internationale die PRD-Führung auf, sich öffentlich von dieser Maßnahme zu distanzieren. Noch am

---

51 Hans-Eberhard Dingels, Vermerk an Wischnewski, 30. November 1983, für die Sitzung des Sechser-Kreises [informelles Koordinierungsgremium für die internationale Arbeit von SPD und FES] am 1. Dezember 1983, in: AdsD, SPD-PV, 10776. SI Circular B1/84 vom 30. Januar 1984, »Minutes of the Socialist International Bureau meeting«, Brüssel, 24./25. November 1983, in: AdsD, SPD-PV, 10776, Ordner: »SI-Bürositzungen Albufeira, 4.-6.4.1983 / Brüssel, 24./25.11.1983 / Kopenhagen, 25./26.4.1984 / Rio de Janeiro, 1./2.10.1984 / Bommersvik, 18./19.6.85«.

52 Parti Socialiste [Frankreich], Secrétariat International, Marie Duflo, 1. Juni 1986, in: FJJ Paris, 60 RI (WB) 99; Vermerk von Wolfgang Lutterbach (FES Costa Rica) an Kerbusch (FES Bonn), 12. Mai 1986, in: AdsD, FES-Hausakten, 23750; SI, Meeting of the Socialist International Committee for Latin America and the Carribean, Panama City, 25./26. September 1986, in: AdsD, SPD-PV, Internat. Abt., o. Signatur, Ordner Dritte Welt 1986, 1. Sozialistische Internationale: Komitee für Lateinamerika und Karibik...:.

selben Tag kam die Antwort: Die Partei behauptete, nicht die Regierung, sondern die Opposition und die USA hätten die Abstimmung gefälscht.[53]

Auf einer Sitzung des Lateinamerika-Komitees debattierte die SI kontrovers, wie hierauf zu reagieren sei. Für einen Ausschluss Panamas votierte nur Costa Ricas PLN, der im eigenen Land seit mehr als 40 Jahren ein Garant demokratischer Stabilität war. Die Parteien aus Chile, der Dominikanischen Republik, Jamaika und auch die drei Jahre zuvor skeptische Partei aus Venezuela – allesamt neben Costa Rica die wichtigsten SI-Mitglieder in der Region – schlugen vor, die Zugehörigkeit zur SI ruhen zu lassen, bis der PRD seine Position revidiert habe. Zwar verurteilten sie die Wahlfälschung, sahen aber auch eine unzulässige Einmischung der USA in Panamas Wahlkampf. Der PRD knüpfte an dieses Argument an und erklärte, dass die nationale Souveränität manchmal wichtiger sei als Wahlen. Dem schlossen sich Sprecher aus Brasilien, El Salvador, Guatemala, Puerto Rico und die Vertreterin des PS Frankreichs an. Am Ende beschloss das Komitee aber, die Erklärung des SI-Präsidenten vom 12. Mai zu bekräftigen. Sollte der PRD seine Haltung nicht revidieren, würde der SI-Kongress den Beobachterstatus der Partei ruhen lassen. Nur die Vertreter aus El Salvador und Guatemala blieben hart und stimmten dagegen.[54]

Eine einzige Partei hatte gefordert, den PRD gänzlich aus der SI auszuschließen. Alle anderen wollten entweder gar keine oder nur eine eher milde Verurteilung Panamas. Diese Haltung stand im Fall von Michael Manley sogar unter dem Verdacht, nur taktisch motiviert gewesen zu sein. Der Internationale Sekretär der französischen Sozialisten, Gérard Fuchs, meinte, Manley sei nur deshalb vehement für die Suspendierung des PRD aufgetreten, weil er, der seit Februar 1989 wieder Ministerpräsident von Jamaika war, ökonomische Hilfe der USA benötigte. Dies sei der politische Preis für ein Entgegenkommen der amerikanischen Regierung gewe-

---

53 Berliner Ausgabe, Bd. 8, S. 477.
54 Schilderung nach Arturo Lizon, SICLAC, Jamaica 30 y 31 de mayo 1989, 16. Juni 1989, in: Fundación Pablo Iglesias, Alcalá de Henares, Bestand PSOE, Caja 118-B, Carp. 1, doc. 3: SICLAC, Jamaica, 30.–31.5.1989; *José Francisco Peña Gómez*: Internacional, socialdemócrata e inmortal. Selección de discursos, alocuciones, y cartas a propósito de la Reunión Mundial de la Internacional Socialista, Santo Domingo 2001, S. 43. Der Text der Resolution in: Reunión SICLAC, Kingston (Jamaika), 30./31. Mai 1989, in: FJJ, 60 RI (WB) 192. Parteien von außerhalb der Karibik und Lateinamerikas durften ohne Stimmrecht an den Beratungen des Komitees teilnehmen.

sen.⁵⁵ In der Sitzung der SI-Führung, die am 19. Juni 1989 am Rande des Kongresses in Stockholm stattfand, wiederholte sich die Debatte, obwohl der PRD die Frist hatte verstreichen lassen, ohne seine Politik zu verändern. Manley beantragte, den Beobachterstatus des PRD nun tatsächlich ruhen zu lassen, und erhielt dafür kräftigen Applaus, aber ausschließlich von den europäischen Delegierten. Vor der Abstimmung sah sich Willy Brandt veranlasst zu betonen, es handele sich nur um eine zeitweise Suspendierung bis zur Wiederherstellung demokratischer Verhältnisse; der PRD gehöre im Grundsatz weiter zur Internationale. Dennoch enthielten sich die Dominikanische Republik, El Salvador, Guatemala und Puerto Rico bei der Abstimmung.⁵⁶ Sie vermieden es, sich zwischen der Solidarität mit der panamaischen Partei und der uneingeschränkten Befürwortung demokratischer Verfahrensregeln zu entscheiden.⁵⁷ Dies geschah auf demselben Kongress, der – wie weiter oben gezeigt wurde – die neue Grundsatzerklärung beschloss, in der die SI sich auf das Modell einer pluralistischen Parteiendemokratie festlegte.

Fazit

An der Spitze der Sozialistischen Internationale standen Politiker, deren Eintreten für die Demokratie über jeden Zweifel erhaben war. Wie passt dies zu den Fallbeispielen? Handelte es sich um unbedeutende Randerscheinungen? Von den drei behandelten Parteien war eine gar nicht Mitglied der SI und die beiden anderen (Vollmitglied bzw. mit beratender Stimme) hatten in der Internationale kein Gewicht. Aber so leicht lassen sich die Vorkommnisse nicht abtun. Die Entwicklung in Nicaragua war neben den Debatten über Sicherheitspolitik und Abrüstung eindeutig das wichtigste Thema für die SI während der Präsidentschaft von Willy Brandt, noch vor El Salvador und Südafrika. Grenada und Panama waren tatsäch-

---

55 Gérard Fuchs, Jamaique, Visite en France de Michael Manley, 12 Juin 1989, 7. Juni 1989, in: FJJ, 623 RI 3.
56 *Peña Gómez* 2001, S. 44–46; SI Council Circular C11/89 vom 31. Oktober 1989, »Minutes of the Meeting of the Council of the Socialist International, Stockholm, 19 June 1989«, in: AdsD, WBA, A 13, 135.
57 SI Council Circular C12/89 vom 11. November 1989, »Minutes of the XVIII Congress of the Socialist International, Stockholm, June 20-22, 1989«, in: AdsD, WBA, A 13, 135.

lich Randthemen, markierten aber die Grenzen dessen, was die SI programmatisch zu akzeptieren bereit war. Diese Grenzen waren von Brandt und seinen Mitstreitern in den Debatten bis 1976 weit gezogen worden.

Von großer Bedeutung waren die Schlüsse, die führende westeuropäische und lateinamerikanische Sozialdemokraten aus der Analyse der geopolitischen Lage gezogen hatten. Ein erneuter Erfolg der Sowjetunion wie in Kuba nach 1959 sollte in Mittelamerika verhindert werden. Sozialrevolutionäre Bewegungen sollten sehen, dass Sozialdemokraten an ihrer Seite standen, auch wenn die Verwirklichung demokratischer Verhältnisse im jeweiligen Land weder sofort noch auf absehbare Zeit als möglich erachtet wurde.[58] Die neue, 1976 gewählte SI-Führung war daher bereit, sich für Parteien zu öffnen, die nicht als sozialdemokratisch im engeren Sinne, aber in einem eher vagen Sinn als »Gleichgesinnte« bezeichnet werden konnten.[59] Was die hier vorgestellten Beispiele miteinander verband, war, dass sie sich als Teil eines antiimperialistischen Kampfes verstanden, dessen Gegner die USA waren. Grenada, Nicaragua und Panama erhofften sich in ihren Konflikten mit den Vereinigten Staaten Beistand von der SI. In ihrem Bemühen, die Fehler von Kuba ab 1959 und das problematische Ansehen der Internationale in Lateinamerika aus Zeiten, als sie mit den USA an einem Strang zog, zu korrigieren, machte sich die SI nun den antiimperialistischen Diskurs zu großen Teilen zu eigen. Dies galt für die lateinamerikanischen Mitglieder mit Ausnahme Costa Ricas noch mehr als für die Europäer. In der lateinamerikanischen Öffentlichkeit wurde die Neuorientierung der SI schnell und überwiegend positiv wahrgenommen.[60]

Die programmatische Neuausrichtung bereitete aber auch Probleme. Die Mehrheit der SI-Führung ließ sich durch den Verweis auf innere und äußere Hindernisse über einen längeren – im Fall Grenada zu langen – Zeitraum dazu bewegen, Demokratiedefizite zu tolerieren. In Nicaragua konnte die SI darauf verweisen, dass am Ende eines mühseligen Einwirkens von außen die Sandinisten einlenkten und sogar den Verlust der

---

58 Vgl. z. B. Berliner Ausgabe, Bd. 8, S. 281 f.; *Willy Brandt*: Erinnerungen, Frankfurt a. M. 1989, S. 399 u. 442, sowie (zum venezolanischen Präsidenten Carlos Andrés Pérez) *Peña* 1979, S. 277.
59 Zum Begriff »Gleichgesinnte« vgl. Berliner Ausgabe, Bd. 8, S. 183.
60 Pars pro toto: die Artikelserie des Journalisten Daniel Waksman über die neue SI-Politik im mexikanischen Blatt »*El Día*«, 8.–11. April 1980. Zu finden in: AdsD, FES-Hausakten, 12756. Teil IV trug den Titel »*La piedra de toque: el antiimperialismo*" (»Der Prüfstein: Der Antiimperialismus«).

Macht hinnahmen. Panama wiederum zeigte, dass die meisten lateinamerikanischen Mitgliedsparteien auch 1989 noch bereit waren, dem Kampf gegen die USA den Vorzug zu geben vor der unzweideutigen Einhaltung demokratischer Spielregeln.

Auf den ersten Blick wirkt besonders irritierend, dass Parteien wie die aus El Salvador, der Dominikanischen Republik, Guatemala und Jamaika sich derartig positionierten, obwohl sie selbst in der Vergangenheit Opfer von Wahlmanipulationen (rechtsgerichteter) Regierungen gewesen waren. Aber wichtiger für sie war eine andere gemeinsame Erfahrung: die der offenen (Dominikanische Republik 1965, Guatemala 1954) oder kaum verhüllten indirekten Intervention der USA in die inneren Verhältnisse ihrer Länder (Jamaika in den 1970er und El Salvador in den 1980er Jahren), gegen links gerichtete Bewegungen und Regierungen. Hinzu kam der Putsch in Chile 1973, der in großen Teilen Lateinamerikas als Werk der USA angesehen wurde. Auch für viele europäische Sozialdemokraten waren dies wichtige Erfahrungen gewesen, die ihre Einschätzung der lateinamerikanischen politischen Szene mitprägten. Die einzige beinahe kontinuierlich abweichende Stimme war die der portugiesischen Sozialisten. Sie hatten ihr eigenes »Trauma«, das des Versuchs der Kommunisten, die gerade erst entstehende Demokratie in Portugal durch die Diktatur ihrer Partei abzulösen. Grenada führte, wie sich 1989 in der Debatte über Panama zeigte, auf europäischer Seite zu größerer Vorsicht. Auf lateinamerikanischer Seite war der »Antiimperialismus« weiterhin, wie ebenfalls Panama 1989 zeigte, das mächtigste Handlungsmotiv, hinter dem »Demokratie« in einzelnen Fällen zurücktreten musste.

In diesen Debatten verstand Willy Brandt seine Aufgabe als Präsident der SI vorrangig als die eines Moderators, der Konflikte entschärfte statt sie zuzuspitzen. Sein Vorhaben einer programmatisch und auch geografisch breit aufgestellten Internationale, der es mehr um politische Relevanz denn um ideologische Eindeutigkeit ging, war in manchen Fällen ein Wagnis; auf jeden Fall bedeutete es die Erkundung bisher unbekannten Terrains. Während aus der Perspektive traditioneller Werte der europäischen Sozialdemokratie die drei Fallbeispiele Belastungsproben oder gar Grenzüberschreitungen bedeuteten, führten sie bei der Mehrzahl der neuen SI-Mitglieder aus Lateinamerika zu viel weniger bis hin zu gar keinen »Bauchschmerzen«. Die Transformation der SI von einem eurozentrierten zu einem globalen Parteienbündnis dehnte die Grenzen dessen, was noch als demokratisch-sozialistisch galt. Als Anfang 2011 einer breiteren Öffentlichkeit bewusst wurde, dass die im Brennpunkt der Proteste stehenden Staatsparteien Ägyptens und Tunesiens Mitglieder der SI waren, erwies sich die programmatische Ausdehnung als Überdehnung, welche die Internationale in die schwerste Krise nach dem Zweiten Weltkrieg führte.

Mehr Diktatur wagen?
Der bundesdeutsche Umgang mit undemokratischen Staaten in den 1970/80er Jahren
FRANK BÖSCH

Die 1970er Jahre gelten im Westen als Zeit der gesellschaftlichen Demokratisierung. In globaler Perspektive sieht dies jedoch anders aus. Die Dekade war weltweit eher eine Blütephase der Diktaturen. So mündete die Dekolonisierung in Afrika und Asien seltener in das Wagnis von mehr Demokratie als in blutige Autokratien – vom Kongo bis nach Kambodscha. In den arabischen Staaten führte der neue Ölreichtum nicht zu neuen Freiheiten, sondern festigte autoritäre Herrscher. Die Staaten Lateinamerikas waren zwar seit langem unabhängig und vielfältig mit den USA verflochten. Doch statt freier Wahlen nahm auch in dieser Weltregion die Zahl militärisch gestützter Diktaturen zu, wofür Chile und Argentinien viel beklagte Beispiele waren, während im einwohnerstarken Brasilien bereits seit Mitte der 1960er Jahre eine Militärdiktatur herrschte. In immerhin 16 von 21 Ländern Lateinamerikas bestanden Mitte der 1970er Jahre keine demokratischen Freiheiten. Am Ende des Jahrzehnts erreichte auch die Ausdehnung sozialistischer Regime ihren Höhepunkt. Die Einflusssphäre der Sowjetunion reichte nun von Vietnam über Afghanistan bis nach Angola. Auch statistische Erfassungen zeigen für die 1970er Jahre nicht die Durchsetzung von mehr Demokratie, sondern deren begrenzte Reichweite. Nach dem Freedom House Index gab es 1973 nur 43 freie Staaten, 38 halbfreie und 69 nicht freie Staaten,[1] andere Berechnungen zählten unter den Staaten mit mehr als einer Million Einwohner 30 Demokratien und 93 Diktaturen.[2]

In Westeuropa war das Bild ein anderes. Allerdings wird selten reflektiert, welche Bedeutung die weltweite Entwicklung für die Geschichte der Bundesrepublik hatte. Denn der Anspruch, mehr Demokratie zu wagen, bezog sich ja nicht nur auf den westdeutschen Staat, sondern hatte durchaus eine universale Komponente. Er lässt sich auch als ein Signal an die

---

1 Vgl. Freedom House Index. Historische Daten des »Country Status Distribution, 1973–2018«. https://freedomhouse.org/sites/default/files/Country%20Status%20Distribution%20FIW1973-2018.xlsx (zuletzt aufgerufen am 18. Juli 2018).
2 Vgl. *Samuel P. Huntington*: The Third Wave. Democratization in the Late Twentieth Century, Norman/London 1993, S. 26.

sozialistischen Staaten und die gesamte Welt verstehen. Ebenso wirkten die Wahrnehmung und der Umgang mit ausländischen Diktaturen ins eigene Land zurück. Die bundesdeutsche Demokratie strahlte umso heller, je mehr sich die internationale politische Lage verdüsterte.

Wie begegnete die Bundesrepublik den Diktaturen? Meist wird diese Frage, eher implizit, im Kontext der Ostpolitik und der KSZE diskutiert, mitunter für die erodierenden Diktaturen in Südeuropa und einzelne Länder wie Südafrika und Chile.[3] Weitgehend ausgeblendet bleibt dagegen der Umgang mit Asien, dem Nahen Osten oder anderen afrikanischen Regionen sowie anderen Teilen Lateinamerikas.[4]

Wie die Bundesregierungen in den 1970/80er Jahren außereuropäischen Diktaturen begegneten, erscheint mir in mehrfacher Hinsicht bedeutsam: zunächst wegen des sozial-liberalen Anspruchs, mehr Demokratie wagen zu wollen, sowie aufgrund der neuen weltpolitischen Rolle der Bundesrepublik nach dem Ende der Hallstein-Doktrin und der latenten deutsch-deutschen Konkurrenz um internationale Akzeptanz. Nicht minder wichtig war diese Frage angesichts der wachsenden Exportorientierung der bundesdeutschen Wirtschaft im Zuge der Globalisierung und vor dem Hintergrund der zunehmenden Auseinandersetzung mit der NS-Vergangenheit, die eine kritische Sicht auf »rechte Diktaturen« förderte, während sich die Bonner Republik bis dahin vor allem von sozialistischen Diktaturen abgegrenzt hatte.

Im Folgenden werde ich erstens argumentieren, dass sich die euphorische Betonung der Demokratisierung im Inneren erst spät und zögerlich auf den Umgang mit ausländischen Diktaturen auswirkte. Zweitens möchte ich zeigen, dass das bundesdeutsche Eintreten für Pluralismus und Menschenrechte nicht nur von Wirtschaftsinteressen abhing, sondern auch von kulturellen Zuschreibungen gegenüber den Ländern und der jeweiligen politischen Verortung. Drittens versuche ich zu verdeut-

---

3 Vgl. z. B. die Beiträge in dem von Knud Andresen und Detlef Siegfried herausgegebenen Sonderheft »Apartheid und Anti-Apartheid – Südafrika und Westeuropa«, in: *Zeithistorische Forschungen* 13 (2016), 2; *Jan Eckel*: Die Ambivalenz des Guten. Menschenrechte in der internationalen Politik seit den 1940ern. Göttingen 2014 sowie *Frank Bösch/Caroline Moine/Stefanie Senger* (Hrsg.): Internationale Solidarität. Globales Engagement in der Bundesrepublik und der DDR, Göttingen 2018.

4 Die wichtigste Studie hierzu ist bisher *Philipp Rock*: Macht, Märkte und Moral. Zur Rolle der Menschenrechte in der Außenpolitik der Bundesrepublik Deutschland in den sechziger und siebziger Jahren, Frankfurt a. M. 2010. Als Problemaufriss vgl. *Peter Steinbach*: Zur Wahrnehmung von Diktaturen im 20. Jahrhundert, in: *Aus Politik und Zeitgeschichte* 52 (2002), 51–52, S. 36-43.

lichen, dass ein kritisches Eintreten für Menschenrechte und politische Freiheiten meist weniger von der Bundesregierung initiiert wurde als durch den Druck von sozialen Bewegungen, von Migranten im deutschen Exil, von den Medien oder auch von den USA. Dabei vertiefe ich meine Argumente exemplarisch für unterschiedliche Typen von Beziehungen gegenüber arabischen Ländern, Ostasien und Lateinamerika. Dabei stützen sich meine hier nur pointiert präsentierten Befunde auf eigene Archivrecherchen, vom Auswärtigen Amt bis hin zu zivilgesellschaftlichen Institutionen, die im Rahmen eines größeren Projektes zum globalen Wandel Ende der 1970er Jahre durchgeführt wurden.[5]

Geschmeidige Annäherung: Der Nahe Osten

Zu den Diktaturen und autoritären Regimen, mit denen die Bundesrepublik in den 1970er Jahren ihre Beziehungen stark intensivierte, zählten erstens die arabischen Länder mit großen Ölvorräten.[6] So wurden ab 1973 wieder enge Kontakte zum saudischen Königshaus aufgebaut, die bekanntlich bis heute bestehen. Bereits unter Bundeskanzler Willy Brandt unterstrich das Auswärtige Amt die Rolle Saudi-Arabiens als »stabilisierende und friedenssichernde Macht in der Region« und trat regelmäßig dafür ein, die Lieferung leichter Waffen zu genehmigen.[7] Menschenrechte oder Demokratie waren dabei kein Thema. Zumindest die Gesprächsprotokolle, die anlässlich verschiedener Staatsbesuche erstellt wurden, bieten kaum Hinweise, dass die bundesdeutsche Seite bis Mitte der 1980er Jahre diese Punkte angesprochen hat – ganz gleich, ob es sich um SPD-, FDP- oder Unionspolitiker handelte. Linksliberale Medien wie »Der Spiegel« prangerten seit Ende 1978 durchaus Prügelstrafen, Korruption und Au-

---

5 *Frank Bösch*: Zeitenwende 1979. Als die Welt von heute begann, München 2019.
6 Vgl. *Peter Hünseler*: Die außenpolitischen Beziehungen der Bundesrepublik Deutschland zu den arabischen Staaten von 1949–1980, Frankfurt a. M. 1990, S. 157–181.
7 Vgl. Staatssekretär Sachs an das Auswärtige Amt (AA), 21. September 1973, in: Akten zur Auswärtigen Politik der Bundesrepublik Deutschland (AAPD) 1973, bearb. von Matthias Peter, Michael Kieninger, Michael Ploetz, Mechthild Lindemann und Fabian Hilfrich, München 2004, S. 1427 ff.; Aufzeichnung des Ministerialdirektors Hermes, 15. März 1974, in: AAPD 1974, bearb. von Daniela Taschler, Fabian Hilfrich und Michael Ploetz, München 2005, S. 370–375; Aufzeichnung des Ministerialdirektors Sanne (Bundeskanzleramt), 18. Dezember 1974, in: ebd., S. 1665–1668; Aufzeichnung des Botschafters Jaenicke, 27. August 1975, in: AAPD 1975, bearb. von Michael Kieninger, Mechthild Lindemann und Daniela Taschler, München 2006, S. 1196 ff.

tokratie in den islamischen Staaten an.[8] Aber öffentlicher Druck auf die bundesdeutsche Außenpolitik entstand dadurch kaum. Im Unterschied zu den vielen Lateinamerika-Gruppen interessierten sich auch die Neuen Sozialen Bewegungen wenig für die Menschenrechte in den arabischen Staaten. Obwohl sich in Saudi-Arabien in dieser Zeit ein deutlich konservativerer Kurs durchsetzte, wuchs für die Bundesrepublik nach der zweiten Ölkrise 1979 die Bedeutung des Landes, da es für den Ausfall iranischen Öls einsprang.[9]

Besonders interessant ist in diesem Kontext der Umgang mit dem Iran und mit Libyen. In Libyen regierte seit 1969 unter Muammar al-Gaddafi nicht nur eine sozialistisch orientierte Einheitspartei, sondern zugleich ein Herrscher mit engen Verbindungen zur PLO. Oppositionelle im eigenen Land wurden hart verfolgt, und Libyen griff ab 1978 mehrfach das Nachbarland Tschad an. Insofern sprach einiges dagegen, mit diesem Land engere Beziehungen aufzubauen. Tatsächlich aber entwickelte sich Libyen in den 1970er Jahren zum größten bundesdeutschen Handelspartner in Afrika (noch vor Südafrika) und seit der iranischen Revolution auch zum größten Öllieferanten, der ein Fünftel des deutschen Ölverbrauchs abdeckte. Die Bundesregierung wahrte zwar gegenüber Gaddafi als Person eine gewisse Distanz, dennoch förderte sie Wirtschaftskontakte mit dem Argument, dass sonst die Sowjetunion einspringen würde. Selbst Libyens Einmarsch in den Tschad veränderte deshalb nicht ihre Bürgschaftspolitik. Nicht »mehr Demokratie«, sondern »mehr Energie« bestimmte hier die politische Moral. So thematisierten die Botschaftsberichte die Menschenrechte kaum, und im Krisenjahr 1979 reiste Außenminister Hans-Dietrich Genscher mit großer Delegation nach Libyen.[10]

Während die US-Präsidenten Jimmy Carter und Ronald Reagan das Land wegen Verbindungen zu Attentaten mit Sanktionen belegten, hielt die Bundesrepublik auch unter Bundeskanzler Helmut Kohl bis Mitte der 1980er Jahre die Verbindungen aufrecht; das schloss zwar keine Waffen-

---

8   Vgl. *Der Spiegel*, Nr. 50, 11. Dezember 1978, S. 136–154; Nr. 7, 12. Februar 1979, S. 102–112; Nr. 15, 9. April 1979, S. 160–168; siehe auch *Samir Aly*: Das Bild der islamischen Welt in der westdeutschen Presse in den 70er Jahren. Eine Inhaltsanalyse am Beispiel ausgewählter überregionaler Tageszeitungen, Frankfurt a. M. 2002, S. 519.
9   Zum Wandel in Saudi-Arabien vgl. *Thomas Hegghammer*: Jihad in Saudi Arabia: Violence and Pan-Islamism since 1979, Cambridge 2010, S. 21–26.
10 Vgl. *Tim Szatkowski*: Gaddafis Libyen und die Bundesrepublik Deutschland 1969 bis 1982, München 2013, S. 71.

lieferungen mehr ein, wohl aber eine Polizeiausbildung.[11] Libyen stand damit typologisch für ein Regime, zu dessen Herrscher man auf der symbolischen öffentlichen Ebene auf Distanz blieb, während man mit dem Land vor allem auf der ökonomischen Ebene trotz Drucks der USA enge Beziehungen aufbaute und lange bewahrte. Im Unterschied zu Lateinamerika und Südafrika protestierte in diesem Fall auch nicht die Linke gegen Menschenrechtsverletzungen, die zum Teil von Gaddafi sogar fasziniert war. 1982 reisten auch Mitglieder der Grünen nach Libyen, darunter Otto Schily, um mit dem Diktator zu diskutieren, wovon sich der Grüne Bundesvorstand jedoch distanzierte.[12] Erst nach den Anschlägen Mitte der 1980er Jahre vollzog auch die Bundesregierung eine Kehrtwende gegenüber Gaddafis Regime.

Eine leicht andere Variante des Umgangs mit einer Diktatur im Nahen Osten lässt sich für das Verhältnis zum Iran feststellen. Die traditionell guten deutsch-iranischen Beziehungen hatten scheinbar bereits 1967 mit den Studentenprotesten gegen den Schah überraschend zu kippen gedroht. Dessen festlicher Staatsbesuch in der Bundesrepublik war – maßgeblich angestoßen durch Exil-Iraner – von Demonstrationen für Menschenrechte begleitet worden.[13] Welche Konsequenzen hatten diese Proteste für die Politik der sozial-liberalen Koalition in den 1970er Jahren? Immerhin versuchten nun bundesdeutsche Politiker, gemeinsame Fototermine mit dem Schah eher zu meiden. Bei seiner großen Persepolis-Feier 1971 ließ sich etwa Bundespräsident Heinemann (SPD) durch den Bundestagspräsidenten Kai-Uwe von Hassel (CDU) vertreten, offiziell aus gesundheitlichen Gründen. Obwohl Exil-Iraner und westliche Medien immer wieder die verschwenderische Alleinherrschaft des Schahs und Brutalität seines Regimes anprangerten, baute die Bundesregierung, wie bei Libyen und ungeachtet der Mahnungen der USA, die Wirtschaftsbeziehungen zum Iran stärker aus als andere Staaten. Bis zur iranischen Revolution 1979 entwickelte sich das Land zum größten Öllieferanten der Bundesrepublik, aus dem sie immerhin ein Fünftel ihrer Ölimporte bezog.[14] Umgekehrt war der Iran der wichtigste bundesdeutsche Absatz-

---

11 Vgl. ebd., S. 106.
12 Vgl. *Stefan Reinecke*: Otto Schily. Vom RAF-Anwalt zum Innenminister, Hamburg 2003, S. 212 f.
13 Vgl. *Eckard Michels*: Schahbesuch 1967. Fanal für die Studentenbewegung, Berlin 2017.
14 Zur internationalen Entwicklung der Ölexporte siehe die Aufstellungen in: AA Referat 421 (Röskau), 7. November 1978, sowie Vorlage Ministerialdirektor Meyer-Landrut

markt in der »Dritten Welt«, wobei die jährlichen Exporte bis 1978 auf immerhin über sechs Milliarden DM anstiegen.[15]

Dabei tolerierte Bonn auch heikle Geschäfte. So exportierte die Bundesrepublik zwischen 1974–1979 Waffen im Wert von rund einer Milliarde DM in den Iran, und noch während der Proteste 1978 bestellte der Schah sechs U-Boote und vier Fregatten bei bundesdeutschen Unternehmen, was die Bundesregierung unterstützend begrüßte.[16] Ebenso wurden iranische Offiziere an der Bundeswehr-Hochschule in München ausgebildet.[17]

Während die USA sich Mitte der 1970er Jahre weigerten, dem Iran Atomkraftwerke zu liefern,[18] schlossen die Bundesregierung und das Schah-Regime 1976 ein Abkommen über die atomwirtschaftliche Zusammenarbeit, das die Lieferung von zwei großen AKW der Kraftwerk-Union AG (KWU) vorsah. Mit einem Volumen von rund acht Milliarden DM war dies der bis dahin größte deutsche Export-Auftrag.[19] Dementsprechend findet man in den Berichten des Auswärtigen Amts zu den deutschen Staatsbesuchen im Iran in den 1970er Jahren lange Ausführungen zu den wirtschaftlichen und kulturellen Beziehungen, jedoch kaum etwas zu Menschenrechten. Beim Besuch von Wirtschaftsminister Hans Friderichs (FDP) 1976 wurde in den Gesprächsnotizen bezeichnenderweise lediglich vermerkt, dass gegen iranische Schah-feindliche Gruppen in der Bundesrepublik vorgegangen werden müsse.[20]

(Abteilung 3) für Bundesminister AA, 12. August 1978, in: Bundesarchiv Koblenz (BArch), B 136/16650.

15 Siehe Bericht Referat 213, 2. Januar 1979, in: BArch, B 136/16650.
16 Vgl. Staatssekretär Hermes an die Botschaft in Teheran, 7. März 1978, in: AAPD 1978, bearb. von Daniela Taschler, Amit Das Gupta und Michael Mayer, München 2009, S. 354 ff. Dies war öffentlich bekannt: *Der Spiegel*, Nr. 10, 6. März 1978, S. 31 f. Vgl. auch *Harald Möller*: Waffen für Iran und Irak. Deutsche Rüstungsexporte und ihre Querverbindungen zu den ABC-Waffenprogrammen beider Länder. Ursachen, Hintergründe, Folgen, Berlin 2006, S. 54–62.
17 Vgl. Aufzeichnung des Vortragenden Legationsrats I. Klasse Pagenstert, 4. Juli 1980, in: AAPD 1980, bearb. von Tim Geiger, Amit Das Gupta und Tim Szatkowski, München 2011, S. 1086 ff.
18 Vgl. *Roham Alvand*: Nixon, Kissinger, and the Shah: The United States and Iran in the Cold War, Oxford 2014.
19 Siehe AA Referat 413 (VS), 7. Juli 1976, in: BArch, B 136/17572. Nur sehr knapp erwähnt in: *Stephan Geier*: Schwellenmacht. Bonns heimliche Atomdiplomatie von Adenauer bis Schmidt, Paderborn 2013, S. 326.
20 Siehe Botschafter Wieck (Teheran) an AA, 21. Oktober 1976, in: BArch, B 136/17572.

Der Umgang mit dem Iran steht somit für den Ausbau von Beziehungen trotz der öffentlichen Kritik, dass dort Demokratie und Menschenrechte mit Füßen getreten würden. Wie pragmatisch sich die Bundesregierung verhielt, zeigte sich auch gegenüber der Islamischen Republik unter Ayatollah Khomeini. Nach der Revolution 1979 wurden weltweit viele ökonomische und politische Verbindungen zum Iran abgebrochen. Beim Rückzug der KWU vom Bau des Atomkraftwerkes in Buschehr ging die Initiative jedoch eher von iranischer Seite aus. Kein anderes westliches Land wahrte so sehr den Kontakt zum neuen Regime wie die Bundesrepublik. Wiederum sperrte sie sich besonders nachdrücklich gegen die von den USA nach der Geiselnahme amerikanischer Botschaftsangehöriger geforderten und verhängten Sanktionen. Die Kontakte mit Teheran erlaubten zugleich, dass Bonn bei den Verhandlungen über die Freilassung der Geiseln eine geheime Mittlerrolle einnehmen konnte.[21]

Erst im Oktober 1981 fokussierte sich der bundesdeutsche Menschenrechtsdiskurs stärker auf das Khomeini-Regime. Nachdem »Tagesschau« und »Panorama« über die Hinrichtung von rund 3.000 Menschen in den letzten drei Monaten – auch von Jugendlichen und Kindern – berichtet hatten, wurden vermehrt öffentliche Kritik und Entrüstung laut. Danach sprach Außenminister Genscher bei seinen Gesprächen mit iranischen Politikern, 1984 auch gegenüber Parlamentspräsident Rafsandjani, »die hohe Zahl an Todesurteilen« deutlich an.[22]

Die etablierten ökonomischen und kulturellen Beziehungen überlagerten dennoch die kritische Berichterstattung der Medien. Der Wert der bundesdeutschen Exporte in den Iran lag 1983 bereits bei knapp acht Milliarden DM und stieg in der Folgezeit noch deutlich an.[23] Auch auf der politischen Ebene standen die Zeichen eher auf Annäherung als auf Abgrenzung. 1981 war die Bundesrepublik das erste westliche Land, das

---

21 Vgl. dazu *Frank Bösch*: Zwischen Schah und Khomeini. Die Bundesrepublik Deutschland und die islamische Revolution im Iran, in: *Vierteljahrshefte für Zeitgeschichte* 63 (2015), 3, S. 319–349.
22 Vgl. das Gespräch Genschers mit Außenminister Velayati, 5. Februar 1982, in: AAPD 1982, bearb. von Michael Ploetz, Tim Szatkowski und Judith Michel, München 2013, S. 212–216, hier S. 215; vgl. auch das Gespräch Genschers mit Rafsandjani, 21. Juli 1984, in: AAPD 1984, bearb. von Tim Szatkowski und Daniela Taschler, München 2015, S. 934–937, hier S. 935. Dennoch zog der deutsche Außenminister eine positive Bilanz des Gesprächs: Genscher an US-Außenminister Shultz, 23. Juli 1984, in: Ebd., S. 941 ff.
23 Siehe Bericht Botschaft Teheran, 15. September 1984, in: Politisches Archiv des Auswärtigen Amts, Berlin (PAAA), Bd. 137754.

iranische Staatsmänner empfing, und 1984 war Außenminister Genscher der erste hochrangige westliche Politiker, der zu einem Staatsbesuch nach Teheran reiste.

Christdemokratische Begeisterung für eine sozialistische Diktatur: China

Für das Wagnis, neue engere Beziehungen zu Diktaturen aufzubauen, stand besonders der wachsende Kontakt mit China. Zwischen Bonn und Peking gab es bis 1972 keine diplomatischen Beziehungen. Im Unterschied zu Frankreich und Großbritannien war zudem der ökonomische Austausch der Bundesrepublik mit China gering.[24] Auch dies änderte sich in der sozial-liberalen Regierungszeit, vor allem nach Chinas Öffnung unter Deng Xiaoping ab 1979. Es waren jedoch insbesondere Christdemokraten, die die Annäherung entscheidend vorantrieben. Der ehemalige Außenminister Gerhard Schröder (CDU) fädelte im Juli 1972 die Aufnahme der diplomatischen Beziehungen ein. Nach einem wenig beachteten Besuch des CDU-Vorsitzenden und rheinland-pfälzischen Ministerpräsidenten Helmut Kohl im September 1974 reisten in der Folge mit CSU-Chef Franz Josef Strauß (Januar 1975), den CDU-Bundestagsabgeordneten Werner Marx und Alfred Dregger (Februar 1976) sowie dem baden-württembergischen Ministerpräsidenten Hans Filbinger (April 1977) gerade besonders konservative Unionspolitiker mit großen Delegationen zu Gesprächen nach China, wo Strauß sich auch mit Mao und Dregger mit Teilen der sogenannten Viererbande trafen. Die Union etablierte so eine Nebenaußenpolitik aus den Bundesländern heraus und setzte der Ostpolitik eine Fernostpolitik entgegen.[25] Entscheidend war für sie, dass China sich gegen die Sowjetunion stellte und als ein großer künftiger Absatzmarkt interessant wurde.

Die sozial-liberale Regierung baute diese Kontakte verhaltener aus, z. B. mit der China-Reise von Bundeskanzler Helmut Schmidt im Herbst 1975,[26] dann mit zahllosen Delegationsempfängen ab 1979, obgleich

---

24 Vgl. *Martin Albers*: Britain, France, West Germany and the People's Republic of China, 1969–1982. The European Dimension of China's Great Transition, London 2016.
25 Vgl. *Bernd Schaefer: Ostpolitik, »Fernostpolitik«* and Sino-Soviet Rivalry: China and the Two Germanys, in: *Caroline Fink/ders.* (Hrsg.): Ostpolitik, 1969–1974: European and Global Responses, New York 2009, S. 129–147.
26 Vgl. Gespräch des Bundeskanzlers Schmidt mit Mao, 30. Oktober 1975, in: AAPD 1975, S. 1495–1500.

Deng im gleichen Jahr die Demokratie-Bewegung in Peking unterdrückte. Der Grund für die anfängliche sozial-liberale Distanz waren jedoch nicht demokratiebezogene Berührungsängste mit der größten Diktatur der Welt. Vielmehr dominierte die Sorge, eine Annäherung an China könnte die Entspannungspolitik mit der Sowjetunion gefährden. Menschenrechte oder Fragen politischer Freiheiten spielten auch gegenüber der chinesischen Führung bis Mitte der 1980er Jahre kaum eine Rolle. 1977 erbat Außenminister Genscher zwar die Freilassung von einzelnen politischen Gefangenen, bezog sich damit aber nur auf Deutsche in chinesischer Haft.[27] Deutsch-chinesische Abkommen, etwa das zur technischen Zusammenarbeit 1982, versprachen, »sich nicht in die inneren Angelegenheiten Chinas einzumischen« und »mit den amtlichen Stellen der Volksrepublik China vertrauensvoll zusammenzuarbeiten«.[28]

In den internen Berichten über die zahllosen Treffen von bundesdeutschen mit chinesischen Politikern fiel mir bei meiner bisherigen Durchsicht bis Mitte der 1980er Jahre nur ein Protokoll auf, das konkret politische Freiheiten berührt. Als Chinas Ministerpräsident Hua Guofeng im Oktober 1979 unmittelbar nach der Niederschlagung der »Mauer der Demokratie« und der Verurteilung Oppositioneller nach Westeuropa reiste, waren die Menschenrechtsverletzungen in China weltweit präsent. Dennoch war es in der Vorbereitung des Auswärtigen Amts nicht vorgesehen, diese anzusprechen. Amnesty International schickte dem Außenminister jedoch kurz vorher umfangreiches Material über politische Gefangene in China, auch mit einzelnen Falldarstellungen, was der SPD-Bundestagsabgeordnete Peter Corterier mit einer Anfrage an Genscher unterstützte.[29] Zumindest intern sprach der Minister daraufhin gegenüber Hua die Besorgnis der Deutschen wegen des harten Urteils gegen »einen Regimekritiker« (Wei Jingsheng) an und personalisierte damit das grundsätzliche Problem.[30]

---

27 Vgl. Protokoll des Gesprächs Genschers mit Hua, 1. Oktober 1977, in: PAAA, ZA Bd. 103178.
28 Art. 4,1.b) Abkommen über die technische Zusammenarbeit vom 13. Oktober 1982, abgedruckt in: *Mechthild Leutner/Tim Trampedach* (Hrsg.): Bundesrepublik Deutschland und China 1949–1995, Berlin 1995, S. 229.
29 Siehe Amnesty International (Bonn) an Genscher, 16. Oktober 1979, in: PAAA, ZA, Bd. 110485.
30 AA Referat 341, 19. Oktober 1979, in: PAAA, ZA Bd. 110485; siehe auch Gesprächsvorschlag Meyer-Landrut, 22. Oktober 1979; Vorlage für Schreiben von Genscher an Amnesty International, 5. November 1979; Genscher an Corterier, 17. November 1979, in: Ebd.

Auch die Regierung von Bundeskanzler Helmut Kohl behielt diese Linie bei. Sie prangerte zwar weiterhin die Verletzung von Menschenrechten durch die kommunistischen Regime in den Warschauer-Pakt-Staaten an, nicht aber die in China. So waren auch Kohls Berichte über seine Chinareise 1984 von großer Begeisterung für die Öffnung und Modernisierung des Landes getragen.[31] Der Umgang der Bundesrepublik mit dem chinesischen Regime ist ein Beispiel für die selektive Wahrnehmung von kommunistischen Menschenrechtsverletzungen, die sich aus der Orientierung an übergeordneten strategischen Leitlinien und Wirtschaftsinteressen ergab.

Auf die politische Agenda des Bundestags kamen die Menschenrechte in China erst durch die Grünen, namentlich durch Petra Kellys Engagement für Tibet: durch Foren, Anfragen oder auch Flüchtlinge, die sie zu einer Anhörung in das Parlament einlud.[32] Daraus entwickelte sich 1987 eine parteiübergreifende Erklärung des Bundestages, der die Bundesregierung aufforderte, sich u. a. dafür einzusetzen, dass die Volksrepublik China »die international anerkannten Menschenrechte achtet und die Menschenrechtsverletzungen gegen Tibeter beendet« und dass »alle politischen Gefangenen in Tibet freigelassen werden«.[33] Doch erst nach der blutigen Niederschlagung des Protests am Tiananmen-Platz 1989 wurden zumindest temporär politische Konsequenzen gezogen.

Pragmatismus, Solidarität und Protest: Lateinamerika

Anders gelagert war der Umgang mit den Autokratien und Militärdiktaturen in Lateinamerika. Bekanntlich entstand gegenüber der Herrschaft von General Augusto Pinochet in Chile ab 1973 und zum Teil auch gegenüber der argentinischen Militärdiktatur eine weltweite Protestwelle, der sich auch bundesdeutsche Politiker und Gruppen anschlossen.[34] Wie-

---

31 Siehe den Bericht von Helmut Kohl und die Replik von Horst Ehmke (SPD), in: Deutscher Bundestag, Plenarprotokoll 10/91, 18. Oktober 1984, S. 6674–6682. http://dip21.bundestag.de/dip21/btp/10/10091.pdf.
32 Vgl. *Saskia Richter*: Die Aktivistin. Das Leben der Petra Kelly, München 2010, S. 124–127.
33 Siehe den Antrag der Fraktionen der CDU/CSU, SPD, FDP und der Fraktion DIE GRÜNEN »Menschenrechtsverletzungen in Tibet«, Drucksache 11/953 vom 14. Oktober 1987. http://dipbt.bundestag.de/doc/btd/11/009/1100953.pdf.
34 Vgl. *Kim Christiaens/Idesbald Goddeeris/Magaly Rodríguez García* (Hrsg.): European Solidarity with Chile 1970s–1980s, Frankfurt a. M. 2014; *Caroline Moine*: »Votre

derum in enger Kooperation mit lateinamerikanischen Exilanten mobilisierten Studentengruppen die Öffentlichkeit, um gegen die Verhaftungen von Oppositionellen zu protestieren. Noch heute bietet etwa ein Gemälde im Foyer der Universität Bielefeld ein Zeugnis des Protestes gegen die chilenische Diktatur.

Nach dem Putsch mied die sozial-liberale Bundesregierung Kontakte mit den neuen Machthabern und reduzierte den diplomatischen Austausch auf unterer Ebene. Allerdings belegt eine neue Studie, dass in der Regierungspolitik die Distanz zum Pinochet-Regime nicht so groß war. Nach den USA blieb die Bundesrepublik für Chile der zweitgrößte Geber von Entwicklungs- und Strukturhilfe, ebenso der zweitgrößte Handelspartner.[35] Während Italien 1973 und Großbritannien 1976 (bis 1980) ihre Botschafter aus Santiago abzogen, hielt Bonn an den diplomatischen Beziehungen fest.

Zugleich gewährte die Bundesrepublik, im Wettbewerb mit der DDR, erstmals die Aufnahme von einigen hundert Kontingentflüchtlingen aus Chile und Argentinien, die ohne Asylantrag einreisen durften. Beide deutsche Staaten würdigten öffentlich diese Flüchtlinge, für die sich auch Christdemokraten wie der CDU-Generalsekretär Heiner Geißler und der niedersächsische Ministerpräsident Ernst Albrecht engagierten. Gerade weil in Lateinamerika bereits Demokratien bestanden hatten und die Region damit als demokratiefähiger Teil der westlichen Welt erschien, führten besonders die Ereignisse in Chile zu einer breiteren Betroffenheit und kritischen Distanz, wenngleich konservative Politiker wie Strauß den direkten Kontakt mit Diktatoren weiterhin nicht scheuten.[36] Vor allem für die politische Linke erklärte sich die Ablehnung Pinochets zudem aus der einstigen Euphorie über den 1970 demokratisch gewählten sozialistischen Präsidenten Salvador Allende. Im Fall Chile konnte die Bundesrepublik als Kämpferin gegen autoritäre Herrscher auftreten.

Allerdings war die vergleichsweise große Distanzierung vom Pinochet-Regime kein ganz typisches Beispiel für Lateinamerika. Bei den Militärdiktaturen in anderen lateinamerikanischen Staaten blieb die Haltung der Bundesrepublik ähnlich pragmatisch wie im arabischen Raum. Zu Brasilien etwa, seit 1964 autoritär regiert, wurden die Beziehungen in den

---

combat est le notre«. Les mouvements de solidarité internationale avec le Chili dans l'Europe de la Guerre froide, in: *Monde(s)* 8 (2015), 2, S. 83–104.
35 Vgl. *Georg Dufner*: Partner im Kalten Krieg: Die politischen Beziehungen zwischen der Bundesrepublik Deutschland und Chile, Frankfurt a. M. 2014, S. 370 f.
36 Vgl. ebd., S. 314–320.

1970er Jahren ausgebaut. Als die USA die Lieferung eines Atomkraftwerkes ablehnten, sprang die Bundesregierung wie im Iran mit einer Erlaubnis für ein bundesdeutsches AKW ein. Bundesdeutsche Großunternehmen wie VW expandierten in Brasilien und profitierten vom Verbot und der Verfolgung von Gewerkschaften und Oppositionellen.[37]

Besonders interessant für das Aufkommen von Demokratie- und Menschenrechtsforderungen ist Nicaragua, ein den Deutschen bis Ende der 1970er Jahre weitgehend unbekanntes Land. Regiert wurde es über Jahrzehnte autoritär, aber mit Unterstützung der USA, von Anastasio Somoza Debayle. Lediglich eine konservative Oppositionspartei mit begrenzten Rechten und eine eingeschränkt unabhängige Zeitung waren zugelassen. Dennoch unterstützte die sozial-liberale Bundesregierung das Land mit größeren Krediten, Entwicklungshilfe und technischer Zusammenarbeit. Die internen Berichte des Auswärtigen Amts bilanzierten regelmäßig, »das Verhältnis zu Deutschland ist seit langem gut und ungetrübt« (so 1975).[38] Zu einer kritischen Bewertung des Somoza-Regimes in der bundesdeutschen Öffentlichkeit kam es erst Anfang 1978: Nach Auftritten von Exil-Nicaraguanern wie Ernesto Cardenal in westdeutschen Gemeindehäusern und Medienberichten über den Mord am Oppositionsführer Pedro Chamorro formierten sich zunehmend Nicaragua-Solidaritätsgruppen. Sie forderten mit Hungerstreiks und Eingaben die Bundesrepublik zur Einstellung ihrer Unterstützung auf.

Cardenal stieß diese Debatte an, indem er die bundesdeutsche Hilfe »mit einer direkten ausländischen Finanzierung Adolf Hitlers« verglich.[39] Auch die Berichte der Solidaritätsgruppen sprachen immer wieder von Somozas »Konzentrationslagern«. Die emotionale Auseinandersetzung mit dem Nationalsozialismus, die auch im Kontext der US-Serie »Holocaust« 1978 an Bedeutung gewann, beeinflusste nun offensichtlich auch den Umgang mit Diktaturen. Druck von der Straße, Jimmys Carters Menschenrechtsdiskurs, die Sozialistische Internationale und kritische Medien drängten die Bundesregierung schließlich bis Herbst 1978 erfolg-

---

37 Vgl. *Christopher Kopper*: VW do Brasil in der brasilianischen Militärdiktatur 1964–1985. Eine historische Studie, Wolfsburg 2017. PDF-Download unter http://www.volkswagenag.com/de/group/history.html.
38 Bericht Botschaft Managua, 8. Mai 1975, in: PAAA, Nic 1973–78, Bd. 17183.
39 Zit. nach *Matthias Lutz-Bachmann*: Ernesto Cardenal klagt an. Düstere Bilanz eines politischen Zusammenspiels, in: *Publik-Forum* 6 (1977), S. 26.

reich dazu, bisherige direkte Unterstützungsleistungen für Nicaragua herunterzufahren.[40]

Da Somozas Herrschaft nun schlagartig als Reich des Bösen galt, wurde die sandinistisch geführte Revolution 1979 weltweit begrüßt – nicht nur im Osten, sondern auch im Westen. Die Bundesregierung gewährte sofort substantielle Hilfsmittel zum Aufbau des Landes und zählte dabei zu den größten Geberländern.[41] Bezeichnenderweise war jedoch der bundesdeutsche Umgang mit der neuen sandinistisch geführten Regierung unter Daniel Ortega zunehmend von der Forderung geprägt, dass dort Demokratie und Menschenrechte umfassend umgesetzt werden. Ab Herbst 1980 und dann erst recht unter der Kohl-Regierung knüpfte die Bundesregierung die Auszahlung der Mittel an die Verwirklichung von mehr Pluralismus,[42] um ein »zweites Kuba zu verhindern«, wie es regelmäßig hieß. Tatsächlich zahlte die Bundesrepublik, ähnlich wie die USA, substantielle Summen nicht aus, da die sozialistischen Sandinisten die Spielräume für die Opposition zunehmend einengten.

Das autoritär regierende sandinistische Regime löste nun drei konkurrierende Reaktionen in der Bundesrepublik aus: Zivilgesellschaftliche Gruppen der Nicaragua-Solidarität und die Grünen unterstützten es vorbehaltlos mit Spenden, Mobilisierung, Städtepartnerschaften und eigener Arbeitskraft, indem sie als Brigaden vor Ort Aufbauhilfe leisteten.[43] Lediglich die Umsiedlung der indigenen Gruppe der Miskito führte bei

---

40 Siehe die Antwort des Parlamentarischen Staatssekretärs Brück auf die mündliche Frage des Abgeordneten Gansel (SPD), in: Deutscher Bundestag, Plenarprotokoll 8/123, 7. Dezember 1978, S. 9635; AA (Abt. 3) an Staatssekretär, 28. September 1978, in: PAAA, B 33, ZA Bd. 111159; Gesprächsvorbereitung für Bundeskanzler Schmidt von AA, 17. Oktober 1978, in: PAAA, B 33, ZA Bd. 111160; Sprechzettel Dohnanyi, 26. März 1979, in: PAAA, B 33, ZA Bd. 116101.
41 Siehe Aufzeichnung AA, 3. Oktober 1980, in: PAAA, B 33, ZA Bd. 127451. Wenig präzise und ergiebig ist die auf Presseangaben beruhende Arbeit von *Max Seiler*: Vergleich der Lateinamerikapolitik von Bundesrepublik Deutschland und DDR am Beispiel *Nicaragua* (1979–1989), Marburg 1999.
42 So z. B. Genscher gegenüber Nicaraguas Außenminister Pater Miguel d'Escoto bei dessen Arbeitsbesuch in Bonn, 3. März 1981, in: AAPD 1981, bearb. von Daniela Taschler, Matthias Peter und Judith Michel, München 2012, S. 297–301; siehe auch die Aussagen Genschers im Gespräch mit dem nicaraguanischen Arbeitsminister Godoy am 13. Mai 1982, in: AAPD 1982, S. 772–775, hier S. 774 und Anm. 7.
43 Vgl. *Christian Helm*: Reisen für die Revolution. Solidaritätsbrigaden als Praktik transnationaler Solidarität zwischen der Bundesrepublik und dem sandinistischen Nicaragua, in: *Bösch/Moine/Senger* 2018, S. 35–63.

ihnen zu Kritik, kaum aber die Einschränkung der Rechte von bürgerlichen Parteien, Gruppen und Geistlichen. Die Sozialdemokraten kooperierten, allerdings zunehmend kritischer, mit den gemäßigten Sandinisten, insbesondere durch vielfältige Aktivitäten der Friedrich-Ebert-Stiftung dort;[44] dagegen gingen die Liberalen und Christdemokraten auf scharfe Distanz zur sandinistischen Staatsführung und traten nachdrücklich für demokratische Rechte in Nicaragua ein: etwa mit einem »Nicaragua-Hearing« in Bonn 1985 und der Bereitstellung von größeren Finanzmitteln, die über die Friedrich-Naumann- und die Konrad-Adenauer-Stiftung an die bürgerlichen Oppositionsgruppen flossen.[45]

Was als problematische Diktatur in Lateinamerika galt, hing folglich ganz von der weltanschaulichen Brille ab. Während SPD und Grüne die Militärregierung in Nicaraguas Nachbarland El Salvador verurteilten, lobte die Regierung Kohl die demokratischen Fortschritte unter dem Machthaber José Napoleón Duarte und empfing den Christdemokraten wohlwollend in Bonn. Im Unterschied zur Arabien- oder Fernostpolitik war die Lateinamerika-Politik ein umkämpftes Politikum, auch weil sie jeweils die Beziehung zu den USA verhandelte. Hier gab es nicht den einen Umgang mit Diktaturen, sondern zeitgleich und parallel diverse Interaktionen.

Fazit

Deutlich wurde, dass sich die Ankündigung der sozial-liberalen Bundesregierung von 1969, »mehr Demokratie wagen« zu wollen, im faktischen Umgang der Bundesrepublik mit außereuropäischen Diktaturen nur begrenzt niederschlug. Infolge der Aufnahme diplomatischer Beziehungen mit Staaten in aller Welt intensivierte sich seit Anfang der 1970er Jahre auch der Austausch mit zahlreichen diktatorisch und autoritär regierten Ländern. Die oft zitierte Ostpolitik sollten wir künftig stärker auch in diesem internationalen Kontext betrachten. Denn diese Interaktion mit Diktaturen reichte über die sozial-liberale Annäherung an den kommunistischen Osten hinaus. Die SPD-FDP-Regierung hielt auch die Verbindungen zu konservativen, anti-kommunistischen Autokratien aufrecht

---

44 Zur Politik der SPD und der Sozialistischen Internationale gegenüber den Sandinisten siehe den Beitrag von Bernd Rother in diesem Band.
45 Vgl. z. B. *CDU-Bundesgeschäftsstelle* (Hrsg.): Wie frei ist Nicaragua? Dokumentation über den Nicaragua-Report, Bonn 1985.

oder weitete sie sogar aus. Ideologische Barrieren gab es kaum. Umgekehrt entdeckten die Christdemokraten in China einen sozialistischen Gesprächspartner.

Die oft betonte kritische Auseinandersetzung mit Chile und Südafrika war eher die Ausnahme, die vielleicht das pragmatische Verhalten in anderen Fällen erleichterte. Kritische Positionierungen gegenüber den außereuropäischen Diktaturen blieben vereinzelt und reagierten in der Regel auf den öffentlichen Druck von zivilgesellschaftlichen Gruppen, Exilanten und Medienberichten. Bei vielen Ländern hatte dies keine Konsequenzen, wie hier exemplarisch für China, Saudi-Arabien oder Libyen gezeigt wurde. Auch nach dem Ende der Hallstein-Doktrin half der Ost-West-Konflikt, die engen Beziehungen mit Diktaturen mit dem Hinweis zu legitimieren, sonst würden die Sowjetunion und die DDR »einspringen«. Das Selbstbewusstsein, eine gefestigte Demokratie zu sein, erleichterte der Bundesrepublik den Umgang mit autoritären Regimen und ließ ihre eigene Staatsform umso heller strahlen. Mit den Staaten im subsaharischen Afrika nahm der Kontakt dagegen unabhängig von der Staatsform in den 1970/80er Jahren generell ab, da sie ökonomisch weniger interessant waren. Denn vor allem Wirtschaftsinteressen überlagerten auch in den 1970er Jahren Fragen der Menschenrechte.[46]

Dass die Rezessionen der 1970er Jahre der Bundesrepublik keine Demokratiekrise bescherten und sich stattdessen die Demokratie festigte, hing stark vom bundesdeutschen Wirtschafts- und Exporterfolg ab. Zugespitzt formuliert trug somit der Ausbau des Exports auch in nicht-demokratische Staaten mit dazu bei, die Grundlagen der bundesdeutschen Demokratie zu stabilisieren. Im internationalen Vergleich nahm die Bundesrepublik, ähnlich wie Frankreich, eine besonders pragmatische Rolle im Umgang mit diktatorischen Staaten ein. Die Quellen vermitteln implizit den Eindruck, dass bei vielen Ländern und Regionen demokratische Ordnungen als nicht vorstellbar erschienen und deshalb die Forderung nach mehr politischen Freiheiten ausblieb. Der Regierungswechsel 1982 war in diesem Sinne kaum eine Zäsur.

---

46 So auch *Rock* 2010, S. 277, wenngleich an Beispielen mit vergleichsweise großer Bedeutung für die Menschenrechte.

ANHANG

Abkürzungsverzeichnis

AA	Auswärtiges Amt
AAPD	Akten zur Auswärtigen Politik der Bundesrepublik
Abt.	Abteilung
ADF	Aktion Demokratischer Fortschritt
AdsD	Archiv der sozialen Demokratie der Friedrich-Ebert-Stiftung in Bonn
apl.	außerplanmäßige/r
AfD	Alternative für Deutschland
AKW	Atomkraftwerk
Anm.	Anmerkung
APO	Außerparlamentarische Opposition
APRA	Alianza Popular Revolucionaria Americana (Sozialdemokratische Partei Perus)
Aufl.	Auflage
AvS	Arbeitskreis ehemals verfolgter und inhaftierter Sozialdemokraten
BAFöG	Bundesausbildungsförderungsgesetz
BArch	Bundesarchiv
Bd.	Band
Bde.	Bände
bearb.	bearbeitet
Bearb.	Bearbeiter/in
bes.	besonders
Bl.	Blatt
BMFT	Bundesministerium für Forschung und Technologie
BRD	Bundesrepublik Deutschland
BStU	Bundesbeauftragter für die Unterlagen des Staatssicherheitsdienstes der ehemaligen Deutschen Demokratischen Republik
BVerfGE	Entscheidungen des Bundesverfassungsgerichts
bzw.	beziehungsweise
CDU	Christlich Demokratische Union Deutschlands
CSU	Christlich-Soziale Union in Bayern
D. C.	District of Columbia (Synonym für die US-Hauptstadt Washington)
DDR	Deutsche Demokratische Republik
DEFA	Deutsche Film AG (Filmunternehmen der DDR)
ders.	derselbe
DFU	Deutsche Friedens-Union
DGB	Deutscher Gewerkschaftsbund
Diss.	Dissertation

DKP	Deutsche Kommunistische Partei
DM	Deutsche Mark
DP	Deutsche Partei
dpa	Deutsche Presse-Agentur
Dr.	Doktor
Ebd./ebd.	Ebenda
EIPE	Experimentelle integrierende Planungs- und Entscheidungssysteme
f.	folgende (Seite)
ff.	folgende (Seiten)
FDP	Freie Demokratische Partei
FES	Friedrich-Ebert-Stiftung
FSLN	Frente Sandinista de Liberación Nacional (Sandinistische Nationale Befreiungsfront)
FZH	Forschungsstelle für Zeitgeschichte in Hamburg
GG	Grundgesetz
Hrsg.	Herausgeber/in bzw. Herausgeber/innen
hrsg.	herausgegeben
hs.	handschriftlich
HV A	Hauptverwaltung Aufklärung im Ministerium für Staatssicherheit der DDR (Auslandsnachrichtendienst der DDR)
IG Metall	Industriegewerkschaft Metall
IISG	Internationales Institut für Sozialgeschichte in Amsterdam
ILDIS	Instituto Latinoamericano de Investigaciones Sociales (Sozialwissenschaftliches Institut der Friedrich-Ebert-Stiftung in Ecuador)
IM	Inoffizieller Mitarbeiter des Ministeriums für Staatssicherheit der DDR
Jusos	Jungsozialisten (Jugendorganisation der SPD)
KGB	Komitet Gosudarstvennoy Bezopasnosti (Komitee für Staatssicherheit, Sowjetischer In- und Auslandsgeheimdienst)
KPD	Kommunistische Partei Deutschlands
KPdSU	Kommunistische Partei der Sowjetunion
KSZE	Konferenz über Sicherheit und Zusammenarbeit in Europa
KWU	Kraftwerk Union AG
LMU	Ludwig-Maximilians-Universität München
MfS	Ministerium für Staatssicherheit der DDR
Mithrsg.	Mitherausgeber/in
ML	Marxismus-Leninismus
Mr.	Mister

Ms.	maschinenschriftlich
NATO	North Atlantic Treaty Organization (Organisation des Nordatlantikvertrags)
NJM	New Jewel Movement (Sozialistische Partei Grenadas)
NL	Nachlass
NPD	Nationaldemokratische Partei Deutschlands
NS	Nationalsozialismus
NSDAP	Nationalsozialistische Deutsche Arbeiterpartei
o.	ohne
o. J.	ohne Jahr
ORTF	Office de Radiodiffusion Télévision Française (Öffentlich-rechtliche Rundfunkanstalt Frankreichs)
PAAA	Politisches Archiv des Auswärtigen Amtes
PD	Privatdozent/in
PDS	Partei des Demokratischen Sozialismus (Vorgängerin der Partei »Die Linke«)
PLN	Partido Liberación Nacional (Partei der Nationalen Befreiung, Costa Rica)
PLO	Palestine Liberation Organization (Palästinensische Befreiungsorganisation)
PPP	Parlamentarisch-Politischer Pressedienst
PRD	Partido Revolucionario Democrático (Demokratische Revolutionspartei Panamas)
PRI	Partido Revolucionario Institucional (Partei der Institutionellen Revolution in Mexiko)
Prof.	Professor/in
PS	Parti socialiste (Sozialistische Partei Frankreichs)
PSD	Parti Socialiste Destourien (Sozialistische Destur-Partei Tunesiens)
PSOE	Partido Socialista Obrero Español (Spanische Sozialistische Arbeiterpartei)
PV	Parteivorstand
RAF	Rote Armee Fraktion
SAP	Sveriges socialdemokratiska arbetareparti (Sozialdemokratische Arbeiterpartei Schwedens)
SBZ	Sowjetische Besatzungszone
SDAJ	Sozialistische Deutsche Arbeiterjugend (Nachwuchsorganisation der DKP)
SDS (USA)	Students for a Democratic Society (Studentenorganisation in den USA)
SDS	Sozialistischer Deutscher Studentenbund
SED	Sozialistische Einheitspartei Deutschlands

SFIO	Section française de l'Internationale ouvrière (Französische Sektion der Arbeiter-Internationale; Partei der französischen Sozialisten 1905–1969)
SfV	Schule für Verfassungsschutz
SI	Sozialistische Internationale
SNCC	Student Nonviolent Coordinating Committee (Organisation der schwarzen Bürgerrechtsbewegung in den USA)
SPD	Sozialdemokratische Partei Deutschlands
StA HH	Staatsanwaltschaft Hamburg
Stasi	Staatssicherheit; siehe auch MfS
StGB	Strafgesetzbuch
SU	Sowjetunion
TANU	Tanganyika African National Union (Nationale Bewegung Tansanias)
u. a.	unter anderem bzw. und andere
überarb.	überarbeitet(e)
UdSSR	Union der Sozialistischen Sowjetrepubliken
USA	United States of America (Vereinigte Staaten von Amerika)
Vgl./vgl.	vergleiche
Vol.	Volume (Band)
VW	Volkswagen
WBA	Willy-Brandt-Archiv im Archiv der sozialen Demokratie der Friedrich-Ebert-Stiftung in Bonn
ZAIG	Zentrale Auswertungs- und Informationsgruppe (Diensteinheit des Ministeriums für Staatssicherheit der DDR)

Personenregister

Abendroth, Wolfgang 63, 77, 92
Adenauer, Konrad 17, 41, 44, 46, 49, 54, 60 f., 70, 73, 80, 108, 195
Agnoli, Johannes 18, 93-96, 98 f., 128, 194
Albrecht, Ernst 271
Allende, Salvador 271
Altmann, Rüdiger 80
Andersch, Alfred 67
Arce, Bayardo 251
Arendt, Hannah 61
Arendt, Walter 6
Arndt, Adolf 45-48
Aron, Raymond 208
Augstein, Rudolf 68, 166

Baacke, Dieter 100
Bahr, Egon 49
Barre, Raymond 212
Baschanow, Boris 32
Bauer, Fritz 45 f.
Bell, Daniel 144
Benzing, Hermann 250
Berger, Wolfgang 174
Biedenkopf, Kurt 235
Bishop, Maurice 253 ff.
Bismarck, Otto von 28 f., 52
Blüm, Norbert 36 f.
Böckenförde, Ernst-Wolfgang 235
Bourdieu, Pierre 215
Bourdillat, Nicole 254

Brandt, Willy 6, 11-26, 29 f., 41 ff., 45, 48 f., 51-57, 64, 72, 74, 80-84, 87, 89, 96, 98, 101 f., 105 f., 111 ff., 115, 120, 122 f., 126 f., 129-134, 136, 139 f., 155-160, 162 ff., 166, 169-181, 185, 188, 191, 194, 196 f., 199 ff., 203 f., 210 f., 221, 231, 242-252, 254, 256 ff., 260, 263
Brecht, Bertolt 165 f.
Breschnew, Leonid I. 158
Brittan, Samuel 228 f.
Brück, Alwin 273
Brundert, Willi 130
Brüning, Heinrich 35 f.
Bullock, Alan 224
Bünemann, Richard 136
Butt, Wilhelm 53 f.

Callaghan, James 222, 224
Cardenal, Ernesto 272
Carl August, Herzog von Sachsen-Weimar-Eisenach 34
Carlsson, Bernt 243, 253
Carmichael, Stokely 193
Carter, Jimmy 197, 200, 264, 273
Chaban-Delmas, Jacques 210 f.
Chamorro Barrios, Pedro Joaquín 252
Chamorro Cardenal, Pedro Joaquín 272
Chirac, Jacques 212

Churchill, Winston 31, 219, 227
Cicero, Marcus Tullius 227
Conway, Martin 62
Corterier, Peter 269 f.

d'Escoto Brockmann, Miguel 273
Dahrendorf, Ralf 17, 70, 75 f., 78 f., 83, 85, 89, 108, 211
de Gaulle, Charles 186, 206, 215
Dean, James 189
Debray, Régis 203
Debré, Michel 209
Degenhardt, Franz Josef 96
Delmas, Chaban 211 f.
Deng Xiaoping 268 f.
Dettling, Warnfried 236
di Lorenzo, Giovanni 24
Dicey, Albert Venn 229
Dimbleby, Richard 220
Dingels, Hans-Eberhard 253, 255
Dirks, Walter 60
Disraeli, Benjamin 237
Doering-Manteuffel, Anselm 12
Dohnanyi, Klaus von 273
Dregger, Alfred 198, 268
Duarte, José Napoleón 274
Duflo, Marie 256
Dutschke, Rudi 90, 93, 195, 201

Echternach, Jürgen 233
Eden, Anthony 219
Eggebrecht, Axel 61 f., 64
Ehmke, Horst 6, 50 f., 110 f., 115, 117, 119, 159, 253, 270
Eichel, Hans 136

Elisabeth II., britische Königin 220
Englich, Kurt 63
Eppler, Erhard 6
Erhard, Ludwig 70, 80, 93, 113
Erler, Fritz 43, 48
Ertl, Josef 6

Faulenbach, Bernd 42
Filbinger, Hans 162, 198, 268
Flechtheim, Ossip K. 95, 97
Flora, Paul 185, 197
Fontanet, Joseph 209
Forsthoff, Ernst 64
Foyer, Jean 212
Fraenkel, Ernst 113, 127
François, Etienne 26
Franke, Egon 6
Frei, Norbert 56
Friderichs, Hans 266
Fuchs, Gérard 257

Gabriel, Sigmar 27
Gaddafi, Muammar al 264 f.
Galbraith, John Kenneth 189
Gansel, Norbert 134 ff., 273
Garibaldi, Giuseppe 31
Gauland, Alexander 27
Gaus, Günter 97
Gay, Peter 71
Gehlen, Arnold 64
Geißler, Heiner 271
Genscher, Hans-Dietrich 6, 264, 266-270, 273
Giscard d'Estaing, Valéry 21, 205, 210 ff., 215, 217
Globke, Hans 44
Godoy Reyes, Virgilio 273
Goethe, Johann Wolfgang von 33 f.

Gollwitzer, Helmut 97
González, Felipe 246, 256
Görtemaker, Manfred 11, 74
Gottschalch, Wilfried 97
Grass, Günter 135
Gremliza, Hermann 98
Greven, Michael Th. 77
Guevara, Che 193, 195

Habermas, Jürgen 11, 17, 56, 66, 75-78, 89, 114, 142, 144
Haby, René 209
Hacker, Walter 250
Haffner, Sebastian 94
Hannebauer, Erna 55
Hannover, Heinrich 97
Hassel, Kai-Uwe von 265
Haubach, Theodor 137
Hauff, Volker 119
Hayden, Tom 191, 193, 200 f.
Hayek, Friedrich August von 79
Heath, Edward 222 ff.
Heck, Bruno 231-234, 236
Hedler, Wolfgang 44
Heinemann, Gustav 6, 13, 52 f., 265
Hennis, Wilhelm 234 f.
Herbert, Ulrich 145
Hermes, Peter 263, 266
Hildebrandt, Dieter 165
Hiller, Kurt 61 ff., 72
Hitler, Adolf 36 f., 42 f., 46, 54, 272
Holitscher, Arthur 34
Honecker, Erich 36, 173 f., 181
Horkheimer, Max 93
Hua Guofeng 269
Hübener, Karl-Ludolf 253
Huber, Berthold 150

Humphrey, Hubert 186
Huntzinger, Jacques 254

Ils, Hans 50
Inglehart, Ronald 144

Jaenicke, Joachim 263
Jahn, Gerhard 6, 48, 51
Jankowitsch, Peter 247
Jay, Peter 228
Jesus 165
Jochimsen, Reimut 111, 115, 117, 120, 123
Johnson, Lyndon B. 186 f.
Jospin, Lionel 254
Jungk, Robert 118, 121
Kamenew, Lew 32
Kant, Immanuel 67
Kelly, Petra 270
Kennedy, John F. 31, 188, 192
Kennedy, Robert 186
Kerbusch, Ernst J. 256
Keynes, John Maynard 82, 109 f., 229
Khomeini, Ruhollah 267
Kieseritzky, Wolther von 160
Kiesinger, Kurt Georg 50, 80, 115, 173
Kirchheimer, Otto 61
Klönne, Arno 97
Klose, Hans-Ulrich 155, 165 f., 168 f.
Knoeringen, Waldemar von 18, 127 ff.
Koeppen, Wolfgang 60
Kohl, Helmut 22, 26, 57, 83, 198, 235, 238, 264, 268, 270, 273 f.
Korsch, Karl 192

Koschnick, Hans 168 f.
Krahl, Hans-Jürgen 91, 93
Krauch, Helmut 108, 114, 117 ff., 121
Kraushaar, Wolfgang 94
Kreisky, Bruno 242, 244
Krenz, Egon 31
Krockow, Christian von 236 f.
Kroetz, Franz Xaver 165
Kühn, Heinz 162

Lauritzen, Lauritz 6
Leber, Georg 6
Lenin, Wladimir Iljitsch 32
Lenk, Kurt 90, 94
Leonhard, Wolfgang 33
Leussink, Hans 6
Levi-Strauss, Claude 208
Liedtke, Karl 169
Lindenberg, Klaus 242, 253
Littmann, Gerhard 129 ff.
Lizon, Arturo 257
Loderer, Eugen 148
Lohmar, Ulrich 114, 119
Lord Hailsham (= Hogg, Quintin McGarel) 219 f., 225 ff.
Louis XVI 34
Löwenthal, Richard 63, 244
Lübbe, Hermann 73, 235
Ludendorff, Erich 35
Luther, Martin 29 f.
Lutterbach, Wolfgang 256

Macmillan, Harold 219
Maier, Hans 235
Manley, Michael 247 f., 253, 255, 257
Mao Tse-tung 268 f.
Martínez, Miguel Ángel 246

Marx, Karl 168
Marx, Werner 268
Maxwell Fyfe, David 227
McCarthy, Eugene 186
McCarthy, Joseph 186
McGovern, George 197
Meinhof, Ulrike 68
Menke-Glückert, Peter 109
Merkel, Angela 27
Merseburger, Peter 82
Meyer, Thomas 247, 252
Meyer-Landrut, Andreas 266, 270
Mielke, Erich 173, 175, 177
Mierendorff, Carlo 137
Mikardo, Ian 243
Mills, Charles Wright 91 f., 192
Mirabeau, Honoré Gabriel Victor de Riqueti, Marquis de 33
Mitscherlich, Alexander 69
Mitterrand, François 207, 217
Möller, Alex 6
Möller, Walter 131
Müller, Jan-Werner 62

Nixon, Richard 20, 186 ff., 191, 196 f., 199 ff.
Nkrumah, Kwame 244
Noack, Ulrich 68
Nolte, Paul 23, 207
Nora, Simon 210
Noriega, Manuel 256
Nyerere, Julius 242

Obama, Barack 27
Offe, Claus 74
Ohnesorg, Benno 100, 192
Ollenhauer, Erich 45
Ortega, Daniel 273
Osswald, Albert 162

Overney, Pierre 209

Pagenstert, Gottfried 266
Palme, Olof 242
Palmer, Boris 27
Papandreou, Giorgos A. 36
Pareto, Vilfredo 94
Pérez, Carlos Andrés 249, 253, 258
Pieck, Wilhelm 33
Pinochet, Augusto 271 f.
Pompidou, Georges 186, 206, 209 ff.
Popper, Karl 67, 79

Rafsandjani, Ali Akbar Haschemi 267
Ramírez, Sergio 252
Rathenau, Walther 34 f.
Reagan, Ronald 187, 251, 264
Richter, Hans Werner 60, 67, 71
Riesman, David 77
Rigoll, Dominik 52
Röhl, Klaus Rainer 68
Roosevelt, Franklin Delano 187
Rosanvallon, Pierre 85
Rühmkorf, Peter 68
Ruppert, Eva 36

Sachs, Hans-Georg 263
Salin, Edgar 120
Salvatore, Gaston 195
Sanders, Bernie 197
Sanne, Carl-Werner 263
Sartre, Jean-Paul 208
Schabowski, Günter 31
Schäfer, Gert 97
Schah Pahlavi, Mohammad Reza 265 ff.

Scharpf, Fritz 108
Schauer, Helmut 97
Scheel, Walter 6, 173, 177, 181, 199, 203
Schelsky, Helmut 64 f., 114, 235 ff.
Schiller, Karl 6, 110
Schily, Otto 265
Schmid, Carlo 46 f., 69
Schmidt, Helmut 6, 15, 22, 24, 37, 50 f., 67, 98, 114, 117, 133, 161, 168, 197, 215, 269, 273
Schmitt, Carl 65, 69, 94
Schröder, Gerhard (CDU) 268
Schultz, Walter D. 61
Schulze, Hagen 26
Schumacher, Kurt 43 ff., 54
Schumpeter, Joseph 229
Shultz, George P. 267
Sinowjew, Grigori 32
Sirinelli, Jean-François 208
Soares, Mário 251
Sommer, Theo 164, 166
Somoza, Anastasio 250 f., 272 f.
Sontheimer, Kurt 66 f., 235
Spengler, Oswald 246
Staeck, Klaus 165
Stalin, Josef 32, 67, 172
Steffen, Joachim (Jochen) 111
Sternberger, Dolf 65 f., 69
Stoltenberg, Thorvald 252
Stoph, Willi 175
Strasser, Johano 139
Strauß, Franz-Josef 268, 271
Strecker, Reinhard 46
Strobel, Käte 6
Sudreau, Pierre 212, 215

Personenregister 287

Templin, David 151 f.
Teufel, Fritz 26
Thatcher, Margaret 219 f., 224, 228 ff., 238
Thompson, Edward P. 92
Tocqueville, Alexis de 228
Torrijos, Omar 246, 256
Touraine, Alain 144
Treitschke, Heinrich von 28
Trotzki, Leo 32

Ulbricht, Walter 32 f., 173 ff.

Veil, Simone 216
Velayati, Ali Akbar 267
Vesper, Bernward 94
Vester, Michael 91
Vogel, Hans-Jochen 122, 133
Vogel, Paul O. 166
Voigt, Karsten 160
von der Grün, Max 97
von Dohnanyi, Klaus 111

Wagenbach, Klaus 97
Waksman, Daniel 259
Wallace, George 186 f., 197
Walser, Martin 66, 97
Walther, Rudolf 94

Walzer, Michael 71
Warnecke, Ruth 54
Weber, Alfred 69
Weege, Wolfgang 247, 251
Wehler, Hans-Ulrich 142
Wehner, Herbert 161, 169
Wei Jingsheng 270
Wieck, Hans-Georg 267
Wilhelm II., Deutscher Kaiser 34 f.
Williams, Raymond 92
Wilson, Harold 222 f., 226
Winkler, Heinrich August 74
Winzer, Otto 172, 174
Wischnewski, Hans-Jürgen 251 f., 255
Wolf, Markus 172
Wolfrum, Edgar 42, 74, 125

Die Autorinnen und Autoren

PD Dr. Knud Andresen
Wissenschaftlicher Mitarbeiter an der Forschungsstelle für Zeitgeschichte und Privatdozent an der Universität Hamburg. Schwerpunkte: Kultur- und Sozialgeschichte des 20. Jahrhunderts, bes. Geschichte der Arbeitswelten und der Gewerkschaften. Veröffentlichungen zuletzt u. a.: (Mithrsg.) Dissidente Kommunisten. Das sowjetische Modell und seine Kritiker, Berlin 2018; (Mithrsg.) Repräsentationen der Arbeit. Bilder – Erzählungen – Darstellungen, Bonn 2018.

Prof. Dr. Frank Bösch
Direktor des Leibniz-Zentrums für Zeithistorische Forschung Potsdam (ZZF) und Professor für Europäische Geschichte des 20. Jahrhunderts an der Universität Potsdam. Veröffentlichungen zuletzt u. a.: Zeitenwende 1979. Als die Welt von heute begann, München 2019; Mediengeschichte. Vom asiatischen Buchdruck bis zum Computer, 2. überarb. Aufl., Frankfurt a. M. 2019; (Hrsg.) Geteilte Geschichte. Ost- und Westdeutschland 1970–2000, Göttingen 2015.

Prof. Dr. Alexander Gallus
Inhaber des Lehrstuhls Politische Theorie und Ideengeschichte am Institut für Politikwissenschaft der Technischen Universität Chemnitz. Veröffentlichungen zuletzt u. a.: (Hrsg.) Meinhof, Mahler, Ensslin. Die Akten der Studienstiftung des deutschen Volkes, Göttingen 2016; (Mithrsg.) Deutsche Zeitgeschichte – transnational, Göttingen 2015; (Mithrsg.) Jahrbuch Extremismus & Demokratie.

Prof. Dr. Philipp Gassert
Inhaber des Lehrstuhls für Zeitgeschichte an der Universität Mannheim. Schwerpunkte: Deutsche und europäische Zeitgeschichte sowie Geschichte der transatlantischen Beziehungen und der US-Außenpolitik im 20. und 21. Jahrhundert. Veröffentlichungen zuletzt u. a.: Bewegte Gesellschaft. Deutsche Protestgeschichte seit 1945, Stuttgart 2018; Amerikas Kriege, Darmstadt 2014 (mit Alexander Emmerich).

Dr. habil. Jens Hacke
2018/19 Vertretungsprofessur für Politische Theorie und Ideengeschichte an der Universität Greifswald. Veröffentlichungen zuletzt u. a.: Philosophie der Bürgerlichkeit. Die liberalkonservative Begründung der Bundesrepublik, Göttingen 2006; Die Bundesrepublik als Idee. Zur Legitimationsbedürftigkeit politischer Ordnung, Hamburg 2009; Existenzkrise der Demokratie. Zur politischen Theorie des Liberalismus in der Zwischenkriegszeit, Berlin 2018.

Alexandra Jaeger, M. A.
Wissenschaftliche Mitarbeiterin an der Forschungsstelle für Zeitgeschichte in Hamburg. Schwerpunkte: Politische Geschichte der Bundesrepublik, Gewerkschaftsgeschichte, Hochschulgeschichte. Veröffentlichungen u. a.: Auf der Suche nach »Verfassungsfeinden«. Der Radikalenbeschluss in Hamburg 1971–1987, Göttingen 2019 (Diss.); (Mithrsg.) Den Protest regieren. Staatliches Handeln, neue soziale Bewegungen und linke Organisationen in den 1970er und 1980er Jahren, Essen 2018.

Dr. Kristina Meyer
Wissenschaftliche Geschäftsführerin des Jena Center Geschichte des 20. Jahrhunderts am Historischen Institut der Friedrich-Schiller-Universität Jena. Schwerpunkte: Geschichte und Nachgeschichte des Nationalsozialismus, Geschichte der Sozialdemokratie, Geschichte des Antisemitismus in Europa, Historiographiegeschichte. Veröffentlichung u. a.: Die SPD und die NS-Vergangenheit 1945–1990, 2. Aufl., Göttingen 2016.

Prof. Dr. Hélène Miard-Delacroix
Professorin für Deutschlandstudien mit Schwerpunkt Neuere und Neueste Geschichte an der Sorbonne Université Paris und Mithrsg. der »Akten zur Auswärtigen Politik der Bundesrepublik Deutschland«; Veröffentlichungen zuletzt u. a.: Willy Brandt, Paris 2013; Im Zeichen der Europäischen Einigung. 1963 bis in die Gegenwart (= Deutsch-französische Geschichte, Band 11), Darmstadt 2011.

Prof. Dr. Daniela Münkel
Projektleiterin in der Abteilung Bildung und Forschung des BStU in Berlin (Hrsg. der Edition »Die DDR im Blick der Stasi« und Leitung des Bereichs »Das MfS im deutsch-deutschen Systemkonflikt«) sowie apl. Professorin für Neuere und Neueste Geschichte an der Universität Han-

nover; Veröffentlichungen zuletzt u. a.: (Hrsg. u. Bearb.) Die DDR im Blick der Stasi. Die geheimen Berichte an die SED-Führung 1953–1989, Göttingen (erscheint seit 2009).

Dr. Bernd Rother
Stellvertretender Geschäftsführer der Bundeskanzler-Willy-Brandt-Stiftung in Berlin. Veröffentlichungen zuletzt u. a.: (Mithrsg.) Willy Brandt and International Relations, London 2019; Die SPD und El Salvador 1979 bis 1985. Linke Politik im atlantischen Dreieck von Bundesrepublik, Zentralamerika und USA, in: Vierteljahrshefte für Zeitgeschichte 66 (2018), 4, S. 645–683; (Hrsg.) Willy Brandts Außenpolitik, Wiesbaden 2014.

Prof. Dr. Martin Sabrow
Direktor des Leibniz-Zentrums für Zeithistorische Forschung Potsdam (ZZF) und Professor für Neueste und Zeitgeschichte an der Humboldt-Universität zu Berlin; Veröffentlichungen zuletzt u. a.: Zeitgeschichte schreiben in der Gegenwart, Göttingen 2014; Erich Honecker. Das Leben davor. 1912–1945, München 2016; (Mithrsg.) Die letzten Generalsekretäre. Kommunistische Herrschaft im Spätsozialismus, Berlin 2018; (Mitautor) Die versammelte Zunft. Historikerverband und Historikertage 1893–2000, Göttingen 2018.

Prof. em. Dr. Axel Schildt (†)
Ehem. Direktor der Forschungsstelle für Zeitgeschichte und Professor für Neuere Geschichte an der Universität Hamburg. Veröffentlichungen zuletzt u. a.: (Hrsg.) Von draußen. Ausländische intellektuelle Einflüsse in der Bundesrepublik bis 1990, Göttingen 2016; (Mithrsg.) Deutsche Zeitgeschichte – transnational, Göttingen 2015; Annäherungen an die Westdeutschen. Sozial- und kulturgeschichtliche Perspektiven auf die Bundesrepublik, Göttingen 2011.

Dr. Wolfgang Schmidt
Wissenschaftlicher Mitarbeiter bei der Bundeskanzler-Willy-Brandt-Stiftung in Berlin; Veröffentlichungen u. a.: www.willy-brandt-biografie.de (2017); Aus historischer Verantwortung, moralischer Verpflichtung und politischer Überzeugung. Wie sich Bundeskanzler Willy Brandt um Israel und den Frieden im Nahen Osten bemühte, Berlin 2014; (Mitbearb.) Willy Brandt – Berliner Ausgabe, 10 Bde., Bonn 2000–2009.

Prof. Dr. Elke Seefried
Zweite Stellvertretende Direktorin des Instituts für Zeitgeschichte München–Berlin und Professorin für Neueste Geschichte in Augsburg. Veröffentlichungen zuletzt u. a.: (Mithrsg.) Plan und Planung. Deutsch-deutsche Vorgriffe auf die Zukunft, Berlin 2018; (Mithrsg.) West Germany, the Global South and the Cold War, Berlin 2017; Zukünfte. Aufstieg und Krise der Zukunftsforschung 1945–1980, 2. Aufl., Berlin u. a. 2017.

Prof. Dr. Detlef Siegfried
Professor für Neuere Deutsche und Europäische Geschichte an der Universität Kopenhagen. Schwerpunkte: Politik-, Sozial- und Kulturgeschichte nach 1945, Konsumgeschichte, linksradikale Bewegungen im 20. Jahrhundert, Intellektuellengeschichte. Veröffentlichungen zuletzt u. a.: 1968. Protest, Revolte, Gegenkultur, Ditzingen 2018; (Mithrsg.) Mehr als eine Erzählung. Zeitgeschichtliche Perspektiven auf die Bundesrepublik, Göttingen 2016.

PD Dr. Martina Steber
Stellvertretende Leiterin der Forschungsabteilung München am Institut für Zeitgeschichte München–Berlin und Privatdozentin an der LMU München. Veröffentlichungen zuletzt u. a.: Die Hüter der Begriffe. Politische Sprachen des Konservativen in Großbritannien und der Bundesrepublik Deutschland, 1945–1980, Berlin/Boston 2017; (Mithrsg.) Zivilisatorische Verortungen. Der »Westen« an der Jahrhundertwende (1880–1930), Berlin/Boston 2018.

Prof. Dr. Dietmar Süß
Professor für Neuere und Neueste Geschichte an der Universität Augsburg. Schwerpunkte: Geschichte der Gewalt, Geschichte der Arbeit und der sozialen Bewegungen, Zeitgeschichte der Religion. Veröffentlichungen zuletzt u. a.: »Ein Volk, ein Reich, ein Führer«. Die deutsche Gesellschaft im Nationalsozialismus, München 2017; (Mithrsg.) Sterben, Töten, Gedenken. Sozialgeschichte des Todes, Bonn 2018.

BILDNACHWEIS

Cover und S. 5:
Bundesregierung/Ludwig Wegmann (Signatur: B 145 Bild-00010767)

Willy Brandt
DIE KRIEGSZIELE DER GROSSMÄCHTE
UND DAS NEUE EUROPA
Herausgegeben und eingeleitet
von Einhart Lorenz
Willy-Brandt-Dokumente, Band 4

148 Seiten
Klappenbroschur
18,00 Euro
erschienen im September 2018
ISBN 978-3-8012-0535-5

Willy Brandts erstes Buch, auf Norwegisch geschrieben, konnte wegen der Kriegsereignisse nie erscheinen. Es sollte am 9. April 1940 ausgeliefert werden – dem Tag der Invasion der Deutschen in Norwegen. Die Gestapo setzte den Titel auf die Liste der verbotenen Bücher, beschlagnahmte und vernichtete es. Heute existieren nur noch wenige Originalexemplare. Erstmals liegt es nun ungekürzt in deutscher Sprache vor.

Der Band leitete eine neue Etappe in Willy Brandts politischer Entwicklung ein. Europa wurde eine zentrale Kategorie in seinem Denken. Brandt fasst die Positionen der Großmächte über die Kriegs- und Friedensziele sowie die öffentliche Debatte über die Zukunftsvorstellungen für Europa zusammen. Er schildert die Vorstellungen der deutschen Opposition und der internationalen Arbeiterbewegung. In seinem Buch präsentiert Brandt auch seine eigenen Ideen einer föderativen Struktur des Kontinents und eines gerechten Friedens ohne Annexionen und erdrückende Entschädigungslasten. Der Text dokumentiert eindrucksvoll das außenpolitische Denken und die analytischen Fähigkeiten des erst 26-jährigen Autors.

Verlag J.H.W. Dietz Nachf. – **www.dietz-verlag.de**